Himmelstürmer Verlag

Von Manuel Sandrino bisher erschienen:

„Selbstverständlich schwul“ 2. Überarbeitete Auflage
ISBN print 9783863615246
„Apollon und Mercury – Wahre Träume leben“
ISBN print: 9783863613792
„Apollon und Mercury – Einer muss sterben“
ISBN print: 9783863613853
„Nackte Geheimnisse“
ISBN print: 9783863614829
Alle auch als E-book

Himmelstürmer Verlag, part of Production House, Hamburg
www.himmelstuermer.de
E-Mail:info@himmelstuermer.de
Originalausgabe, April 2016

Rechtschreibung nach Duden, 24. Auflage

Coverfoto: ©iStockphoto.com

Umschlaggestaltung: Olaf Welling, Grafik-Designer AGD, Hamburg.
www.olafwelling.de
Nach einer Idee von Manuel Sandrino

ISBN print 978-3-86361-545-1
ISBN e-pub 978-3-86361-546-8
ISBN pdf 978-3-86361-547-5

Manuel Sandrino

Was der Wind nicht verwehen kann

Himmelstürmer Verlag

Inhalt

Widmung 6
Vorwort 7

Das Erwecken der Finsternis 9
Ich bekomme einen neuen Namen 19
Eine alte Bekannte 24
Irgendwo im Nirgendwo 29
Ein lustiger Haufen und eine Traumwarnung 37
Die Sprache des Herzens 44
Mord am Waikiki Beach 49
Jenseits des Regenbogens 58
Rote Aussichten 64
Der schöne Syrer 70
Einbruch in den Tempel 80
Hurra, kein Hula! 88
Unfall oder Mordversuch? 96
Asterios' Geheimnis 110
Kindheit in einem fernen Land 119
Ampelos' Schuldgefühle 129
Ein neuer Arbeitstag 132
Der rote Stier 137
Die Sage der Großen Mutter 152
Verschmelzung 158
Das Hauptquartier der Nudisten 167
Die Sonnen- und Mond-Pyramiden 173
Die Kampfansage 179
Vergiftet 187
Krisensitzung 201
Die Farben der Aura 212
Zeichen und Wunder 223
Mänaden-Sammeln 236
Die Geisel der Unschuld 250
Die Mythologie schlägt zurück 266
Der Schatten im Haus des Lichtes 283
Die Krone der Schöpfung 290
Täuschung, Lügen und kletternde Spione 304

Der Anfang vom Ende 324
Zweikampf 330
Sein, was der Wind nicht verwehen kann 337
Das Angebot 348
Es steht nichts in den Sternen 359
Die letzte Prüfung 370
Am Anfang aller Dinge 375
Das Ende einer langen Reise 382
Ein Jahr später 385
Die Zukunft 386

Danksagung 386

Widmung

Für alle, die niemanden nachahmen.
Für alle, die weder eine schlechte, noch eine gute Kopie von jemand anderem sind.
Für wahre Originale.
Für alle, die sich aufgemacht haben zu entdecken, wer oder was sie wirklich sein könnten.
Für alle, die ihre Angst und ihren Aberglauben über Bord geworfen haben.
Für jeden, der sein Herz dem Wind der sieben Sphären geöffnet hat.
Für Götter-im-Training.

Vorwort

Jeder Mensch trägt das Potential eines Gottes in sich. Die Wenigsten haben auch nur eine Ahnung davon, wer und was sie sein könnten. Die Handvoll, die tief in ihr Herz blickt, erschrickt vielleicht, was dort auf sie wartet. Großes fordert Großes; Göttliches fordert alles, was der Einzelne zu geben hat.

Wer immer den Gott oder die Göttin in sich erblickt hat – und sei es auch nur für den Moment – wird nie mehr derselbe sein. In dessen Herz erhebt sich der Wind der sieben Sphären. Oft anfangs kaum wahrnehmbar, schwillt der Wind zum mächtigen Rauschen an, bis irgendwann das ganze Wesen von diesem Klang erfüllt ist.

Bewusstsein ist ein Seins-Zustand und nicht ein Sammeln von Wissen, Macht, Titeln oder Errungenschaften. Wer das glaubt, irrt noch immer durch die Welten der Schöpfung mit ihren Raum- und Zeitgöttern, mit ihren Phänomenen, dem ewigen Wandel und der Wiedergeburt. Der Held in diesem Buch lernt durch seine Träume seine Vergangenheit zu verstehen und so die Gegenwart zu meistern. Er wandelt auf dem Pfad der Götter und muss die Krone der Schöpfung finden.

Wem das alles irgendwie bekannt vorkommt; wer diesen Wind in seinem Herzen schon gehört hat; selbst schon auf dem Pfad der Götter gewandelt ist; oder wer einfach neugierig auf ein spannendes Abenteuer ist, den lade ich auf eine außergewöhnliche Reise ein. Sie beginnt auf der Insel Maui inmitten des Pazifischen Ozeans, nutzt die dortigen Regenbogen als Portale in längst versunkene Zivilisationen und dringt dabei immer tiefer in das Mysterium des Menschseins ein.

Götter-im-Training, öffnet eure Herzen und schreitet wagemutig und kühn über die Schwelle vom Schein ins wahre Sein! Werden, was der Wind nicht verwehen kann!

Manuel Sandrino

Montag: 15. September

Der Himmel ist stark bewölkt und es regnet. Das ist definitiv nicht das Wetter, das ich von einer Trauminsel erwartet habe. Bereits vor einer Stunde landete mein Inselhopper aus *Honolulu* hier auf *Maui* in diesem Kaff namens Kahului. Meine Gepäckstücke konnte ich gleich beim Aussteigen von einem Wagen schnappen, bevor ich übers Rollfeld in die Ankunftshalle rannte, um nicht vollkommen durchnässt zu werden.

Eigentlich sollte mich hier ein Einheimischer abholen. Doch keiner stand mit einem Schild oder einer Flagge zu meiner Begrüßung hier. Ich bin der einzig übriggebliebene Fluggast in der Ankunftshalle. Die wenigen Surfer, die mit mir zusammen in der kleinen Maschine hierher flogen, schnappten sich längst ihre Bretter und sind außer Sichtweite, um irgendwo auf der Insel die Traumstrände zu erobern und den Jungs und Mädels zu imponieren.

Heute sind beinahe genau drei Monate seit meiner Flucht aus London vergangen. Ich flog in die neue Welt, danach noch weiter – viel weiter – in eine uralte. Dieses neue Versteck liegt inmitten des Pazifischen Ozeans, in jede Richtung tausende Meilen vom nächsten Festland entfernt. Es gibt wohl kaum einen Ort auf der Welt, der weiter im Nirgendwo liegt, als die hawaiianischen Inseln.

Ja, ich bin ein Flüchtling. Mich jagt aber keine Regierung, keine Polizei, auch nicht die Steuerfahndung oder eine sitzengelassene Liebe; mich jagen Träume, Visionen und eine Bestimmung, die ich nicht akzeptieren will. Leider ahne ich, dass ich vor meinem Schicksal weder weglaufen, noch mich vor ihm verstecken kann. Es hat diese Angewohnheit, mich immer und überall zu finden!

Nach meiner Flucht aus London verbrachte ich ein paar Wochen in Miami Beach bei einem superreichen Freund. Das war richtig genial, wurde aber bald langweilig. Ich bin fast zwanzig Jahre alt, ein Alter, in dem man die Welt erobern will. Ich brauche Herausforderungen und kein nicht-enden-wollenden-Urlaub in South Beach. Mein Lover ist da genau wie ich. Auch Seth hatte bald vom Nichtstun die Nase voll. Ihn drängte es ohnehin schon immer nach Los Angeles.

So begann ich mit der Jobsuche. Doch statt einem Job in Seths Traumstadt, fand ich einen für uns beide in Honolulu. Kaum war die Bewerbung per E-Mail verschickt, wurden wir auch schon verpflichtet. Mir kam das verdächtig vor, doch Seth redete von einer Fügung des Schicksals. Mein rothaariger Lover arbeitet jetzt an der Uni von Honolulu als Koch, während mir ein gutbezahlter zweimonatiger House-Keeper-Job auf Maui angeboten wurde. Hätte mich Seth nicht so gedrängt, diese Chance *unbedingt* wahrzunehmen, ich wäre viel lieber als Tellerwäscher bei ihm in der Küche geblieben. Aber wer kann schon gegen seine Bestimmung ankommen?

Jetzt bin ich auf Maui. Das Camp, in dem ich die nächsten Wochen untertauchen werde, liegt ganz im Osten der Insel, irgendwo am Südhang des Haleakala, dem zurzeit ruhenden Vulkan, der die Insel Maui einst erschaffen hatte. Nicht weit von dieser Insel entfernt, im Südosten auf der Insel Hawaii, brodelt der größte aktive Vulkan der Welt und gleich daneben der größte inaktive. Das unter und neben mir Vulkane schlummern, passt zu meiner Situation; auch ich könnte jederzeit explodieren. Mein Innerstes will erwachen. Es will sich offenbaren. Es will schöpfen und es will zerstören. Offensichtlich soll mich jeder Schritt hier auf der Insel daran erinnern, wie gering der Unterschied zwischen Schöpfung und Zerstörung; zwischen Leben und Tod ist. Mir ist bewusst, dass nichts still steht, dass nichts für immer ruht. Alles verändert sich, wenn es sich auch vor unseren Augen und Ohren verbirgt. Auf der dünnen Kruste aus erkalteten Ergüssen stapeln sich zudem meterhoch tote Korallen und andere abgelegte Schalen von Menschen, Tieren und Pflanzen. Alles physische Leben endet. Alle alten Hüllen werden irgendwann abgelegt. Alles wird einmal zum Nährboden kommender Generationen. Doch nicht nur jeder Leib, sondern auch jede Erfahrung, jedes Geheimnis und jede spirituelle Errungenschaft wird irgendwann abgelegt. Dies ist das wackelige Fundament auf dem neue Generationen ihre Zukunft aufbauen.

Wo bleibt nur der Typ, der mich abholen soll?

Jetzt sitze ich schon siebzig Minuten auf dieser harten Bank in einem abgesonderten Teil der Empfangshalle und schreibe Seite um Seite meine Gedanken und Gefühle in mein geheimes Tagebuch. Ich habe es mir zur Angewohnheit gemacht, wichtige Ereignisse zu dokumentieren. Leider verlor ich mein letztes Tagebuch bei der Flucht aus London. Doch das hält mich nicht davon ab, diese Disziplin des Aufschreibens aufrecht zu erhalten. Im Leben wird einem nichts geschenkt, Weisheit, Freiheit und Liebe schon gar nicht. Ich bin fest davon überzeugt, wer herausfinden will, wer und was er wirklich ist – oder sein könnte – dem bleibt keine andere Wahl, als den Ereignissen in seinem Leben Aufmerksamkeit zu schenken.

Träume sind etwas praktisches, man nimmt sie überall mit, doch sie verflüchtigen sich wie Nymphen, packt man nicht sofort nach ihnen. Leider hat die Morgensonne die Angewohnheit, die anderen Welten – die man in Träumen besucht – zu überstrahlen und damit auch jede Erinnerung an die Reisen dorthin für immer auszulöschen. Inzwischen bin ich ganz gut darin, mich detailliert an meine Traumreisen zu erinnern.

Ich blicke in die Ferne auf den wolkenverhangenen Ozean. Nein, so habe ich mir diese Hawaii-Insel definitiv nicht vorgestellt. Trommelnd prasseln die Regentropfen auf ein Wellblechdach in meiner Nähe. Weint der Himmel zu meiner Begrüßung? Ich hoffe, es sind Freudentränen! Warum der Typ mich hier in dieser verlassenen Ecke des Flughafens treffen will, ist noch so eine Sache, die keinen Sinn ergibt. Keiner kennt mich hier! Ich reise unter falschem Namen. Ich muss mich hier nicht verstecken.

Warte ich doch am falschen Ort?

Abermals sehe ich mich um. Nein, ich bin richtig! Dort drüben steht die Statue des Sonnengottes und hier hängt das übergroße Plakat dieses nackten Hula-Tänzers. Der Jüngling auf dem Plakat sieht extrem geil aus. Er hat schwarzes buschiges Haar und extrem blaue Augen, was perfekt zu seinem braungebrannten Adonis-Körper passt. Bis auf einen geflochtenen Kranz aus Palmblättern auf dem Kopf und grünen Minikränzen um seine Hand- und Fußgelenke trägt er nur noch eine weiß-gelbe Blumengirlande um den Hals. Leider verdeckt des Hula-Tänzers rechte Hand das, was ich gerne sehen würde. Wenigstens habe ich bei dem Grau-in-Grau draußen hier drinnen einen bunten Lichtblick.

Leider war mein Flug von Honolulu hierher keiner dieser Lichtblicke, sondern ein Abstieg in eine dunkle Hölle. Beim bloßen Gedanken an den Albtraum bin ich versucht, mein geheimes Tagebuch sofort beiseite zu legen. Dummerweise bin ich kein Feigling!

Ich las einmal in einem schlauen Buch, dass man nach den wahren Schätzen des eigenen Lebens suchen muss. Die kostbarsten Eigenschaften und die tiefsten Geheimnisse muss man sich verdienen, denn sie sind gut verborgen. Es reicht nicht, auf den Ozean hinaus zu segeln und hinab zu tauchen in die dunklen Tiefen des Unbekannten, um dort nach diesen Schätzen des Lebens zu suchen. Es reicht nicht, sich die Hände schmutzig zu machen, während man im Urschlamm wühlt, um die Austern zu finden, welche diese Perlen bergen. Es reicht auch nicht, die harten Austernschalen zu knacken, um an diese Perlen zu gelangen. Man muss sie rausreißen und sie sich ansehen. Jede einzelne dieser Perlen enthält Erkenntnisse, die sich vielleicht sogar in

Liebe verwandeln.

In meinem Albtraum finde ich leider rein gar nichts von Liebe, doch ich ahne, dass sich dieser Traum wiederholen wird, wenn ich ihm nicht meine volle Aufmerksamkeit schenke. Albträume enden erst, wenn sie zu Ende geträumt sind.

In London habe einige dieser Perlen geborgen und trage sie als unsichtbare Kette um meinen Hals. Einige schimmern geheimnisvoll, während andere noch stumpf ihren wahren Glanz verbergen. Doch da gibt es auch finstere und sehr gefährliche Austern, die ich einfach nicht knacken will.

Wo bleibt nur dieser Typ, der mich abholen soll?

Alles begann als mich ein Internetbekannter mit dem verhängnisvollen Nick-Name Dionysos in die Mysterien des Lebens einzuweihen begann. Danach ging es in London mit meinem damaligen Chef, der ein Freund und mein Mentor wurde, weiter. Niemand kann in die Mysterien des Lebens eindringen, wenn er nicht bereit ist, alles Gewohnte hinter sich zurück zu lassen. Ich verlor alles, was ich glaubte, dass mir lieb und teuer sei. Neugierig tauchte ich tief in die Mysterien des Lebens ein. Mit meiner ersten Einweihung erwachte etwas in mir, das andere haben wollen. Könnte ich es ihnen einfach übergeben, würde ich es sofort tun. Doch so einfach ist das nicht!

Ich verstehe nicht einmal einen Bruchteil von dem, was wirklich in London passiert ist. Nur so viel: gesichtslose Gestalten verfolgen mich. Diese schwarz verhüllten Monster wollen nicht nur meine unsichtbaren Perlen stehlen, sie wollen mich töten. Sie wollen mich rituell opfern, um mir die Macht meiner Geheimnisse zu entreißen. Als ob ich eine Auster sei, die man aufschlitzen müsste!

Mein Mentor riet mir vor der Flucht aus London: *Werde zu dem, was der Wind nicht verwehen kann.* Wo kann ich das besser erlernen, als auf der Insel der Winde mitten im Pazifik?

Dass ich mich einmal als Handwerker und House-Keeper im Regenwald von Maui beweisen muss, hätte ich mir bis vor wenigen Wochen niemals auch nur vorstellen können. Aber das wird die nächsten Wochen meine Realität sein. Ich werde vor, während und nach einem sechswöchigen Camp für schwule Studenten, die das Surfen erlernen wollen für die Anlage zuständig sein.

Als sich Seth vor ein paar Stunden von mir am Flughafen in Honolulu verabschiedet hatte, versprach er mir, mich auf Maui zu besuchen. Wir ahnten jedoch beide, dass dies nicht passieren wird.

Abermals sehe ich mich in der Empfangshalle um.

Wo bleibt nur dieser Typ?

Wieder fällt mein Blick auf die nächste leere Seite meines geheimen Tagebuchs, als ob sie mich daran erinnern möchte, mich dem Albtraum zu stellen. Muss ich dieses Maui-Abenteuer wirklich mit dem Abstieg in die Hölle beginnen? Nur wenn ich auf diese finsteren Schrecken Licht werfe, befreie ich mich davon. Mutig und nicht sonderlich begeistert über meine eigene Disziplin, betitle die Seite mit: *Das Erwecken der Finsternis*.

Abermals sehe ich mich nach jemandem um, der mich davon abhält, nochmals in diesen Abgrund steigen zu müssen. Bis auf den nackten Hula-Tänzer auf dem Plakat bin ich alleine. Ich beginne mit der Niederschrift:

Ich bin gefangen. Ich bin an Händen und Füßen gefesselt. Ich stolpere in Minischrittchen durch einen lichtlosen Dschungel. Es muss kurz vor Mitternacht sein. Nur der Vollmond blinzelt gelegentlich sein Silberlicht durch das dichte Laub. Vor und hinter mir gehen bestimmt an die fünfzig Gestalten, die alle vollkommen von der Finsternis umarmt werden, hintereinander her. Wahrscheinlich tragen sie schwarze Mäntel mit Kapuzen oder weite Umhänge, die jedes Licht schlucken. Wir müssen wie eine schwarze Python aussehen, die sich nächtlich durch den Urwald schlängelt. Direkt vor mir geht eine kleine Gestalt – vielleicht eine Frau? – und hinter mir ein kräftiger Mann, der mich immer wieder vorwärts schubst, wenn ich auf dem Waldboden über Wurzeln oder Steine stolpere. Er nennt mich beleidigend *Schätzchen.* Ich bin nackt. Ein paar Fledermäuse schrecken aus einem Busch hoch und in der Ferne höre ich einen Schakal jammern. Keiner der schwarzverhüllten Pilger spricht. Von ihnen ist nur gelegentlich schwereres Atmen oder ein Husten zu hören.

Entschieden klappe ich mein geheimes Tagebuch zu. Der Schrecken packt nach meiner Gurgel. Nur weil mich der nackte Hula-Tänzer vom Plakat her aufmunternd anlächelt, tauche ich abermals in den Schrecken ein:

„Wo liegt die Pyramide?“

Ich höre die Stimme der kleinen Gestalt vor mir fragen. Es sind die ersten Worte, die ich bis auf *Schätzchen* höre.

„Dort beim Berg neben dem See“, zeigt die Hand des kräftigen Mannes hinter mir in die Ferne vor uns.

„Ich kann nichts erkennen!“, murrt der Junge vor mir. Selbst aus diesen wenigen Worten erkenne ich klar heraus, dass er hier das Sagen hat und keinerlei Widerspruch duldet.

„Sie ist da!", schließt ein dünner Typ mit hängenden Schultern von hinten auf. „Der Sohn des Gottkönigs hat das Siegel zerbrochen. Der uralte Schutz hat sich vollkommen verflüchtigt. Die Pyramide ist seit ein paar Tagen wieder sichtbar geworden."

„Endlich steht uns der Eingang in die Unterwelt wieder offen!", schnaubt der kleinwüchsige Anführer.

Auch ich spähe durch den Dschungel in die Richtung, in der der Schlaksige zeigte. Außer Schlingpflanzen und dem wuchernden Unterholz kann ich nichts anderes in der Dunkelheit ausmachen. Meine Stricke sind glitschig, da sie mir meine Handgelenke blutig geschürt haben. Ich soll als Opfer zur Erweckung der dunklen Pyramide dienen. Wenn die finsteren Gestalten auch nicht zu mir sprechen, so viel habe ich mir dennoch zusammen reimen können.

Nach weiteren Schritten teilt sich das Unterholz und vor uns ragt jetzt der Berg neben dem See. Ich erkenne das nur, weil der Vollmond Millionen von Lichtreflektionen auf den Wellen tanzen lässt und so die Umgebung beleuchtet. Der Berg ist hoch und ähnelt einer der Stufenpyramiden der Hauptstadt.

„Ist der Berg die Pyramide?", fragt eine neue Stimme. Sie gehört zu einem weiteren Mann. Er ist groß und wirkt sehr sportlich.

„Sie ist vollständig erhalten!", staunt eine abermals neue Männerstimme und klingt vergnügt. „Hat wirklich nur das Siegel sie bisher verborgen?", fragt er.

„Das ist die schwarze Pyramide der verbotenen Göttin", brummelt wieder die tiefe Stimme des Stämmigen hinter mir.

„Vorwärts!", befiehlt der Junge.

Augenblicklich beschleunigt sich das langsame Schleichen. Je näher wir der Pyramide kommen, desto stärker fühle ich ihre Präsenz. Es ist, als ob eine gefährliche Bestie vor uns lauern würde.

„Schätzchen, sie wartet auf dich!", spottet der Kräftige.

Die verbotene Pyramide! Ich hörte natürlich als Kind davon. Wie vieles andere, tat ich sie als einen Mythos ab. Für mich war sie nur eine Geschichte, die unsere Dienerschaft ihren Kindern erzählte, wenn diese unartig waren. *Wenn du nicht gehorchst, frisst dich die schwarze Pyramide!* Je näher wir kommen, desto klarer erkenne ich ihre gewaltigen Ausmaße. Sie stammt angeblich aus den Anfängen der Zeit und soll von den Göttern selbst aus einem einzigen Kristall geschlagen worden sein.

„Die Pforte in die Unterwelt!“, spricht es der Knabe vor mir aus.

„Wie gelangt man hinein?“, fragt der Bulle.

„Falls dieser“, sieht mich ein blöd Grinsender unter seiner Kapuze hervor direkt ins Gesicht, „wirklich der ist, den wir in ihm vermuten, dann wird sein Blut die Göttin erwecken.“

Der Schlaksige spuckt angewidert vor mir auf den Boden.

Wissen diese Unheimlichen wer ich bin?

Die Prozession aus verhüllten Gestalten zieht mit ihrem Menschenopfer – mir! – eine lange Rampe hoch. Als wir ungefähr in Höhe des unteren Drittels direkt vor der Pyramide ankommen, schreitet der athletische Mann an uns vorbei zur Spitze des Zuges. Bald stehen wir auf der obersten von drei Pyramidenstufen. Direkt vor dem spiegelglatten tiefschwarzen Kristall kniet der Mann sich hin und singt in einer verbotenen Sprache.

Ich verstehe sie nicht.

Nach einer Weile bewegen sich Wellen durch den Fels.

„Die Pyramide erwacht!“, hüpft das Kind wie toll von einem Bein aufs andere. Der Bullige und der Schlaksige stellen sich rechts und links neben den Athleten und legen jetzt ebenfalls ihre Handflächen auf die Oberfläche der Pyramide.

Nichts weiter passiert.

Jetzt murmeln fünf Gestalten die Beschwörungsworte. Abermals erschüttern gelegentliche Wellen die Oberfläche des Steins; doch das könnte auch eine Illusion des Mondlichts sein.

„Wir brauchen die Steine“, sieht sich der Schlaksige nach dem Kind und dem blöd vor sich Grinsenden um.

„Unsere Macht muss reichen!“ Kaum legen auch das böse Kind und der dämlich Kichernde seine Handflächen auf die Pyramide, wird das Flimmern konstant.

„Wir sind noch immer zu schwach“, knarrt die Stimme des Bulligen voller Zorn. Er dreht sich um und packt grob nach mir. „Schätzchen, jetzt bist du dran!“ Er drückt meine Hände an den Fels und wiederholt sein eigenes Handauflegen. Das Vibrieren verstärkt sich und ein hoher Ton spitzt sich zu.

„Wir brauchen sein Blut!“, lallt der Schlaksige.

Meine gefesselten Hände schmerzen, als der Bullige sie mir immer fester gegen den Stein drückt, um sicher zu gehen, dass mein Blut den Stein tränkt. Kaum tropft davon auf die Außenhülle der Pyramide, höre ich ein Splittern.

Im bisher spiegelglatten Kristall zeichnen sich Risse ab, dann die Form einer Tür. Der Fels löst sich an dieser Stelle stöhnend auf. Aus der Pforte gähnt mir eine Finsternis entgegen, dass ich vor Angst aufschreie.

Der Bullige schubst mich durch die Öffnung.

„Könnt ihr ihren Hunger fühlen?“, fragt der Verrückte. Sein stetig grinsender Mund ist das Einzige, was ich von all den verhüllten Gesichtern sehen kann.

„Was ist das?“, spricht der Schlaksige aus, was mich genauso interessiert. Denn *etwas* greift nach mir aus dem Schlund der Finsternis.

„Das Nicht-Licht, der Anfang der Schöpfung, das Herz der dunklen Göttin“, zählt das Kind auf. „Lasst euch fallen! Lasst euch von der ewigen Nacht umarmen!“

„Ist das die Schwelle zwischen Sein und Schein?“

Ich kann die fünf Männer vor dem Eingang in die schwarze Pyramide sprechen hören, doch im Inneren der Pyramide ist es, als ob ich unter Wasser sei oder sehr weit weg.

„Die Pforte zur Geburtsstätte der Schöpfung!“

„Der Schoss der Großen Mutter“, ergänzt der Schlaksige. „In dieser Pyramide ist eines der Portale.“

All das musste ich als Kind bei meinen Studien unserer Vergangenheit lernen. Ich habe es immer nur symbolisch verstanden.

„Schätzchen!“, tritt der Bullige nach mir durch die Pforte. „Dir haben wir das alles zu verdanken!“

Der Schwachkopf lacht. „Du hast die alten Götter befreit! Du hast das Siegel zerbrochen.“

Das Kind folgt als nächstes in die Pyramide. „Jetzt wird uns dein Opfer die Macht der verbotenen Göttin offenbaren. Du wirst mit deinem Blut das Portal öffnen!“

„Niemals!“, würge ich trotzig hervor.

„Wir fünf werden die Augen, die Ohren, die Hände, die Nase und der Mund der Göttin sein. Wir fünf werden stark genug sein, uns die Krone der Schöpfung aufzusetzen!“, spricht der athletische Mann und verpasst mir einen Tritt, als er in die Pyramide eintritt.

„Niemals“, würge ich hervor.

Plötzlich zerrt eine leblose Stimme aus der Finsternis an meinem Willen. Für einen Moment glaube ich, die dunkle Pyramide selbst lockt mich in ihren Abgrund. Es sind nicht wirklich Worte, doch müsste ich sie in eine Sprache übersetzen, klänge es nach: *Komm! Ich warte auf dich! Erfülle dein Schicksal und vereine dich mit mir! Übergebe mir dein Erbe!* Ich stemme mich mit aller Kraft dagegen. „NEIN!", brülle ich die Schwärze vor mir an: „NIEMALS!"

Der Bullig schlägt brutal auf mich ein, dass ich auf meine Knie falle. Gleichzeitig wird der Lockruf der Finsternis dringender.

Ich kann mich kaum gegen den Ruf der dunklen Göttin wehren. „Nein!", presse ich hervor. Ich möchte mir die Ohren zu halten, doch mit meinen Fesseln ist das unmöglich. „Nein! NEIN!"

„Schweig!", kickt der Schlaksige nach mir.

Eine Umkehr ist unmöglich. Die Göttin hat mich erkannt. Sie weiß, wer ich bin! Der dämlich Grinsende langt nach meinen Fesseln und zieht mich daran tiefer ins Verderben. Trotz der brennenden Fackeln der nach uns eingetretenen Pilger, bleibt es im Inneren der Pyramide vollkommen lichtlos. Je tiefer wir über unzählige Stufen ins Herz der Pyramide absteigen, desto schwerer fällt mir das Atmen. Es stinkt nach dem Ruß der Fackeln, nach Angstschweiß, Urin und allgegenwärtigem Tod. Wie lange wir hinabsteigen, kann ich nicht ermessen. Mir scheint es, als ob ich Leben um Leben vorwärts stolpern würde, ohne jede Hoffnung auf ein Ende.

Endlich erreichen wir den Boden der Pyramide. Wir müssen uns tief im Erdinneren befinden. Erstmals kann ich wieder etwas sehen, denn die Wellen, die immer heftiger durch die Pyramidenwände fluten, erzeugen inzwischen seltsame Lichter. Vielleicht gewöhnten sich auch nur meine Augen an die ewige Nacht. Im Zentrum dieses unterirdischen Gewölbes ragt ein weiterer Kristall aus dem Schoss der Erde. Auch dieser scheint zu pochen oder schwarz zu glühen.

„Du", drückt mich der Schlaksige zu Boden, „wirst auch diese Göttin befreien!"

„Falls du wirklich der bist, den wir in dir vermuten", knarrt die Stimme des Bulligen, die jetzt klingt, als ob uralte Bäume wegen der Äxte, die sie fällen, aufschreien würden. „Bist du es, wird die Göttin dir die Krone entreißen, um sie sich selbst aufzusetzen."

„Ich habe keine Krone!", beteure ich. „Ihr verwechselt mich!"

Der Bullige schlägt mir ins Gesicht, dass ich Blut schmecke. Danach stellen sich die fünf Handaufleger um den schwarzglühenden Kristall; und die bestimmt fünfzig Pilger bilden weitere Kreise.

Ich fühle die aufkommende Panik der Versammelten. Der Gestank ihrer Angst ist kaum auszuhalten. Zu den Fünf im Zentrum gesellen sich noch zwei Helfer, die hergebrachte Glutbecken entzünden. Bald steigt Qualm auf, denn die beiden werfen Kräuter und Drogen in das Feuer. In den Augen brennende Schwaden lullen uns immer dichter ein. Ich schnappe nach Luft und keuche erstickend.

Die fünf Handaufleger, wie auch die beiden Raucher, stellen sich zu siebt im Kreis um das pochende Pyramidenherz. Mich haben sie vor sich in die Mitte gezehrt. Schutzlos bin ich von den Todes-Priestern umzingelt. Einer um den anderen öffnen sie ihre Roben und lassen sie zu Boden fallen. Nackt glänzen ihre sieben schwitzenden Leiber im Schein der Fackel und der Glutbecken. Die Sieben murmeln in der verbotenen Sprache neue Beschwörungen. Ich kann ihre Macht fühlen, die sich über alle Anwesenden ausbreitet. Bald fallen reihum alle Pilger auf ihre Knie und drücken ihre Stirn gegen den Boden dieses unheiligen Ortes.

Ich kann vor Angst kaum noch atmen.

Die sieben Priester der verbotenen Göttin drehen sich mit ihren Rücken zum pochenden Kristall. Ich kann ihre Gesichter noch immer nicht sehen, jedoch ihre so unterschiedlichen Körper. Da stehen: ein Mann, kräftig wie ein uralter Baum; ein großgewachsener Athlet; eine schlaksige Gestalt mit krummem Rücken; ein Mittelgroßer, der selbst bei diesem Wahnsinn noch immer zu grinsen scheint; und der Kind-Mann; die beiden letzten stehen auf der anderen Seite und ich kann sie nicht erkennen. Plötzlich zücken die fünf Handaufleger Dolche und rammen sie den beiden Feuer-Priestern in die Leiber. Der Gestank der Todesangst der Versammelten ist kaum noch auszuhalten, während die Opfer über dem Kristall verbluten.

Dann sehe ich es. Die Fünf krallen mit unsichtbaren Händen nach der Lebensenergie der Versammelten, um diese in das Herz der Pyramide zu leiten. Erst jetzt, in ihrer Todesqual wird den Pilgern bewusst, dass sie keine Zeugen der Erweckung der dunklen Göttin sind, sondern Menschenopfer.

Plötzlich höre ich eine weibliche Stimme aus der Tiefe meines Herzens mir zuflüstern: „Durchschaue die Illusionen und die Hypnose! Erwache zu dem, der du sein könntest!“

Was hat das zu bedeuten?, frage ich in Gedanken.

Immer gewaltiger nährt ein Strom aus purer Lebensenergie das versteinerte Herz der Finsternis. Bis auf die Fünf und mich, wird sonst jeder abgeschlachtet.

„Du!“, zeigt eine neue Gestalt auf mich, die über die lange Rampe herbeieilt. Es ist ein junger Tänzer. Auch er ist nackt und auch sein Gesicht bleibt in der Finsternis verborgen.

„Möchten Sie noch etwas trinken, bevor wir auf Maui landen?“ Mit diesem erlösenden Satz der Flugbegleiterin endete mein Albtraum. Kam der junge Tänzer, um mich zu retten oder um das letzte Opfer zu vollziehen?

Ich bekomme einen neuen Namen

„Hi Dude!", begrüßt mich eine männliche Stimme.

Ich habe nach dem Aufschreiben bestimmt eine weitere Viertelstunde in den Regen gestarrt. Was hat der Traum zu bedeuten? Niemals werde ich dunklen Priestern beim Erwecken einer Göttin helfen.

„Blondy, bist du der Neue?", fragt der Ankömmling.

Ich drehe mich der Stimme zu. Ein Typ mit zerzausten schwarzen Haaren in zerschlissenen über den Knien abgeschnittenen Jeans und einer offenen uralten Wildlederjacke steht barfuß vor mir. Seine Augen sind extrem blau, was zu seiner Haut, die vom Dauersurfen tiefbraun gegerbt ist, einfach geil aussieht. Seine polynesischen Züge lassen auf einen Eingeborenen schließen. Auf seiner nackten Brust trägt er zwei Blumengirlanden aus weiß-gelben Orchideen.

Als ich ihn nur dumm anstarre und nicke, stülpt er mir einen der Blumenkränze um den Hals. „Aloha! Willkommen auf Maui!"

Der schwere süßliche Duft der Blumen hüllt mich augenblicklich ein.

„Das sind *Frangipani*, das Zeugs wächst hier überall!", zieht mich der schöne Insulaner an meiner linken Hand vom Sitz hoch. „Wartest du schon lange?", nickt er auf mein schwarz gebundenes Tagebuch mit vollgeschriebenen Seiten.

„Ja, ja! Danke für die Willkommensgirlande!" Wenn ich es auch niemals offen zugeben würde, doch die Geste rührt mich. Jeder Ankömmling auf der Insel erhielt einen solchen Blumenkranz übergestülpt. „Ich bin ..."

„Psst!", hält sich der Jüngling sofort seinen rechten Zeigefinger auf seine Lippen und sieht sich nach allen Seiten um. „Deinen alten Name hast du abgelegt, als du dich fürs *Camp Telesterion* entschieden hast. Für die Dauer deines Aufenthaltes bist du neu benannt worden."

„Echt jetzt?"

„Dieses Camp ist anders, als alle vorherigen!"

„Aha!"

„Janus, der neue Campleiter, bestand darauf, dich *Eleuthereus* zu nennen."

„Eleuth-was? Nein, danke! Niemals!", schüttle ich wegen des unaussprechlichen Namens meinen Kopf.

„Ilutherus", wiederholt Funkelauge sehr undeutlich sprechend. „Kürz es ab, wenn du willst, aber sprich niemals deinen alten Namen auf der Insel der Winde aus. Verstanden?"

„Ja, ja!" Ich verstehe kein Wort. Ahnt der Typ, dass ich mich hier verstecken will? Bewerben sich nur Gauner und Flüchtlinge im Camp *Telesterion* um einen Job?

„Du bist auserwählt worden", mustert mich der Eingeborene.

„Ja, ja!", winke ich ab. „Hatten sich viele für den Job beworben?"

„Das meinte ich nicht damit. Das weißt du!"

Ich weiß es natürlich nicht. „Du hast beim zweiten Mal den Namen anders ausgesprochen. Doch das klang ganz annehmbar. Kann ich mich Ileu oder Illu nennen?"

„Blondy, Illu passt zu dir!", klopft mir der Schwarzhaarige auf die Schulter. „Mann, hast du Muskeln", staunt er. „Ich bin Brom, was die Kurzform von *Bromios* ist."

„Dein richtiger Name?", frage ich.

„Illu, hast du mir eben nicht zugehört?", verdreht er seine extrem blauen Augen. „Brom ist mein Initiationsname, den ich während der Prüfungen im Camp *Telesterion* trage werde."

„Prüfungen? Initiationsname?" Leider ahne ich sofort, dass mich das Schicksal einmal mehr nicht aus den Augen verloren hat.

„Sorry, dass ich dich in diese Ecke des Flughafens bestellt habe. Nur hier hängt mein Poster!", zeigt er auf das Hula-Poster."

„Das bist du?", gaffe ich ihn an.

„Yep! Leider musste ich mich so positionieren, dass mein Lümmel durch meine Hand verdeckt wird. Amerikaner sind ein prüdes Völkchen!"

„Bist du echt ein Hula-Tänzer?" Ist er der Tänzer aus meinem Albtraum?

Der Typ bläht seine Brust und nickt.

„Tanzt du nackt?"

„Wann immer es geht", nickt der Hawaiianer. „Packen wir dein Zeugs zusammen und fahren los! Es wird bald dunkel."

„Allerdings! Ich warte schon seit ..."

„Du bist jetzt hier", würgt er meine Rüge ab. „Nur das zählt!"

„Schade, ich wollte mir die Insel ansehen. Ich habe mich erkundigt, die Küstenstraße in den Osten muss das High Light von Maui sein!"

„Ist sie! Wir können hier in Kahului übernachten und morgen die Straße nach *Hana* nehmen. Das Camp kann noch einen Tag auf dich warten. Illu, kotzt du im Auto?“

„Was?“ Mit diesem neuen Spitznamen angesprochen zu werden, klingt noch fremd.

„Illu, wird dir übel auf kurvigen Straßen?“

Da ich meinen Kopf schüttle, packt Brom meinen Koffer und schultert meine Sporttaschen. „Mein Jeep steht dort drüben“, nickt er Richtung Parkplatz. „Mann, schleppst du viel Zeug mit dir rum!“

Ich lange nach meinem Rucksack und folge dem Typen aus der Ankunftshalle zu seinem Wrangler Jeep. Ich schätze den schrägen Vogel auf neunzehn oder zwanzigjährig, also gleichaltrig.

Brom singt laut vor sich hin und tritt dabei wie ein Lausebengel im Takt in jede Pfütze, dass meine weiße Shorts bald von oben bis unten mit Wasser und roten Sandflecken gesprenkelt ist. Wenigstens hat der Regen von oben inzwischen aufgehört und ein Regenbogen spannt sich über den Flughafen.

„Ist das Wetter auf Maui immer so miserabel?“, versuche ich cool zu bleiben und die Flecken zu ignorieren.

„Wir haben auf Maui keine Jahreszeiten. Illu, hier herrschen immer sommerliche Temperaturen – auch nachts. Nur die Winde wechseln. Außer im Mai regnet es im Durchschnitt zwischen zwölf bis fünfzehn Tage pro Monat. Im Norden oft für Stunden, doch im Süden kann es auch tagelang trocken bleiben oder nur zur Mittagszeit kurz regnen. Du wirst es erleben! Wasserscheu?“ Um es gleich zu testen, springt Brom mit Anlauf in die nächste Pfütze, sodass mir vom roten Schlammwasser bis ins Gesicht hoch spritzt. Mein ebenfalls weißes Leinenhemd hat sich somit gerade farblich meiner Hose angepasst. Wie Blut rinnen dünne Bächlein über meine Arme, Hände und mein Gesicht. Ich schiebe das Bild rasch zur Seite.

Kaum im Wagen, fährt Brom wie er spaziert und singt: wild drauflos. Ich hüpfe auf dem Beifahrersitz oft so hoch, dass ich mich am Rahmen festkrallen muss, um nicht aus dem Wagen zu fliegen. Bald ist mir wirklich zum Kotzen.

Brom hält sich Richtung Westen und schwenkt irgendwann auf die *Waiehu Beach Road*. Ihr folgt er bis zum Ortsrand der Stadt, wo er zwischen einem Ananasfeld und Palmen an den Strand steuert, um vor einer einst blaugelb angemalten Bretterbude zu parken. Dichtes Grün mit Orchideen-Blüten wuchert die Holzwände hoch. Eine Palme breitet ihre Wedel über der Hütte aus.

„Ein Freund von mir wohnt hier, wenn er zum Surfen her fliegt.“ Brom stößt die angelehnte Tür mit seinen Zehen auf. Eine Ziege flüchtet meckernd ins Freie. „Ups, ich hab wohl vergessen abzuschließen!", zuckt Brom mit der Schulter, schnuppert und atmet erleichtert auf. „Das Vieh kam nur zu Besuch, lebte aber nicht hier!"

Ich verkneife mir jeden Kommentar. Das Schlafzimmer war zum Glück verschlossen und nach etwas Durchzug riecht es ganz frisch nach schwülem Regenwetter und blühendem Jasmin, der unter dem Fenster wächst.

Brom bezieht laut singend das Doppelbett frisch. Als er meine Blicke bemerkt, lacht er auf: „Illu, easy! Falls du das Bett nicht mit mir teilen willst, penne ich draußen in der Hängematte."

„Kein Problem!", winke ich ab.

„Sehe ich auch so! Ich kann uns was zum Futtern kommen lassen oder wir spachteln in einer der Buden am Strand."

„Können wir dahin spazieren?"

„Logo! Bei *Nui's* gibt's immer frischgefangenen Fisch vom Grill mit Fritten und Salat."

Ich folge Brom barfuß den Strand entlang Richtung Stadtzentrum in meinen rotgesprenkelten Leinenklamotten.

Die Sonne fiel vorhin regelrecht ins Meer. Gerade war es noch hell, ist es nur Momente später stockdunkel, was für Äquatornähe typisch ist. Der Regen hat aufgehört. Der Sand ist nass und fühlt sich barfuß toll an. Brom trällert wieder ein Liedchen und sieht mich immer wieder grinsend an. Singt er nicht, redet er ohne Punkt und Komma. Er muss ständig Geräusche machen, als ob er Ruhe nicht aushalten könnte. Längst habe ich erfahren, dass auch er im Camp *Telesterion* arbeiten wird. Er wird dort den Studenten *Hula* unterrichten. Er sei ein *Kumu*, erzählte er stolz. Ein Kumu ist ein anerkannter Hula-Tanzlehrer, was eine echt große Ehre bedeutet. Er werde wahrscheinlich mit mir und noch anderen zusammen gemeinsam eine der Hütten bewohnen, da wir beide am Spezialprogramm teilnehmen würden.

Von einem Spezialprogramm weiß ich natürlich auch nichts.

Dies würde Broms dritte Saison als *Kumu* im Camp sein. Weil ich immer meine Nase rümpfe, wenn er von Hula zu schwärmen beginnt, ringt er mir das Versprechen ab, wenigstens einmal an seinem Unterricht teilzunehmen.

Nui's gegrillter Fisch ist eine Delikatesse und ich verspachtle zwei Portionen mit Spezialsoße und jeder Menge Fritten dazu.

Brom befragte mich nicht ein einziges Mal über meine Vergangenheit, oder was ich bisher getan habe, und woher ich ursprünglich komme. Er will nur wissen, wovon ich träume und was ich mir von Maui und dem Spezialcamp erhoffe.

Natürlich behalte ich meinen Albtraum für mich!

Auch wenn wir uns daran halten, unsere wahren Namen und unsere Vergangenheit nicht zu erwähnen, bricht Brom doch seine eigene Regel fortlaufend. So erfahre ich vom Vielredner, dass er auf der Insel *Molokai* geboren wurde, aber auf der Insel *Oahu* in Honolulu aufwuchs und seit zwei Jahren an der dortigen Uni studiere. Er verrät mir auch, dass er sich wünscht, im Spezialprogramm sein Erbe zu erkennen, um es für die Prüfungen voll zu entfalten. „Vielleicht wird einer von uns beiden der Eine sein?" Schulterzuckend mustert er mich von meinen Zehen bis zum hellblonden Scheitel. „Wir werden es bald wissen!"

Mehr darüber, was es mit diesem *Einen* auf sich hat, verrät mir Brom trotz mehrmaligem Nachhaken nicht. Immer lacht er und seine extrem blauen Augen bohren sich direkt in mein Herz. Ich mag den sportlich gebauten Hula-Tänzer und hoffe mit ihm, als meinem neuen Roommate, ein paar angenehme Wochen hier auf der Insel zu verbringen.

Erst kurz vor Mitternacht spazieren wir den Strand entlang zurück zur Hütte. Brom behält Recht, die Temperatur bleibt auch nach Mitternacht sommerlich war.

„Schwimmen wir vor dem Schlafengehen?" Bevor ich antworten kann, streift sich Brom bereits seine Lederjacke ab und schlüpft aus seiner Jeans. Nackt läuft er zur Brandung voraus und stürzt sich laut grölend in die erste Welle. „Illu, wo bleibst du?"

Ich bin weder scheu noch verklemmt, warum ich keine Minute später genauso nackt neben ihm in den Wellen auftauche. Vergnügt spritze ich ihm Wasser ins Gesicht und tauche abermals im schwarzen Ozean mit dem weißen Brandungsschaum ab. Irgendwann treibe ich auf dem Rücken liegend neben ihm, lasse mich von den Wellen schaukeln und starre zu den Sternen über uns. „Ich hoffe, hier ebenfalls mein Erbe zu verstehen", gestehe ich ihm.

Brom sieht zu mir rüber, lächelt und summt ein hawaiianisches Lied, während uns die schäumende Gischt überrollt. Irgendwann krault er an Land, hebt seine Sachen auf und spaziert nackt in Richtung Hütte voraus. Ich folge seinem Beispiel in seinen Fußstapfen.

In der Hütte stellt sich Brom singend unter die Dusche und putzt sich später auf der Terrasse seine Zähne. Ich wasche mir das Salz an einem Schlauch vor der Hütte vom Leib und genieße die ungezwungene Freiheit. Mich nackt zu bewegen, wurde mir in London zur zweiten Natur

Nach einer Weile gibt mir Brom mit einem Kopfnicken zu verstehen, das Bett aufzusuchen. Er legt sich wie er ist hinein, klopft neben sich und schlägt mir die Leinendecke auf. Kaum liege ich neben ihm, kuschelt er sich an mich. So schlafe ich in seinen Armen ein, während er leise ein Gutenachtlied anstimmt und meine Brust streichelt.

Irgendwann später erwache ich, weil ein grünes Licht das Zimmer flutet. Ich vermute einen Scheinwerfer, befreie mich sanft aus Broms Armen und wende mich ab. Kaum löst sich unser Körperkontakt erlischt das Licht. Da ich schon lange nicht mehr an Zufälle glaube, sondern an Erfahrungen, teste ich es. Kaum berühre ich den Schlafenden wieder, strahlen unsere beiden Körper grün. Kopfschüttelnd wiederhole ich den Test drei weitere Male und jedes Mal passiert das Gleiche. Zwischen uns funkt es nicht, zwischen uns grünt es!

Brom murmelt etwas im Schlaf, schlingt seinen Arm wieder um mich und spielt träumend mit meinem Penis, während das grüne Licht weiter das Zimmer gespenstisch beleuchtet.

Eine alte Bekannte

Dienstag: 16. September

Brom sitzt in seiner abgeschnittenen Jeans am Küchentisch und reicht mir frische Brötchen, die er bereits irgendwo eingekauft haben muss, als ich mich mit einem Badetuch um meine Hüfte geschlungen zu ihm geselle. Ich habe kein Bedürfnis über unsere körperliche Nähe der vergangenen Nacht zu sprechen, noch sie irgendwie zu benennen. Für mich war es einfach die spontane Nähe zu einem neuen Freund. Die Sonne brennt heiß und es fühlt sich erstmals wie Urlaub an. Über uns rascheln die Palmwedel und der schwere Duft der Frangipaniblüten, die die Hüttenfront überwuchern, lullt mich total ein.

„Hula ist die Sprache des Herzens", sieht mich Brom an. „Hula ist der Herzschlag des hawaiianischen Volkes. Ich habe heute Nacht mein Ohr auf dein Herz gelegt und gelauscht. Dein Herz schlägt im Rhythmus der Wellen und dein Atem klingt wie der Nordwind."

„Ähm, danke!", murmle ich.

„*Hilo,* der pensionierte Housekeeper des Camp-Geländes, wird uns nicht vor dem späten Nachmittag erwarten. Wir können der *Road to Hana,* der

Nordküste, folgen und uns den *Garten* Eden und andere Sehenswürdigkeiten ansehen oder wir fahren über die Südstraße durch die Zuckerrohrfelder ins Camp."

„Auf welcher Straße muss ich kotzen?"

Brom lacht auf, hilft mir danach beim Verladen meines Gepäcks im Jeep und knallt die Tür der Hütte ins Schloss. Diesmal schiebt er zusätzlich einen Stuhl unter die Klinke und hüpft barfuß in seinen Wagen. „Next stop: Garden Eden! Fasten your seat belt!"

Anders als gestern fährt Brom heute zivilisiert, wofür ich ihm in der extrem kurvenreichen Küstenstraße sehr dankbar bin. Der Ausblick auf den wilden Ozean ist überwältigend. Zu unserer Rechten erklettert der Regenwald die steilen Hänge des Haleakala. Immer wieder passieren wir donnernde Wasserfälle, die tiefe Schluchten und Becken geformt haben. Die *Road to Hana* schlängelt sich über Brücken und durch Schluchten immer weiter gegen Osten. Ich habe längst aufgehört die Regebogen zu zählen, die fast neben oder über jedem Wasserfall zu sehen sind. Oft fallen zu unserer Linken Schluchten fast senkrecht zur Küste ab, wo die starke Brandung ans Vulkangestein kracht. Der schwarze Fels, die saftig grüne Vegetation, die weißen Muscheln und die rote Erde lassen mich meine Vergangenheit vergessen, während wir uns Kurve um Kurve, Brücke um Brücke meiner ungewissen Zukunft nähern.

„Den Felsen da vorne kenne ich!", zeige ich auf eine Felsnadel in der Brandung, die wie ein Vorposten die Einfahrt in die nächste Schlucht bewacht. „Wie ist das möglich?"

„Jurassic Park!", winkt Brom ab. „Hier flog die Crew beim ersten Film mit dem Helikopter am Fels vorbei durch die Schlucht zum Garden Eden hoch."

„Voll wahr?"

„Yep! Leider bin ich hier noch nie einem echten Dinosaurier begegnet. Aber alles kann sich ändern! Vor allem in diesem Jahr!"

„Warum?", frage ich dumm.

„Außer uns beiden reisen noch weitere Götter-im-Training an. Glaub mir, Blondy, noch ein paar mehr von unserer Sorte, da kann alles passieren!"

„Ja, ja!", winke ich ab. „Götter-im-Training, klingt ja lustig! Sind damit die anderen Helfer während des Camps gemeint?"

Weil Brom daraufhin wieder in eines seiner Liedchen einstimmt, hake ich nicht nach, sondern gaffe auf die Felsnadel, danach die Schlucht hoch. „Ja, ein echter Dinosaurier wäre schon cool!", breche irgendwann ich die Stille.

Der Garden Eden ist mit nichts zu vergleichen, was ich jemals zuvor gesehen habe. Hier im tropischen Inselklima wächst einfach alles, tiefgrün, feuerrot, gelb und blau, wuchert jede nur erdenkliche und undenkliche Pflanzenart. Auf unserem Spaziergang passieren wir riesige Farne, Bambuswälder und seltsame rote Büsche, die aussehen wie zwei Meter lange Wedel aus fleischigen Blättern an grauen Stielen und Regenbogen Eukalyptus, deren Rinde wie von einem Kind bunt bemalt aussieht. Überall sind Palmen, Pfefferbäume, Kakteen und Bananenstauden und zehntausend Blumen. Weil der Garten am Hang liegt und sich durchs Tal immer tiefer in den Regenwald zieht, hat man fast von überall Einblicke in immer verrücktere Märchen- oder Horrorwälder.

„Das sind Drachenfrüchte, meine Liebe!“, höre ich aus der Ferne eine Frauenstimme. „Oh, Schwester, schau dir diesen Goldregen neben den Mimosen und der spanischen Myrte an.“

Die beiden Frauen, eine junge mit Blumenkränzen im geflochtenen Haar und um den Hals, die andere uralt in einem extravaganten Deux-Piece aus graubestickter Seide zu ebenso grauen High Heels spazieren vor uns zwischen zwei afrikanischen Tulpenbäumen.

Die Weißhaarige mit der aufwendigen Frisur und viel Schmuck dreht sich uns zu. „Eleuthereus, Bromios!“, ruft sie uns bei unseren Initiationsnamen. „Seht euch diesen Pfauenstrauch an!“, zeigt sie mit silbern lackierten Fingernägeln auf Blüten mit Staubgefäßen, die wirklich an einen Pfauenschweif erinnern.

„Aloha, Klio!“, verneigt sich Brom vor der uralten Königin dieses Waldes. „Welche Ehre, Euch hier zu begegnen!“

„Nicht doch!“, winkt die Diva ab. „Euterpe und ich warteten auf euch.“ Klio hakt sich bei mir unter und führt mich zu einem Teich mit Seerosen und Zypressengras. „Sonnenschein“, dreht sich mir die Diva zu, als Brom und Euterpe hinter uns zurück bleiben. „Du hast unsere erste Begegnung überlebt und all deine Prüfungen in London bestanden.“

„Ähm, ja“, nuschle ich. „Ich glaube, dass ...“

„Glaube ist das Saatbeet deiner Entfaltung, doch ohne die Erfahrungen, dieses wichtige Düngemittel, keimt und wächst nichts, noch entfaltet es sich zur vollen Blüte und Reife.“

„Ähm, ja!“, murmle ich.

„Doch Bewusstsein, mein Sonnenschein, Bewusstsein ist die Ernte. Ich behalte dich im Auge! Achte auf deine Träume, sie werden dir den Weg zum Versteck zeigen!“

„Welches Versteck?"

„Nur so viel!", sieht mich die uralte Lady an. „Du könntest der sein, der das Zerbrochene wieder heilen könnte. Dazu brauchst du die Steine."

„Welche Steine?", platzt es aus mir heraus.

Die Diva antwortet mir abermals nicht, sondern fährt fort: „Finde die Steine bevor es die fünf dunklen Priester tun. Erwecken sie das Schlafende im Vulkan, dann ..." Klio löst ihren Arm aus meinem angewinkelten Ellbogen, klatscht in die Hände und winkt Euterpe herbei, damit sie sich eine besonders rotleuchtende Seerose ansehe. „Noch etwas! Nicht jeder ist das, was er zu sein vorgibt! Normalerweise bleibe ich neutral, doch was sich der Insel nähert, kann uns alle vernichten." Damit lässt sie mich einfach stehen.

Ich habe einmal von Klio geträumt. In meinem Traum trug die alte Diva einen riesigen Saphir um den Hals. Auch schon in jenem Traum war sie sehr bestimmt und forderte mich auf, mich stolz zu dem zu erheben, der ich sein könnte oder falls nicht, mich für immer aus ihrer Gegenwart zu entfernen. In jenem Traum chauffierte mich Seth – mein heutiger Lover – an den Strand, wo er mich irgendwo in der Nähe von Malibu, neben Los Angeles, absetzte. Ich fand jenen Tempel, den Klio erwähnte, und stolperte wirklich durch eine seiner verfallenen Wände in eine andere Welt. Über moosüberwucherte von den Jahrhunderten vollkommen verwitterte Steinstufen erkletterte ich einen Hügel. An mehr aus jenem Traum kann ich mich nicht mehr erinnern. Damals glaubte ich, diesen Wald in London zu finden, was ich jedoch nicht tat. Betrat ich schon damals in jenem Traum die Insel Maui, als ich von einer Welt in die andere überwechselte? Aber woher weiß das Klio? Das war ein Traum. Ein Traum, den ich in Basel träumte, lange bevor ich überhaupt ahnte, was das Schicksal mit mir plant.[1]

Brom kommt mit Euterpe auf mich zu. Die jungaussehende Frau stellt sich mir als eine der Lehrerinnen des Camps *Telesterion* vor. Ihr Alter kann ich überhaupt nicht einschätzen. Euterpe könnte siebzehn, aber genauso gut fünfzig sein. Sie kniet sich in den Rasen, beugt ihr Haupt dicht über die feuerrote Seerose, die ihr Klio zeigen wollte. Auch sie hat uns Jungs aus ihrem Bewusstsein gestrichen, als sie sich nach ein paar Minuten stiller Bewunderung der Seerose wieder erhebt. Weder Euterpe noch Klio sprechen uns nochmals an oder würdigen uns auch nur eines Blickes. Die beiden ungleichen Frauen spazieren einfach schweigend zu ein paar Drachenbäumen den Hügel runter.

„Was war denn das?", flüstere ich zu Brom.

---

[1] Siehe „Nackte Geheimnisse, Himmelstürmer Verlag, Herbst 2015

„Die Musen kommen und gehen, wie die Winde."

„Aha!", nicke ich und schneide eine Grimasse. Da der sonst so gesprächige Hawaiianer schweigt, bohre ich nicht weiter. Kopfschüttelnd wende ich mich noch einmal nach den beiden Frauen um, doch der Weg ins Tal ist menschenleer.

Erst später, zurück im Wagen, quält mich wieder die Neugier. „Brom, diese Frauen kannten meinen komischen Namen, den du mir am Flughafen verpasst hast. Wie das? Ein Zufall?"

„Mann, Illu, es gibt keine Zufälle! Und wenn wir gerade dabei sind, auch keine Wunder!"

„Aha!"

„Wunder sind nur unbekannte Gesetze oder die unreifen Früchte eines Baums. Bestaune die Blüten im Frühling, die grünen Früchte im Sommer und die Reifen im Herbst. Wunder müssen reifen."

„Ja, ja!", stupse ich Brom in die Seite. „Hat dir das vorhin Euterpe geflüstert?"

„Bingo!", lacht er auf. „Noch Lust auf weitere Sehenswürdigkeiten oder wollen wir zum Camp?"

„Die Insel ist ja nicht sehr groß. Ich habe noch Wochen, mir alles anzusehen. Für heute reicht's mir!"

Wir passieren nach einer halben Stunde Fahrt *Hana*, ein kleines Küstenstädtchen ganz im Osten von Maui gelegen, und kurven über weitere verwitterte Steinbrücken in den Süden der Insel. Die Wellen der Brandung sind hier, kaum haben wir Hana passiert, nicht mehr so wild; und der Nordwind hat sich gelegt.

Je weiter wir uns von *Hana* entfernen, desto enger und schlechter wird die Straße. Als wir *Kipahulu* erreichen, brennt die Sonne heiß. Der schwarze Strand in der Ferne und das Blau des Ozeans ziehen mich magisch an, um zu baden, doch Brom steuert in einen abzweigenden Pfad, in den Haleakala *National Park* ein. Noch einige Male biegt er von immer enger werdenden Pfaden ab, bis ich keinen Weg mehr erkennen kann.

Hat mich Klio hier am Ende der Welt gefunden, dann vielleicht auch meine Feinde? *Etwas nähert sich der Insel, das uns alle vernichten kann!* Ich müsse auf meine Träume achten, um irgendwelche Steine zu finden, die fünf dunkle Priester davon abholten sollen, das Ende der Welt einzuläuten. Ich könne der Eine sein, der heilen muss, was er einst zerstörte. Und ich dachte, ich könne hier ein paar Tage Ferien machen!

„Wir sind da!“, springt Brom neben mir aus dem Jeep, zieht sich seine Lederjacke aus und spaziert barfuß unter den ausladenden Ästen eines Banyan Baumes hindurch in den Regenwald, der ihn schon nach wenigen Schritten verschluckt. „Illu, wo bleibst du?“, höre ich ihn nach mir rufen.

„Ja, ja!“ Sind wir im Camp angekommen? Ich kann es nicht sehen. Ich hieve meinen Koffer, die beiden Sporttaschen und meinen Rucksack aus dem Kofferraum und folge damit Brom, der an den Stamm eines Eukalyptusbaums gelehnt auf mich wartet. Hier wächst genau so viel Grünzeug von unten nach oben, wie von oben nach unten.

„Willst du das alles mitschleppen?“

„Logo!“, schneide ich eine Grimasse. „Wo ist das Camp?“

„Camp?“ Brom lacht plötzlich schäbig. „Glaubst du, wir sind schon am Ziel? Na gut! Gib mir deine beiden Taschen und den Rucksack!“

Ich versuche danach meinen roten Samsonite Koffer über den holprigen Boden zu ziehen. Erst nach etwa hundert Schritten kreuz und quer durch den Regenwald kommen wir auf einen Pfad.

„Ist es noch weit zum Camp?“

Brom antwortet mir nicht, schneidet aber eine Grimasse.

Eine Weile führt der schmale Weg an einem Bachlauf entlang, um sich später steil in eine der Schluchten des Haleakala hinauf zu schlängeln. Wir passieren zwei Wasserfälle, die aus enormer Höhe neben uns in tiefe Schluchten donnern. Eng am Fels entlang führt ein kaum sichtbarer Trampelpfad, den ich mit meinem Koffer kaum bewältigen kann. Irgendwann erreichen wir eine Zwischenebene, auf der ein verzweigter Fluss sich tief in den Vulkanfelsen gegraben hat, um sich am Vorsprung in drei Wasserfälle zu teilen.

„Tritt bloß in keinen der Flüsse. So nahe an der Kante ist der Sog echt stark!“, warnt mich Brom und springt mit meinen beiden Sporttaschen in seinen Händen balancierend über die vielen Verzweigungen des Baches, um in der nächsten Schlucht zu verschwinden. Als er hinter einem Grad wieder auftaucht, hat er mein Gepäck auf einen der Felsen geschichtet und klettert flink über eine glitschig aussehende Furche mitten durch den nächsten Bach. Kaum drüben, verschwindet der Hawaiianer hinter einem weiteren Wasserfall.

„Was ist mit meinem Gepäck?“, schreie ich ihm nach.

Brom taucht wieder hinter dem Wasserfall auf. „Lass es liegen!“, brüllt er aus vollem Halse, um den Lärm zu übertönen. „Ich will dir etwas zeigen, bevor wir weiterklettern. Folge mir!“

Weil die Gischt des Wasserfalls, der keine zehn Meter vor uns aus enormer Höhe in die Tiefe donnert und mich sofort durchnässt, lasse ich sowohl meine Flip-Flops, wie auch mein Leinenhemd und meinen Koffer zurück, um auf allen Vieren über die nassen Steine am Hang durch den Bach zu kraxeln. Ein falscher Schritt und ich stürze bestimmt zwanzig Meter in die Tiefe, um – nur falls ich Glück habe – im Wasserbecken unter dem Grünzeug im Dschungel abzutauchen, statt auf den Felsen zu zerschellen. Als ich nicht mal die Hälfte bewältigt habe, bin ich so nass, als ob ich geduscht hätte. Zentimeter um Zentimeter angle ich mich durch den Bach vorwärts, bis dieser kaum sichtbare Pfad mich hinter den Wasserfall führt, sich dort verbreitert und in eine Höhle mündet.

Drinnen sitzt Brom auf einem Stein und wartet auf mich. Er trällert ein Liedchen, das ich aber wegen dem Naturgetöse kaum hören kann. Der verrückte Hawaiianer stapft tiefer in die Höhle hinein und wird nach nur zwei Metern von der Finsternis verschluckt. Kurz tauchen die Bilder meines Albtraumes auf und es kostet mich Überwindung, mich vollkommen blind vorwärts in die Finsternis zu tasten. Doch der Tunnel ist kurz und lichtet sich sofort nach einer Biegung. Was ich jetzt sehe, haut mich regelrecht um. Ich stehe am Höhlenausgang auf der Schwelle in eine Märchenwelt. Ein weiterer Wasserfall an der Rückwand dieser verborgenen Grotte hat hier ein wuchtiges Becken ausgegraben. Die steilen Hänge um uns herum sind alle dicht mit fleischigen Pflanzen mit gigantischen Blättern, die wie ein Dach über dieses Becken wachsen, überwuchert. Ich habe noch nie etwas derart magisches gesehen. Überall blühen Orchideen im Grün. Die Lianen, die in die Grotte hängen, sind so zahlreich, wie das nur in einem echten Regenwald sein kann. Das Sonnenlicht, das sich durch das grüne Dach kämpft, tanzt glitzernd im Wasserbecken, in dem einzelne flache Felsen zum Sitzen oder Liegen einladen. Überall haben sich im feinen Nieselregen des Wasserfalls Regenbogen gebildet, dass ich meinen Mund vor Staunen nicht mehr zukriege.

Brom zieht sich seine Jeans aus, taucht mit Kopfsprung ins Wasser und schwimmt zu einem der flachen Steine, um sich daraufzulegen. „Komm schon!"

Das kristallklare Wasser ist erfrischend, aber nicht kalt und der Felsen von den wenigen Sonnenstrahlen angenehm aufgewärmt.

Brom sagt kein Wort, doch seine extrem blauen Augen blitzen vor Stolz, mir dieses gehütete Geheimnis anvertraut zu haben. Wer diese Grotte findet, der muss sich hier im Regenwald sehr gut auskennen. Nach einer Viertelstunde ausruhen und staunen, schwimmt Brom an den gegenüberliegenden

Beckenrand und teilt dort nackt das Dickicht. Diesmal bleibe ich ihm dicht auf den Fersen. Hinter Riesenfarnen und hohen Gräsern befindet sich ein Pfad durchs Blattwerk exotischer Pflanzen. Abermals ist Brom von einem Moment auf den anderen im Grün verschwunden. Keine Ahnung, wo wir diesmal landen werden, denn ich kann nur Grün sehen: helles Grün, dunkles Grün, fleischiges Grün und zartes Grün. Irgendwann werden die Blätter von Elefantengras und wuchherndem Efeu abgelöst.

„Achtung Stufe!", warnt mich der Hawaiianer, doch ich habe mir den großen Zeh schon angestoßen. Wir befinden uns noch immer in der verborgenen Grotte, doch jetzt direkt an einer der Felswände der Rückseite. Die Steinstufen müssen vor undenklicher Zeit angelegt worden sein, denn sie sind fast verwittert oder so dicht mit Moos bewachsen, dass ich barfuß tief darin einsinke. Je höher wir auf der Treppe hochsteigen, desto schlanker werden die Bäume, bis die uralten Riesen in der Grotte unten, oben den Platz für ihre Urenkel ganz lichten. All ihre Triebe sind wie Weihnachtsbäume mit Ranken, spanischem Moos, Efeu, bunten Orchideen und diesen Wachsblumen namens *Fangipani* geschmückt.

„Hier beginnt der Pfad der Götter!", zeigt Brom durch einen Regenbogen hindurch, der direkt vor uns die Ferne in bunte Farben taucht. „Dahinter liegt eine andere Dimension. Wenn du bereit bist, wirst du den Regenbogen durchschreiten können, um die Stadt zwischen den Welten betreten zu können."

„Ist das ein Hawaiianischer Aberglauben?"

„Aberglauben?", wirbelt Brom zu mir herum. „Bist du der, der du bist oder nicht?"

„Ähm ...", stammle ich, „ich habe noch nie von einer verborgenen Stadt auf Maui gehört!"

„Falls du den Regenbogen durchschreiten kannst, befindest du dich auch nicht mehr auf Maui", flüstert mir Brom zu.

„Ah, klar! Ja, verstehe!" Als Brom nicht hinsieht, verdrehe ich aber meine Augen und zeige ihm den Vogel.

„Du kennst jetzt die Schwelle mit dem Übergang. Präge dir den Rückweg ein, damit du wieder her findest!"

„Ja, ja! Alles klar!"

Zurück in der Grotte, die Brom *das geheime Tal* nennt, tauche ich nochmals ins klare Wasser. Danach folge ich meinem Fremdenführer durch die Höhle hinter dem Wasserfall und wieder auf allen Vieren über die glitschigen Steine am steilen Hang zurück zu meinem Gepäck. Erst dort ziehen wir uns wieder an.

Brom scheint die heiße Feuchtigkeit nichts auszumachen. Er trällert ein Liedchen und wechselt meinen Koffer abermals gegen die beiden Sporttaschen und den Rucksack aus. Barfuß springt er damit wie eine junge Ziege von einem Fels zum nächsten, während ich mit meinem Koffer jedes Hindernis umschiffen muss. Bestimmt schon hundert Mal habe ich damit Felsen gerammt und mit der roten Kofferfarbe Steine markiert. Doch die anstrengende Kletterpartie lohnt sich. In der Ferne wirken die schwarzen Vulkanhänge dunkelblau und violett, während in jedem Tal weitere Regenbogen über die Wasserfälle Brücken in geheimnisvolle Parallelwelten schlagen. Wer hier die Naturgewalt einer jungen Welt nicht fühlen kann; wer die Geburt und den Tod von Inseln und Zeitaltern hier nicht erahnen kann, dem ist nicht mehr zu helfen. Archaisch und zugleich frisch ist das Leben hier.

„Danke!“, murmle ich ergriffen und bin mir nicht sicher, ob ich damit zu Brom oder zu unsichtbaren Göttern spreche.

Mein neuer Kumpel nickt stumm.

Nach langer Besinnung drehen wir uns wieder dem Regenwald hinter uns zu und überqueren nach einer Biegung eine Hängebrücke über eine weitere Schlucht, in die wir danach absteigen. Die Dschungelriesen mit ihren Luftwurzeln und mächtigen Kronen beherrschen bald wieder das Tal. Durch den Bambus, die japanische Myrte, Riesenfarne und das überall wachsende Elefantengras kann ich immer wieder Ausschnitte der Küste tief unter uns erkennen. Oft muss ich dazu aber Luftwurzeln oder Kletterfeigen zur Seite schieben.

Unsere Wanderung dauert schon über zwei Stunden, als ich Bäume und Hügel wiederzuerkennen glaube. Aber im Regenwald gleicht bald eine Lichtung der anderen, egal wie überwuchert, bunt und vielfältig die Flora auch immer sein mag. Weit nach drei Stunden mit all meinem Gepäck herumkletternd, fällt der Weg immer weiter ab, bis wir auf einen Pfad kommen, der mir ebenfalls bekannt vorkommt. Ich erkenne sogar die roten Schleifspuren, die ich mit meinem Samsonite Koffers durchs Anstoßen geschaffen habe.

„Haben wir uns verirrt? Brom, wir laufen im Kreis!“

„Da vorne steht mein Jeep!“, zeigt der Bengel zwischen Bäumen hindurch auf seinen silbernen Wrangler.

„Warum habe ich all mein Gepäck mitgeschleppt?“, schnauze ich ihn an.

„Ich habe nicht gesagt, du sollst es mitnehmen!“

„Aber ich dachte, wir wären im Camp angekommen und...“

„Hast du dir den Weg ins *geheime Tal* eingeprägt?“

„Was?“, schnauze ich genervt. „Sicher nicht!“

„Schade! Das nächste Mal wirst du alleine die Furch hinter den Wasserfall finden müssen, wie auch *den Pfad der Götter*.“

„Warum?“

„Wirst du schon sehen! Illu, kamen dir die verwitterten Stufen den Hügel hoch nicht bekannt vor?“ Als ich meinen Kopf schüttle, fährt Brom fort: „Denke darüber nach! Jetzt schmeiß dein Gepäck wieder in den Wagen, bis zum Camp ist es zu Fuß zu weit!“

„Echt? Ist aber nicht wahr?“, brumme ich.

Natürlich habe ich die Stufen sofort wieder erkannt. Ich war im Traum schon mal hier und das lange bevor ich ahnte, dass es mich irgendwann auf diese Insel verschlagen würde. Es waren exakt die Stufen, die ich erkletterte, als ich in jenem Traum durch den Tempel in diese andere Welt gestolpert bin. Klios Begegnung vorhin brachte mir die Erinnerung daran sehr klar zurück.

Brom singt wieder laut, während er seinen Jeep wendet und über einen weiteren kaum sichtbaren Pfad weiter gegen Westen fährt. Schon nach fünf Minuten parkt er seinen Wagen abermals irgendwo in einer Lichtung und abermals spaziert er in den Regenwald davon.

Diesmal lasse ich all mein Gepäck im Wagen.

Wir überqueren eine uralte Steinbrücke und folgen dahinter einem weißen Weg. Auf einem Torbogen aus aufgestapelten Lavablöcken steht in weißer Farbe frisch aufgemalt: *Camp Telesterion.*

„Ist es das?“

„Yep! Wir sind am Ziel!“

„Bedeutet der Name etwas?“

„Logo!“, grinst Brom.

„Und was?“

„Ort der Einweihung“, zeigt Brom auf den frischgemalten Schriftzug. „Besser, du hättest dein Gepäck gleich mitgebracht. Jetzt musst du nochmals zurück, um es zu holen.“

„Ja, ja!“

„He! Doch nicht sofort!“, hält mich Brom am Ellbogen zurück. „Erst führe ich dich herum und stell dich den Anwesenden vor.“ Brom brüllt Namen.

Niemand antwortet ihm.

Hinter dem Torbogen führt der weiße Weg links zu einer Ansammlung Regenbogen-Eukalyptus, zwischen deren dicken Stämmen eine eingequetschte, zweistöckige Hütte auf kurzen Stelzen steht. Eine Holztreppe führt zum

Eingang und einer kleinen Veranda davor hoch. Auch hier verrät weiße Farbe über der Eingangstür wo man sich befindet: *Registration*.

„Muss ich mich hier anmelden?"

„Das ist nur für die Studenten, die bald anreisen werden. Die Registration ist größer, als sie von außen erscheint, weil der eigentliche Teil des Hauses sich hinter diesen Eukalyptusstämmen verbreitert. Als das Haus gebaut wurde, brachte es niemand übers Herz, die Baumriesen zu fällen. Im hinteren Teil gibt es Büros, Lagerräume und Gästezimmer."

Nach der Registration-Hütte verzweigt sich der weiße Weg: geradeaus führt er zu einer Ansammlung bunt bemalter Hippie-Hütten und rechts abbiegend, gelangt man auf ihm aus dem Regenwald und über ein paar Stufen in der roten Erde, hinaus auf eine Hochebene. Dieses Plateau ist ein flacher vorgelagerter Hügel des Haleakala und überall von einzelnen oder kleinen Gruppen hoher Königspalmen bewachsen, die sich im Wind biegen und rascheln. Das Plateau ist beinahe überall dicht mit saftigem Gras bedeckt, das zu mähen wahrscheinlich schon morgen zu meinen Aufgaben gehört.

Brom steuert das Plateau an. Kaum aus dem Regenwald hinaus, sticht die Sonne erbarmungslos. Ich ziehe mir sofort wieder das Leinenhemd aus.

„Siehst du den Palmenwald an der vorgelagerten Klippe!", zeigt Brom in die Ferne zur steilabfallenden Küste. „Hinter diesen Palmen auf der äußersten Kante der Klippe steht unser Haus mit der Werkstatt und dem Schuppen darunter. Dahinter, weiter der Klippe entlang am Rande des Regenwaldes, gibt es einen von einem Banyanbaum überdachten Versammlungsort."

„Ja, da sollte ich neue Bänke montieren", nicke ich, da ich davon schon gehört habe.

„Auf diesem Hügel!", weist Brom auf einen weiteren, hinter Palmen kaum auszumachen, „liegt das Haupthaus mit den Wohnungen der Lehrer. Zudem gibt es dort Sitzungszimmer, eine Bibliothek und coole Aufenthaltsräume. Die Vorderseite des Gebäudes macht eine überdachte Terrasse aus, auf der gegessen wird, denn im Haupthaus befindet sich auch die Campküche.

„Wo werden denn all die Studenten untergebracht?"

„Die Zahl ist auf vierzig beschränkt, denn so viele Betten gibt es in den bunten Hütten neben der Registration."

„Und wir wohnen wirklich im Haus auf der Klippe?", blicke ich mich wieder nach dem Palmenwald um. Ich kann es kaum erwarten, meine neue Bleibe zu erkunden.

„Yep! Hinter dem Wasserfall da drüben!", weist Brom auf den fünften

Wasserfall hinter dem Haupthaus etwas den Hang hoch, „liegt versteckt *das geheime Tal*, das ich dir vorhin gezeigt habe und daneben beginnt *der Pfad der Götter*."

„Das sieht nicht sehr weit entfernt aus!"

„Ist es auch nicht! Für manche bleibt der Ort unerreichbar, für uns ist er nur knappe eine Meile entfernt!"

„Ah, ja!", tue ich so, als ob ich Brom glauben würde.

„Illu, leider ist der Strand", dreht sich Brom um die eigene Achse und blickt über die Klippe und hinunter auf die Weite des blauen Ozeans, „etwas zu weit entfernt, um rasch zum Baden hinzugehen. Es gibt vom Camp aus keine Passage die steile Klippe runter. Doch es gibt neben dem Banyanbaum mit dem Freiluft Klassenzimmer ein weiteres Becken, das vom zweiten Wasserfall gespeist wird. Es ist dort echt super zum Baden. Das kannst du später alles selbst erkunden, jetzt zeige ich dir unser Heim!"

Unser Haus steht auf Stelzen auf einer vorgelagerten Klippe, die durch eine natürliche Rampe mit dem Plateau verbunden ist. Das untere Stockwerk ist von oben nicht zu sehen und beherbergt die Schuppen, die Werkstatt und einen Lagerraum, was ich von Beschreibungen her weiß. Beeindruckend ist die Holzbrücke zur vorgelagerten Klippe hinüber. Man erreicht darüber das Haus im oberen Stockwerk, das von einer breiten Terrasse, mit Liegestühlen und unzähligen Topfpflanzen der Hauswand entlang vollgestopft, vollkommen umrundet wird.

Brom erklärt mir fortwährend alles, was ich selbst sehen kann und das, ohne auch nur einmal Luft zu holen. Beim Überqueren der Brücke blicke ich in die Tiefe. Hier geht es bestimmt hundert Meter senkrecht runter in die schäumende Gischt. Der Wind hier draußen ist noch stärker als schon auf dem Plateau. Die Palmwedel rascheln und das Heulen um die Hausecken, gemischt mit der starken Brandung unter uns, wird mich bestimmt die ersten Nächte wachhalten oder einschläfern.

„Mann, hier werden wir wohnen?", nutze ich eine kleine Atempause in Broms tausend Erklärungen.

„Du hast es innen noch nicht gesehen!"

Auffallend ist, dass es im Haus nicht eine Tür gibt. Brom führt mich durch alle fünf Zimmer und beschreibt blumig ihre jeweiligen Vorzüge. Ich höre nur mit einem Ohr zu, denn ich habe mein neues Zimmer längst ausgewählt. Die Hauseinrichtung ist einfach und etwas altmodisch, wie auch die beiden Computer und die uralten Monitore im Zwischengeschoss über der kleinen Küche. Die riesigen Fenster bieten jedem, der sich auf der Terrasse, die um den gesamten oberen Stock führt, ungehinderte Einsicht in die Schlafzimmer, denn es gibt hier weder Store noch Vorhänge. Auf Privatsphäre muss man hier vollkommen verzichten, weshalb das geheime Tal ein sicheres Versteck sein könnte – man kann ja nie wissen! Auch im Hausinnern wuchern in riesigen Töpfen Kakteen, Orchideen und sonstiges Duftgemüse. Die Fenster sind alle typisch amerikanisch und können zum Öffnen einfach hochgeschoben werden, damit der hawaiianische Wind die Schwüle vertreibt. Innen im Haus ist alles aus weiß gestrichenem Holz gefertigt, auch die Dielen, was mir total gut gefällt.

„HILO!“, brüllt Brom, als er einen fetten Hawaiianer im bunten Hemd mit Palmenmotiven und einer ähnlich gearteten Shorts auf der Rampe zur Werkstatt unten dem Haus spazieren sieht. „Hilo, das hier“, zeigt er auf mich, „ist der neue Hausmeister!“

Hilo winkt uns zu und verschwindet unter dem Haus, um kurz darauf die Innentreppe in die Küche hochzusteigen.

„Illu, darf ich dir den pensionierten Verwalter des Anwesens vorstellen: Hilo!“ Etwas leiser nur für meine Ohren bestimmt: „Falls du willst, hole ich dein Gepäck aus dem Wagen!“

„Oh, gerne! Danke, Mann!“

Hilo ist bestimmt schon siebzig mit schlohweißem Haar, einem runden Gesicht mit ausgeprägtem Doppelkinn und einem unverkennbar polynesischen Aussehen. Hilo führt mich über die Treppe nach unten und zeigt mir erst die Geräte im Schuppen für die Gartenarbeiten, danach die schwereren Maschinen für die Reinigung der Hütten, der Wege und der Plätze. Vieles kenne ich schon von den Unterweisungen an der Uni in Honolulu. Geduldig und etwas zu langsam geht der alte Hawaiianer Schritt für Schritt mit mir ausgedruckte Listen durch, während ich sie mit meinen Anmerkungen ergänze. Wichtig sei nur, dass ich mit dem Reinigen der Bungalows anfange und danach mit dem Renovieren der Häuserfronten fortfahre. Das Meiste ist selbstverständlich, zudem wurde ich in Honolulu bereits detailliert in der Handhabung der Maschinen und der Werkzeuge geschult. Wieder oben in der Küche beobachte ich, total in Gedanken, durch eines der Fenster Brom, der sich splitternackt auf einen der Liegestühle in die Sonne legt.

Als um sechs Uhr neunundzwanzig die Sonne untergeht, mein Magen immer heftiger knurrt und ich kaum noch zuhören kann, zeigt mir Hilo in aller Schnelle im Zwischengeschoss über der Küche, wo im Computer die ausführlichen Projektbeschreibungen und Erklärungen abgespeichert sind.

Kaum ist es draußen dunkel geworden, hat es Hilo plötzlich extrem eilig, von hier zu verschwinden.

Brom liegt auf einem der Liegestühle und scheint eingeschlafen zu sein. Dass er das immer nackt tut, verrät seine nahtlose Bräune. Jetzt, im Dunkeln, ist sein Körper leider kaum noch auszumachen. Dennoch erkenne ich seine Tätowierungen: eine Wasserschildkröte in der typisch hawaiianisch schwarz abstrahierten Art und Weise auf seinem linken Oberarm, einen dreiteiligen Ring aus regelmäßigen Ornamenten als breites Band um seinen rechten Bizeps und eine fünfblätterige *Frangipani*-Blüte als Schamhaarersatz. Alles habe ich zuvor schon gesehen, doch jetzt den Schlafenden ungestört anschmachten zu können, weckt Lust.

Kaum hört Brom meine Schritte auf der Terrasse draußen, guckt er hoch. „Hunger?", fragt er gähnend.

„Und wie!" Gaffe ich direkt auf seinen Penis.

„Um sieben gibt's in der Kantine was zu Futtern. Ich habe Henry Bescheid gegeben, dass du angekommen bist. Mann echt! Hilo war ja regelrecht von dir begeistert. Normalerweise dauern seine Einarbeitungen nur ne Stunde."

Brom schlüpft leider in seine abgeschnittene Jeans und seine Wildlederjacke zurück – Schuhe scheint er nie zu tragen – und führt mich über das Plateau unter den raschelnden Palmen hindurch zum Hügel mit dem Haupthaus am Rande des Regenwaldes. Gelbe Lichter und Fackeln beleuchten die breite überdachte Terrasse, auf der unzählige runde Tische mit Rattanstühlen stehen. An einem dieser Tische sitzen drei Männer.

Ein lustiger Haufen und eine Traumwarnung

„Bromios!", winkt ein junger Typ mit zotteligen ausgebleichten Haaren. Er trägt nur eine Kochmütze, eine lange Schürze und darunter eine schwarze Bermuda Shorts. „Ist das Eleuthereus?", zeigt er auf mich. Als Brom nickt, schreitet der Zottelige breitbeinig auf mich zu, um mich zur Begrüßung amerikanisch zu umarmen. „Willkommen, Befreier, willkommen!"

„Befreier?", sehe ich ihn fragend an.

„Das ist die Bedeutung deines Beinamens", antwortet ein braunhaariger Typ mit Seitenscheitel. Auch er trägt eine schwarze Shorts, doch eine aus edlem Stoff und dazu eine zugeknöpfte bestickte schwarze Weste zu schwarzen Kniesocken; Schuhe trägt er keine. „Setz dich, Eleuthereus!“, bietet er mir einen Platz an. „Brom schwärmte vorhin schon von dir. Lass dich ansehen!“

Der zottelige Schürzenträger packt mich, bevor ich einen der freien Stühle ansteuern kann an der Schulter und dreht mich einmal um die eigene Achse, damit Kniesocken-Typ mich angaffen kann.

„Surfst du?“, fragt der dritte Typ am Tisch. Er ist ein End Zwanzigjähriger mit einem breit lachenden Mund, mit kurzen leicht gelockten Haaren und breiten Schultern. Er trägt nur Bermudashorts. Als ich meinen Kopf schüttle, winkt er ab. „Kein Problem, das lehre ich dich im Handumdrehen! Mich nennt hier jeder *Kiss.* Ich komme ursprünglich aus Russland, doch meine Eltern wanderten nach Amerika aus, als ich noch ein Kind war. Mit siebzehn war ich ein berühmter Surf-Champion und lebe seither in Los Angeles. Mister Big Boss“, zeigt der Ex-Russe auf den Kniesocken-Typ, „ist der diesjährige Campleiter *Janus.* Unser zwanzigjähriger Koch heißt *Henry.* Henry lehnt jede Form von Spitznamen ab“, boxt Kiss dem zotteligen Blonden in die Seite. „Also versuche es erst gar nicht. Er wird dich ignorieren, nennst du ihn anders als Henry!“

„Ich stehe auf Spitznamen! Nennt mich Illu, *Eleuthereus* klingt für meinen Geschmack etwas zu antik.“

„Vergiss nur die Bedeutung deines Beinamens nicht!“, hebt Kniesocke seinen rechten Zeigefinger zur Warnung. „Namen, egal ob echte, angenommene oder Spitznamen, haben Bedeutung. Beinamen sind Verpflichtungen.“

„Beiname von was?“, frage ich.

Kniesocke zeigt auf den freien Platz zwischen sich und Kiss und fährt fort: „Alle Kandidaten tragen einen der vielen Beinamen des Vielgesichtigen. Doch jeder kann ihn abkürzen. Niemand ist verpflichtet, sich als Kandidat zu outen. Stehst du dazu?“

„Zu was?“, frage ich blöd.

„Einer von uns zu sein!“ Brom setzt sich mir gegenüber an den runden Tisch und verzieht sein Gesicht zur Grimasse, als ob er den kommenden Monolog des Campleiters bereits kennen würde.

Doch Janus zuckt nur mit der Schulter. Komischerweise kann ich Janus’ Alter nicht einschätzen. Sah er beim ersten Blick aus wie Anfang Zwanzig, könnte ich das jetzt nicht mehr beschwören. Jetzt wirkt er, als ob er bereits Ende Vierzig sei. „Alles zu seiner Zeit!“, winkt Janus ab. „Jetzt ist Zeit zu essen! Henry hat uns etwas Herrliches gezaubert.“

Schon eilt der Angesprochene ins Gebäude, um daraus mit einem vollgeladenen Rollwagen wieder auf die Terrasse zu kommen. Ich bin von allem zu sehr in Beschlag genommen, um weiter auf Janus zu hören, der noch eine Weile über den vielgesichtigen Gott referiert, ohne ihn jedoch zu benennen.

Ein lecker duftendes Reisgericht mit Früchten, scharfen Gewürzen und dunkelbraun gerösteten Hähnchenteilen lässt mich alles andere ausblenden. In halbierten und ausgehölten Ananas, schwimmen gegrillte Krabben in einer Kokosnuss-Chili-Soße und auf einer langen Schale auf angebratenen Bananen liegen gegrillte Fische. Mir läuft sofort das Wasser im Mund zusammen, während sich Brom gierig von allem auf seinen Teller nimmt.

„Leute!", ruft ein Typ aus dem Dunkeln zwischen den Palmen hindurch die Terrasse hoch. „Sorry, ich steckte im Stau!"

„Stau?", rutscht mir raus.

„Wilde Ziegen! Die belagern die Zufahrtsstraße."

Ich lache und glaube dem witzigen Lügner kein Wort. Hier gibt es keine Zufahrtsstraßen, sondern nur unsichtbare Waldwege und geheimnisvolle Pfade, die von *Kipahulu* tief hinein ins Nirgendwo führen, wo sich das Camp versteckt.

„*Lysios*, du kommst gerade rechtzeitig!", bietet Janus dem Neuen den letzten freien Stuhl in der Runde an.

Lysios – wahrscheinlich noch so ein Beiname dieses Gottes mit vielen Namen und Gesichtern? – hat auffallend große Augen und wirkt auf den ersten Blick durchschnittlich: etwas brav, etwas konservativ und etwas einfältig, was aber auch an seiner Kakihose und dem ebenfalls braunen Holzfällerhemd liegen könnte. Lysios' hellbraune Haare trägt er kurz und seitlich gescheitelt. Der Typ könnte durchaus der Quarterback eines American Footballteams sein. Er gleicht einem Bullen oder einem Stier, denn sein Nacken und seine Oberarme sind wirklich enorm. Als er mir seine Hand reicht, fühle ich seine Stärke aber auch etwas erstaunlich Wohltuendes: Lysios hat die Hände eines Heilers!

„Lysios ist ein weiterer offizieller Kandidat, der sich hier beweisen muss", sieht Janus von mir zu Brom. „Lysios studiert Medizin an der Uni in Atlanta. Er wird im Camp unser Mann der Ersten Hilfe sein; ebenso wird er als Masseur seine Dienste anbieten und als Assistent von Kiss beim Surftraining mithelfen", stellt uns Janus den jungen Bullen vor.

„Os! Nennt mich einfach nur Os!", grinst Lysios scheu.

„Cool!", hebe ich meine rechte Hand für High-Five. „Os, ich bin Illu! Ich mag meinen komischen und langen Namen auch nicht besonders. *Eleutherus*", füge ich an, als mich Kuhauge konsterniert ansieht.

„Aha! Illu!“ Os setzt sich und schaufelt sich sofort vom Reisgericht auf seinen Teller, wobei er sehr darauf achtet, nur nach den größten Hähnchenstücken zu fischen.

Relaxed das köstliche Mahl verschlingend, checke ich die Truppe nochmals ab. Da sitzen: ein gieriger und scheuer Bulle; ein Hula tanzender Dauerredner; ein zotteliger Super-Koch; ein küssender Surfchampion, der mir das Surfen beibringen will; und ein Campleiter, der selbst bei dieser Tropenhitze nicht auf Kniesocken verzichten kann. Ich glaube, ich werde mich hier richtig wohl fühlen. Sollten die übrigen Kandidaten und später die Studenten auch nur halb so witzig und schräg wie dieser Haufen drauf sein, werde ich bestimmt keinen Tag hier bereuen.

„Illu“, spricht mich Janus später wieder an, „morgen früh ab sieben Uhr gibt‘s Frühstück und um acht beginnt dein erster Arbeitstag hier. Brom brachte dein Gepäck schon in dein Zimmer im *Kathegemon.*“

Als ich kurz einen verwirrten Blick mit Brom wechsle, flüstert er mir über den Tisch hinweg zu: „So wird das Haus auf der Klippe ab sofort genannt. *Kathegemon* bedeutet *Anführer* und ist – wie kann es anders sein – ein weiterer Beiname des Gottes, der uns alle hierher berufen hat.“

„He?“, gaffe ich Brom an. Ich ahne nichts Gutes.

„Kathegemon wäre einer der offiziellen Kandidaten für die Endausscheidung gewesen, doch der junge Engländer wurde in London vergewaltigt“, winkt Janus ab. „Danach stieg er aus. Illu, du kennst ihn!“

„Powell?“, rutscht mir raus.

„Seinen wirklichen Namen werde ich hier auf der Insel der Winde niemals aussprechen“, doch Janus gibt mir mit einem Zwinkern zu verstehen, dass ich mit Powell richtig liege. „Er versagte in jener Nacht. Statt sich zu erheben, um das zu werden, was in ihm schlummert, verkroch er sich in ein Schneckenhaus und gab auf. Nur wer sein wahres Wesen zu befreien vermag, es bändigt und transzendiert“, sieht Janus abwechselnd jeden am Tisch an, „wird sich als der Eine offenbaren.“

Ich schweige. Ich will nicht an jene Nacht in London erinnert werden, die mein Leben so vollkommen verändert hatte.[2] Ja, ich kenne Powell! Mir war nicht bewusst, dass auch er von Dionysos trainiert wurde. Der verrückte Powell erzählte mir nie etwas davon, auch nicht, als er sich für einen Monat mit Seth und mir zusammen bei Simon in Miami Beach versteckte. Er flüchtet aus Angst vor der Gang, zu der seine Vergewaltiger gehörten. Mich hasst diese Gang, weil ich drei ihrer Mitglieder in den Knast brachte.

---

2 Siehe „Nackte Geheimnisse, Himmelstürmer Verlag, Herbst 2015

„Da der Kandidat *Kathegemon* ausgeschieden ist," fährt Janus fort, „benannte ich das Haus auf der Klippe Kathegemon. Vielleicht verdient sich einer von euch", sieht Janus abwechselnd auf uns alle am Tisch, „sich als künftiger Anführer diesen Beiname!"

Brom wechselt einen Blick mit Os, doch der nagt bereits an einem weiteren halben Hähnchen, das er sich von der Reispfanne langte. Als Brom danach mich fokussiert, blitzen seine extrem blauen Augen für den Moment, als ob wir plötzlich Konkurrenten und nicht beinahe Freunde wären.

„Das Haupthaus", fährt Janus fort, „benenne ich für die nächsten Wochen zum *Anaktoron,* was *Palast* aber auch *Allerheiligstes* bedeutet oder manchmal auch *Altar* oder *Tempel.* Das Anakatron wird das Herz und der Kopf des Camps *Telesterion* sein. Dieser Ort wird für beide Seiten neutral bleiben!"

„Telesterion ist nicht der übliche Name dieses Camps?", sehe ich zu Janus. „Ist Telesterion noch ein ausgeschiedener Kandidat?"

„Nein!", lacht Janus. „*Telesterion* bedeutet *Ort der Einweihung*."

„Aha!", verdrehe ich meine Augen wegen den altgriechischen Namen. Wo bin ich hier gelandet? Bin ich auf die andere Seite der Welt geflüchtet, nur um abermals in Dionysos' Prüfungen und Einweihungen zu stolpern? Noch immer zieht dieser Gott mit tausend Gesichtern und Manifestationen an den unsichtbaren Fäden meines Lebens.

„... und die Hütten im Regenwald", fährt Janus fort, „bezeichnen wir seit eh und je als *Bungalows*."

„Einfach nur Bungalows? Echt jetzt?", spotte ich.

„Hier fängt der Tag früh an, mein Junge", blickt mich Janus ernst geworden an und wirkt jetzt wie siebzig. „Brom begrüßt täglich den Sonnenaufgang, das wird morgen um sechs Uhr dreizehn sein. Illu, auch wenn es dir hier auf den ersten Blick wie Ferien erscheint, glaube mir, sowohl Kandidaten wie auch Angestellte haben hier hart an sich zu arbeiten! Achte auf deine Träume!"

Bis auf Brom, der während dem Essen ständig lacht und non stopp über Hula redet, schweigt der Rest von uns. Ich will einfach nur das gigantisch leckere Essen genießen. Nach Ananaskuchen, Mango Crème und frischer Papaya quatschen wir dann wieder alle bei Fackel- und Kerzenlicht. Über dem Ozean kann ich den Mond sehen und das ständige Rascheln der tausend Palmen auf dem Plateau und ums Haupthaus lassen mich vergessen, dass ich mich hier verstecken wollte. All die unheimlichen Vorzeichen, Namen und Begegnungen lassen mich jedoch erahnen, dass ich in Wahrheit in Dionysos'

Falle tappte. Er hat mich genau dahin geführt, wo ich auf keinen Fall hinwollte, in sein Allerheiligstes – oder in seinen Einweihungstempel.

Kurz vor Mitternacht spaziere ich mit Brom zurück ins Kathegemon, unsere Bleibe auf der Klippe. Im sechseckigen Haus führen alle Zimmer ins Zentrum. So liegt mein Zimmer dem von Brom direkt gegenüber. Auf einer Längsseite meines Zimmers führt eine – zum Glück verschließbare Tür – ins Badezimmer und auf der anderen Seite in ein weiteres Schlafzimmer. Natürlich gibt es keine Verbindungstür. Wer auch immer hier einziehen wird, ich werde ihn nachts in seinem Bett liegend sehen können. Mir gefällt der Ausblick in diesem Zimmer auf die Klippen und den am weitesten vorgelagerten Teil der riesigen Terrasse einfach am besten. Selbst jetzt bei Mondschein kann ich die Wellen in der Ferne glitzern sehen, wie ihre weißen Schaumkronen oder über mir Millionen von Sternen am wolkenlosen Himmel.

„Du stehst echt vor Sonnenaufgang auf?“, runzle ich ungläubig meine Stirn, als Brom sich zu mir aufs Bett setzt.

„Immer! Ich vollziehe allmorgendlich ein Hula-Ritual.“

„Echt jetzt?“

„Soll ich dich morgen wecken?“

„Um zu tanzen?“, sehe ich ihn an, als ob er sie nicht mehr alle hätte. „Ne, lass mal!“

Brom zieht sich in sein eigenes Zimmer zurück – und da es keine Türen gibt – kann ich ihn von meinem Bett aus tatsächlich beobachten, wie er nackt ein paar Yogaübungen auf dem Boden ausführt. Obwohl mir der Nackte extrem gut gefällt, bin ich so müde, dass mir einfach die Augen zufallen und ich sofort einnicke, um von Klio, der Muse, zu träumen:

„Eleuthereus, du musst zu dem erwachen, was du wirklich bist!“ Neben meinem Bett steht die uralte Diva, der ich schon im Garten Eden begegnet bin. Sie redet auf mich ein: „Einige Kandidaten werden dich unterstützen, andere versuchen dich zu töten. Einige geben sich zu erkennen, andere nicht. Viele wurden berufen, doch nur zwölf haben es bis hierher geschafft. Starke Kandidaten haben die letzten Aufnahmeprüfungen ins Telesterion nicht bestanden. Einer von ihnen kam kürzlich ums Leben. Eleuthereus, sei auf der Hut! Etwas Dunkles breitet sich aus!“

Ich will Klio antworten, doch ich kann mich in meinem Bett nicht bewegen, als ob ich festgebunden oder hypnotisiert worden sei. Die Muse beugt sich über mich, um mir direkt in die Augen zu blicken. Ich kann das leise

Knittern ihrer gestärkten Seidenbluse hören. Um ihren Hals trägt sie einen blauen Saphir in der Größe eines Eishockey Pucks.

„Dies ist die Blume der Weisheit!", legt mir Klio eine mitgebrachte feuerrote Seerose auf meine Brust. Zum Dank dafür kann ich nur meine Augen verdrehen. Mir ist voll bewusst, dass ich träume, während ich gleichzeitig auch hellwach bin. Die alte Muse haucht mir einen Kuss auf die Stirn, dann zwinkert sie mir verschwörerisch zu. „Der Duft der Seerose erlöst dein Erbe. Nur Mutige atmen die bunte Unschuld."

Viele Fragen kämpfen darum, sich durch meine Augen auszudrücken. Könnte ich nur sprechen! Bunte Unschuld? Ich habe noch nie davon gehört. Ist Unschuld nicht weiß und rein?

Klio hört meine Gedanken, denn sie flüstert mir ins rechte Ohr: „Ich spreche von der Himmelsbrücke!"

Regenbogen?

Klio nickt. „Eleuthereus, nichts ist, wie es oberflächlich erscheint. Deine Liebe und deine Aufmerksamkeit hauchen allem Leben und Bedeutung ein. Nichts passiert einfach so. Überall lauert Gefahr; alles birgt Prüfungen und Tests. Nutze, was du bist! Nutze, was du hast! Nutze jede Situation, um mehr über dich selbst und die Welt zu erfahren. Einer von euch muss die Pforte für immer verschließen. Achte auf deine Träume und finde die Steine!" Dann lächelt sie plötzlich gütig. „Der Duft der Seerose ist nur der Anfang. Ihr Duft wird dich nur einmal retten können. Mehr Hilfe kann ich dir nicht gewähren, ohne deine Gegner zu benachteiligen. Wir Musen bleiben neutral. Noch ein letzter Rat: nicht der Stärkste, nicht der Klügste und nicht der Schnellste überlebt, sondern derjenige, der zu dem wird, was der Wind nicht verwehen kann."

Ich ahne Abgründe und Prüfungen, Kämpfe und tausend Tode.

„Reite den Regenbogen!" Klio lächelt und meine Ängste verdampfen wie Morgentau nach dem Sonnenaufgang. Die Muse legt meine Hand auf die Seerose auf meiner Brust. Danach glitzert die Göttin für einen Moment sternengleich und ist verschwunden.

Jemand schüttelt mich an der Schulter und ruft mich bei einem Namen, den ich schon hörte: „Illu, aufwachen! Die Sonne geht bald auf."

Mittwoch: 17. September

Über mich gebeugt steht ein nackter Jüngling mit struppig schwarzem Haar und extrem blauen Augen. Nur langsam kehre ich in die Gegenwart zurück. Ich befinde mich auf Maui in einem Camp am Südhang des Haleakala Vulkans, irgendwo hinter Kipahulu im Nirgendwo. Als ich mich in meinem Bett aufsetze, kann ich das erste Dämmern des Morgens als eine schwache Ahnung von Grau am Horizont ausmachen. Als ich auf das zweite Kissen in meinem Doppelbett schaue, liegt da eine feuerrote Seerose. *Die Blume der Weisheit!* Rasch beuge ich mich über sie, um an ihr zu schnuppern.

Nichts passiert!

„Machst du mit oder schaust du mir nur zu?", fragt mich Brom, der schon hellwach ist.

„Ist die Seerose von dir?"

„Sehe ich aus wie ein Seerosen-Kavalier?", lacht er. „Sorry, Alter, ich war's nicht! Vielleicht hat sie dir eine Göttin gebracht?"

„Ja, ja! Schon klar!" Ich schiebe die Decke zur Seite und klettere aus meinem Bett. Genau wie Brom, schlafe auch ich nackt. Der Hula-Tänzer mustert meinen Körper, schweigt aber, während ich die Seerose in die Küche trage, sie dort in eine Schale mit Wasser lege und das Gefäß mit der Blume zurück in mein Zimmer bringe. Kaum damit fertig, fasst Brom nach meiner Hand, um mich auf die Terrasse und über die Brücke von der Klippe aufs Plateau zu zerren. Nur ein paar Schritte vom Haus entfernt, hat sich der Hula-Tänzer zwischen Palmen eine Art Bühne gebaut. Brom schnappt sich dort bereitgelegte Girlanden aus *Frangipaniblüten*, stülpt sich eine davon über den Kopf und schmückt mich mit einer weiteren in gleicher Weise. Dann fischt er hinter einem Lavafelsen nach zwei Kränzen aus geflochtenen Palmwedeln und krönt erst sich mit einem davon, danach mich mit dem zweiten.

„Bist du bereit für deine erste Lektion in Hula, der Sprache des Herzens?"

„Nein!", murre ich. „Ich tanze hier sicher nicht mit diesem Laub auf dem Kopf und dem Duftgemüse um meinen Hals. Mann echt, es ist noch nicht mal richtig hell!"

„Hemmungen?"

„Weil wir beide nackt sind?", gaffe ich den Spinner an. „Sicher nicht! Ich bin Nudist! Ich tanze nur einfach nicht." Demonstrativ verschränke ich meine Arme vor der Brust und lehne mich an einen der Lavablöcke.

„Du bist Nudist?", blitzen Broms extrem blaue Augen. „Cool! Nimm das hier", reicht er mir zwei Bambusstöcke in meiner Körperlänge. „Schlage damit den Rhythmus zu meinem Gesang und meinen Tanzschritten." Sofort stampf Brom breibeinig mit angewinkelten Knien vor mir auf dem roten festgetrampelten Sandboden. Nur zögerlich übernehme ich mit den Bambusstöcken seinen Takt.

Brom dreht sich gegen Osten der Küste zu, schwellt seine Brust und stimmt in ein uraltes Lied ein, während er mit seinem Körper mal sanfte, mal provokative Hüftbewegungen vollzieht, stampft und mit seinen Armen Figuren bildet. Er ist hart erregt und seine Bewegungen können auch etwas ganz anderes bedeuten. Als die ersten Sonnenstrahlen über den Horizont auf uns zu schießen, brüllt mein seltsamer neuer Freund wie von Sinnen auf und stampft, wie ein tollgewordenes Känguru, auf den Boden, während er seinen Knüppel zu reiben beginnt.

Um dabei nicht schallend zu lachen, wende ich mich rasch dem Sonnenaufgang zu. Kaum löst sich die Sonne ganz vom Rand der Welt, besänftigt sich Broms Gesang und harmonisiert sich; sein Stampfen wird ruhiger. Als ich mich ihm wieder zudrehe, wiegt der Hula-Tänzer nur noch sanft seine Hüften und wirbelt mit seinen Armen in Kreisen, um dann auf seine Knie zu sinken und sich vor der Sonne zu verneigen. Abermals packt er zu und vollendet sein Fruchtbarkeits-Ritual mit einer milchigen Spende.

Fasziniert starre ich ihn an. Ich selbst habe schon an archaischen Ritualen teilgenommen. In einem wurde ich mit Seth in London verheiratet. Ich denke kurz an Seth. Ich liebe den rothaarigen Schotten aus ganzem Herzen, doch Brom in seiner harten Männlichkeit in diesem rituellen Tanz zu beobachten, erweckt Gefühle in mir, die mich für ihn entflammen lassen. Brom wirkt stolz und demütig zugleich. Er ist sowohl der Stammesführer, wie die empfangende Braut. Er ist Mann, wie Frau – zumal, wenn er Hula tanzt.

„Hula, die Sprache des Herzens!" Brom beendet das etwa viertelstündige Morgenritual mit einer erneuten Verbeugung zur Sonne. „Illu, dein Herzschlag pumpt aber ganz schön mächtig Blut in deine Latte", lacht er mich aus. „Ich hoffe, wir tanzen und singen noch andere Tänze zusammen", zwinkert er mir zweideutig zu. „Ich kenne auch Fruchtbarkeitstänze, bei denen ich einen willigen Partner brauche, um …"

„Nein danke!", winke ich lachend ab.

„Vielleicht änderst du noch deine Meinung? Mein Angebot steht! Jetzt lass uns duschen und frühstücken!"

Zurück im Haus stellt sich Brom unter die Dusche, die zu meinem Zimmer gehört und fragt mich: „Du bist wirklich Nudist?"

„Yep! Das habe ich mir in meinem zurückgelassenen Leben hart erarbeitet. Es ist mir zur zweiten Natur geworden."

„Total cool!", pflichtet mir der nackte Brom zu. „Ich sonne mich immer nackt, ich schlafe nackt und wann immer tanze ich nackt. Doch sich immer und überall nackt zu bewegen, das ist dann doch noch etwas anderes. Tust du das?", sieht er mich zweifelnd an.

„Ich werde wohl erst Janus um Erlaubnis fragen müssen", zucke ich mit meinen Schultern.

„Es gibt hier viele Orte auf der Insel der Winde, an denen du deine Neigung frei und ungezwungen ausleben kannst. Wir Insulaner sind nicht so verklemmt wie die Festland Amerikaner."

Die Aussicht mich hier vielleicht wirklich frei und ungezwungen bewegen zu können, lichtet etwas Klios Traumwarnung: *Einige Kandidaten werden dich unterstützen, andere versuchen dich zu töten. Einer kam kürzlich ums Leben. Sei auf der Hut!* Ich hoffe, Brom gehört zur ersten Sorte. In Brom erwachte beim Ritual eine gewaltige Macht, die ich nicht gegen mich haben möchte. Wenn er auch viel redet und sich oft wie ein Kindskopf benimmt, durch ihn manifestiert sich ein uralter Fruchtbarkeitsgott.

Auf der überdachten Terrasse des Anaktoron – wie ich das Haupthaus auch nennen werde, falls ich dran denke! – auf einem der runden Tische aufgetürmt, laden Früchte, Brötchen, Wurst, Käse, Eier und sowohl Kaffee wie Tee zum Frühstücken ein. Brom und ich sind nicht die Einzigen, die sich so früh morgens aus dem Bett quälten, denn aus der Ferne erhasche ich einen Blick durch den Wintergarten auf Henry und Janus.

„Mit welcher Arbeit beginnst du?", will Brom wissen, während er sich eine Banane schält. Ihn jetzt wieder in seiner abgeschnittenen Jeanshose und seiner offenen Wildlederjacke zu sehen, ist nach seinem Fruchtbarkeitsgott-Look befremdlich.

„Ich halte mich an Hilos Listen", antworte ich ihm. „Heute soll ich mich der Lüftung in der Registration annehmen: also Reinigungsarbeiten. Warum fragst du? Willst du mir dabei helfen?"

„Nicht heute! Janus schickt mich wieder an den Flughafen, um *Ampelos, Adriany* und *Orthos* abzuholen, die von Honolulu hierher fliegen werden."

„Ampelos, Adriany und Orthos, noch drei Kandidaten?"

„Nur Orthos! Ihn kenne ich noch nicht. Ampelos war schon oft hier, wenn auch unter anderem Namen. Adriany ist Adriany und wie ich, schon im dritten Jahr hier einer der Angestellten während des Oktober-Camps. Adriany wird drüben bei den Bungalows der Junge für Alles sein. Er hält die Zimmer sauber und überwacht das Ein- und Auschecken der Studenten."

Als Brom gleich nach dem Frühstück das Camp verlässt, fühle ich mich tatsächlich zurückgelassen. Um diesem Gefühl keine Zeit zu lassen, sich meiner ganz zu bemächtigen, suche ich das Registrationsgebäude auf. Es ist, wie Brom mir gestern sagte, nur im Eingangsbereich wegen der Regenbogen-Eukalyptus, die es regelrecht einquetschen, schmal, doch das eigentliche Haus dahinter ist für eine Hütte im Regenwald enorm groß. Neben den Gästezimmern, finde ich auch noch eine Waschküche mit diversen Maschinen, wie auch Lagerräume für Bettwäsche, Handtücher und derlei Kram. Dicke Lüftungsröhren ziehen sich durch die Flure, wie auch durch die Waschküche und den Empfangsraum. Um mich mit Werkzeugen zu bewaffnen, spaziere ich übers Plateau zurück ins Haus auf der Klippe. Einen coolen Werkzeuggürtel binde ich mir um die Hüften, ziehe mir Schutzhandschuhe an, eine Schutzbrille schiebe ich mir über der Stirn ins Haar und schultere jede Menge Putzutensilien, um kurz darauf wieder im Registrationshaus die Rohre zu inspizieren.

Kaum die erste Abdeckung aufgeschraubt, entdecke ich dahinter eine zweite Öffnung oben, die unverschlossen blieb. Prompt nutze das ein Vogel aus, um hier sein Nest zu bauen. Bei einer weiteren Rohröffnung auf der Rückseite des Hauses dem Regenwald zu, fehlt das Schutzgitter und natürlich waren auch hier die Tiere so schlau, die Rohre als Verstecke und Bauten zu nutzen. Die Bewohner sind längst ausgezogen, doch ihren Gestank und ihren Kot haben sie überall zurückgelassen. Den ganzen Morgen putze und fege ich die Lüftungsrohre innen und außen. Je mehr Öffnungen ich aufschraube, desto mehr Überraschungen finde ich. Die Arbeit ist nicht sehr anspruchsvoll, weshalb ich meinen Gedanken nachhängen kann.

Immer wieder tanzt in meiner Erinnerung Brom bei Sonnenaufgang zwischen den Palmen und die Luft zwischen uns flimmert grün. Ich fühle, wie sich mein Herz öffnet. Mit dieser Haltung mache ich dem Schmutz den Garaus. Meine Putzaktion wird mein persönliches erstes Ritual im *Telesterion*-Camp, diesem Ort der Einweihung. Erst, als die Rohre innen und außer silbern blitzen, bin ich zufrieden, denn sie widerspiegeln jetzt die Sprache meines eigenen Herzens, das sich heute ganz speziell nach Reinheit sehnt. Als ich die Lüftung in Betrieb nehme, funktioniert sie auf Anhieb und die angesaugte Luft riecht frisch nach Regenwald.

Während des ganzen Morgens ist mir nur ein anderer Camp Bewohner begegnet. Es war ein unscheinbarer Jüngling Mitte Zwanzig mit dicker Hornbrille. Er trug eine Schuluniform aus einem weißen Hemd mit einem aufgenähten bunten Wappen auf der linken Brust, eine blau-grün-rote Krawatte, sowie Kniesocken zu dunklen Shorts. Er stellte sich mir als *Tony* vor und verschwand wieder in der Registration, wo er offensichtlich arbeitet. Kaum war er weg, habe ich ihn schon vergessen. Ich musste noch zweimal übers Plateau zurück zum Schuppen um Ersatzschrauben zu holen und einmal, um in der Werkstatt ein neues Schutzgitter zuzuschneiden. Beide Male stand Tony entweder unter einer der Palmen oder saß auf einem der Steine und starrte ins Leere. Beide Male reagierte er nicht auf mein Winken. Anders als die anderen Camp Bewohner, ist dieser Tony die Langeweile in Person.

Der Morgen fliegt nur so vorbei. Der Himmel ist wolkenlos und tief blau. Das herrliche Traumwetter will ich für Rasenmähen ausnutzen. Bei den gewaltigen Ausmaßen des Plateaus benötige ich bestimmt den ganzen Nachmittag dafür. Im Geräteschuppen finde ich den Rasenmäher, fülle den Tank auf und setzte mich drauf, um die Rampe, die von der Klippe zum Plateau führt, hinauf zu fahren.

Danach kurve ich für Stunden zwischen den Palmen und den Lavablöcken oder fahre mehrfach den Rande der Klippe ab. Längst trage ich nur noch meine Sonnenbrille, Turnschuhe und Sonnencrème auf dem Leib, während ich Runde um Runde und Bahn um Bahn mit dem Mäher ziehe. Der Duft des geschnittenen Grases schwellt in der Hitze und mischt sich mit der Salzgischt, die hier oben nur noch als würzige Prise ankommt. Nach drei Stunden bin ich mit dem Gelände vor den Bungalows und dem Plateau zwischen dem Kathegemon und dem Anaktoron fertig.

Hinter einem schmalen Bambushain und Elefantengras befindet sich ein weiteres Feld mit einem natürlich überdachten Versammlungsort – dem Freiluft Klassenzimmer. Der bestimmt zwanzig Meter lange Durchgang ist so breit gehalten, dass ich mit dem Mäher gerade durchpasse. Leider wird mir beim Anblick der neuen Gegend dahinter sofort klar, dass ich hier mit der Maschine nicht weit kommen werde. Der saftige Rasen hat sich hier hinten in eine fast meterhohe Wiese verwandelt. Ich versuche es trotzdem und muss schon bald die Klingen von den um die Schraube gewickelten langen Halmen befreien. Diese Wiese muss ich erst mit der Sense von Hand mähen, zusammenkehren und danach mit der Maschine nochmals drüber.

Weil ich heute unbedingt damit fertig werden will, arbeite ich bis kurz vor Sonnenuntergang. Ich schaffe es gerade noch den Mäher über die Rampe zurück in den Schuppen zu fahren und mit dem Schlauch zu reinigen, bevor die Sonne in den Ozean plumpst. Zufrieden, diesen Ganztagesjob in einem längeren Nachmittag geschafft zu haben, stelle ich mich oben in meinem Badezimmer unter die Dusche.

Widerwillig ziehe ich mir danach eine meiner Shorts und ein offenes Hemd an, um barfuß zum Abendessen über das intensiv duftende frisch gemähte Gras zu spazieren. Meine Füße sind bis zu den Waden grün, als ich nicht mal die Hälfte des Weges bewältigt habe.

Bereits von Weiten fühle ich die Aufregung auf der Terrasse des Anaktoron. Etwas stimmt nicht!

„Brom!“ Ich laufe zwischen den mit Lichterketten geschmückten Palmen zur Treppe, um mir dort flüchtig mit einem Schlauch die Füße abzuspritzen. „Brom, geht's dir gut?“

Mord am Waikiki Beach

„Illu!“ Brom winkt mir auf der Terrasse oben von einem zusammengeschobenen Zweiertisch zu. „Mit mir ist alles in Ordnung. Orthos hat es nicht geschafft! Er wurde in Honolulu ermordet. Die Polizei fand seinen Leichnam in seinem Hotelzimmer. Sein Herz wurde mit einem Ritualdolch durchbohrt.“

Ich schwanke.

Lysios springt von seinem Stuhl hoch.

„Ermordet mit einem Dolch?“, keuche ich Luft schnappend, während mich Os auffängt. Ich hatte in London schreckliche Albträume und Visionen von sieben gesichtslosen Gestalten, die mit einem Ritualdolch zwei meiner Freunde umbringen wollten. Der Albtraum im Flieger von Honolulu nach Maui ging ebenfalls in diese Richtung. Os führt mich zum Tisch, an dem Brom sitzt, und reicht mir ein Glas Eiswasser. Gierig trinke ich es in einem Zug aus. Nur langsam weicht der Schock. Meine Albträume werden Realität. Am Tisch sitzen außer Janus: Henry, unser zotteliger Koch; Surferchampion Kiss; sowie drei Neuankömmlinge.

Einer der drei Neuen blickt besonders düster oder depressiv. Seine gelblichen schulterlangen Haare müssen original schwarz sein, denn seine Augenbrauen sind es, wie auch seine kurz getrimmten Brust- wie Beinhaare, sein Dreitagebart und sein Haaransatz. Er wirkt herb männlich, aber gleichzeitig sehr tuntig, denn statt einer Hose hat er sich ein rotes durchsichtiges Wickeltuch mehrfach um die Hüften gewickelt. Ähnlich meinem Werkzeuggürtel, trägt auch er einen breiten Ledergurt, an dem sich bestimmt zehn oder mehr kleine Taschen befinden. Seine Finger- und Zehennägel sind schwarz lackiert und sein Lidstrich ist mit Mascara dick nachgezogen. Seine Knöchel zieren feine Fußkettchen, wie auch seine Handgelenke. An sechs von zehn Fingern trägt er Ringe mit diversen Halbedelsteinen, besetzt in den unterschiedlichen Farben des Regenbogens. Er grabscht in einer seiner Gürteltaschen nach einem Beutel voller Tabak, doch Janus schüttelt den Kopf – Rauchen sei hier verboten! Ich erkenne neben Tabak und Zigarettenpapier auch noch eine Tüte Haschisch.

„Das ist Bacchus“, stellt ihn mir Janus vor, da er bemerkt, wie ich den blondgefärbten Kiffer anstarre. „Er kam ein paar Tage früher als geplant von Buenos Aires in Honolulu an und nahm spontan Orthos‘ Sitzplatz im Flieger nach Maui ein.“

„Bacchus?“, rutscht mir raus. „Wie Dionysos’ römisches Alter Ego?“

„Was dagegen?“, blickt mir Bacchus in die Augen. „Ich komme aus Argentinien! Mehr musst du über meine Vergangenheit nicht wissen!“ Bacchus streckt mir seine rechte, etwas abgeknickte Hand zum Gruß hin. Er steht nicht auf, sondern schlägt nur seine Beine übereinander und lehnt sich dabei nach vorne.

Bacchus ist schlank und dürfte kaum grösser als etwa einen Meter fünfundsiebzig sein. Er bewegt sich wie ein gelangweiltes Supermodel. Als er sich danach wieder zurücklehnt, verrutschen der Gürtel und das rote Seidentuch. Buschiges schwarzes Schamhaar zieht sofort meine Blicke an. Unbeeindruckt drapiert Bacchus das Seidentuch neu, während sein rechter Fuß kreist und das Fußkettchen ständig hin- und her rutscht. Legere lehnt er sich zurück, wirft seine langen Haare in den Nacken und verschränkt seine Arme hinter dem Kopf, um seine rasierten Achseln zu zeigen. Er rekelt sich auf dem Stuhl, als ob er entweder mich oder einen der anderen am Tisch anmachen möchte. Als er glaubt, ich habe mich schon dem nächsten Neuankömmling zugewendet, ändert er für den Bruchteil einer Sekunde sein Gesichtsausdruck und seine Haltung. Saß gerade noch eine südamerikanische Tunte vor mir, schleicht jetzt ein schwarzer Panther durchs Dickicht. Als Bacchus bemerkt, dass ich hinter seine Maske blicke, grabscht er sehr feminin nach einem Kajalstift in seinem Gürtel und zieht sich seinen Lidstrich nach.

Der zweite der Neuen ist ebenfalls ein Latino.

„Das ist Adriany, unser Hausfotograf. Adriany wird während des Camps unser Junge-für-Alles in der Bungalow-Siedlung sein“, stellt ihn mir Janus vor.

Adriany hat kurzes schwarzes Haar und scheint der körperhaarlose Typus zu sein oder er ist nur sehr gut rasiert. Sein seitlich vollkommen geschlitztes Tank Top und die viel zu kurzen Hot Pants bieten beide Einblicke, die dies jedem verraten, der hinsieht. Offensichtlich schert sich hier keiner um Scham oder Prüderie. Vielleicht ist es auf den hawaiianischen Inseln im tropischen Klima einfach normal, kaum etwas anzuziehen? Brom verriet mir schon etwas darüber. Vielleicht treffen sich in diesem *Telesterion*-Camp auch tatsächlich nur Verrückte?

Der dritte der Neuen ist mir von der ersten Sekunde an total vertraut, als ob ich ihn kennen würde, was aber nicht der Fall ist. Wie ich selbst, muss er skandinavische Vorfahren haben oder seine gekräuselten blonden Haare sind schon seit Monaten intensiver Sonne ausgesetzt. Er trägt seine Locken kurz geschnitten, was bei ihm etwas an ein schlecht geschorenes Schaf erinnert. Wie die anderen, hält auch er nicht viel von Bekleidung. Eine hellblaue Speedo Badehose reicht ihm aus. An den kurzen Stoppeln auf seiner Brust erkenne ich, dass er sich rasiert.

„Das ist Ampelos“, stellt uns Janus den blonden Pudelkopf vor.

„Ami!“, korrigiert er sofort. „Leute, nennt mich Ami!“

Henry zauberte abermals ein exotisches Essen aus diversen Hauptgängen. Leider trüben die Spekulationen über Orthos‘ Ermordung die Stimmung. Orthos hätte einer von uns offiziellen Dionysos-Kandidaten sein sollen. Seine Ermordung hat unsere Zahl abermals reduziert. Klio sprach von zwölf. Sind wir jetzt nur noch elf? Ihre Traumwarnung bekommt augenblicklich eine tiefere Bedeutung. Wurde Orthos wirklich von einem anderen Kandidaten ermordet oder hat sich einer der sieben Gesichtslosen unter uns Kandidaten gemischt? Vielleicht gehören diese Sieben zu den fünf dunklen Priester aus meinem Albtraum und Klios Prophezeiung? Vielleicht sind es die gleichen in einer anderen Rolle? In all meinen Albträumen in London hatten die Gesichtslosen hellblonde Haare oder waren platinblond gefärbt. In unserer Runde trifft das nur auf Bacchus, Ampelos und mich zu. Os ist braunhaarig, genau wie Kiss, Brom und Adriany sind beide schwarzhaarig. Tony, der abseits sitzt und in die Weite starrt, ignoriert jeder. Er ist nicht blond, sondern unscheinbar dunkelbraunhaarig.

Ampelos – oder Ami, wie er gerufen werden möchte – obwohl mit einem altgriechischen Name benannt, ist kein Kandidat, was mich innerlich aufatmen lässt, doch die Zahl der verdächtigen Mörder gerade auf Bacchus reduziert.

„Wie viele Kandidaten reisen an?", frage ich, da ich vor Neugier beinahe platze und Klios Zahl bestätigt haben will.

„Orthos wurde ermordet; Kathegemon ist in London ausgeschieden; Dendrites wurde in Sydney vergiftet und liegt meines Wissens zurzeit im Spital; und Chtonios", Janus hält kurz inne und lässt seine Blicke schweifen, dann fährt er fort: „hatte seinen Flug in Namibia verpasst, weil er Drogen aus dem Land schmuggeln wollte. Er wurde verhaftet und saß eine Weile im Gefängnis. Zumal ist es das, was ich hörte!"

Ermordet, vergewaltigt, vergiftet und eingekerkert, wundere ich mich über meine ausgeschiedenen Konkurrenten. Doch warum sprach Janus von Chtonios in der Vergangenheit? Sitzt er jetzt nicht mehr in Haft? Wo bin ich da nur hineingeraten? „Sind diese neuen Namen ebenfalls Beinamen des vielgesichtigen Gottes?"

„Man nannte Dionysos in der Antike nicht vergeblich *Polyônomos*, den Vielnamigen", lächelt Janus. „Jungs, ich werde es täglich verkünden, bis alle übrigen Kandidaten eingetroffen sind. Ihr könnt euch weitere Beinamen und Titel verdienen. Ich fordere euch geradezu auf, euch Dionysos als würdig zu erweisen."

Ich schnaube wenig begeistert. Was brachte mir meine Flucht aus London und mein Versteck in Miami Beach? Nichts! Dionysos lenkte mein Schicksal. Egal wohin ich glaubte zu fliehen, am Ende landete ich genau am einzigen Ort der Welt, an dem ich auf keinen Fall sein wollte, im Ausbildungszentrum für Dionysos-Kandidaten! Meinen Kollegen wird es wahrscheinlich nicht anderes ergangen sein, wenn auch sowohl Brom, wie auch Os nicht zum ersten Mal hier im Camp sind. Aber Brom verriet mir bereits, dass in diesem Jahr alles anders sein wird. Wissen die beiden mehr?

„Orthos bedeutet der Aufrechte oder der Phallische", belehrt uns Janus. „Dendrites ist der dreigestaltete oder der Baumartige; Chtonios bedeutet der Unterirdische oder der Geerdete."

„Echt jetzt?", lache ich auf. „Wer will denn schon ein Unterirdischer sein?"

„Wie schon gestern erwähnt, Kathegemon bedeutet der Anführer. Jeder Beiname geht einher mit neuen Gaben und Verpflichtungen", reagiert Janus nicht auf mein aufgesetztes Stöhnen.

Später erfahre ich von *Ampelos,* dass er an der Uni in Honolulu studiert. Er komme schon seit Jahren als Helfer bei den Vorbereitungen, wie auch als Teilnehmer der Kurse hierher. Im Gay Camp habe er das Surfen erlernt und nutzt die Chancen hier mit etwas Arbeit seine Fähigkeiten gratis zu vertiefen. Zudem liebe er die Spezialfächer, die jährlich – bis aufs Sternengucken – wechseln. Der Haleakala Krater beherberge eines der imposantesten Observatorien der Welt, warum Sternengucken hier nie den Reiz verliere. Doch er freue sich auch jährlich auf die Freizeitprogramme, die von ausgewählten Studenten angeboten würden.

Immer wieder, während Ami erzählt, beobachte ich den selbstverliebten Narziss und Kiffer, den wir hier als *Bacchus* kennen gelernt haben. Ist dieser rote Schleier-Typ wirklich ein Mörder?

Nach dem Dessert weicht etwas der Bedrücktheit. Da Bacchus nicht auf dem Campus arbeiten wird, wohnt er nicht im Kathegemon auf der Klippe, sondern wird morgen in einen der Bungalows einziehen, die ich erst auf Vordermann bringen muss. Adriany verspricht, Bacchus für die erste Nacht bei sich in der Registration provisorisch einzuquartieren und verlässt deshalb mit dem Schleiertypen zusammen als erster die Runde.

Ich beobachte die beiden. Kaum zwischen den Palmen ein paar Schritte die Treppe runter von der Terrasse entfernt, dreht sich Bacchus eine Zigarette und stopft Haschisch hinein, dessen Gestank, kaum angezündet, der Wind zu uns hochbläst.

„NIEMAND RAUCHT IM UMKREIS DES ANAKTORON!", erhebt Janus seine Stimme.

Wir zucken alle wegen ihrer Lautstärke und dem unterschwelligen hypnotischen Befehlston zusammen. Bacchus erschreckt sich so sehr, dass er beim Herumwirbeln seinen Schleier verliert, sich hastig bückt, das Ding danach um seinen Hals wickelt und flieht, als ob der Teufel persönlich hinter ihm her sei.

„Dieser Ort ist heilig", flüstert Janus danach, was aber nicht minder unheimlich klingt.

„Du ziehst bei Brom und mir ein!", wende ich mich an Ami.

„Dude, logisch! Das Haus auf der Klippe ist voll krass!", zwinkert mir Ami zu. „Ich wohnte auch die letzten Jahre immer dort!"

„Dann lasst uns auch aufbrechen!", drängt Brom. „Ich muss morgen früh raus!"

In unserem Haus auf der Klippe bezieht Ami eines der beiden Schlafzimmer neben meinem, womit wir auch das Badezimmer teilen werden. Anders als meines, ist Amis Gepäck bescheiden. Es besteht nur aus einer einzelnen Tasche. Ami öffnet den Reißverschluss und schüttelt den Inhalt auf sein Bett. Es fallen bestimmt an die fünfzig verschiedene Badehosen, Jock Straps, Tangas und andere dieser Mini-Dinger heraus. Daneben gibt es nur noch seinen Kulturbeutel, zwei Bücher und ein iPhone. Mehr braucht Ami hier anscheinend nicht. Ob Ami tatsächlich nur in einer Badehose von Honolulu nach Kahului fliegen durfte? Ich finde nirgends andere Kleidungsstücke von ihm, als diese Badehosen-Sammlung. Erhalten derartige Spezialgäste von der Fluggesellschaft Zwangsbekleidung verpasst? Neugierig frage ich ihn.

„Ich bekam ein T-Shirt!", lacht er auf. „Illu, auf den kleinen Charterflügen, die von Insel zu Insel hopsen, buchen fast ausschließlich Surfer und natürlich Touristen. Die Flugbegleiter kümmert es wenig, was du anhast – solange du *etwas* anhast!"

Der krausköpfige blonde Insulaner ist zum Glück kein Dauerredner wie Brom, wenn er mir auch bereits einiges über sich und das Camp erzählt hat. Er scheint voll auf Klatsch abzufahren, denn immer mal wieder erzählt er Anekdoten von Brom, der offensichtlich nicht nur bei morgendlichen Ritualen gerne wichst. Ami spricht immer mit vorgehaltener Hand und immer erst, nachdem ich ihm versprechen musste, es nicht weiter zu erzählen. Was Ami erzählt, ist banal oder gar erfunden. Doch er macht immer Pausen nach seinen Aussagen und checkt mit seinen Augen ab, ob ich etwas antworten oder ergänzen will, bevor er weiterspricht – etwas das Brom nie tut.

„Illu, weißt du, warum wir alle Namen, die irgendwie in Zusammenhang mit Dionysos stehen, für dieses Gay-Camp annehmen mussten?"

Ich versuche es mir nicht anmerken zu lassen, doch dieser Name *Dionysos*, lässt mich noch immer schaudern, wenn er laut ausgesprochen wird.

„Stimmt es?", flüstert er mir wieder verschwörerisch zu, „dass ihr euch gegenseitig fertig machen müsst?"

„Sicher nicht!", schüttle ich meinen Kopf. „Wer erzählt so was?"

„Ach?", zuckt Ami mit der nackten Schulter. „Ist das bei Wettbewerben nicht üblich? Es gibt nur einen Sieger! Der Rest muss verlieren! Einer wurde ja schon ermordet, ein anderer vergewaltigt und einer vergiftet. Werdet ihr euch gegenseitig abschlachten?"

„Niemals!", winke ich ab. Ich ahne nichts Gutes.

Ami zieht sich um und spaziert ins Badezimmer, um sich seine Zähne zu putzen. Sein *Schlafanzug* unterscheidet sich nur in der Art des Stoffes von seinen anderen knappen Badehosen.

„Du fährst ja voll auf diesen Look ab!", nicke ich auf seine schneeweiße Denim.

„Ich trage wirklich nur an der Uni noch ein T-Shirt und Flip-Flops dazu, sonst niemals mehr. Willst du mal eine anprobieren? Zu deiner Bodybuilder Figur würde sich eine der knappen gut machen. Ein Tanga würde deine schmalen Hüften und breiten Schultern super betonen." Weil ich ihn mit der Zahnpasta im Mund kaum verstehe, spukt er aus, gurgelt und wiederholt sein Angebot.

„Tanga? Ich? Vergiss es!" Etwas weniger schroff füge ich an: „Ich habe auch ne Macke, wie offensichtlich jeder hier im Camp", schüttle ich abermals meinen Kopf zu seinem Angebot. Als er kurz in sein Zimmer eilt und von der Tür ins Badezimmer mit einem dieser Tangas wedelt. „Echt nicht!", winke ich ab. „Ich bin Nudist."

„Wirklich?" Da ich ein paar Mal rasch nicke, schnellen Amis Augenbrauen in die Höhe. „Dude, voll abgefahren!" Damit dreht sich Ami einmal um die eigene Achse. „Ich besitze neben Tangas auch diverse Jock Staps, G-Strings, Push-Up's, Looks und die natürlich in allen Farben Formen. Willst du sehen?"

„Cool!", murmle ich, meine es aber nicht ernst. „Kennst du dich in griechischer Mythologie aus?", wechsle ich das Thema. Da Ami nickt, bohre ich weiter: „Was bedeuten all die seltsamen Namen? Bacchus ist mir bekannt, doch damit hört es auch schon auf."

„*Ampelos* war ein Satyrn und der beste Freund des jungen Dionysos, bevor der seine wahre Bestimmung als Gott erkannte. Ampelos brachte Dionysos die ersten Trauben, die der Gott zu Wein verwandelte, indem er sie einfach mit seinen Händen zerquetschte. Leider verunglückte Ampelos, als er später mehr Trauben für Dionysos besorgte."

„Ups!"

„Da gibt es andere Varianten, in denen Ampelos ein Jüngling war, in den sich Dionysos verliebte. Dionysos war offensichtlich schwul oder bi-sexuell. Doch welcher griechische Gott war das nicht? Damals scherte das keinen", winkt Ami ab. „Wie auch immer! Das Ende der Geschichte endet natürlich wieder mit dem Tod des sterblichen Jungen. Doch ich bin weder abergläubisch, noch bin ich *der echte* Ampelos. Schau mich an! Habe ich Bocksbeine oder Hufe? Alter, ich bin kein Satyrn."

„Nein! Aber du bist ein Jüngling, in den man sich verlieben könnte", flirte ich mit Ami.

Amis Lachen ist so erfrischend, dass Brom davon angelockt seinen Kopf in unser Badezimmer reinstreckt. „Leute, ich muss morgen früh raus! Ich will schlafen! Könnt ihr etwas leiser sein?“

„Dieser hier!“, zeigt Ami auf Brom. „Sein Name *Bromios* ist einer der bekannteren Beinamen des Dionysos‘ und bedeutet *der Laute* oder *der Lärmende.*“

„Na und!“, streckt Brom Ami die Zunge raus. „Ich singe gerne! Was ist dabei!“ Trotzdem beleidigt verzieht er sich.

„*Lysios* bedeutet *der Entfessler.* Das ist eine weitere Eigenschaft von Dionysos, der als Kind mit Wahnsinn geschlagen und von der Großen Mutter geheilt wurde. Seither vermag Dionysos-*Lysios* in anderen Wahnsinn auszulösen oder Wahnsinn zu heilen. Lysios bedeutet auch *der Mauer-Einstürzer.*“

„Die Große Mutter?“ Ich schlucke leer und hoffe, Ami würde nicht die verbotene Göttin der ewigen Nacht meinen, welche die fünf dunklen Priester aus meinem Traum aus ihrem Gefängnis befreien wollten.

„Sie hat sehr viele Namen und unterschiedliche Funktionen. Mal ist damit Gaia gemeint, dann Kybele. In Indien nennt man sie Kali und in...“

„Ja, ja, schon verstanden!“, winke ich ab. Dionysos schuldet der Großen Mutter einen Gefallen! „Woher weißt du das alles? So etwas lernt man ja nicht unbedingt in der Schule!“

„Janus unterrichtet seit ein paar Monaten vergleichende Mythologie an der Uni in Honolulu. Er referierte die letzten Monate auffallend viel über Dionysos. Einmal verglich er den Gott des Weines mit dem Wesen des Weines. In kleinen Dosierungen ist Wein anregend, doch in Mengen verhängnisvoll. Wein – oder Alkohol ganz generell – reißt die Hemmschwellen nieder und befreit das ungezügelte, willenlose und selbstzerstörerische Monster, das wir alle normalerweise gezähmt in uns tragen.“

„Aha! Ich muss mir das gleich aufschreiben!“ Ich hetze in mein Zimmer, wo ich mich ausziehe und auf dem Bauch liegend Amis Belehrungen in mein neues geheimes Tagebuch nieder schreibe.

„Du bist ja wirklich ein Nudist“, setzt sich Ami zu mir aufs Bett und lässt seine Blicke über meinen nackten Hintern gleiten. „Ein Tanga wäre für diese harten Backen ideal. Soll ich einen holen?“

„Vergiss es!“

„Seltsam ist“, fährt Ami fort, „Adriany passt auch ins Bild, obwohl der Latino tatsächlich wirklich so heißt. Dionysos Braut war *Ariadne*, was ähnlich klingt. Was für ein Zufall!“

Da ich schon lange nicht mehr an Zufälle glaube, wenn es in Zusammenhang mit Dionysos steht, notiere ich mir den Namen ebenfalls in mein geheimes Tagebuch. „Ist das die gleiche Ariadne, die Theseus das Knäuel Faden mit ins Labyrinth auf Kreta gab, damit er den Weg wieder hinausfinden konnte?“

„Ja, genau die!“

„Wurde Ariadne nicht die Braut von Theseus, nachdem er den Minotaurus erschlagen hatte?“

„Schon, aber Theseus verlor schon auf der Fahrt von Kreta zurück in seine Heimat das Interesse an ihr. Theseus setzte Ariadne auf einer einsamen Insel aus. Dort fand Dionysos die Maid und machte sie zu seiner Braut und erhob sie später zu einer Göttin.“

„Weißt du, wer sonst noch – außer den Studenten in zwei Wochen – hier ins Camp kommen wird? Orthos wurde ermordet und andere schieden aus.“

Leider fehlt Ami darüber jede Kenntnisse oder Tratsch. Er murmelt nur etwas über die dunklen Mysterien des Dionysos, gähnt und verlässt mein Zimmer.

Ich zeichne auf der nächsten leeren Doppelseite in meinem geheimen Tagebuch zwölf leere Felder. Ins erste schreib ich meinen eigenen Altgriechischen Spitznamen *Eleuthereus = Illu (ich)*. In die nächsten Feld notiere ich: *Bromios = Brom (Hula-Tänzer); Lysios = Os (Quarterback mit Kuhaugen); Bacchus (tuntiger Argentinier)*. In die weiteren Felder schreibe ich: Orthos; Dendrites; Chtonios und setze hinter jeden Namen ein Fragezeichen. *Ampelos = Ami (blonder Wollkopf); Adriany (Hot Pens), Henry (Koch), Kiss (Surferchampion)* und *Tony (seltsamer Unsichtbarer)*, schreibe ich klein an den Rand. Ich bin mir ziemlich sicher, dass keiner von ihnen einer der Dionysos-Kandidaten ist. Ob ich Orthos aus meiner Liste einfach streichen sollte? Sein Leichnam liegt in Honolulu.

Brom verriet mir schon bei der Hinfahrt, dass wir Götter-im-Training seien, was ich noch immer entschieden von mir weise. Es gibt keine antiken Götter; das sind nur Energien, Symbole oder Archetypen. *Götter-im-Training*, das ist verrückt! Müssen wir uns wirklich gegenseitig auslöschen? *Du könntest der sein, der das Zerbrochene wieder heilen könnte. Dazu brauchst du die Steine. Finde die Steine bevor es die fünf dunklen Priester tun. Erwecken sie das Schlafende im Vulkan, dann …*

Als ich endlich alle Ereignisse des Tages in mein geheimes Tagebuch niedergeschrieben habe, drehe ich mich auf den Rücken in meinem Bett, lösche das Licht und schlafe augenblicklich ein.

Ich befinde mich wieder im geheimen Tal, in das mich Brom am ersten Tag auf dem Weg ins Camp geführt hatte. Jetzt im Traum sind die Regenbogen in der feuchten Luft und dem feinen Nieselregen der diversen Wasserfälle noch viel intensiver.

Ich erinnere mich an Klios Worte aus einem anderen Traum: *Achte auf deine Träume, sie werden dir den Weg zum Versteck zeigen! Schöpfe aus dem Spektrum deiner bunten Erfahrungen! Reite den Regenbogen!*

Ob ich einen dieser Regenbogen wirklich reiten könnte? Kopfschüttelnd wende ich mich ab und suche den Eingang ins Dickicht mit dem verborgenen Pfad dahinter. Jetzt träumend, leuchten die Blätter farbintensiver und rascheln im Wind. Kaum im Grün verschwunden, finde ich die verwitterten Stufen im Fels und klettere den Vulkan hinauf. Mit jedem Schritt sinken meine nackten Füße abermals im tiefen Moosbewuchs der Tritte ein. Je höher ich steige, desto bunter sind die jüngeren Bäume mit Orchideen und anderen Blüten geschmückt. Abermals stehe ich irgendwann vor der Regenbogenwand.

Hier beginnt der Pfad der Götter. Dahinter liegt eine andere Dimension. Wenn du bereit bist, wirst du den Regenbogen durchschreiten, um die Stadt zwischen den Welten betreten zu können. Das verriet mir Brom, als ich zum ersten Mal hier stand.

Bin ich bereit, eine andere Dimension zu betreten? Vorsichtig strecke ich meine Hand aus. Die Regenbogenfarben flimmern und bewegen sich, als ob sie nicht bloß Lichtreflektionen wären, sondern ein Kraftfeld oder eine Barriere durch Raum und Zeit. Wenn ich schon hier auf der Insel diverse Kandidaten gegen mich habe, so will ich mich zumindest wappnen. Entschieden strecke ich meinen rechten Arm durch den Regenbogen und fühle ein Prickeln und Ziehen, das angenehm kitzelt, mich aber so anzieht, dass ich nicht widerstehen kann. Ohne darüber nachzudenken, wage ich den Schritt hindurch.

Augenblicklich bin ich nicht mehr am Südhang des Haleakala Vulkans auf der Insel Maui, sondern in einem wirklich dichten Dschungel.

„Du hast dir ja wirklich Zeit gelassen!“

Ich drehe mich um. Hinter mir steht Brom. Es muss Brom sein, denn er klingt wie Brom, trägt seine Hula-Verkleidung, hat sein Lächeln und seine extrem blauen Augen, doch sonst sieht der Traum-Brom wie ein Azteke aus einem Fantasiefilm aus. Seine Haut ist um einiges dunkler und röter, als ich ihn kenne. Seinen nackten Leib zieren grün- und rote Kriegsbemalungen. Seine schwarzen Haare sind länger und zu einem Knoten auf seinem Kopf hochgebunden und mit Grünzeug umwickelt. Dennoch ist dieser Typ eindeutig der dauerredende Hula-Tänzer, der mich am Flughafen abgeholt hat.

Ich brummle etwas Unverständliches und blicke mich um. Neben Brom stehen auch noch der bullige Os und der kraushaarige blonde Ami aus Honolulu. Auch diesen beiden haftet dieser seltsame Urvölker-Look an, den ich aus Dokumentarfilmen aus dem südamerikanischen Dschungel kenne.

„Dürfen wir das?“, flüstert Os zweifelnd. Der bullige Quarterback trägt einen Lendenschurz, Lederbänder um Oberarme und Handgelenke, einen buschigen Kranz aus fleischigen Blättern um den Hals und Körperbemalung aus dunklem Schlamm auf seinem Leib.

„Ist das wichtig?“, frage ich diesen Azteken-Os.

Amis gekräuselte Haare sind dunkelrot, ob natürlich oder mit Erde oder Beeren eingefärbt, lässt sich im Zwielicht des Tempelschattens kaum ausmachen.

Dann passiert etwas, das jeder Träumer bestimmt auch schon erlebt hat. Ich werde zum Traum-Ich mit einem Wissen über Dinge und den Ort, an dem ich mich gerade befinde. Dieser Dschungel ist meine Heimat und die drei Jungs vor mir sind meine Wahlbrüder. Wir vier Jünglinge kommen aus der provisorischen Zeltstadt in den Wäldern und auf den Wiesen rund um das riesige Tempelareal des *Grünen Gottes*. Zusammen mit allen anderen Jünglingen und erwachsenen Männer unseres Tales sind wir zum Frühlingsfest hierher gepilgert, um beim Erwachen des einzig wahren Gottes, dem *Grünen Gott*, teilzunehmen. Weil wir vier den morgigen Auftakt zum siebentägigen Fest nicht abwarten konnten, schlichen wir aus dem Lager unserer Sippschaft, um uns schon heute in den Tempel rein zu schleichen.

„Junge *Klodonen* des einzig-wahren Gottes“, höre ich mich reden, „ich kenne einen der *Bassariden*!“ Dabei brüste ich mich wie ein echter Angeber und wische die Bedenken meiner Sippschaft-Brüder beiseite.

„Weil du einen Bassariden kennst, dürfen wir uns heimlich in den Tempel schleichen?“, forscht Brom in meinem Gesicht. „Illu, was passiert, sollten wir erwischt werden? Ich will nicht vom Fest ausgeschlossen werden!“ Broms extrem blaue Augen funkeln mich herausfordernd an.

„Eros hat mich höchst persönlich eingeladen!“, lüge ich. Eros, der junge Novize der Bassariden, weiß nicht einmal, dass ich hier bin, aber meine Brüder müssen ja nicht alles wissen. Ich will ins Heiligtum des Tempels meines Lieblingsgottes – mit oder ohne meine Brüder.

„Illu, ist es wahr, dass du schon auf dem Thron des einzig wahren Gottes gesessen hast?“, bewundert mich der kräftig gebaute Os, der hinter einem Busch hervorlugend pisst.

Angeberisch schreite ich vor den drei auf und ab. „Jawohl!“

„Wirklich? Auf dem Thron des Grünen Gottes?“, fragt Brom etwas, das er mich bestimmt schon tausend Mal zuvor gefragt hat, denn ich erzählte diese Geschichte schon unzählige Male.

„Lass es uns einfach tun“, flüstert Ami. „Rasch, bevor mein Mut flüchtet.“

„Endlich benehmt ihr euch wie *echte* Männer!“ Stolz schreite ich voraus, tiefer in den Regenwald. Wir folgen der äußersten Tempelmauer bis zum Eingangstor in den Vorhof. Dort flankieren Obelisken die lange Prozession-Straße bis zur eigentlichen Haupteingangstreppe ins Innere des Tempels. Kaum das immer offene Tor in den Vorhof durchschritten, können wir das Kuppeldach des Tempels in der Ferne ausmachen. Es schimmert in der Hitze des späten Morgen wie eine Million Smaragde und Rubine, was an polierte Blätter und reife Beeren erinnern soll.

„Ich war noch nie zuvor im Tempel“, haucht Ami, tief beeindruckt über die architektonische Pracht.

„Der Tempel sieht aus, als ob er aus dem Boden gewachsen sei“, staunt Os.

„Selbst die Obelisken, wenn auch scharfkantig, sollen hundertfach den Phallus des Fruchtbarkeitsgottes darstellen, der in der Erde ruhend seine Männlichkeit der Sonne entgegenstreckt“, beweise ich mich als Tempelkundiger. „Wenn das Tempelareal auch symmetrisch in sechs gleich große Abschnitte unterteilt ist und so die Tempelform aufnimmt und erweitert, unterbrechen Baumsäulen, Hecken und Blumen die Strenge der Geometrie.“

„Alles wirkt gleichzeitig geordnet und chaotisch“, pflichtet mir Os bei.

„Das dient dazu, das widersprüchliche Wesen des einzig wahren Gottes darzustellen, der ungezähmt wild und zugleich die geläuterte Klarheit verkörpert. Die Natur des einzig wahren Grünen Gottes durchdringt und diktiert alles im Regenwald und dem Reich auf dem Inselkontinent.“

„Was passiert mit uns, sollte uns jemand erwischen?“, zögert Brom abermals, als wir gleich nach dem Tor die Prozessionsstraße verlassen, um daneben, wie echte Einbrecher von Busch zu Busch zu schleichen. „Männer, ich will in die Mysterien des Grünen Gottes initiiert werden und nicht wegen einem Streich disqualifiziert werden! Ein unerlaubtes Betreten des Tempelinneren ..."

„Keine Angst!", lege ich dem Jüngsten von uns vieren meinen Arm um die nackte Schulter. „Brom, ich kenn mich hier aus!", lüge ich ihn an.

Broms Ehrfurcht vor dem Tempel und unserem geplanten Einschleichen umhüllt ihn mit einem seltsamen Duft. Es ist ein Geruch, den ich aus meinem hinter mir gelassenen Leben nur zu gut kenne: Feigheit! Angst habe ich jetzt keine, denn ich hoffe, meine Tarnung schützt mich. Hier im Herzen des Dschungels falle ich mit meinen hellblonden Haaren, meiner hellen Goldhaut und meiner überdurchschnittlichen Körpergröße wohl auf, doch niemand ahnt, wer ich in Wirklichkeit sein könnte. Jeder im Reich glaubt an meinen inszenierten Tod. Zudem färbe ich mir mein Haar täglich mit dem roten Schlamm. Nicht auszudenken, was passiert, wenn mich meine Feinde finden. Sie werden mich zurück nach Sar-Kurteva schleppen oder falls ich Glück habe, sofort töten. Selbst angeblich tot, stehe ich ihren Plänen der endgültigen Thronbesteigung im Weg. Viele im Reich hoffen auf meine Rückkehr. Leider keimen immer öfters Gerüchte, ich hätte damals überlebt und verstecke mich im Süden des Inselkontinents bei der Krieger-Kaste. Solang im Süden nach mir gesucht wird, bin ich im Norden bei den Farmern in Sicherheit. Gefährdet mein geplanter Einbruch in den Tempel meine Tarnung? Niemand darf mich als den erkennen, der ich bin; als den, der ich nicht mehr sein will!

„Illu, du zitterst ja plötzlich", boxt mich der bullige Os in die Seite. „Angst?"

„Nein, natürlich nicht!", protestiere ich. „Das ist Aufregung!", scheuche ich die Schrecken meines Geheimnisses beiseite.

Vor fünf Gotteserwachen wurde ich in die ersten Mysterien des Grünen Gottes eingeweiht; damals war ich knapp vierzehn, über sechs Gotteserwachen jünger, als jeder andere Junge, der im Reich eingeweiht wird. Auch wenn ich davor zurückschrecke, zieht es mich dennoch genau dahin, wovor ich flüchte: ins Zentrum der Macht. Dieser Tempel manifestiert die *Grüne* Macht; ich selbst sollte die *Gelbe* Macht verkörpern, würde ich mein Erbe akzeptieren. Irgendwann wird mich jemand erkennen und verraten. Nur sehr wenige haben Kenntnis von meinem Überleben, meiner Flucht und meinem Versteck. Der Hohepriester hier im Tempel ist einer von ihnen.

„Sonst schwatzt du ohne Unterlass! Brom, was ist los mit dir?", boxt Os diesmal den schweigenden Brom in die Schulter.

„Junge *Klodonen*", übernehme ich wieder die Führung, „wir sind gleich beim geheimen Schlupfloch. Dahinter liegt *der Garten der Hoffnung* mit der Schule der Novizen."

Da niemand darauf mit Worten reagiert, bin ich wieder in meinen Gedanken. Wird mich der Rat der Bassariden in diesem Gotteserwachen als einer der ihren im Tempel einweihen? Normalerweise wird kein Jüngling vor Erreichen seines fünfundzwanzigsten Gotteserwachen berücksichtigt. Aber ich will jetzt schon in die tiefsten Mysterien der Schöpfung eingeweiht werden. Wird der Rat der Bassariden bei mir eine Ausnahme machen, sechs Gotteserwachen vor der Zeit? Würde ich mich ihnen zu erkennen geben, würde ich sofort mit Prunk als der Heimkehrer gefeiert werden und jeder Wunsch wäre ihnen Befehl? Doch damit wüssten auch meine Feinde, dass ich noch lebe und wo ich mich verstecke.

Ich verlasse den Schutz der Büsche und durchwate den schmalen Fluss, der zur Reinigung dient. Bevor ich mich im Wasser wasche, streife ich mir den Lendenschurz ab. Nur Brom folgt meinem Beispiel, die beiden anderen behalten ihre Schürzen fürs Bad an.

„Jungs", deute ich auf Os und Ami, „im Garten der Hoffnung werdet ihr in euren Schürzen echt auffallen. Kein Novize und kein Bassaride trägt innerhalb des Tempels Kleidung. Niemals!"

„Nackt? Illu, wir sollen im wahren-Gewand-des-Gottes in den Bereich der Schule eindringen?", zögert Os.

„Lysios", spreche ich ihn mit seinem wahren Namen an, „schämst du dich, ein Mann zu sein?"

Os blickt mich aus seinen riesigen Kuhaugen an und bleibt mir seine Antwort schuldig.

„Und du, Ampelos? Wie sieht es mit dir aus?"

Zur Antwort reißt sich Ami seine Schürze vom Leib.

„Jungs, ihr könnt eure Schürzen hier im Gebüsch verstecken", zeige ich auf eine dichte Lorbeerhecke vor der Tempelmauer, die den Vorhof vom Tempelinneren trennt. Hier wachsen hohe Palmen und Eukalypten, doch auch die höchsten von ihnen reichen nicht an die Oberkante dieser extrem hohen Mauer.

Ami und Os mustern meinen Körper und speziell, was sich ihnen im Schutze der Lorbeerhecke wachsend entgegenstreckt.

„Illu, müssen wir uns auch so stolz zeigen?", schluckt Os leer.

„Damit könntest du den Grünen Gott bei jedem Fruchtbarkeitsritual vertreten!", lacht Brom und langt stinkfrech zu, um das Ding zu wiegen und danach immer wieder schnellen zu lassen.

Os errötet und wagt es einfach nicht, seinen eigenen Lendenschurz abzulegen, jetzt schon gar nicht mehr.

„Mann, was ist mit deinem Fell passiert?“, streichelt Brom die haarlose Stelle über meinem Phallus.

„Ich rasiere sie mir ab, wie das jeder Bassaride tut!“, verkünde ich stolz und lasse die Jünglinge gaffen.

„Illu, du weißt schon, dass du kein Bassaride bist? Illu, du bist wie wir alle, ein Klodone, ein Anhänger des Grünen Gottes und keiner seiner Auserwählten“, belehrt mich Brom.

Noch tiefer errötet, streift Os endlich seine Schürze ab. Obwohl er bereits schon zweiundzwanzig und damit der älteste von uns vieren ist, wirkt der Bulle kindlich unschuldig. Er hätte sich schon vor zwei Gotteserwachen einweihen lassen können, doch der scheue Bulle wagte es nicht. Er wird es bestimmt auch an diesem Frühlingsfest versäumen, von seinem Recht Gebrauch zu machen.

„Kein Grund sich zu grämen. Der Grüne Gott wird diesen kleinen Schrumpeligen“, spöttelt Brom, der inzwischen nicht minder erregt ist, wegen Os’ Schlappschwanz, „schon noch erwecken.“

Gehemmt blickt der Angesprochene zu Boden. Plötzlich bückt sich Os und packt nach seinem Lendenschurz. „Leute, ich kann das nicht! Tut mir leid!“ Der Schlappschwanz flieht über den Pilgerpfad zurück zum Außentor des Tempelareals.

„Und du?“

Ami grinst feist. „Illu, kennst du mich so schlecht?“ Der neunzehn Gotteserwachen alte Krauskopf reibt sich, bis sein eigener Stolz sich mit dem von Brom und mir messen lassen kann.

„Gut!“, mustere ich meine beiden Wahlbrüder und teile die Zweige des Lorbeerbusches, um dahinter zum Riss in der Mauer, dem Geheimeingang in den Garten der Hoffnung hinein, zu kommen. „Folgt mir!“

Leider weckt mich der Ruf einer Eule. Das graue Federvieh hat sich direkt bei mir aufs offene Fensterbrett gesetzt und starrt mich in der Dunkelheit an. Als ich meine Armbanduhr checke, habe ich nicht mal eine Stunde geschlafen. Um den eigenartigen Traum nicht zu vergessen, knipse ich meine Nachttischlampe an und notiere mir alles, woran ich mich erinnern kann in mein geheimes Tagebuch.

War das ein früheres Leben irgendwo in Mittelamerika? Doch warum nannte ich es Inselkontinent? War ich schon einmal mit Brom, Os und Ami zusammen in einem Dionysos-Tempel oder einem ähnlich gestrickten Gott, um in seine Mysterien eingeweiht zu werden? Wer war ich damals? Warum versteckte ich mich? Vielleicht kreierte mein Verstand auch nur aus all dem Bekannten, was mir hier auf Maui begegnet war, eine Abenteuergeschichte?

Ob ich mich abermals zurück träumen kann? Ich würde schon gerne das Heiligtum dieses Tempels sehen und mich nochmals auf den Thron des *Grünen Gottes* setzen. Was liegt in diesem Garten der Hoffnung? Ob der Geheimeingang mir Hinweise auf das Versteck geben wird, dass ich finden muss? Erwartungsvoll lösche ich das Licht und versuche mich abermals durch diesen Mauerriss ins Unbekannte vorzuwagen.

Rote Aussichten

Donnerstag: 18. September

Brom schüttelt mich kurz vor Sonnenaufgang an der Schulter, doch ich habe heute keine Lust, ihn tanzen zu sehen, weshalb ich mich umdrehe, um eine weitere halbe Stunde zu dösen. Leider träume ich nicht nochmals vom Dschungeltempel oder meinen neuen – oder alten – Freunden.

Als ich das Wasser der Dusche im Badezimmer neben meinem Schlafzimmer höre, geselle ich mich zu Ami. Der blonde Krauskopf steht mit einer Badehosen unter der Dusche und seift sich ein.

„Ein Nudist, durch und durch", lacht er mich an, als er die Duschkabine verlässt und mich erblickt.

Ich stehe nackt am Waschbecken und putze mir die Zähne. Ich spuke aus und zwinkere ihm zu. „Ich trainiere mir deinetwegen keine Hemmungen an, nur weil du deine Badehosen nicht ausziehen willst! Verstanden?"

„Ja, ja! Kein Problem, Dude", schüttelt Schafskopf seine nassen Haare und spritzt mich mit Wassertropfen voll.

„Lass das!", nehme ich Abstand.

„Spazieren wir zusammen ins Anaktoron, um zu frühstücken?", fragt er später, als ich mich unter der Dusche überall rasiere.

„LOGO!", brülle ich mit Wasser in den Ohren.

In meinem Zimmer überlege ich mir, ob ich mich den anderen Camp Bewohnern ebenfalls als Nudist outen sollte, in dem ich einfach nackt zum

Frühstück auftauche. Als mein Blick auf Brom in einer seiner verwaschenen Jeans und danach auf Ami in einer orangen Badehose fällt, die beide in der offenen Küche auf mich warten, entscheide ich mich, mein Outing zu verschieben. In Bermuda Shorts, die ich mir in London gekauft hatte, schließe ich mich den beiden an.

Der Himmel über der Vulkaninsel ist heute wolkenlos und die Temperatur, selbst so früh morgens, hochsommerlich. Wie schon gestern wartet ein Rollwagen mit Früchteschalen, Würstchen, Eiern und was man sonst noch so zum Frühstück verputzen kann, auf der Terrasse. Von den anderen Camp Bewohnern fehlt jede Spur.

„Adriany frühstückt nur selten und Bacchus kann ausschlafen. Er arbeitet ja nicht hier“, greift Ami meinen Gedanken auf.

„Henry will mit Ami und mir zusammen für einen Großeinkauf nach Kahului“, erklärt Brom. „Wir fahren mit zwei Jeeps, weil ich gleich noch Asterios, einen neuen offiziellen Dionysos-Kandidaten, am Flughafen abholen soll.“

„Asterix?“, spotte ich über diesen verrückten Namen.

„Asterios“, korrigiert mich Ami. „Das ist ein weiterer Beiname des Dionysos‘. *Asterios* bedeutet *Stern*. So wurde Dionysos als Knabe genannt.“

„Ja, ja!“, winke ich ab. „Jungs, kennt einer von euch diesen Stern?“, sehe ich von Ami zu Brom.

„Asterios kommt dieses Jahr zum ersten Mal hierher“, lächelt mich Brom an und seine extrem blauen Augen blitzen neugierig.

Wer solche Augen hat, sollte Asterios genannt werden, faszinieren mich Broms Augen einmal mehr. Aber *Lärmer* passt irgendwie doch besser zum dunkelhaarigen Hula-Tänzer.

Nach dem Frühstück kurz vor acht Uhr trennen sich unsere Wege. Gemäß meiner Liste für die heutigen Aufgaben und weil bereits einer der Bungalow-Gäste eingetroffen ist, muss ich mich der Grundreinigung der Hüten widmen. Ich werde heute Toiletten schrubben, Böden fegen und die Fenster putzen. Was ich dazu brauche, finde ich alles im Schuppen unter unserem Haus und belade ein Karren mit Eimern, Schwämmen, Lappen, Besen und biologischen Putzmitteln. Die Sonne brennt gnadenlos auf mich nieder, weshalb ich nicht nur auf ein T-Shirt, sondern gleich auf alles andere ebenso verzichte. Wenn Brom hier laut singend nackt tanzend den Sonnenaufgang zelebrieren kann, wird es bestimmt niemandem missfallen, wenn ich textilfrei die Bungalows reinige. Ich setze mir nur meine Sonnenbrille auf, binde mir den coolen Werkzeuggürtel um die Hüfte und schiebe den Wagen über die Rampe und weiter die Klippen entlang zur Registration mit den Bungalows. Das Gefühl hier nackt arbeiten zu können, lässt mich eines von Broms Liedern summen.

„Illeus", ruft mich jemand.

„Illu!", drehe ich mich der Stimme zu und korrigiere meinen neuen Spitznamen. Es ist Lysios, der bullig Quarterback mit den Kuhaugen. „Hi, Lysios!", begrüße ich ihn und habe längst vergessen, dass ich nackt bin.

„Os! Bitte nur Os!", korrigiert er auch mich. „Was hast du vor mit all dem Zeug?", deutet er auf meinen vollen Karren.

„Ich muss die Bungalows reinigen."

„Brauchst du Hilfe?"

„Falls dir das Spaß macht?"

„Ich putze gerne Fenster", gesteht mir der Bulle und errötet. Er trägt eine Sporthose, ein T-Shirt, wie auch Turnschuhe, stört sich aber offensichtlich nicht an meinem Aufzug – oder tut nur so. Er erwähnt ihn nicht einmal, obwohl er mich von den Zehen bis zum Scheitel schamlos abcheckt. „Wie lange betreibst du schon Bodybuilding?", durchbricht er nach einer Weile die Fleischschau.

„Schon eine ganze Weile. Ich trainierte die letzten Monate täglich sehr intensiv mit einem Privattrainer!", blähe ich stolz meine Brust auf. „Gibt es hier im Camp einen Kraftraum?"

„Leider nicht! Aber hier kannst du Lavasteine stemmen, Bäume fällen oder stundenlang klettern und schwimmen." Als ich nicke, fragt Os: „Hast du Gummihandschuhe und Stiefel auf deinem Karren?"

„Ich arbeite am liebsten splitternackt", bringe ich das Thema zur Sprache. „So spare ich mir das Kleiderwaschen", zucke ich mit der Schulter. „Brom erwähnte ein geheimes Tal hinter dem fünften Wasserfall, dort will ich nach der Arbeit hin, um zu baden."

„Das geheime Tal kenne ich! Wir können später gemeinsam dahin. Das ist nicht weit."

„Cool! Ich bin sicher, ich finde Gummistiefel und Handschuhe für dich im Schuppen. Welche Größe?" Während Os den Karren zu den Bungalows schiebt, mache ich kehrt, um Os das Gummizeug zu holen.

„HIER HINTEN!", brüllt Os und winkt mir nach meiner Rückkehr von der ersten Hütte im Regenwald zu. Sie steht auf Stelzen und eine Treppe führt zu einer kleinen Veranda. Durch eine schiefe Tür gelangt man in einen Vorraum und dahinter in zwei Zimmer mit Bad. „Illu, ich habe den Boden hier drinnen schon gekehrt. Soll ich das bei den anderen Hütten auch tun oder wollen wir hier zusammen mit der Fensterreinigung anfangen?"

„Arbeiten wir zusammen. Ich war gestern schon den ganzen Tag alleine. In Gesellschaft lernen wir uns etwas kennen. Was hältst du davon?"

Os wechselt von den Turnschuhen in die klobigen Gummistiefel, langt nach den gelben Gummihandschuhen, stülpt sie sich über und stapft ins Badezimmer, um dort den ersten Eimer mit Wasser zu füllen. Seine Sporthose, wie auch sein T-Shirt, behält er an.

„Ich hole die Schwämme und die Wischer vom Karren!"

Eine Stunde lang putzen wir meist schweigend zusammen die Fenster, reinigen die Toiletten, fegen die Böden und ziehen alles nass auf. Die Hütten sind nicht wirklich schmutzig, denn bis auf Staub und Laub, was durch die nicht ganz geschlossenen Fenster hineingeweht wurde, nisteten sich nur in einer ein Waldtier ein, das wir aber nirgends entdecken. Os ist sehr konzentriert bei der Arbeit und scheint wirklich Spaß am Fensterputzen zu haben – um mich heimlich zu beobachten? Ich hätte nie gedacht, dass Nacktputzen so viel Spaß machen könnte. Wenn Os auch kaum spricht, das Wenige, das ich über ihn erfahre, bestätigt meine erste Vermutung. Os spielt wirklich als Quarterback an der Uni in Atlanta American Football. Er verrät mir auch, dass er neben dem Medizinstudium kürzlich eine Ausbildung als Sportmasseur abgeschlossen habe.

„Illu, bei den nächsten drei Hütten im Regenwald brauchen wir eine Leiter. Diese Hütten stehen auf Felsen und der Sims, auf dem du bisher ums Haus herum stehend die Fenster von außen putzen konntest, fehlt bei den anderen Hütten. Man kommt nur an die Außenfenster heran, wenn man über eine Leiter hochklettert. Während meinem ersten Camp hier bewohnte ich eine dieser Hütten, weshalb ich das noch weiß. Ich versuchte einmal nachts hinten rein zu klettern, weil meine Zimmerkumpels die Vordertür mit einem Vorhängeschloss verriegelt hatten, um mich auszusperren."

Sofort inspiziere ich die Lage. Os hat recht. Ich eile den Weg übers Plateau zum Schuppen zurück, um eine der längeren Leitern zu schultern. Einmal mehr begegne ich Tony, der unter einer Palme stehend ins Weite starrt. Da er mich weder ansieht noch anspricht, ignoriere ich ihn, wie er mich.

Zurück bei der Waldhütte suche ich nach einer geeigneten Stelle, um die Leiter sicher auf dem Boden zu verankern und erklimme die Sprossen. Os hat drinnen bereits mit dem Einseifen der Scheiben begonnen, als ich plötzlich vor ihm auftauche. Weil ich eh auch die Dachrinnen aller Hütten säubern soll, beginne ich bei dieser Hütte gleich damit und steige weitere Sprossen der

Leiter hoch, um das Laub und die Äste aus den Wasserabläufen zu schaufeln. Mir ist gar nicht bewusst, dass ich Os so einen erotischen Anblick bieten muss, als ich mich verrenkend direkt vor seinem Fenster verbiege und dabei meinen Unterleib immer wieder dicht an die Scheibe drücke. Ich kann das kühle Glas fühlen, denke mir aber nichts dabei. Seit Stunden arbeite ich nackt und bin mir dessen gar nicht mehr bewusst.

Als ich nach einer Weile oben fertig bin, klettere ich tiefer und begegne mit meinen Blicken Os, der mich durch die Scheibe anstarrt und ziemlich errötet ist. Mich um sein Wohl sorgend, klopfe ich an die Scheibe. Os schiebt sie hoch. „Ist dir nicht gut? Hast du zu viele biologische Chemikalien eingeatmet?", frage ich ihn.

„Das war eine echt gewagte Nummer!", sieht er auf den Boden, während er mit mir spricht.

„Sorry!", schneide ich eine Grimasse. „Mir war nicht bewusst, wie das von unten aussehen musste. Reichst du mir den Schwamm raus, damit ich die Spuren wegwischen kann?"

Os reicht mir einen kleineren Kessel mit Wasser, den Schwamm und den Wischer raus, schiebt das Fenster wieder hoch und beginnt mit der Reinigung der gegenüberliegenden Fenster, dem weißen Weg zu, der sich zwischen den zehn Hütten hindurchschlängelt. Immer wieder dreht sich Os zu mir um. Jedes Mal sieht er sofort weg, wenn sich unsere Blicke treffen. Er putzt sehr schnell innen und außen die Fenster auf seiner Seite, als ob er unbedingt gleichzeitig mit mir auf der anderen Seite fertig werden wollte, damit wir uns gemeinsam der nächsten Hütte widmen können. Um meinen Verdacht zu bestätigen, ruft er durch das geschlossene Fenster zu mir raus: „Illu, putzen wir bei den drei Waldhütten erst die Dachrinnen und Fenster, bevor wir innen die Böden schrubben!"

„Yo! Ich verschiebe die Leiter! Kannst du den Eimer nehmen?"

Os schiebt das Fenster wieder hoch, nimmt mir die Utensilien ab und ich klettere runter in den Wald, um bei der nächsten Hütte, einer gelb-rosa gestrichenen, wieder einen idealen Stellplatz für die Leiter zu finden. Abermals beginne ich mit den Reinigungsarbeiten auf dem Dach und bin mir diesmal sehr bewusst, dass Os meine Verrenkungen interessiert aus dem Haus heraus verfolgt. Weil ich mich schon lange nicht mehr wegen einer Latte schäme, lasse ich es einfach passieren, denn der Gedanke an einen Voyeur, der mich heimlich beobachtet, erweckt ein Kribbeln in mir. Zeitlassend koste ich meine Show voll aus. Vielleicht hat Os sich längst den anderen Fenstern gewidmet? Vielleicht hat er sogar die Hütte gewechselt? Ich kann ihn nicht sehen, doch ich glaube, seine Blicke zu fühlen. Längst sind alle Blätter und jeder Unrat oben aus dem Kennel entfernt, doch ich verrenke mich weiter.

Quietschend schiebt Os unter mir das Fenster hoch.

Ich bleibe, wo ich bin und tue so, als ob ich noch immer an verkeilte Ästchen rankommen müsste. Zwei Gummihände greifen nach meinen Schenkeln, dann grabschen sie meinen Po. Gummihandschuhe fühlen sich eigenartig auf nackter Haut an. Warum zieht sie sich Os nicht aus? Weil er mich nicht anspricht, schweige auch ich, um diese plötzliche Nähe zwischen uns nicht kaputt zu machen. Ich stehe nicht auf Os, doch ich habe nichts gegen körperliche Nähe. Seth und ich gaben uns nie ein Versprechen, körperlich treu zu sein. Monogamie ist etwas für Heteros, aber ganz sicher nichts für schwule Männer! Seth und ich lieben uns. Wäre da sexuelle Enthaltsamkeit die Garantie oder das Siegel, hätten wir uns schon gar nicht erst aufeinander eingelassen; dazu lieben wir beide den Sex viel zu sehr. Seth ist mein Lebenspartner und mein Lover, doch er ist jetzt nicht hier – Os hingegen schon.

„Danke fürs Festhalten!“, rufe ich nach unten.

Plötzlich fühle ich etwas Feuchtes und Warmes meine Penisspitze berühren. Ich schnappe nach Luft, denn ich sehe Flammen vor mir tanzen. Als ich blinzle, verschwinden sie und nur die Überraschung bleibt zurück: Küsst der Hetero-Quarterback meinen Penis? Meine Körpersprache verrät ihm, wie sehr mir das gefällt. Os wird mutiger und zielbewusster. Abermals tanzen Flammen vor meinen Augen und als ich heimlich nach unten sehe, glüht es rot und orange aus der Hütte raus. Als ich es irgendwann nicht mehr zurückhalten kann, entziehe ich mich seinem Mund und dünge den Regenwald. Als ob nichts weiter vorgefallen wäre, wäscht mich Os mit einem nassen Schwamm in seinen Gummihandschuhen sauber und schiebt danach das Fenster wieder runter.

Erst nach einer langen Minute klettere ich nach unten und klopfe an die Scheibe. Os ist schon mit den Fenstern zur anderen Seite hin beschäftigt, als ich reinblicke. Wortlos schiebt er das Fenster wieder hoch, reicht mir den kleineren Wassereimer und das Putzzeug raus und wir beide tun so, als ob nichts passiert sei.

Als ich bei der dritten Waldhütte abermals die lange Leiter hochklettere, klopfe ich auf halber Höhe ans Fenster. „Os, kannst du das Fenster offen lassen, während ich oben hantiere. Der kühle Luftzug untenrum war vorhin total gigantisch!“ Frech steige ich die weiteren Sprossen hoch.

Kaum in idealer Stellung, erwecken Os‘ Lippen abermals meine Lust und abermals flammt es orange und rot aus der Hütte. Diesmal ist der Hetero noch geschickter und seine Gummihände packen entschieden lustvoller zu, als beim ersten Mal. Ich muss mich an der Leiter festkrallen, um vor Lust nicht zu straucheln. Abermals wäscht mich der Hetero danach mit dem Schwämmchen sauber und abermals reicht er mir meinen Wassereimer raus. Diesmal grinst er mich sogar an.

Wir verlieren weder beim gemeinsamen Mittagessen, ein paar Sandwiches, die Os aus der Kantine im Haupthaus holte und die wir auf einer der Hüttenveranden zusammen verspeisen, noch den Rest des Tages ein Wort darüber. Wir fegen zusammen die Böden, kehren die Hütten und ich klettere alleine auf die Dächer, während Os sich den Toiletten widmet. Wenn wir uns irgendwo sehen, lächelt er mir zu und ich zurück.

Gegen sechs Uhr abends sind wir mit den zehn Hütten fertig und karren zusammen die Werkzeuge und die lange Leiter zurück zum Kathegemon, um alles im Geräteschuppen darunter zu versorgen.

In der Ferne sehe ich Tony in seiner Schuluniform auf einem der Lavablöcke sitzen und starr in die Ferne über den Ozean blicken. Wie immer entzieht er sich jedem Kontakt; wie immer vergesse ich ihn, kaum dass ich mich von ihm abwende.

„Fürs geheime Tal ist es heute zu spät geworden. In wenigen Minuten geht die Sonne unter, zudem wird in Kürze das Abendessen serviert. Brom, mit dem Neuankömmling, wird bestimmt auch bald auftauchen. Illu, darf ich oben bei dir duschen?“ Ich zeige Os das Badezimmer, lege ihm ein frisches Handtuch und eines meiner T-Shirts raus. Danach dusche ich mich an einem der Wasserschläuche auf der Terrasse ab.

Was für ein zweiter Arbeitstag! Die Sprache des Herzens in diesem Camp ist ganz nach meinem Geschmack. Weil ich keine Lust mehr auf Kleidung habe, wickle ich mir nur ein sauberes Badetuch um meine Hüfte und fühle mich darin angezogen genug, um auf der Terrasse des Haupthauses mein Abendessen einzunehmen.

Der schöne Syrer

Brom spaziert gerade mit einem großgewachsenen Jüngling zum Anaktoron, als Os und ich zeitgleich dort eintreffen.

„Das muss dieser Asterios sein“, flüstere ich dem Bullen zu.

„Ein echt gutaussehender Mann!“, zwinkert mir der Hetero zu.

„Allerdings!", checke ich den Typen aus der Ferne ab. Ich warte am Fuß der Terrassentreppe, zwischen den mit Lichterketten umwickelten Palmen, auf Brom und den Neuen. Os lässt mich stehen und geht allein voraus. Vielleicht will er keinen Klatsch aufkommen lassen; er und ich könnten ein Paar sein oder was in der Art.

Der Neue ist groß, bestimmt fast zwei Meter. Nach seiner Kleidung, einem *Wesar*, einem leichten Baumwollstoff, um die Hüften gebunden, der ihm bis zu seinen Füßen reicht, und darüber einen *Dischdascha*, das langärmelige Übergewand das ihm fast bis zu den Knien reicht – beides blütenweiß – schließe ich auf einen Araber oder einen Inder, obwohl die Hautfarbe des Braunhaarigen dafür entschieden zu hell ist. Die Borden seiner Kleidungsstücke sind mit komplizierten Ornamenten aus Silberfäden bestickt, wie auch die Knopflöcher des Dischdaschas. Die Knöpfe blitzen silbern im Schein der Fackeln zwischen den Palmen. Asterios ist barfuß. Er trägt weder eines dieser meist dunklen Übergewänder namens *Bischt* noch ein *Ghutra*, das zusammen mit dem *Agaal* das Kopftuch mit den Ringen fixiert. Ein Araber oder ein Moslem wird er nicht sein, denn kein gläubiger Moslem würde seinen Körper durch die fast durchsichtigen Leinenstoffe jedem zeigen. Trotz diesem sehr durchsichtigen Outfit wirkt Asterios, anders als Bacchus, nicht wie ein Stricher oder ein Stripper, sondern königlich. Wie er so weiß gekleidet daher schreitet, fasziniert er mich mit jedem Schritt, den er näher kommt, mehr. Der Name *Stern* oder *Asterios* passt wirklich zu ihm.

„Illu", winkt mir Brom zu, als er nur noch drei Schritte von mir entfernt ist und mich endlich bemerkt. „Das ist Asterios aus Syrien! Asterios, das ist Eleuthereus aus der Schweiz!"

Asterios faltet seine Hände vor seiner Brust und verneigt sich knapp vor mir. „Es ist mir eine Ehre, dich kennen zu lernen, Eleuthereus. Ich bin in Ägypten und in Indien aufgewachsen, nachdem meine Mutter in Syrien ins Gefängnis geworfen wurde, weil sie keinen Moslem geehelicht und sich nach meiner Geburt geweigerte hatte, mich zu beschneiden."

Seine Offenheit überrascht mich. Wer rückt schon als erster mit so einem Familiengeheimnis raus? „Ähm, ja! Willkommen im Camp-Telesterion!"

„Bist auch du auf dem Weg der Reinheit?", nickt Asterios auf mein weißes Badetuch um meine Hüften. Da ich wahrscheinlich meine Augen verdrehe, klärt er mich auf: „Ich trage nur das Weiß der Reinheit. Mein Körper ist mein Tempel. Ich dachte, da du ebenfalls auf Farben verzichtest ..."

„Nein, nein!", winke ich ab. „Ein weißes Unschuldslamm bin ich nicht, obwohl mir die Reinheit des Geistes und des Körper tatsächlich Weg und

Ziel sind." Logisch habe ich sofort seine vorherigen Worte überprüft. Der Syrer ist wirklich nicht beschnitten. Er hat sogar eine echt schöne Vorhaut, denn der dünne Stoff verbirgt wirklich kaum was von seiner Gestalt und seinen Vorzügen.

Asterios lacht schallend auf, als ob er mich gerade aufs Korn genommen hätte. Ich stimme ein und blicke ihm zum ersten Mal ins Gesicht. Es ist symmetrisch; seine Nase ist für seine Rasse untypisch, denn sie ist breit und etwas zu flach. Vielleicht war sie gebrochen und wurde chirurgisch korrigiert? Sein Mund ist schmal, wenn seine Lippen auch weich geschwungen sind. Sein halblanges braunes Haar trägt er seitlich aus dem Gesicht geschoben, aber nicht gescheitelt, wie das Amerikaner tun. Seine Irisfarbe ist beinahe schwarz, was seinen Augen etwas Entrücktes verleiht. Asterios ist überall muskulös, aber er ist kein Bodybuilder, wie ich einer bin, noch ist sein Körper so bullig, wie der von Os. Asterios könnte ein Leichtathlet sein. Er wirkt auf mich wie ein wahrer Apollon. Seine vollkommen aufrechte Haltung und sein Aufzug erinnern mich an einen Pharao oder einen ägyptischen Hohepriester aus dem Alten Reich. Asterios steht vollkommen reglos, während ich ihn abchecke.

„Nach dir?", lasse ich ihm den Vortritt auf der breiten Treppe zur Terrasse hoch. Doch nur, weil ich diesen Musterknaben unbedingt auch von hinten sehen will. Sein Knackarsch unter dem hauchdünnen Stoff ist zum Reinbeißen und seine Schulter ist schlicht erhaben. Er ist etwas größer als ich, also definitiv über Einsneunzig, vielleicht sogar wirklich über zwei Meter groß. Sein Alter schätzt ich auf Mitte Zwanzig. Oben auf der überdachten Terrasse bleibt Asterios bei den Balken stehen, die das überlappende Dach tragen. Bis zu den zusammengerückten Tischen müssen es noch knappe zehn Schritte sein. Erstmals fällt mir eine feine Linie auf den Holzdielen auf, denn Asterios bleibt genau davor stehen und achtet darauf, dass keine seiner Zehen die Linie berührt.

Alle Camp Bewohner gaffen ihn an, denn er steht direkt unter einer der Laternen, die am Dachbalken hängt. Asterios faltet seine Hände wieder vor seiner Brust und verneigt sich, diesmal sehr tief und heftet seine Blicke an Janus, als er sich wieder erhebt. Meinen neuen Kumpels ergeht es nicht anders als mir. Jeder ist von Asterios fasziniert. Weil der schöne Syrer unter der Laterne stehenbleibt, tritt reihum jeder einzeln an ihn heran, um sich ihm vorzustellen. Ich bleibe wo ich bin, um das sonderbare Spektakel aus nächster Nähe zu beobachten. Dieser Sternenjunge verneigt sich vor jedem einzelnen, nennt seinen Namen und seine Herkunft und lässt sich anschmachten.

Janus blieb als einziger bei seinem Tisch und winkt den Schönling neben sich. „Asterios, wir haben dich erst in einer Woche erwartet. Sei uns im *Telesterion* willkommen!“

Asterios verneigt sich abermals mit gefalteten Händen vor seiner Brust sehr tief, bleibt aber noch immer stehen, wo er ist.

„Bitte übertrete die Schwelle ins Anaktoron. Du bist hier sehr willkommen!“, spricht Janus plötzlich feierlich.

Bevor Asterios die feine Linie, die sich der ganzen Breite der Treppe langzieht, überschreitet, stülpt er sich sein *Dischdascha* über den Kopf und löst danach die Verknotung seines *Wesar*, um auch sein Wickeltuch auszuziehen. Vollkommen nackt faltet er beides sorgfältig zusammen und deponiert es vor der Linie auf dem Boden. Als er sich wieder zur vollen Größe erhebt, wirkt er noch erhabener. Weil keiner von uns spricht, ihn alle aber angaffen, verneigt er sich abermals: „Ich folge den alten Regel. Ich betrete niemals bekleidet das Allerheiligste!“, verkündet er. Als ob damit alles gesagt sei, folgt er mir über die Linie und setzt sich neben mich auf den freien Platz am Tisch, um dort sofort vom Reisgericht mit Früchten und vom gegrillten Fisch auf seinen Teller zu schöpfen.

„Bist du Nudist?“, spreche ich ihn an, als sich die Aufregung der anderen Camp Bewohner nach seinem Auftritt etwas gelegt hat.

„Ich bin ein Kind des Lichts und der Reinheit. Hüllenlosigkeit ist das wahre Gewand der Götter. Mich wundert, dass ihr anderen im Anaktoron nicht ebenfalls alle Hüllen hinter euch gelassen habt.“

„Das hier nennt sich zwar Allerheiligstes, doch das ist kein Tempel“, erklärt Ami.

„Auch das Zuführen von Nahrung ist ein heiliger Akt, wenn er auf dem Grund und dem Boden eines geweihten Anaktoron zelebriert wird.“

„Ja, ja, mag sein!“, winke ich ab. „Das wahre Gewand der Götter? Woher hast du diesen Begriff? Ich träumte letzte Nacht davon.“

„Asterios, warst du lange in Honolulu, bevor du nach Maui weiter geflogen bist?“, unterbricht Ami meine Fragerei.

„Seit einer Woche. Ich wohnte im *Hyatt* Hotel am *Waikiki Beach*.“

Augenblicklich wird es so still, dass man in der Ferne die Brandung und einzelne Nachttiere im Regenwald hören kann. In genau diesem Hyatt Hotel ist Orthos ermordet worden. Asterios war zur gleichen Zeit dort. Ist Asterios der Todesengel?

„Als ich vom Mordfall im Hotel hörte“, erklärt Asterios, „nahm ich Kontakt zur Airline auf und sicherte mir den nächsten freien Sitzplatz im Flieger hierher. War das Mordopfer wirklich einer von uns?“, sieht sich der schöne

Orientale in der Gruppe um.

„Orthos wäre der neunte Kandidat gewesen, der die bisherigen Prüfungen alle bestanden hat. Jetzt sind wir nur noch zu acht, wobei zwei noch nicht angereist sind“, erklärt Bacchus. Wie schon gestern trägt er wieder nur seinen breiten Gürtel mit den vielen kleinen Taschen und seinen roten Schleier um die Hüften.

„Im Haus auf der Klippe...“

„Dem Kathegemon?“, unterbricht mich Asterios. „Bromios erwähnte den Namen auf der Fahrt vom Flughafen hierher.“

„Ja, ja, im Kathegemon. Was für ein Zungenbrecher“, verdrehe ich meine Augen.

Asterios schüttelt sofort seinen Kopf. „Das Kathegemon ist *der Ort der Anführer*. Dieser Ort symbolisiert Kraft und Qualität.“

„Ja, ja! Wie auch immer!“, seufze ich. „In unserem Haus stehen noch zwei Schlafzimmer leer. Möchtest du bei Brom, Ami und mir einziehen?“

Asterios erhebt sich sofort. Das tut er langsam und sehr erhaben. Stehend sucht er Blickkontakt mit Janus. „Meister der Gesichter“, verneigt er sich in Janus' Richtung, „ist es mir vergönnt, im Kathegemon zu residieren?“

Weil abermals alle den schönen gutbestückten Riesen mit offenen Mündern angaffen, wiederhole ich Asterios' Bitte: „Janus, wir haben noch zwei leer stehende Schlafzimmer. Es wäre mir – ähm, Brom, Ami und mir – eine Ehre, Asterios bei uns aufzunehmen.“

„Ja, Asterios kann bei uns wohnen“, haspelt Ami hinzu, dem der Exhibitionist offensichtlich auch imponiert.

„Nichts dagegen“, spielt Brom den Coolen.

„Die Einladung wurde ausgesprochen“, verkündet Janus, ebenfalls plötzlich wieder feierlich geworden. „Asterios, es liegt an dir, sie zu akzeptieren oder mit einem der Gäste-Bungalows Vorliebe zu nehmen. Mir ist egal, wo ihr Kandidaten euch einnistet, solange ihr euch euren Prüfungen stellt.“

„Danke, Meister“, verneigt sich der große Sternenjunge abermals und setzt sich, diesmal sehr aufgeregt, wieder hin. „Ich ziehe sehr gerne bei dir, *Bromios* und *Ampelos* ein“, sucht er Augenkontakt mit mir. „Da du mein Fürsprecher warst, ist es mir eine Ehre, das Empfangsritual mit dir zu vollziehen.“

Da mir Brom schon mit seinem Hula-Hopsen so kam, nicke ich nur. „Ja, cool! Klar! Warum nicht? Gerne!“

Kaum ist das Dessert abgeräumt, wird die Runde von Janus aufgehoben. Asterios erhebt sich als erster und überschreitet die feine Linie auf der Terrasse, um sich dahinter wieder in sein durschichtiges *Wesar* zu wickeln und sich den *Dischdascha* über den Kopf zu stülpen.

„Weshalb ziehst du dich wieder an?", frage ich ihn. „Du hast dich uns allen als Nudist geoutet!"

„Das Ritual ist beendet", erklärt er mir. „Ich bin kein Nudist."

„Aha!", nicke ich, doch ich verstehe den Schönling nicht.

Ami und Brom folgen uns dicht auf. Kaum auf dem Plateau zwischen den Palmen redet Brom auf den Syrer ein, und Ami erzählt ihm den neuesten Camp Klatsch und wie es die letzten fünf Jahre hier hergegangen sei. Asterios spricht kein Wort, gibt aber auch mit keiner Geste zu verstehen, dass die beiden etwas zu viel reden.

„Asterios", plappert Brom, „ich begrüße jeden Morgen mit Hula die Sonne. Möchtest du morgen früh mitmachen?"

Als Asterios begeistert nickt, bin ich entschlossen, mich ebenfalls anzuschließen. „Wir könnten es morgen alle tun", lenke ich von der Tatsache ab, dass ich gerade voll eifersüchtig bin. „Brom, bring uns doch morgen ein paar Hula Grundschritte bei!"

„Abgefahren, Dude!", legt Ami Brom seine rechte Hand auf dessen Schulter. „Da mache ich morgen doch voll auch mit!"

In Brom erwacht der *Kumu*. „Leute", strahlen seine extrem blauen Augen, „mein Wunsch erfüllt sich! Ich wecke euch alle um fünf Uhr in der Früh, dann haben wir genügend Zeit zum Üben, bevor die Sonne aus dem Ozean steigt."

Asterios verneigt sich mit gefalteten Händen vor seiner Brust, was mich meine Einwände so früh aufstehen zu müssen herunterwürgen lässt. Ami rümpft seine Nase in meine Richtung, doch er protestiert auch nicht. Ich bin mir sicher, Ami ist genauso begierig darauf, den disziplinierten Jüngling Hula hoppend im Ring der Palmen anschmachten zu können, wie ich es bin.

Wie Asterios' Gepäck vor uns vor dem Kathegemon ankommen konnte, werde ich wohl nie erfahren. Sieben Koffer und drei Taschen stehen vor der Brücke, welche über den Abgrund auf die Terrasse und das zweite Stockwerk des Hauses führt. Wir schnappen uns alle davon und schleppen das Gepäck des Sternenjungens für ihn ins Haus. Er bezieht das Zimmer, das mit einer Verbindungstür an meines anschließt, weil er in mir so etwas wie seinen Camp Paten sieht.

Brom ist total aufgeregt und verspricht für morgen eine Hula-Stunde vorzubereiten, die wir so schnell nicht wieder vergessen werden, weshalb er sich sofort in sein Zimmer zurückzieht, um alles zu planen. Ami wechselt seine Badehose in eine Baumwollunterhose mit bunten Gummibändern und zieht sich nach einem Abstecher ins Badezimmer ebenfalls in sein Zimmer zurück.

Ich kann mich einfach noch nicht von Asterios lösen, obwohl schon elf Uhr durch ist und ich mich schlafen legen sollte. „Kann ich dir beim Auspacken helfen?", biete ich ihm meine Hilfe als Vorwand, noch Zeit mit ihm zu verbringen, an.

„Dafür habe ich morgen den ganzen Tag Zeit. Ich brauche nicht viel fürs Empfangsritual und die anschließende Nacht." Wie schon auf der Terrasse des Anaktoron zieht sich Asterios wieder aus, faltet die beiden Kleidungsstücke sorgfältig zusammen und öffnet nackt einen seiner Koffer, in dem sich nur unzählige feinsäuberlich gestapelte Töpfchen, Flakons und Kistchen befinden. Er hebt ein bauchiges Tongefäß heraus und stellt es auf die Kommode neben seinem Bett. Aus einer Seitentasche fischt er seinen ledernen Kulturbeutel und sieht mich an.

„Sorry, Alter! Das Bad kannst du durch mein Zimmer hindurch erreichen oder durchs Zentrum des Hauses", zeige ich auf eine immer offene Verbindungstür, die unsere beiden Schlafzimmer vereinigt und auf die andere Tür ins offene Wohnzimmer mit anschließender Küche.

Asterios schnappt sich seine Zahnbürste aus dem Kulturbeutel und zwei kleine Dosen aus dem Koffer. Damit durchschreitet er mein Zimmer, um ins Bad zu gelangen.

Abermals fasziniert mich sein aufrechter Gang und wie erhaben er jede, noch so kleinste Bewegung ausführt. Jede Geste und jede Bewegung von ihm erinnert an Tanz, an Rituale oder eine perfekte Inszenierung. Da ich in London selbst trainiert wurde, meine Bewegungsabläufe zu idealisieren, habe ich eine Ahnung, wie diszipliniert Sternenjunge wirklich sein muss. Ihn zu beobachten, bringt meine Erinnerungen zurück, wie ich selbst lernen musste zu stehen, mich hinzusetzen oder einfach zu liegen. Automatisch korrigiere ich meine eigene Körperhaltung und folge Asterios ins Badezimmer.

Vor dem Waschbecken tunkt Sternenjunge seine vorgenetzte Zahnbürste erst in einen weißen Puder, danach in feingemahlene Minze im anderen Döschen, um sich damit die Zähne zu putzen. Meine eigene Zahnpasta Tube erscheint mir geradezu primitiv dagegen. Als wir beide unsere Zähne geputzt haben, bittet er darum, duschen zu dürfen.

„Mann, das ist jetzt auch dein Haus und dein Badezimmer! Fühle dich bitte wirklich wie zuhause. Du musst niemanden von uns um Erlaubnis bitten. Sei einfach du selbst in deinem neuen Heim!"

Asterios lacht und stellt sich unter den Wasserhahn.

Warum ich selbst noch immer mein Badetuch um meine Hüften trage, verstehe ich nicht. Es mir einfach runter zu reißen, erscheint mir nach Asterios' rituellen Bewegungsabläufen und seinem spektakulären Strip auf der Terrasse vorhin einfach banal. Da mir nicht anderes einfällt, flüchte ich in mein Zimmer, um es dort in die Ecke zu schmeißen. Erst positioniere ich mich neben das Bett, dann lege ich mich darauf, nur um wieder aufzustehen. Egal, was ich mir für den ersten Eindruck einfallen lasse, nichts toppt Asterios Aufritt. Weil mir einfach nichts Spektakuläres einfallen will, lege ich mich bäuchlings aufs Bett, schlage mein geheimes Tagebuch auf und tue so, als ob ich bereits das Tagesgeschehen notieren würde, als Asterios zurück in mein Zimmer kommt.

Er hat sich nicht abgetrocknet. Sein nasser Körper perlt und tropft. Abermals verneigt er sich mit gefalteten Händen vor seiner Brust und lächelt mich an. „Es ist mir eine Ehre, heute mit dir den Thron zu besteigen!"

„Ähm", brummle ich. „Cool!"

Asterios schreitet in sein Zimmer, hebt einen bauchigen Tontopf von der Kommode, um ihn mir zurück in meinem Zimmer mit beiden Händen zu überreichen. „Ich salbe mich für dich!"

„Was?", rutscht mir raus.

Asterios hebt den Deckel des Tontopfes und legt ihn auf den Boden neben mein Bett. Sofort füllt sich der Raum mit einem schweren Rosenduft. Der Nackte langt mit zwei Fingern in die weiße Paste im Tontopf. Abermals auf jeden seiner Bewegungsabläufe bedacht, hebt er sein rechtes Bein auf mein Bett hoch und schmierte sich von der Paste auf seinen rechten Oberschenkel, seine Wade und seinen Fuß, um sich damit überall gründlich einzuölen. Asterios tut dies so reizvoll, dass ich froh bin, auf dem Bauch zu liegen. Danach wiederholt er die Prozedur mit seinem linken Bein. Als er sich danach wieder sehr aufrecht stehend von der Paste auf seinen Brustkorb streicht, erinnern mich seine rituellen und ruhigen Bewegungen erst an eine *Geisha,* danach an einen archaischen Priester, der sich für die Begegnung mit seinem Gott vorbereitet. Asterios' großen Hände wandern über seinen Torso, seinen Bauch und seine Schamregion. Er nimmt sich Zeit für seine Ölung.

Ich schlucke mehrmals leer auf dem Bett liegend, denn seine neue Show, toppt seinen Strip von vorhin um Längen. Aus den Augenwinkeln kann ich Ami und Brom sehen, die uns beide neugierig aus der Küche heraus beobachten. Beide stehen etwas verkniffen da, was mich hämisch grinsen lässt, denn Asterios' Wirkung ist echt ne harte Sache.

Als sei Körper, bis auf seinen Phallus, überall ölig im Licht meiner Nachttischlampe glänzt, reicht er mir den offenen Topf, damit ich meine Finger reintunken kann. Überrumpelt tue ich es und gaffe ihn zögernd an. Asterios nickt, stellt den Topf auf den Boden und kniet sich breitbeinig vor mich auf mein Bett, um sich so unmissverständlich in Position zu bringen für die Ölung der letzten Stelle. Weil ich zögere, lehnt er seinen Oberkörper zurück, fasst mit seinen beiden Händen nach seinen Fersen und bietet sich mir noch offensichtlicher an.

Ami und Brom stehen längst näher bei der Tür, kichern und geben mir mit Handbewegungen zu verstehen, endlich zuzulangen. Da Asterios in seiner neuen Körperhaltung die beiden sehen kann, verdrücken sich die beiden ins Badezimmer, um von dort aus zu spannen.

Weil Asterios' großer Phallus inzwischen hart vor mir aufragt, kann ich nicht mehr widerstehen. Scheu öle ich dem Syrer ernst seinen Bauch, bis ich vom Rosenduft ganz benommen bin. Meine Hände gleiten über seinen vollkommen enthaarten Körper. Ich zittere vor Begehren. Seine Haut fühlt sich sehr weich und seidig an, was bestimmt von dem Rosenöl herrührt. Weil ich meine Hand nicht tiefer wandern lasse, wechselt Asterios seine Position und hockt sich wieder aufrecht vor mich. Seine Blicke sprechen von Freundschaft und Zärtlichkeit, aber auch von Lust und sexueller Bereitschaft.

„Bist du bereit, das Ritual der Thronbesteigung mit mir zu vollziehen?", legt er mir seine Hände auf die Schultern und blickt mir in meine Augen.

Da ich noch immer auf meinem Bauch liege und nur meinen Oberkörper gehoben habe, komme ich mir plötzlich sehr verklemmt vor. Entschieden setze ich mich auf, um Asterios von Angesicht zu Angesicht zu begegnen. Das ist nicht mein erstes sexuelles Ritual. In London nahm ich bereits an einem teil. Damals war es mit meinem Lebenspartner, heute ist es mit einem Bruder-im-Geiste. Endlich nicke ich stumm mein Einverständnis.

Asterios dreht sich um und rückt sich an mich heran, dass ich jetzt seinen Leib mit meinen nach Rosen duftenden Händen umfangen kann. Er schmiegt sich dicht an mich, was mich vor Erregung fast um den Verstand bringt.

Ami und Brom lassen uns nicht einen Moment aus den Augen.

Asterios muss diese beiden so unterschiedlich aussehenden Hawaiianer längt bemerkt haben. Ob er sie jetzt einfach ignoriert oder stumm zum Ritual eingeladen hat, habe ich nicht mitbekommen. Plötzlich lässt sich der nackte Schönling auf seine Hände fallen, vergräbt sein Gesicht in der Decke und hebt seine Becken einladend an. Scheu lasse ich meine Hände erst über seinen

Rücken wandern, um zaghaft tiefer zu gleiten. Da er seine Haltung abermals so verändert, dass jetzt jeder Zweifel, was er will, beseitigt ist, lasse ich meine Finger auf Erkundung gehen.

„Vollzieh das Ritual!“, flüstert Asterios und rückt dichter an mich ran. „Besteige den Thron! Nimm, was dir zusteht!“

Ich kann gar nicht mehr anders. Es fühlt sich richtig und unglaublich gut an, mich mit ihm körperlich zu verschmelzen. Ich gleite wegen dem Öl einfach in ihn hinein. Sofort verwandelt sich alles in hellschimmerndes Gold. Asterios‘ Macht packt mich, verzaubert und krönt mich. Die Zeit kollabiert und ich stehe hinter ihm vor einem Thron, der in ein durchdringendes goldiges Licht getaucht ist. Der Thron steht auf einem Zikkurat unter einer gewaltigen Kuppel oder inmitten einer grün-golden schimmernden Kugel. Projektionen unseres Aktes werden auf die Innenwand der Kugel projiziert. Tausende von Gläubigen stehen im Kreis um den Thron herum und singen ein Lied über das Erwachen des Gottes, der den Frühling befruchtet, um so den Thron für einen weiteren Zyklus ganz und gar in Besitz zu nehmen.

Als ich wieder zu mir komme, ist Asterios verschwunden. Brom und Ami haben sich ebenfalls in ihre eigenen Zimmer verdrückt. Dass dies kein erotischer Traum, sondern Realität war – zumindest Teile davon – verraten mir der durchdringende Rosengeruch und meine öligen Körperteile. Benommen, glücklich und zugleich total verwirrt, lege ich mich auf meinem Bett auf den Rücken und starre die Decke an. Als ich meinen Kopf drehe, kann ich Asterios in seinem eigenen Bett durch die offene Verbindungstür sehen. Er blickt zu mir rüber, lächelt mich an, schließt seine Augen und gleitet mit angeschalteter Nachttischlampe in seine eigene Traumwelt.

Ich lange nach meinem geheimen Tagebuch und schreibe diszipliniert noch eine Stunde lang all meine heutigen Erlebnisse auf. Auf meiner Liste ergänze ich: *Asterios (schöner Syrer)*. Bacchus behauptete beim Essen, dass wir nur zu acht sind, da Orthos als der neunte Dionysos-Kandidat tot sei. Ob Bacchus ebenso Dendrites und Chtonios abgeschrieben hat?

Als ich meine Notizen danach auf meinen Nachttisch legen will, fällt mein Blick auf den Deckel des Tontopfes, der neben meinem Bett am Boden liegt. Um am Morgen nicht aus Versehen drauf zu treten und ihn so möglicherweise zu zerbrechen, hebe ich ihn auf. Schockiert starre ich auf die Abbildung. Es ist eine Intarsie aus Karneolen, die eine feuerrote Seerose darstellt. Ich höre in Gedanken Klio sagen:

Der Duft der Seerose erlöst dein Erbe. Nur Mutige atmen die bunte Unschuld. Der Duft der Seerose ist nur der Anfang. Ihr Duft wird dich aber nur einmal retten. Mehr Hilfe kann ich dir nicht geben, ohne deine Gegner damit zu benachteiligen. Nicht der Stärkste, nicht der Klügste und nicht der Schnellste gewinnt, sondern derjenige, der zu dem wird, was der Wind nicht verwehen kann.

Ist Asterios diese Unschuld? War unser Sex nur eine einmalige Sache? Ich habe ja schon einige Bezeichnungen für den Geschlechtsakt gehört, doch *die Besteigung des Throns* ist auch mir neu. Darüber grübelnd schlafe ich ein.

Einbruch in den Tempel

Kaum eingeschlafen, stehe ich abermals am Ende der Treppe im geheimen Tal vor dem Regenbogen. Die Luft flimmert und die verschiedenen Farben des Farbenwunders scheinen ein Eigenleben zu haben. Neugierig und voller Vorfreude, trete ich entschieden durch die flackernden Farben.

Abermals befinde ich mich augenblicklich nicht mehr auf der Insel Maui und in unserer Zeit, sondern abermals in einer versunkenen Vergangenheit. Vor mir ragt die hohe Tempelmauer höher als jeder Baum in den Himmel. Hinter mir fließt träge der Bach, der zur Reinigung dient, durch den Vorhof. Vor mir teile ich die Äste des Lorbeerbuschs, um dahinter den geheimen Durchgang in den verbotenen Teil des Tempels zu öffnen.

Der nackte Ampelos steht neben mir und wirkt sehr nervös.

„Ami", verdrehe ich meine Augen, „hab dich nicht so!" Ich packe seine linke Hand und ziehe ihn durch die Lorbeerhecke und dahinter durch den Riss in der Mauer auf die andere Seite, hinein in den Garten der Hoffnung. Der für Uneingeweihte verbotene Innenbereich des Tempels besteht aus weiten Rasenflächen auf sanften Hügeln. Überall wachsen Blumen, Büsche und Palmen, die sich bis zum Halbmondsee erstrecken, in dessen Mitte ein Ring aus gewaltigen Bäumen in den Himmel ragt.

„Illu", zeigt Brom in die Baumkronen in der Ferne, „da oben flackern Lichter!"

„Das ist der Schlafdschungel der Novizen!", zeige ich in das Astgewirr der Baumriesen hoch. „Bei genauerem Hinsehen kann man in den Kronen Terrassen und Plattformen ausmachen, auf denen aus weiteren Ästen hüttenähnliche Gebilde oder Nester geflochten sind. Eros zeigte mir dieses Wunder bei einem früheren Besuch", erkläre ich.

„Schlafdschungel? Du meist, in diesen Baumriesen hausen die Novizen?"

Balkone und Hängebrücken verbinden hoch über dem Boden im dichten Blattwerk die verschiedenen Bäume zwischen den beiden Seen. Ich zeige auf einen zweiten, identisch aussehenden Halbmondsee dahinter, den wir zuvor nicht sehen konnten. Nachts schaukeln tausende von Laternen in den Zweigen. Jetzt flackern nur noch die Tageslampen.

„Können wir uns das ansehen?", bettelt Ami.

„Nein!", stampfe ich auf den Boden. „Leute, wir sind hergekommen, um das Heiligtum des Tempel zu besuchen!", beharre ich auf meinem Vorhaben. „Ich will mich auf den Thron des Gottes setzen."

„Muss das sein?", mault Brom, der sich ebenfalls lieber den Schlafdschungel ansehen würde, als im Heiligtum erwischt zu werden.

„Kneifst du wie der feige Os?", boxe ich Brom in die Schulter.

„Lasst uns den Thron des Gottes erobern!", versucht Brom überzeugt zu klingen.

Plötzlich bricht Ami in Gelächter aus. „Leute, können wir so!", zeigt er an sich runter auf seinen hocherhobenen Stolz, „ins Allerheiligste?"

„Du hast recht!", nicke ich. „So geht das nicht! Wir müssen uns erst reinigen!" Lachend laufe ich zum vorderen Halbmondsee voraus, um mit einem Kopfsprung ins kühle Nass einzutauchen. Dass ich damit meine Tarnung abwasche, wird mir erst bewusst, als rote Schlammbäche beim Auftauchen über mein Gesicht und meine Schultern rieseln. Was soll's, im Innern des Tempels bin ich in Sicherheit. Der Hohepriester und seine engsten Berater haben mich damals beschützt. Sie werden es auch heute tun! Selbst, wenn Dionysos höchstpersönlich mich nach all den Jahren wiedererkennen sollte, besteht keine Gefahr. Dionysos war es, der damals meinen Feinden trotzte, meinen Tod vortäuschte und mir zur Flucht verhalf. Heute leitet er diesen Tempel. Dionysos war es, der mich als angebliches Findelkind in die Sippschaft im Regenwald brachte, damit ich dort, fernab meiner Vergangenheit, behütet und sicher aufwachsen konnte.

Abermals tauche ich tief ins Wasser ein, um mir den letzten Schlamm aus meinem hellblonden Haar zu waschen. Ami liegt schon zum Trocknen auf der Wiese, als ich aus dem Wasser steige. Leider ist seine zuvor beeindruckende Körperbemalung weggewaschen. Ohne seine aufgezeichneten Symbole der Macht und den Streifen über Wangen und Stirn wirkt mein bester Freund wieder verletzlich und scheu.

Brom hingegen kniet nach dem Bad vor einer Pfütze und knetet mit seinen Fingern den roten Schlamm zur Paste, um sich seinen Körper damit wieder neu zu bemalen. Als er danach seine Finger im See waschen will, scheucht er Pelikane und Flamingos auf. Brom sieht mit all dem neuen Schlamm wieder wie ein echter Regenwald-Krieger aus, doch er stinkt nach Vogelkot, den er sich mit dem Schlamm überall auf dem Körper verteilt hat. Nur, weil seine Schlammpfütze so stinkt, verzichte ich darauf, mir mit dem Zeug meine Haare abermals rot zu färben.

Auf unserer Wanderung durch den anschließenden *Garten der Unschuld* jagen unzählige Singvögel und Papageie zwischen den Palmen. Schmetterlinge in so großer Zahl, dass sie fliegenden Blütenwiesen ähneln, begleiten uns zum Eingang in den Tempel. Dort schreckt uns der Schrei eines Pfaues auf.

„Was, wenn dieses Vieh den noch schlafenden Gott vor der offiziellen Zeremonie erweckt?", fürchtet sich der abergläubische Brom und vollführt sofort ein paar Tanzschritte, die böse Geister abwehren sollen.

„Ist das ein Wächter?", nuschelt mir Ami zu, als der Pfau sein Rad schlägt, als ob er uns damit vertreiben möchte.

„Möglich?", zucke ich mit meinen Schultern. Ich halte mir meine Arme über meinen Kopf, um die Schritte des Pfaus zu imitieren, dabei wackle ich mit meinem Hintern und fauche, bis der Pfau das Weite sucht. „Diesen Wächter sind wir los!", lache ich, als mich Ami und Brom schockiert angaffen.

Dieser Eingang in den Tempel hinein unterscheidet sich sehr von den anderen, die wir bisher passiert haben, denn die Tempelwand besteht hier nicht aus Mauerwerk, sondern aus uralten Bäumen, deren Stämme so dicht zusammenstehen, dass sie eine undurchdringliche Wand bilden. Ihre weitausladenden Luftwurzeln bilden in den Garten der Unschuld hinein Arkaden und Lauben. Weiter mit meinen Blicken dieser Baumwand folgend, sehe ich lange Bänke und Tische, die als Ort der Verpflegung dienen. Um diese Zeit des Morgens sind alle Novizen in den *Grotten der Unterweisung* auf der anderen Seite des Gartens oder treffen Vorbereitungen für die Festlichkeiten zum neuen Erwachen des Grünen Gottes.

„Bereit?", frage ich meine beiden Freunde. Als keiner etwas antwortet, schreite ich durch eine schmale Öffnung zwischen zwei der Bäume hindurch ins Innere des Tempels. Auch auf dieser Seite der Baumwand bilden Luftwurzeln lange Gänge und Räume. Auch wenn alles wie gewachsen aussieht, widersprechen die scharfen Kanten, Winkel und geraden Ausrichtungen jedem natürlichen Wachstum. Immer wieder befühlen wir die Wände oder den Fußboden. Das Holz lebt, denn überall sprießen Blätter oder Blüten.

Brom, Ami und ich streifen alleine durch das in Form gezwungene Dickicht aus Stämmen, Luftwurzeln und Laub, bis plötzlich ein junger Hirsch sein Haupt zwischen zwei Mangobäumen hindurchstreckt und uns direkt ansieht.

„Und falls wir doch erwischt werden?“ Broms vorhin kurz erwachter Tatendrang ist längst wieder neuer Feigheit gewichen.

„Dann tun wir so, als ob wir Tempelschüler wären und hoffen, sie glauben dem Bluff!“, versuche ich meine beiden Freunde zu beruhigen. Mir ist bewusst, dass selbst ein flüchtiger Blick uns augenblicklich als Eindringlinge entlarven würde. Kein Novize würde im Tempel seine Körperhygiene derart vernachlässigen und nach Vogelkot stinken. Zudem tragen sowohl Ami wie Brom Intimfell, was kein echter *Bassaride*, noch ein Novize duldet.

Schweigend durchqueren wir Räume und folgen Fluren. Hinter Pylonen erkenne ich endlich den Eingang in einen der Tempelflügel, die das Heiligtum als Ring umarmen. Ami schleicht ängstlich, während Brom den schleichenden Puma imitiert.

Die Pracht dieses Naturwunders erzeugt Ehrfurcht und lässt mich über den tieferen Sinn des Lebens nachdenken. Hier im Tempel des Grünen Gottes täuscht sich das Auge ständig. Es lässt sich nie mit Sicherheit sagen, ob wir uns drinnen oder draußen befinden; ob die Säulen gewachsen oder gebaut sind; oder ob sowohl der Regen in einigen Bereichen, wie das durchs Blätterdach eindringende Sonnenlicht echt sind oder nicht. Viele der Pflanzenranken und Wurzeln sind aus Lehm, Stein oder Kristallen geformt oder daraus geschlagen worden. Die Unterschiede sind von bloßem Auge nicht auszumachen. Amis Blicke wandern von den bemalten Wänden und Decken zu den Bäumen und Brunnen, den Wasserfällen und Feuerschalen, in denen Kristalle, wie das ewige Licht glühen oder sich hundertfach in den Wasservorhängen reflektieren. Alles im Tempel erzählt Geschichten, stellt Rätsel oder weist einen kaum sichtbaren Pfad ins Herzen der Mysterien der Schöpfung. Je tiefer wir in diese Welt des Grünen Gottes eindringen, desto verwirrter reagieren die eigenen Sinne auf alles. Feuer fließt wie Wasser und Flammen tropfen von der Decke. Jeder Wasserfall könnte ein Tor in eine andere Welt sein; und in gewissen Feuerbecken leben Dämonen. Alles hier ist zugleich magisch, unbekannt, doch auch irgendwie vertraut.

Endlich erreichen wir einen knorrigen Baum, der vom Alter schwarz geworden ist und den selbst vier Männer mit ausgestreckten Armen nicht zu Umarmen im Stande wären. Eros weihte mich bei meinem früheren Besuch hier in ein paar der Geheimnisse des Tempels ein. Keiner der Spiegel hier drinnen besteht aus Glas, Kristall oder Bernstein, wenn auch einige so erscheinen. Jeder von ihnen kann sich von einem Moment zum nächsten in

Wasservorhänge oder Feuerfronten verwandeln, denn es sind in Wahrheit Kraftfelder. Die Bassariden beherrschen die Elemente und heben die Naturgesetze auf. Den tausend Manifestationen, Personifikationen oder Inkarnationen, wie sich die verschiedenen Ränge der eingeweihten Bassariden des uralten Grünen Gottes nennen, bleibt kaum etwas verborgen.

„Illu, willst du wirklich ein *Bassaride* werden?", fragt mich Brom und lenkt damit von den Wundern und seiner Angst erwischt zu werden ab.

Oh, könnte ich mein Geburtsschicksal nur abstreifen! Laut sage ich: „Das ist mein Weg und mein Ziel. Ah, hier ist es!" Ich suche mit meinen Fingern in der rauen Rinde des dunklen Baums vor uns nach dem Schalter. Kaum lege ich ihn um, öffnet sich im Stamm ein Durchgang. „Hier rein!"

„Echt jetzt? Es ist so dunkel", ängstigt sich Ami.

Brom fasst so grob nach meiner Hand, dass er mir beinahe die Finger bricht und zieht mich in den geöffneten Stamm des Baumes und über unzählige Stufen nach unten. Nach bestimmt zwanzig Stufen blicken wir durch ein blindes grünes Glas.

„Jungs, dahinter befindet sich *die Empfangshalle des Gottes* mit seinem Thron."

Ami schluckt leer und Brom nickt stumm.

Ich atme tief ein, ertaste mit meinen Zehen den richtigen Stein am Boden und trete entschieden drauf. „Ihr zuerst!", weise ich meinen Wahlbrüdern den Weg durch das Glas.

„Ich kann doch nicht durch eine feste Wand schreiten!", reklamiert Ami und auch Brom nickt ganz wild.

„Jungs, es ist keine echte Wand! Es ist ein Kraftfeld, das uns nur wie ein Spiegel erscheint."

Ami weiß nichts über die Kristalltechnologie und Brom hat zu viel Angst drauflos zu plappern. Auf dem Anwesen unserer Sippschaft gibt es keine Kristalltechnologie, dort arbeiten wir mit den eigenen Händen oder lassen uns von der physischen Kraft der Elefanten und der Ochsen helfen. Die volle Nutzung der Kristalltechnologie ist das Vorrecht der Herrscherfamilien und der Eingeweihten weniger Tempel auf dem Inselkontinent. Ich bin damit aufgewachsen. Um meinen Freunden meine Worte zu beweisen, strecke ich meinen Arm aus. Der Spiegel flimmert, als ich ihn erst sanft berühre, um gleich darauf, als ich meine Hand hindurchstrecke, wie die Oberfläche eines Sees zu schwappen, in den der Wind geblasen hat. Meine Hand wird einfach geschluckt und verschwindet.

Brom schreit auf.

Ich ziehe meine Hand zurück, packe Ami und Brom an ihren Händen und zerre beide mit mir zusammen durch die Illusion. Es kribbelt und kitzelt, was meine Freunde abermals aufschreien lässt. Auf der anderen Seite des Kraftfeldes finden wir uns unter der Kuppel im Herz des Tempels. Im Zentrum des vollkommen runden Raumes ragt ein sechsstufiges Zikkurat, auf dem in grünes Licht getaucht der Thron des Gottes steht. Selbst, wenn die Stufen einst scharf und kantig aus Kristall geschnitten wurden, sind sie heute durch den häufigen Gebrauch abgeschliffen.

Ich atme erleichtert aus: „Endlich wieder hier!“ Ami und Brom habe ich in dem Moment vergessen, als meine nackten Füße die Stufen zum Thron erklimmen. Der Kristall fühlt sich warm und lebendig an, was mich sofort hart erregt. Ich bin mir sehr wohl bewusst, dass Bassariden mich durch die scheinbaren Spiegel hindurch beobachten, um meine Reaktionen zu überwachen und mich zu prüfen.

Stufe um Stufe fühle ich mich freier, reiner und stärker.

„Eleuthereus, wir haben dich erwartet!“ Diese Stimme erkenne ich sofort. Sie lässt mein Herz die letzten Zweifel, hier ungeladen eingedrungen zu sein, vergessen. Süße Hoffnung und Liebe verbinde ich mit diesem Klang.

„Eros!“, wirble ich um die eigene Achse, um den Jüngling zu fokussieren. Eros‘ Leib ist makellos und athletisch. Ihn wiederzusehen, öffnet mein Herz. Wie schön er ist! Stolz und aufrecht schreitet er auf mich zu. Ihn so zu sehen, verleiht den Worten im-Gewand-des-Gottes-zu-wandeln ihre wahre Bedeutung. Sein halblanges rotblondes Haar schimmert silbern, was durch einen Puder hervorgerufen wird. Grüngefärbte Lederbänder und Silberreifen zieren seine Hand- wie Fußgelenke und seinen grün angemalten Phallus. Auf seinen Oberarmen sind smaragdschimmernde Zeichen und Symbole tätowiert und seine Brust zieren sechs aufgemalte Streifen. Ansonsten glänzt seine rötlichbraune Haut vom eingeriebenen Ritual Öl im grünlichen Licht über dem Thron. Eros riecht nach der Weite des Ozean und der Frische blühender Rosen.

„Eros!“, wiederhole ich seinen Namen und laufe, immer zwei Stufen auf einmal nehmend, meinem etwas älteren Freund entgegen, um mich ihm in die Arme zu werfen. Eros‘ Muskeln sind hart, wie poliertes Holz. Er riecht jetzt auch noch nach Frische, Stärke und sinnlicher Unschuld, was mir fast die Sinne raubt.

Zur Begrüßung küsst er mich auf meine Lippen. „Eleuthereus, stellst du mich deinen Freunden nicht vor?“, legt Eros seinen Arm um meine Hüften und sieht zu meinen Begleitern.

Ich lache. Ich juble. Ich glühe vor Stolz und zuckender Erregung. „Das sind Ami und Brom, meine Wahlbrüder der Sippschaft, in der ich aufgewachsen bin.“

Brom scharrt verlegen mit seinen Zehen auf dem Boden und Ami gaffte den eindrucksvollen Schönling etwas zu lüstern an.

„Der Grüne Gott ist mächtig in seinem Tempel. Schäme dich nie dafür, ein Mann zu sein!“, blickt Eros schamlos auf Broms Erektion.

Eros hat bestimmt schon fünfundzwanzig Gotteserwachen erlebt, dennoch ist er noch weit davon entfernt, ein hocheingeweihter Bassaride zu sein oder davon, sich eine Manifestation, eine Inkarnation oder gar die Wiedergeburt des Gottes nennen zu dürfen.

„Willst du den Thron des Grünen Gott besteigen?“ Eros schaut dabei Brom an, meint aber mich.

Brom, obwohl sehr erregt, blickt sofort in eine andere Richtung, um dem Blick dieses Schönlings auszuweichen.

„Deswegen bin ich hier!“, antworte ich Eros. Ich wende mich von ihm ab und erklimme abermals das Zikkurrat. Der Thron gleicht einem Baumstumpf, aus dem gekrümmte Äste und Wurzeln wie Arme oder Strahlen einer Sonne wachsen. Hoch über mir, verborgen im Laub der Kuppel, flammt ein grünes Licht auf, sobald ich die Plattform mit dem Thron darauf stehend erreiche und hüllt mich vollkommen ein. Flammend erscheinen sechs riesige Projektionen von mir selbst, wie ich vor dem Thron an den gekrümmten Tempelwänden stehe. Mein Penis wirkt riesig und meine Hoden sehen aus, wie die Eier, aus denen die Welten vor undenklichen Zeiten geschlüpft sind. Tief unter mir in der Halle höre ich Brom keuchen, als ich mich umdrehe, um mich auf den Thron des Grünen Gottes zu setzen.

Es donnert und es blitzt.

Zitternd erwache ich in meinem Bett auf der Insel Maui. In Asterios‘ Zimmer brennt Licht. Viel zu aufgeregt, um sofort wieder einzuschlafen, grabsche ich nach meinen geheimen Tagebuch und notiere mir meinen Traum. Ob Traum-Eros mein Lebenspartner *Seth* sein könnte, der zurzeit in Honolulu in der Kantine arbeitet? Ist meine große Liebe aus diesem Leben schon in einem früheren Leben mein Lebenspartner gewesen? Oder könnte Eros vielleicht Asterios sein? Ami und Brom habe ich längst als die beiden Wahlbrüder meiner damaligen Sippschaft wiedererkannt.

Ich schleiche mich in Asterios’ Zimmer, um mir sein Gesicht eine Weile anzusehen. Nein, Asterios ist nicht Traum-Eros! Dennoch ist mir dieser seltsame Syrer sehr vertraut, als ob ich auch ihn schon seit Jahrtausenden kennen würde. So, als ob ich ihm immer wieder in unterschiedlichen Inkarnationen begegnet wäre. Ich fühle mich in tiefer Freundschaft zu ihm hingezogen. Je länger ich mir sein Gesicht ansehe, desto mehr fächern sich meine Gefühle für ihn auf. Asterios ist mir Bruder, Vater, Sohn, Geliebter und Partner in einem.

Als es draußen abermals donnert und unweit der Klippen ein Blitz einschlägt, schreckt Asterios hoch und packt mich am Handgelenk. „Tue es! Du musst den Thron für dich beanspruchen! Nur du bist in der Lage die Steine zu finden. Nur du wirst sie an Würdige weitergeben können, um den dunklen Priestern für immer das Handwerk zu leben. Zögere nicht!“

Erschrocken starre ich den noch immer tief schlafenden Schönling vor mir an. Asterios‘ Mund hat sich bewegt, doch seine Augen sind geschlossen. Endlich lässt er mich wieder los und sinkt tief schlafend in sein Bett zurück.

Draußen blitzt und donnert es abermals.

„Eleuthereus“, spricht Asterios jetzt abermals im Schlaf, „deine Feinde nahmen die Fährte in dem Moment auf, als du unbefugt das Heiligtum betreten hast. Sie kommen! Sie kommen! Zwei sind schon hier. Entlarve die fünf Priester und bestimme die sechs Würdigen!“

„Wer?“, frage ich Asterios. „Wo finde ich sie? Gehören alle elf zu den zwölf Dionysos-Kandidaten?“

„Wiederhole den Fehler nicht ein weiteres Mal. Nimm, was dir zusteht! Lass deine Vergangenheit los! Zögere nicht! Wähle deine Freunde mit Bedacht und erkenne deinen Feinde!“, murmelt Asterios im Schlaf weiter.

Ein weiterer Blitz erhellt den Himmel über dem Ozean und der neue Donner schreckt Asterios aus seinem Traum hoch. Gleichzeitig setzt ein starker Regen ein. Augenblicklich kühlt die Luft ab. Mir fröstelt, dass ich zu zittern beginne – was nicht von der Kälte herrührt.

Asterios hebt seine Bettdecke an und lädt mich ohne Worte in sein Doppelbett ein. Da wir uns heute Nacht schon sehr viel näher gekommen sind, zögere ich nicht, sein Angebot anzunehmen. Der Sex mit ihm war fantastisch, doch seine freundschaftliche Körpernähe gefällt mir noch besser. Muss ich wirklich sechs Freunde und fünf Feinde benennen? Asterios und Brom gehören bestimmt zu den Freunden, wie auch Os. Bei Bacchus bin ich mir unsicher und die anderen Dionysos-Kandidaten kenne ich noch nicht.

Freitag: 19. September

Um fünf in der Früh schüttelt mich Brom an der Schulter.

„Alter, lass mich schlafen!", brummle ich.

„Das Unwetter hat sich noch nicht gelegt", zeigt Brom durchs offene Fenster in den starken Regen hinaus. „Ich vollziehe das morgendliche Ritual alleine unten im Schuppen. Unsere erste Hula-Stunde soll unvergesslich bleiben, daher verschiebe ich sie auf besseres Wetter! Schlaf weiter!"

„Ja, ja!", drehe ich mich um und erschrecke, weil mich Asterios' Blicke treffen. „Alter", sehe ich ihn an, „was machst du in meinem Bett?" Kaum ausgesprochen, erinnere ich mich an den Beginn des Unwetters mitten in der Nacht mit seinen Folgen. „Ups!", grinse ich schief. „Darf ich bleiben?"

Asterios lächelt und dreht sich von mir weg, um selbst noch eine Mütze Schlaf zu kriegen. Er langt jedoch nach meiner Hand und zieht sie auf seinen Bauch, dass ich in der Löffelchenstellung dicht an ihn geschmiegt liege. Sein Rosenduft betört mich augenblicklich so sehr, dass ich aus seinem Bett flüchte, um nicht über ihn her zu fallen. In meinem eigenen Lager fühle ich mich alleine, doch ich brauche dringend noch mindestens hundert Stunden Schlaf.

Kurz vor Sieben weckt mich Ami. „Dude, das wird wohl heute nichts mit Bungalows streichen", zeigt er nach draußen, wo es noch immer sehr heftig regnet.

Ich habe Ami gestern von der Arbeit erzählt, die ich heute in Angriff nehmen wollte. „Meine To-do-Liste ist lang. Ich finde was anderes, das ich beim Regenwetter erledigen kann."

„Dude, das war ne extrem geile Pornonummer gestern Nacht!", boxt mir Ami verschwörerisch in die Seite und schielt zum leeren Bett im Nebenzimmer.

„Mann", winke ich ab, „das war nur ein Ritual!"

„Ja, ja, sicher! Den Spruch muss ich mir merken." Ami zwinkert mir zu und zuckt danach mehrfach mit seinen Augenbrauen. Mir wird sofort bewusst, dass sich die Neuigkeit sehr rasch auf dem Campus verbreiten wird. „Ach, verschwinde!", lache ich und verdrücke mich ins Bad, um zu duschen.

Später auf unserer Terrasse sehe ich Ami unter einer der Topf-Palmen stehen. Es regnet noch immer so stark, dass wir das Anaktoron nicht sehen können.

„Bei dem Wetter würde ich mir doch gerne eine deiner Badehosen ausleihen!“, spreche ich Ami an. „Eine Shorts wäre im Nu durchnässt“, dabei zucke ich mit der nackten Schulter. „Bei diesem Regen hätte ich aufs Duschen vorhin verzichten können.“

Zurück im Haus reicht mir Ami einen seiner Tangas, den ich ihm naserümpfend zurückgebe. „Ne, lass mal, Tangas sind wirklich nicht mein Ding!“

„Hab dich nicht so! Asterios wird bestimmt wieder nackt frühstücken, da er im *Anaktoron*“, Ami betont das Wort abschätzend, „niemals Kleidung tragen wird. Wenn du mich fragst“, verdreht das Klatschmaul seine Augen, „sein ganzes rituelles Gehabe ist nur ne Masche, um aufzufallen oder den Lüstling, der er in Wahrheit ist, damit zu kaschieren.“

„Meinst du?“, bezweifle ich seine Worte.

„Asterios ist ein *geiler* Porno-Star!“, boxt mich Ami in die Seite. „Er konnte es ja kaum erwarten, dass du ihn besteigst! Weißt du, dass er uns mit Gesten und Blicken ermutigt hat, euch zuzusehen?“ Dann grinst der blonde Krauskopf. „Nein!“, winkt er dann ab. „Ich nehme Asterios seine religiöse Ernsthaftigkeit tatsächlich ab, wenn Rituale und derlei Firlefanz auch ganz und gar nicht mein Ding sind. Der Syrer ist so. Wenigstens haben wir anderen etwas anzusehen, wenn er seine *Rituale* durchzieht“, boxt mich Ami abermals in die Seite. „Also, Illu, was ist dabei, deinen Arsch zu zeigen!“, streckt er mir wieder den Tanga, den er in seiner rechten Hand vor meinem Gesicht hin und her wedelt, hin.

„Nichts!“ Widerwillig ziehe ich mir die Shorts, die ich nach dem Duschen angezogen habe, wieder aus, um in den kanariengelben Tanga zu schlüpfen. Weil ein T-Shirt bei diesem Regen eh nichts bringt, nehme ich keines mit. Nur im gelben Tanga laufe ich im strömenden Regen mit Ami zusammen die knappen zweihundert Meter bis zur Kantine. Der starke Regen fühlt sich toll an, denn er ist warm und wirklich so stark wie der Strahl meiner Dusche vorhin. Tropfnass erreichen wir das Ziel. Die überdachte Terrasse ist leer, da Henry drinnen im Aufenthaltsraum gedeckt hat. Vor der Eingangstür liegen saubere Badetücher aufgestapelt, da wir beiden nicht die einzigen sind, die durchnässt hier ankommen.

Drinnen wartet schon Brom auf uns. „Illu, Ami“, winkt uns der Hula-Tänzer zu sich an den Tisch, an dem auch der nackte Asterios sitzt. Brom trägt auch nur einen Lendenschurz und noch einen zerknitterten *Frangipani*-Kranz auf seinem Brustkorb. „Leute, ihr habt heute echt was verpasst!“ Schon sprudelt ein detaillierter Bericht, inklusive seiner Gefühle und Gedanken zum Regentanz, aus ihm heraus.

Ich höre nur mit einem Ohr zu, denn Asterios' Nacktheit lenkt mich ab, wie auch das Frühstücksbuffet. Mein Magen knurrt arg, weshalb ich mir den Teller mit Würstchen, Eiern und diversen Brötchen fülle und mich danach wieder zwischen Asterios und Ami an unseren Tisch setze. Os redet mit Adriany an einem anderen Tisch nahe dem Feuer im Kamin. Sonst ist niemand um diese Zeit schon anwesend. Bis auf Asterios sind wir anderen alle Camp Angestellte und müssen heute noch arbeiten.

„Asterios, was wirst du heute bei diesem Wetter den ganzen Tag machen?“, bringe ich es gleich vor und fokussiere Asterios.

„Lysios will mit mir zum Haleakala Krater hochfahren, wo wir Urania im dortigen Observatorium besuchen wollen. Lysios muss ihr einige Unterlagen aus dem Gästehaus bringen, da bietet sich die Mitfahrgelegenheit an.“

„Urania?“, frage ich. „Gehört sie zu uns Kandidaten?“ Mir war bis eben gar nicht bewusst, dass es vielleicht auch weibliche Dionysos-Kandidaten geben könnte.

„Nein! Urania ist eine der Musen. Zu ihren Spezialgebieten, neben der Inspiration, gehören Astronomie und Astrologie.“

„Eine Muse? Ach, ja!“, nicke ich. In London habe ich bereits Thalia kennen gelernt und hier auf Maui im *Garden Eden* Klio und Euterpe. Dass diese seltsamen Frauen wirklich Göttinnen der Inspiration sein sollen, glaube ich nicht, wenn meine Erfahrungen und Träume auch durchaus dafür sprechen.

Asterios wirkt kein bisschen anders als gestern, obwohl wir zusammen Sex hatten und ich nachts in seinem Bett geschlafen habe. In Asterios‘ Augen erkenne ich nur Freundschaft für mich, aber keinerlei Begehren oder Besitzanspruch. Ob es für ihn gestern Nacht wirklich nur ein Ritual war?

„Ich kenne Urania seit meiner frühesten Kindheit“, erzählt Asterios. „Sie hat mich bereits als Kleinkind in meinen Träumen gelehrt und geführt“, fügt der große nackte Mann noch an.

Da mir ähnliches mit Klio widerfahren ist, wundert mich seine Aussage nicht. Um das Thema zu wechseln und Small Talk zu machen, sage ich: „Leider werdet ihr bei diesem Regenwetter vom Krater aus keine Weitsicht genießen können!“ Ich muss nicht ins heftige Gewitter draußen zeigen, denn noch immer donnert es gelegentlich.

„Auf Hawaii ändert sich das Wetter innerhalb Minuten. Jetzt regnet es. In einer Stunde scheint die Sonne!“, winkt Brom ab.

Leider trifft Broms Wettervorhersage nicht zu, weshalb ich den ganzen Tag in der Werkstatt unter unserem Haus verbringe. Ich schleife alte Wegweiser ab, renoviere verbleichte Schriften oder säge neue Schilder für die Kurse und Raumbeschriftungen. Der Regen hört nicht für eine Minute auf, wenn es auch nicht wirklich abkühlt. Natürlich ist es pure Einbildung, doch ich glaube, draußen das Gras wachsen zuhören. Geht das in diesem Tempo weiter, muss ich morgen abermals mähen. Amis kanariengelben Tanga habe ich längst ausgezogen und nur nochmals für den Gang zum Mittagessen zurück in die Kantine angezogen.

Brom hatte sich nach dem Frühstück Asterios und Os angeschlossen; und Ami hilft Adriany mit der Zimmereinteilung der angemeldeten Studenten und beim Beziehen all der Betten. Keinen von ihnen treffe ich während des Tages – außer Bacchus. Bacchus sitzt in seinen roten Schleier gehüllt auf einer Couch am offenen Kamin im Aufenthaltsraum und liest in einem Mythologie Buch, während ich mein Mittagessen in einiger Entfernung zu ihm verspachtle. Der Kiffer ignoriert mich bis auf ein kurzes *Hallo*, wie ich auch ihn. Anders als Tony ist dieser schrägt Vogel aber nicht so leicht zu vergessen.

Am Nachmittag montiere ich einige der neuen Schilder auf dem Camp Gelände an den bereits in den Boden gerammten Pfosten, was im Dauerregen nicht so wirklich Spaß macht. Janus übergab mir eine dieser riesigen Regenbogen Flaggen, die ich, sobald der Regen aufhört, beim Torbogen hissen soll. Jeder ankommende Student soll gleich wissen, dass er hier als Schwuler willkommen ist. Ich arbeite den ganzen Tag nackt und es fühlt sich so an, als ob ich es nie anderes gemacht hätte.

Auch zum Abendessen ist, bis auf Bacchus, der mich weiter mit seinen Blicken mustert, mich aber verbal ignoriert, sonst keiner da. Da ich Schlaf nachholen muss, lege ich mich schon früh ins Bett und penne sofort ein, um abermals den Regenbogen am Ende der verwitterten Treppe hinter dem geheimen Tal zu durchschreiten.

Kaum durch, befinde ich mich wieder in diesem anderen Land. Als ich an mir runtersehen, erschrecke ich, denn mein Körper hat sich verändert. Anders, als bei meinen beiden Besuchen zuvor, scheine ich jetzt um Jahre jünger zu sein.

Ich sehe mich um. Die Gegend ist die gleiche. Vor mir ragt der gewaltige Tempel des Grünen Gottes und soweit ich sehen kann, breiten sich Wiesen, Felder und der Dschungel aus. Ein breiter Streifen der Wiese der äußeren Tempelmauer entlang ist frisch gemäht worden und das Duftgemisch aus Rasen, Kräuter und der schwüler Hitze hüllt mich in diese Welt, bis ich abermals vergesse, dass ich hier nur ein Traum-Gast bin. Nachdem ich ein paar Mal geblinzelt habe, bin ich wieder ganz und gar zum Jungen geworden, der sich in einer Sippschaft vor seinen Feinden versteckt und allen ein Doppelleben als Kind der Provinz vorspielt.

Das feuchte Gras klebt an meinen Füßen und ist weich, wie einer der geknüpften Teppiche in den Wohnbereichen zuhause in der Sippschaft. Tausende von Feuern sind am Waldrand, auf den Wiesen und den Feldern von den angekommenen Pilgern entzündet worden. Mehrere tausend Männer sind aus allen Teilen des Norden und des Westens des riesigen Reiches hierher gepilgert. Die Männer und Jünglinge meiner eigenen Sippschaft machen nur einen wirklich kleinen Teil davon aus.

Da die Sonne bereits hinter den höchsten Baumwipfeln versinkt, laufe ich los, denn ich will mir den Hintereingang zum Tempel ansehen, bevor die Nacht einbricht. Bei meinem Dauerlauf die Tempelmauer entlang, erreichen mich gelegentlich Schwaden von gebratenem Fleisch oder auf heißen Steinen gebackenem Fladenbrot, von den Zeltsiedlungen her. Hier fühle ich mich wohl. Hier kann ich Kind sein. Hier bin ich einer von Tausend Jünglingen. Hier kennt mich niemand. Hier und nicht in der Hauptstadt, aus der ich flüchten musste, bin ich glücklich. Hier in *Eden*, wie jeder Tempelbezirk des Grünen Gottes genannt wird, will ich leben. Hier gehöre ich jetzt hin.

Werden mich die Baumriesen ins Innere des Tempels passieren lassen? Eden ist ein riesiges, vollkommen symmetrisch angeordnetes Sechseck mit dem Kuppeltempel als Zentrum. Ich erreiche den Hintereingang zwischen *dem Garten der Weisheit* und *dem Platz der Stärke*. Etwa zwanzig junge Novizen in weißen Lendenschürzen mähen mit langen Sicheln die Wiesen rechts und links des Weges zu den Baumriesen.

Ein rothäutiger Jüngling mit unzähligen kleinen Zöpfchen, die seltsam silbern im letzten Tageslicht schimmern, ist mir am nächsten. Kaum erblickt er mich, winkt er mich zu sich rüber. Er ist ein paar Gotteserwachen älter als ich, vielleicht schon achtzehn. Eigentlich ist er zu jung, um als Novize aufgenommen worden zu sein, wofür das Mindestalter einundzwanzig sein muss. Dennoch trägt er, wie die älteren Novizen, *die weiße Schürze der Unschuld* und den Silberpuder in den Haaren.

„Junge!“, begrüßt er mich. „Bist du gekommen, um dem Grünen Gott zu huldigen oder um dich zum Novizen weihen zu lassen?“ Er mustert mich etwas zu neugierig von den Zehen bis zum Scheitel.

Ich ahne, dass er mein Alter nicht einschätzen kann, denn ich bin weit davon entfernt einundzwanzig zu sein, wenn ich auch viel älter aussehe, als ich tatsächlich bin – eine Folge der *Gaben* meiner Familie.

Der Rothäutige sieht sehr gut aus. Sein warmes Lächeln lässt mich verlegen von einem Fuß auf den anderen tanzen. Mein nackter Körper schwitzt vom langen Lauf, doch die neue Hitze kommt nicht nur daher. Längst hatte ich mich beim Laufen meines eigenen Lendenschurzes entledigt. Verlegen fahre ich mir mit meinen Händen durchs Haar, bis ich realisiere, dass ich es noch immer mit rotem Schlamm auf dem Kopf geklebt trage, um meine hellblonden Haare zu verbergen. Auch sie sind ein klares Indiz meiner wahren Herkunft, die jeder sofort erkennt, der weiß, worauf er achten muss.

„Kann ich denn das?", steige ich auf seine Eingangsfrage ein. Mein Herz klopft vor Aufregung. Aber nicht nur wegen der Aussicht, vielleicht wirklich schon vor meiner Zeit in Eden als Novize angenommen zu werden, sondern wegen den Blicken des Jünglings, die von Zärtlichkeit sprechen.

„Du bist sehr schön!", lächelt er mich an. „Eden sucht Schönheit."

Keiner der anderen Novizen schert sich um uns. Sie scheinen nur mit der Arbeit fertig werden zu wollen, bevor die Sonne im Westen ihre Nachtreise beginnt. Einige Novizen tragen große Körbe in den Innenbereich des Tempels und andere rechen mit Heugabeln das gemähte Gras zusammen.

Meine Ohren glühen rot und mein Penis zuckt, als ob er wachsen wollte. Oh, nur das nicht! Nur das nicht!

„Du bist ganz verschwitzt. Wenn du möchtest, kannst du im Bassin hinter dem Platz der Stärke baden."

„Gerne!" Würde er mich tatsächlich in den Tempelbereich einlassen?

„Sobald wir das frische Grün für die Elefanten eingesammelt haben. Hilfst du mir?"

Ich nicke und bücke mich, um meine rasch wachsende Erregung vor ihm zu verbergen. Sein Blick weicht nicht von mir. Noch nie habe ich mich so gefühlt. Es scherte mich nie, wenn mich Lysios, Bromios oder Ampelos so sahen, doch vor diesem rothäutigen Fremden ist es anders. Mein Atem geht viel zu rasch, was nicht nur vom Laufen herrührt. Mit bloßen Händen kratze ich die feuchten Gräser und Kräuter zusammen. Ihre Kühle fühlt sich auf meinem erhitzten Körper kühlend an. Am liebsten würde ich mich darin wälzen und meinen Körper mit ihrem Saft grün färben.

„Man nennt mich Eros!", flüstert mir der rothäutige Jüngling zu und nimmt mir das Gemähte aus meinen Händen ab, um es in einen der Körbe zu füllen.

Seine Finger berühren dabei meine. Unsere Blicke treffen sich. Für einen Moment steht die Zeit still. Wir kennen uns, das ist mir augenblicklich klar. Ich bin ihm schon zuvor begegnet – auch schon in diesem Leben! Ihm scheint es gleich zu ergehen, denn sein Blick ändert sich, als er fragt: „Wir kennen uns doch?"

„Ich lebe in der Sippschaft am großen Fluss im Norden", versuche ich jede Erinnerung in seinem Gedächtnis zu trüben. Er darf mich nicht als den erkennen, den jeder für tot hält. „Eleuthereus!", stammle ich und verschlucke mich dabei, dass ich husten muss. „Illu!", hasple ich rasch und hoffe, er erinnert sich nicht an meinen alten Namen, der einst jeder auf dem Inselkontinent kannte. Warum habe ich mich verschwatzt? Das passiert mir sonst nie!

„Das ist ein Name, den man seit dem plötzlichen Tod des jungen Thronfolgers nicht mehr oft hört. Aus Trauer und aus Respekt haben sich viele der Jungs mit diesem Namen umbenannt."

„Ja, ja! Genau!", nutze ich die Gelegenheit der Verschleierung und bücke mich, um wieder zwei Hände voll dem feuchten Gras aufzuheben. „So halte ich es auch!" Dabei weiche ich seinen Blicken aus.

Eros nimmt mir das Gras ab, das inzwischen überall auf meinem verschwitzen Körper klebt und versucht in meinen Augen dieses Erkennen von vorhin wieder zu finden.

„Bitte nenne mich Illu!" Abermals verschlucke ich mich, was mir oft passiert, wenn ich verlegen bin oder wenn ich lüge.

Eros wirft sofort das Gras in den Korb und klopft mir mit seiner linken Hand sanft auf meinen Rücken, bis ich wieder Luft kriege. Danach legt er mir seine Hände auf meine Schulter und dreht mich so, dass sich unsere Blicke wieder treffen. „Ich hätte beim Grünen Gott schwören können, dass wir uns vor einigen Gotteserwachen in *Sar-Kurteva* begegnet sind."

„Ich war noch nie in der Hauptstadt!", lüge ich und verschlucke mich prompt abermals.

Sein neues Rückenklopfen fühlt sich so warm an, und das trotz des feuchten Schnitts der seine Handfläche bedeckt. Verlegen muss ich mich erneut tief bücken, denn was ich vermeiden wollte, ist jetzt voll ausgewachsen und nicht mehr übersehbar. Linkisch picke ich abermals vom Gras auf.

Bevor ich mich total zum Narren mache, fasst Eros abermals nach meiner Schulter und hebt mich hoch, um mir ins Gesicht zu sehen. „In deinen Zügen leuchtet das Gelb und das Gold des Sonnengottes!"

Erschrocken erbleiche ich. Hat mich Eros doch noch erkannt?

„Doch Grün steht dir!", lässt er erneut seine Blicke über meinen Leib wandern.

„Und wie er mir steht!", verziehe ich mein Gesicht zur Grimasse, bis wir beide vor Lachen losprusten. Erleichtert, dass Eros nicht weiter nach dem

Gelb und dem Gold bohrt, drehe ich mich um die eigene Achse, um ihm die grünen Grasflecken auf meinem Leib zu zeigen. Vorsichtig beginnt er mir das feuchte Gras von meinen Armen und meinem Bauch zu streicheln. Mein Leib glüht sofort vor Verlangen, von diesen Händen erforscht zu werden.

„Hör nicht auf!", höre ich mich sagen, als Eros dicht oberhalb meines Schamhaares stoppt.

Eros lächelt warm, dann küsst er mich scheu auf meine linke Wange.

„Ich habe es schon oft mit meinen Wahlbrüdern getan."

„Was denn?", will Eros neugierig wissen und zupft mir dabei ein Grashalm aus meinem Busch.

„Was Jungs halt so tun!", weiche ich aus. „Was alle Jungs in den Sippschaften tun. Das halt eben!"

„Illu, ich darf mich nicht mit Tempelbesuchern einlassen."

Inzwischen ist die Sonne hinter den hohen Bäumen des Dschungels vollkommen untergegangen. Die anderen Novizen schieben die vollgeladenen Körbe zwischen den Baumwächtern in die Innenbereiche des Tempels, um später die Elefanten und Rinder damit zu füttern.

„Folg mir!", zwinkert mir Eros zu. „Wir können im Bassin hinter dem Platz der Stärke zusammen baden, doch danach musst du zurück in deine Sippschaft."

Die gewaltigen Stämme der Baumwächter scheinen tatsächlich auseinander gerückt zu sein. Welcher Zauber der Bassariden hier wohl wirkt? Erscheinen einige dieser Bäume nur als Bäume, um ein Kraftfeld zu tarnen oder ist hier eine andere Art Kristallmagie am Werk? Ich schreite durch das geöffnete Tor aus diesen *Bäumen* und folge den letzten Nachzüglern mit den gefüllten Körben. Im Innenbereich des Tempels beleuchten einzelne Fackeln verschiedene Pfade. Der breiteste führt zu einem weiteren Baumring, in dessen Mitte sich der Platz der Stärke, eine Art Arena befindet, in der die Wettkämpfe während der Feste stattfinden.

Eros führt mich nicht dahin, sondern zu einem kleinem See, dem sogenannten Bassin. „Schwimmst du gerne?", fragt er mich.

Ich nicke.

Eros schlüpft aus seiner weißen Schürze.

Ich gaffe ihn fasziniert an. Seine rötliche Haut schimmert im Feuerschein der Fackeln. Sein Körper ist vollkommen enthaart, wie bei jedem Novizen oder Bassariden. Er taucht mit einem galanten Sprung ins Bassin ein. Ich folge ihm sofort nach. Als er wieder auftaucht, schwimme ich dicht an ihn heran, dass sich unter Wasser unsere Körper berühren.

Er lacht laut auf, spritzt mir Wasser ins Gesicht und schwimmt zurück voraus ans Ufer, wo er mich, kaum dass ich dort ankomme, an beiden Händen aus dem Bassin zieht. „Komm mit!“ Eros führt mich an der Hand in einen verborgenen Teil des Gartens, wo sich hinter einem Wasserfall der Eingang zu einer Grotte befindet.

Das kühle Wasser plätschert über meinen Rücken, während ich hindurchschreite. Ich bleibe kurz darunter stehen, um mir auch noch das letzte Gras vom Leib zu waschen und etwas zu trinken. Eros kommt zurück, stellt sich hinter mich und schrubbt mir den Rücken sauber.

„Jetzt ich!“, nutze ich die Gelegenheit, ihn endlich auch berühren zu können. Eros‘ Haut ist von der Sonne noch sehr warm und seine Muskeln fühlen sich hart trainiert an.

„Illu, leg dich auf den Stein dort“, zeigt Eros in die Grotte hinein. Nickend gehorche ich ihm und lege mich auf den Bauch, auf einen flachen Stein. „Dreh dich auf den Rücken, sonst kann ich dich nicht rasieren.“

„Das machst du?“ Normalerweise rasiert sich kein Jüngling vor dem einundzwanzigsten Gotteserwachen, nicht vor der ersten Einweihung in die Mysterien des Grünen Gottes.

Eros kniet sich zwischen meine Beine und streut einen grünen Puder auf meine Schamhaare, der sich sofort in einen grünen Schaum verwandelt. „Bereit für die Vorbereitung zur ersten Einweihung?“, zwinkert er mir keck zu. Eros hat keine Ahnung, wie alt ich wirklich bin – oder aber, er weiß wirklich, wer ich bin! Mit einer Klinge rasiert er mir sehr geschickt die Haare weg.

„Illu, du bist jetzt vorbereitet. Wir werden uns die Tage bei der Schulung in die ersten Mysterien des Grünen Gottes im Tempel wiedersehen! Sei stolz auf deinen neuen Haarschnitt.“ Damit küsst er mir die frischrasierte Stelle und zieht mich an meinen Händen vom Stein hoch. „Ich muss zurück in den Garten der Hoffnung. Dich erwartet bestimmt deine Sippschaft mit dem Abendessen.“

Unfall oder Mordversuch?

Samstag: 20. September

Weil es noch immer stark regnet, weckte mich Brom heute nicht um fünf Uhr in der früh, um an seiner Spezial-Hula-Stunde teilzunehmen. Als ich erwache, ist bereits kurz nach neun Uhr. Ich habe volle zwölf Stunden durchgeschlafen.

Ich war schon wieder in dieser fremden Welt. Jetzt bin ich mir sicher, Eros ist mein Seth, der auch in diesem Leben moosgrüne Augen hat, nur ist er diesmal ein Schotte mit heller Hautfarbe. Nach diesem Traum ist mir auch klar, warum mir Seth schon vom ersten Moment an so vertraut war; warum ich ihn vom ersten Augenblick an liebte; warum ich heute, noch nicht mal zwanzigjährig, bereits mit ihm ein Eheritual vollzogen habe. Seth ist nicht zum ersten Mal mein Lebenspartner. Als ich all das in mein geheimes Tagebuch aufgeschrieben habe, grüble ich über etwas ganz anderes. Heute ist mein erster freier Tag und ich habe keine Pläne, was ich bei diesem Regenwetter damit anfangen soll. Da es aus dem Nebenzimmer nach Rosen duftet, vermute ich Asterios vollzog letzte Nacht entweder mit Ami oder mit Brom ein *Ritual* oder er nutzt das Öl wirklich für seine allabendliche Hautpflege. Der Syrer schläft noch, genauso wie Ami, als ich kurz die beiden Zimmer checke. Brom ist längst fort. Lustlos putze ich mir die Zähne im Badezimmer und tigere danach durch den offenen Wohnbereich und die Küche, gieße die Topfpflanzen und -palmen im Haus und warte, bis die Penner endlich erwachen.

„Warum so betrübt?“, schenkt sich Brom frischgepressten Orangensaft aus einer Karaffe in ein Glas ein und setzt sich zu mir an den Küchentisch.

Ich habe ihn gar nicht reinkommen hören. „Heute ist mein erster freier Tag und es regnet ohne Pause.“

„Regen ist doch super!“, lächelt mich der Hawaiianer an. „Machen wir einen Ausflug an den Strand?“

„Echt?“, sehe ich abermals über den wolkenverhangenen Ozean und das dichte Grau.

„Vielleicht ist *Kiss* heute bereit, dir das Surfen beizubringen?“

„Coole Idee!“ Ohne auf das Erwachen meiner beiden anderen Mitbewohner zu warten, laufe ich in Amis gelbem Tanga, an den ich mich in diesem Regenwetter tatsächlich gewöhnt habe, mit Brom zusammen übers Plateau ins Anaktoron. In einem der Gästezimmer soll Kiss sein Quartier bezogen haben. Wir müssen ihn nicht erst suchen, denn der ehemalige Surfer Champion frühstückt zusammen mit Bacchus und Tony. Brom und ich schieben uns Stühle an den Tisch und setzen uns dazu.

„Kiss, wie sind die Wellen heute?“, kommt Brom zur Sache.

„Im Norden zu gefährlich für Anfänger. Im Süden und im Westen sind sie zu flach! Aber ein Freund von mir rief mich vorhin an, dass erste Wale draußen vor Kihei gesichtet wurden." Dabei erhellt sich sofort das immer lächelnde Gesicht des Surfers. „Normalerweise ist die *Whale Watching Season* von Dezember bis Mai. Dass jetzt schon welche hierher zu den Inseln kommen ist eine Gelegenheit, die wir nicht verpassen sollten. Bacchus will unbedingt hin. Jungs, schließt ihr euch uns an?", sieht Kiss von Brom zu Tony und dann zu mir. „Ein Kumpel von mir fährt mit seinem Boot raus und nimmt uns mit, wenn wir wollen."

„Geil!", rufe ich begeistert aus. „Auf jeden Fall! Ich bin dabei!"

„Fragt doch auch noch Asterios und Ami, beide erkundigten sich gestern bei mir nach Walen."

„Ich wecke die Langschläfer!" Brom schnappt sich eine Banane und einen Apfel und läuft los.

„Was ist mit Os und Adriany?"

„Die wollen zusammen mit Henry die *Road to Hana* abfahren und sich später den *Garden Eden* ansehen", klärt mich Kiss auf. „Tony schließt sich ihnen an."

„Bei dem Wetter?", runzle ich meine Stirn.

„Der Regenwald zeigt bei starkem Regen ein ganz anderes Gesicht, als im Sonnenschein. Mit Gummizeugs und Regenschutz ist es ein Abenteuer."

„Ne, lieber Wale beobachten!", winke ich ab.

Ohne ein Wort erhebt sich Tony und verlässt uns.

Seit sich Asterios hier im Haupthaus ausschließlich nackt bewegt, ist auch Bacchus zeigefreudiger geworden. Er muss seinen roten Schleier zerschnitten haben oder er hat diverse in unterschiedlichen Längen und Breiten dabei. Der heutige umwickelt seine Hüfe nur noch einmal und zeigt alles. Mit Mascara geschminkt und den schwarz lackierten Nägeln sieht er unrasiert mit dem buschigen Schamhaar und der getrimmten Brustbehaarung wie ein Stripper-Hippie oder ein tuntiger Gothic aus. Er riecht nach Haschisch, Tabak und Bajuli, drei Duftrichtung, die mich alle nicht anziehen. Um seinen Hals trägt Bacchus eine aus Gräsern gedrehte Schnur, auf der eine einzelne Muschel, deren Perlmutter Innenseite in allen Farben des Regenbogens schimmert, aufgefädelt ist.

„Jungs, so heiß eure Outfits hier im Camp auch sein mögen, für den Trip in den Süden der Insel müsst ihr euch etwas mehr", sieht Kiss zu mir, „oder etwas weniger durchsichtiges anziehen!", schielt er auf Bacchus' roten Schleier. Während Kiss über die Wale vor der Küste erzählt, trudeln Brom und Ami ein.

„Asterios wartet direkt beim Eingang zum Camp auf uns. Wir kommen alle mit“, winkt Brom von der Terrasse aus, da er sich fürs Reinkommen nicht abtrocknen will. Ami, in einer rot-weiß gestreiften Badehose steht tropfend draußen im Regen und seine sonst so gekräuselten Haare kleben ihm in Strähnen im Gesicht.

„Badehosen sind in Ordnung und wer will, kann eine Regenjacke einpacken. Schuhe sind nicht nötig! Jungs, in einer halbe Stunde beim Eingangsbogen!“ Kiss langt nach seinem Mobile Phone vor sich auf dem Tisch und informiert seinen Kumpel in Kihei, dass wir zu sechs wären. Danach verzieht er sich über eine Treppe zu den Gästezimmern im oberen Stockwerk des Haupthauses.

„Ist Hintern frei echt zu viel des Guten?“, schiele ich auf Ami. Seine heutige Speedo ist ihm um bestimmt eine Nummer zu klein und verbirgt kaum mehr von ihm als mein geborgter Tanga.

„Nicht auf dieser Insel“, winkt Brom ab. „Nur du, Bacchus, solltest dir ebenfalls einen Tanga oder eine Badehose anziehen, denn Nudismus ist nicht überall angebracht, wenn auch nicht immer ausdrücklich verboten.“

„Wir sehen uns beim Torbogen“, läuft der blondgefärbte Argentinier zu seinem Bungalow durch den starken Regen davon, während wir anderen uns zum Torbogen aufmachen.

Als sich Asterios zu uns gesellt, trägt er eine lange Hose und ein kurzärmliges Hemd, beides aus leichtem weißem Leinenstoff. Seine Kleidung ist nur nicht durchsichtig, weil der Stoff noch trocken ist. Der Syrer steht unter einem aufgespannten Regenschirm.

Bacchus, der aus dem Regenwald kommt, hat sich seinen Schleier als Schal um den Hals gebunden und seine Beine stecken in einer roten Lederhose, die von einem Gürtel mit wuchtiger Schnalle gehalten wird. Seine gefärbten Haare hat er sich mit einem Lederband zurückgebunden. In einer Plastiktüte erkenne ich seinen Tabak und sein Haschisch, das er beides in die Gesäßtasche seiner roten Lederhose stopft. Keiner von uns trägt Schuhe, auch nicht Kiss, als er uns später am Treffpunkt mit seinem Jeep abholt. Neben ihm auf dem Beifahrersitzt hockt Tony, der uns nur mit einem stummen Kopfnicken begrüßt. Offensichtlich reizen ihn Wale doch mehr als ein nasser Regenwald. Wie immer trägt er seine Schuluniform mit dem bunten aufgestickten Wappen auf dem weißen Hemd.

Über einen verbotenen Weg fahren wir Richtung Westen immer der Küste entlang. Er regnet so stark, dass wir im offenen Jeep innerhalb Sekunden vollkommen durchnässt sind. Asterios’ Leinenzeugs ist bald durchsichtiger als Bacchus’ Schal vorhin. Der Regen ist mir egal, denn es fühlt sich an, als ob ich unter einer warmen Dusche einen Ausflug machen würde.

Erst als wir die südlichste Spitze der Insel passiert haben, lichten sich endlich die Wolken. Kiss verlässt den holprigen Pfad und schwenkt Richtung Norden auf eine richtige Straße, die *Einunddreißig*, ein. Von einem Moment auf den anderen brennt die Sonne gnadenlos. Noch bevor wir *Wailea* passieren, müssen wir uns gegenseitig mir Sonnenschutz einschmieren, um keinen Sonnenbrand einzufangen.

Am Ziel in Kihei ist es hochsommerlich heiß. Anders als bei uns im Südosten mit den steilen Klippen und den Hängen des Haleakala, ist es hier vollkommen flach. Hinter uns lösen die Zuckerrohr- und Ananasfelder den Regenwald vollkommen ab. Auch die Strände sind hier nicht aus rotem oder schwarzem Sand zwischen engen Schluchten und Felsen, sondern sind ein einzig langer weißer Sandstrand, der sich bis zum Horizont erstreckt.

Kiss parkt vor einem Surfer Shop und bittet uns im Wagen zu warten, während er seinem Kumpel Bescheid gibt. Weil Asterios' Leinenhose längst wieder getrocknet ist und so seine intimeren Stellen wieder schicklich verbirgt, bin ich im gelben Tanga plötzlich der Provokateur unserer Gruppe. Kiss reicht mir eines dieser buntbedruckten Wickeltücher, wie sie auf der Insel Männer und Frauen am Strand tragen, und gibt mir stumm zu verstehen, ich solle mich darin einwickeln.

Ein sehniger alter Mann verlässt den Laden und steigt in seinen Pick-up, um uns voraus weiter der Küste entlang zu fahren. Am Ende der Ortschaft, bei einem kleinen Hafen, parken wir und *Keanu*, wie der alte Mann sich vorstellt, instruiert uns über die Regeln an Bord seines Bootes. Wichtig sind nur: wir dürfen die Wale nicht füttern – mit was auch? – und nicht ins Wasser springen, denn soweit im Ozean draußen vor der Küste werden auch immer wieder Weiße Haie gesichtet. Beide Regeln sind selbstredend und wir schwören feierlich, uns daran zu halten.

Aufgeregt steige ich an Bord und sichere mir im Heck einen Sitzplatz auf der Holzbank. Rechts setzt sich Ami und links Asterios neben mich, bis sich auch noch Brom dazwischen quetscht. Damit ist die Aussicht auf eine ruhige Fahrt wohl zunichte gemacht. Das Boot gerät, kaum aus dem Hafen, in den Wellen stark ins Schwanken, dass mir bald echt übel wird. Zum Glück bittet Ami Brom zu schweigen und still dem Herzschlag der Insel, dem Wind und den Wellen zu lauschen. Das funktioniert sofort, denn auch Brom lauscht gebannt und hält seine Klappe.

Bacchus steht neben Kiss und Tony im Heck und Keanu oben am Steuer seines Bootes, während die flache Küste hinter uns zurückbleibt. Je weiter wir rausfahrend, desto besser wird die Form von Maui erkennbar. Die Insel besteht aus zwei Teilen: im Westen bilden die *West Maui Mountains* den fast runden Kopf; die Mitte, wo wir uns gerade befinden, sieht aus wie ein Hals; und der Westen mit dem Haleakala Vulkan formt den längeren Körper. Schwarz ragen die Gipfel sowohl in Osten, wie im Westen in den blauen Himmel. Nur weit im Osten, wahrscheinlich über unserem Camp, hängen noch immer die Regenwolken. Tiefblau, fast schwarz erscheint hier draußen der Ozean, denn das Wasser ist vor der Küste unglaublich tief, weshalb auch die Wale herkommen.

Bis auf die Wellen, die das Boot ständig arg ins Schwanken bringen, passiert sonst nichts. Die riesigen Überraschungen aus der Tiefe verstecken sich. Sah von der Küste die Meeresoberfläche beinahe flach aus, ist es hier draußen ganz anders. Die Wellen heben und senken sich wie der Brustkorb eines schlafenden Meergottes. Ohne die eiskalten Spritzer der Gischt, die unser Boot produziert, hätte ich mich vielleicht schon übergeben.

Asterios‘ Aufzug sieht längst wieder wie eine zweite schlaffe Haut aus. Weil ich damit meine Rolle als der Pin-up der Gruppe an ihn abgegeben habe, stopfe ich das Wickeltuch unter den Sitz, um auch meine Beine etwas zu sonnen. Meinem Beispiel folgend zieht Asterios sein nasses Hemd aus und versorgt es, korrekt zusammengefaltet, ebenfalls unter dem Sitz. So kurven wir über eine Stunde durch die Wellen, die Gischt und die Hitze der Mittagssonne weit draußen vor der Küste. Von Walen fehlt jede Spur. Mich stört das nicht, denn die Aussicht ist auch so fantastisch.

„Da!“, brüllt plötzlich Brom, springt von der Bank und zeigt gegen Westen in Richtung der West Maui Mountains. „Eine Wasserfontäne! WALE! WALE!“ Keanu muss es ebenfalls gesehen haben, denn er wendet scharf das Boot und Brom stolpert und purzelt auf uns Sitzende.

„Echt! Wale? Mann, wie cool!“, plappere diesmal ich und werde ganz zappelig. Längst stehe ich im Heck, halte mich an der Reling fest und spähe gegen Westen ins schwarzblaue Wasser, das sich noch immer stark hebt und senkt. „DA! DA!“, winke ich wie ein Kind, das den Osterhasen entdeckt hat. „Es sind mindestens zwei! NEIN DREI!“

Aufrecht und majestätisch stellt sich Asterios neben mich und folgt meinem Fingerzeig. Anders als ich, bleibt der nasse Jüngling gelassen und nickt nur lächelnd, als auch er eine der Wasserfontänen entdeckt. Ami und Brom sind über die Treppe zu Bacchus, Kiss und Tony in den Bug geeilt, um von dort vielleicht eine bessere Sicht zu kriegen. Kiss legt Ami seinen Arm um die Schultern und redet unentwegt auf ihn ein. Tony starrt in die Ferne, aber nicht in Richtung der Wale.

Endlich springt ein Wal aus der Tiefe, um mit einem gewaltigen Platschen wieder einzutauchen. Das Vieh ist riesig, selbst aus der Distanz. Ich bin noch nie einem Wal begegnet. Das Erlebnis ist überwältigend. Hier, inmitten des Pazifiks vor der Küste von Maui, komme ich mir plötzlich winzig klein vor. Ich bin hier nichts weiter, als ein Floh auf einer Nussschale in den Wellen, der sich zu den Titanen aus Urzeiten wagt. „Jetzt begegne ich doch noch einem Dinosaurier", grinse ich vor mich hin.

„Die Wale gehören zu einer anderen Spezies", korrigiert mich Asterios. Ich winke nur ab und nuschle etwas wie; war nur ein Scherz, Alter!

Keanu steuert das Boot längsseits der Wale und folgt ihnen Richtung Westen in gemächlichem Tempo. Inzwischen sind schon vier Wale aufgetaucht, doch ich vermute, es sind noch mehr. Das tiefblaue Wasser ist extrem unheimlich, auch ohne diese gewaltigen Tiere, die unter dem Boot hindurchtauchen und es, falls sie wollten, leicht zertrümmern und versenken könnten.

„Haie, Haie!", zeigt Ami auf die andere Seite des Bootes.

Ich schlucke leer und klammere mich etwas fester an der Reling des schaukelnden Bootes fest. Inzwischen haben alle Jungs begriffen, dass die Aussicht auf die Wale im Heck doch besser ist, als im Bug und drängen sich um Asterios und mich herum.

Als Keanu das Boot längs eines auftauchenden Wales bringt, kann ich seine schwarz-graue Gummihaut mit Muscheln bewachsen sehen, als er seinen Kopf aus dem Wasser reckt. Für einen Moment sieht es so aus, als ob er uns zuzwinkern würde. Ich zwinkere zurück und der Wal taucht wieder ab. Vor Aufregung lehne ich mich weit über die Reling, um den Wal, der seine Schwanzflosse hochstreckt, daran zu berühren.

Ich verliere die Balance.

Ich stolpere.

Gleichzeitig fühle ich, wie Hände mich schupsen. Verwirrt, dann schockiert und sofort in wilder Panik mit meinen Armen rudernd, stürze ich kopfüber in den Ozean.

Ami brüllt: „HAIE! HAIE!"

Als ich wieder auftauche, kann ich unser Boot nicht sehen. Unter mir nehme ich einen gewaltigen Schatten wahr, der rasend schnell auftaucht und damit eine Wasserwand produziert, die auf mich zurollt. Die Insel ist nur noch als feiner Streifen mit leichten Erhöhungen am fernen Horizont auszumachen. Das Wasser fühlt sich eiskalt an und die Wellen heben und senken meinen Körper bestimmt an die zehn Meter. Ich strample wie verrückt.

Vor Panik kriege ich kaum Luft und versuche den Schatten unter mir auszublenden.

„Mann über Board!“, meldet Brom.

„HAIE! HAIE!“, brüllt Ami ohne Pause.

Panisch drehe ich mich im Wasser in alle Richtungen. Keanu wendet sofort das Boot. Endlich tuckert das Boot auf mich zu, winzig und weit entfernt.

Dreieckige Rückenflossen nähern sich mir pfeilschnell.

Das ist mein Tod! Ich werde am Ende der Welt von Haien zerfleischt! Einer der Hai streift mein Bein.

Ich schreie auf und versinke.

Es wird dunkel. Ich strample wahnsinnig geworden vor Angst und tauche wieder auf. Eine neue Rückenflosse taucht auf, viel grösser als die vorherigen, zehn Mal so groß! Es ist die dreieckige Rückenflosse eines Riesen, sie ist hellgrau, beinahe weiß.

Ich zittere, dann erstarre ich und sinke abermals ab.

Der Schatten unter mir erhebt sich neben mir und ein zweiter taucht hinter mir auf, um mich gegen die heraneilenden Fressmonster abzuschirmen. Das aufwallende Wasser drückt mich mit an die Wasseroberfläche. Jetzt, zwischen diesen Gummihäuten fühle ich mich kein bisschen wohler, dennoch fasse ich nach dem Wal zu meiner rechten. Echt Gummihaut!, stelle ich nüchtern fest. Die Berührung schenkt mir Hoffnung.

„Bitte, lieber Wal, tauche nicht wieder ab! Bitte!“, versuche ich zu sprechen, schlucke Salzwasser und übergebe mich würgend. „HILFE!“, rufe ich, dann schreie ich. Ich schlucke noch mehr Wasser und versinke abermals in der Tiefe, wo sofort etwas nach meinem rechten Bein schnappt oder es nach oben drückt. Außer mir vor Angst schlage ich verzweifelt um mich und versinke immer wieder. Als mich abermals etwas am Bein berührt, steht mein Herz still. Die schlimmste Ewigkeit frisst an meinen Nerven, bis ich unter mir einen Wal erkenne. Es ist ein Jungtier, das mich mit seiner Nase vor sich her bugsiert und an die Wasseroberfläche drückt.

Der Weiße Hai zieht enge Kreise um uns, dass ich immer wieder seine riesige Rückenflosse zwischen den Walen hindurch sehen kann. Dann taucht er ab.

Ich zähle die Stunden, bis das Boot sich endlich soweit genähert hat, dass ich an Deck meine Freunde sehen kann.

Wer der Jungs hatte mich geschubst?

Ausgerechnet Bacchus zieht eilig seine Lederhose und das Halstuch aus und springt splitternackt mit Kopfsprung ins Wasser, um zu mir zu kraulen. Die Wale tauchen ab, um meinem Retter den Weg frei zu machen. Zum Glück bleiben sie an meiner Seite, denn der Weiße Hai, wenn auch gerade nicht zu sehen, ist noch immer in unmittelbarer Nähe. Er wartet nur auf den richtigen Moment, um zuzupacken und mich in die Tiefe zu zerren.

Kiss wirft uns einen Rettungsring vom Boot aus zu. Als Brom und Asterios ebenfalls zu meiner Rettung ins Wasser springen wollen, hält sie Keanu an den Armen zurück und flucht, was das Zeugs hält. Tony starrt in die Ferne und seine Lippen bewegen sich in stummem Gebet oder im Selbstgespräch. Ami hockt im Heck und beobachtet alles von dort aus.

Bacchus umfängt mich von hinten mit seinen Armen und schiebt mir den Rettungsring zu. So schwimmt mein Lebensretter mit mir zusammen zum Boot, wo Kiss eine Leiter im Heck heruntergelassen hat, damit ich als erster daran hochklettern kann.

Ich zittere so sehr, dass mir Asterios von oben helfen muss.

Bacchus dreht um und schwimmt nochmals zu den Walen und tatsächlich taucht einer neben ihm auf und lässt sich vom jungen Argentinier tätscheln.

„VERDAMMTER VOLLIDIOT!“, brüllt Keanu. „Sofort an Bord mit dir!“ Keanu zeigt auf eine auftauchende Rückenflosse, doch keiner beachtet seinen Finger, denn einer der Wale schnellt aus dem Wasser und lässt sich zwischen Bacchus und dem Hai ins Wasser fallen. Die Welle treibt Bacchus viel zu schnell zum Boot. Nur Keanus geschickte Hände bewahren ihn davor, sich den Kopf am Rumpf des Bootes zu rammen. Mit tausend Verwünschungen und immer neuen Schimpf- und Fluchworten zieht der Kapitän den nackten Hippie aus dem Wasser in Sicherheit seines kleinen Bootes.

Asterios legt mir mein Wickeltuch um die Schultern und führt mich neben Ami zur Bank im Heck, um mich dort mit seinen Armen umschlungen hinzusetzen. „Eleuthereus, es ist alles gut! Ami hat nur gescherzt! Hier gibt es keine Haie!“

„Natürlich!“, mault Ami, weil er als Lügner hingestellt wird.

„Sie waren da!“, versuche ich zu sprechen, doch meine Zähne klappern derartig, dass ich einen Schüttelfrost erleide. „Die Haie schnappten nach meinen Füßen“, keuche ich. „Die Wale haben mir das Leben gerettet!“ Plötzlich zittert mein Körper so stark, dass ich mich verzweifelt an Asterios klammere, der mich nur noch fester in seine Arme schließt.

„Alter“, boxt mir Brom in die Seite, „Mann, du bist voll mit Walen geschwommen! Wie cool ist das denn?“

„Überhaupt nicht cool!“, sieht mich Kiss mit vernichtenden Blicken an. „Junge, das hätte dein Tod sein können. Hier lauert der Tod in der Tiefe. Hast du die Haie nicht gesehen? Da war ein Weißer! Hätten sich die Wale nicht dazwischen geschoben, wärst du jetzt tot!“

„Alter“, boxt mir Brom in die Schulter. „Du wärst bei lebendigem Leib zerfleischt und gefressen worden!“

„Siehst du“, zuckt Ami mit seinen Schultern und wirft Asterios einen bösen Blick zu. „Ich hab’s doch gesagt! HAIE!“

„Warum bist du gesprungen?“, stellt sich Bacchus noch immer nackt vor uns. Jetzt ohne alles wirkt der sonst zwitterhafte Typ total männlich. Sein dichter Busch wuchert um seinen Penis und zieht sich als dunkle Straße zu seinem Bauchnabel hoch. Auch seine Brusthaare, wohl getrimmt, wirken jetzt wie ein dunkler Pelz. Seine schwarz lackierten Nägel haben alles Feminine verloren und gleichen den Krallen eines Panthers. Er löst sich das aus Gräsern geflochtene Halsband mit der bunten Muschel daran von seinem Hals, um es mir umzubinden. „Eine Ehrenmedaille für den beknackteste, wenn auch wagemutigsten Selbstmordversuch!“

„Danke!“, brummle ich, obwohl ich gerade unsicher bin, ob ich ihm nicht doch besser meine Faust in die Fresse donnern sollte. Hat er mich wirklich gerettet oder war er es, der mich geschubst hat? Asterios, Ami und Brom traue ich das nicht zu und weder Tony noch Kiss waren in der Nähe.

„Dank dir“, wuschelt mir Bacchus meine Haare, „kam ich in den verbotenen Genuss, im offenen Ozean mit Walen zu schwimmen. Das war echt geil!“ Bacchus hebt seine rote Lederhose auf, entscheidet sich dann aber für den Schleier, den er sich legere um die Hüften schwingt, was ihn kein bisschen mehr bedeckt als vorhin, ihm aber dieses Pantherhafte sofort raubt. War er gerade noch ein Krieger, tarnt ihn der rote Seidenlappen. Die Maskerade gelingt ihm so vollkommen, dass dieses wenige Stück Stoff ausreicht, sein wahres Wesen vor jedermann zu verschleiern.

Die lange Fahrt zurück erscheint mir wie Sekunden. Die Zeit hat jede Bedeutung verloren. Ich bin nur dankbar, noch zu leben. Mein Herz pocht wild und unruhig. Mein Leib zittert unkontrolliert. Kiss entschuldigt sich immer wieder bei Keanu und redet besänftigend auf ihn ein. Doch der Kapitän flucht ohne Unterlass und wirft mir vernichtende Blicke zu. Wäre das Keanus Piratenschiff, er würde mich kielholen lassen. Sein kalter Hass lässt mich trotz der Hitze frösteln. Ein kurzer Blickwechsel mit Kiss verrät mir, dass der sonst immer lächelnde Ex-Russe, mir wohl doch nicht mehr das Surfen beibringen wird. Hatte er heute morgen noch etwas für mich übrig, sind diese Gefühle jetzt definitiv getilgt. Kiss' kalter Hass ist scharf, wie die Zähne eines Weißen Haies.

Kaum im Hafen, fällt die Verabschiedung vollkommen aus, denn Keanu hetzt uns wie Schwerverbrecher von Bord. Er sieht das Ganze keineswegs als Unfall an, sondern als beabsichtigte Show eines Haufens total verrückter Touristen, die um jeden Preis auffallen wollten. Niedergeschlagen und noch immer zitternd führt mich Asterios über die Planke an Land und zum nächsten Strandcafé. Doch da keiner von uns daran dachte, Geld einzusacken, und uns Kiss nach dem Fiasko bestimmt nicht einladen will, zotteln wir unverrichteter Dinge wieder ab. Wir hoffen, dass uns der wütende Kiss heimfährt. Die bestimmt vierzig Meilen der Küste entlang würden wir zu Fuß heute nicht mehr schaffen. Zudem trägt keiner von uns Schuhe oder hat Wasserflaschen oder Proviant dabei.

Als Kiss und Tony endlich nach uns von Bord gehen, wirkt Kiss wieder etwas entspannter und Tony blickt in die Ferne. Offensichtlich muss es dem Surfer Champion gelungen sein, Keanu doch noch zu überzeugen, dass ich nicht freiwillig gesprungen bin.

„Jungs!", sieht Kiss von einem von uns zum anderen. „Ich weiß nicht, was wirklich da draußen passiert ist, doch es hätte sehr böse enden können. Marsch ins Auto mit euch. Mir ist die Lust auf eure Gesellschaft vollkommen vergangen!" Seine vernichtenden Blicke auf mich zeugen abermals von purem Hass, ein Gefühl, das ich dem sonst immer lächelnden Strahlemann niemals zugetraut hätte. Kiss ist wie ausgewechselt.

Die neunzigminütige Rückfahrt wird von bedrückendem Schweigen überlagert. Keiner spricht, nicht mal der sonst immer redende Brom. Ami weicht jedem Blickkontakt mit mir aus, doch Bacchus lächelt mir stetig zu. Ob er mir wirklich für die Gelegenheit mit den Walen zu schwimmen damit danken will oder davon ablenkt, dass sein Mordversuch fehlschlug, kann ich nicht sagen. Einer an Bord wollte mich töten. *Nicht jeder ist, was er vorgibt zu sein. Zwei der dunklen Priester sind bereits im Camp.* Ob mich einer von ihnen den Haien opfern wollte? Doch wer?

Zurück im Camp geht jeder seines Weges. Selbst Asterios sucht sich einen einsamen Pfad in den Regenwald. Kiss ist noch immer stinksauer und verschwindet zusammen mit Tony im Haupthaus. Brom legt sich auf einen flachen Lavastein beim Palmenwald in die Sonne und Ami hockt sich auf einen der Liegestühle vor unserem Haus auf der Klippe, um wie hypnotisiert auf den Ozean zu starren. Anstatt dass uns der Ausflug als Freunde zusammen geschweißt hätte, zerrissen die feinen Bande, die wir bisher aufgebaut hatten.

Ich hoffe, dass etwas Ruhe Gras so üppig darüber wachsen lassen wird, wie es das Gras hier auf dem Plateau tut. Ich will nur noch schlafen. Ich will den letzten Schock loszuwerden. Ich hatte Todesangst. Hätte mich Asterios nicht den ganzen Heimweg in seinen Armen gehalten, ich hätte losgeflennt, wie ein Kleinkind. Jetzt, alleine im Bett, weine ich wieder am ganzen Leib zitternd in mein Kissen, bis der Schlaf mich endlich überrollt.

Vor dem Abendessen erwache ich zum Glück, weil ich Brom mit Ami in der Küche diskutieren höre. Ich dusche mich sehr heiß und sehr lange. Danach geht es mir etwas besser, doch ich fühle mich weder stark noch gewachsen, einer möglichen Rüge von Janus entgegen zu treten. Ein einziges falsches Wort und ich flenne los. So tue ich das Einzige, was mir auch schon in London immer Kraft schenkte, ich bleibe nackt. Aus meiner Nacktheit kann ich tatsächlich Kraft schöpfen; sie verleiht mir Stärke. Die Zeit läppischer Tangas, Wickeltücher, Shorts und ähnlichem soll fortan in diesem Camp für mich Vergangenheit sein. Ich bin Nudist. Dazu stehe ich!

Ich bin heute im Ozean beinahe von Haien gefressen worden. Diese Urgiganten wollten mich, wie einst den jungen Zagreus, zerstückelt und fressen. Nur Zagreus' Herz verschonten die Ungeheuer. In der Mythologie nähte sich Zeus das Herz seines Lieblingssohnes in seinen Oberschenkel ein, um seinem zerfetzten Sohn die Wiedergeburt als Dionysos zu ermöglichen. Aus dem unschuldigen Kind Zagreus wurde so der auferstandene oder der wiedergeborene Gott *Dionysos*. Heute Nachmittag im Ozean nahm die Mythologie eine andere Wendung. Ich wurde nicht von den Giganten des Meeres gefressen, sondern von den Titanen des Ozeans gerettet. Diese mächtigen Geschöpfe aus Urzeiten haben mich vor dem blutigen Schicksal bewahrt. Trotzdem bin ich heute irgendwie wiedergeboren worden. Im Ozean habe ich etwas Altes von mir zurückgelassen. Als ich aus den Fluten zurück an Bord stieg, blieb etwas von mir für immer bei den Walen oder den Haien zurück. Ich hoffe, es ist etwas, dass ich nicht mehr brauche.

Nackt begegne ich meinen Freunden in der Küche unseres Hauses. Keiner bemerkt etwas zu meinem Aufzug, weil wir uns hier im Haus alle sehr ungezwungen bewegen. Brom sonnt sich immer nackt und Asterios ist eben Asterios. Meine Nacktheit wird erst Thema werden, wenn ich – wie sonst nur Asterios – nackt das Haupthaus betrete.

„War da wirklich ein Weißer Hai?", bohrt sofort Brom.

Jetzt im Rückblick und aus der Distanz lässt mich die Angst langsam aus ihrem Würgegriff und ich beginne etwas zu dramatisch die Ereignisse im Wasser zu schildern. Je grösser Broms Augen werden, desto mehr setze ich noch einen oben drauf. „Der Weiße Hai tauchte direkt unter mir auf. Er schnappte nach meinem rechten Bein! Nur, weil ich durch eine Welle oder einer Bewegung eines der Wale weggeschwemmt wurde, haben mich seine rasierklingenscharfen Zähne nur gestreift. Leute, ich könnte tot sein!" Meine Prahlerei hilft mir, das Ganze als Scherz abzutun oder als einen Unfall zu sehen und nicht weiter als einen Mordversuch eines Kandidaten, der mich ausschalten wollte. Brom will immer neue Details hören, die ich ihm natürlich liefere. Ami hingegen wird immer weißer im Gesicht und sagt kein einziges Wort. Des blonden Wollkopfs Augen sind bald so wässerig, als ob er gleich losheulen wollte.

Später, während des Abendessens im Haupthaus, verliert Janus kein Wort über den Zwischenfall, obwohl ich sicher bin, dass Kiss ihn detailliert darüber informiert hat. Nur einmal wechselt der Camp Leiter Blicke mit mir, als ich mir nackt vom Buffet einen Nachschlag hole. Dieser Blick von Janus zollt mir Respekt; ob für meinen endlich offen ausgelebten Nudismus oder meine Rettung durch die Wale im Ozean, kann ich nur erahnen.

„Plato sagte in seinem Gastmahl", flüstert mir Janus, plötzlich neben mir stehend ins Ohr, „die Menschen haben die Liebe Eros genannt, weil sie Flügel hat; die Götter nannten sie *Pteros*, weil sie die Kraft hat, Flügel zu geben. Falls du der bist, auf den wir warten, wirst du sechs Kandidaten mehr als nur Flügel verleihen."

„Was?", wirble ich zu Janus herum.

„Guten Appetit", lächelt mich der Camp Leiter, der heute so jung wie ich erscheint, an. „Die Haie suchen sich in dieser Gegend der Welt nur die leckersten Bissen. Lass dir die Haifisch-Suppe schmecken!"

Bevor ich nach einem kurzen Blick auf meine Suppe Janus etwas darauf entgegnen kann, ist er bereits im Gespräch mit Os, der abseits steht. Asterios weicht nicht mehr von meiner Seite, da er in mir endlich den Bruder-im-Geiste erkennt, als den er mich seit der ersten Begegnung gesehen hat. Os blickt immer wieder verlegen weg, wenn sich unsere Blicke treffen. Os mag mich, zumindest gewisse Körperteile von mir, die er jetzt selbst beim Essen mit seinen Blicken vernaschen kann.

Mit einer Schale Mango-Papaya-Kompott setzt ich mich an den Tisch zu

Bacchus und Adriany. Vom Panther, den ich in Bacchus an Bord des Schiffes erkennen konnte, fehlt wieder jede Spur. Wie ich, ist auch Bacchus heute Abend zeigefreudiger, denn sein rotes Seidentuch liegt nur wie eine Serviette auf seinem Schoss. Als sich unsere Blicke treffen, funkeln mir kurz die Raubtieraugen entgegen. Bacchus blinzelt. Danach bietet er mir mit abgeknickten Handgelenken einen Platz neben sich an. Abermals transformiert er sich zum tuntigen Kiffer. Bacchus spielt seine Rolle, doch da ich sein wahres Gesicht erkannt habe, täuscht mich jetzt weder sein Schleier, noch sein Getue. Bacchus ist nicht der, den er den anderen hier vorgaukelt. Aber ist er deswegen einer der dunklen Priester?

„Bacchus, du bist wagemutig in den Ozean gesprungen, um mich zu retten und dass, obwohl ein Weißer Hai unter mir lauerte!"

„Da war ein Weißer Hai im Wasser?", verschluckt sich Bacchus an seinem Kaffee, den er süffelte.

„Und was für einer!", bestätige ich und genieße es, ihn so zu erschrecken. Seine Rettungsaktion war mutig, aber wie mutig, dass ahnte Bacchus bis eben selbst noch nicht.

„Du lügst doch?", lacht Bacchus und stellt seine Tasse Kaffee zurück auf den Tisch vor sich. „Da war keine Weißer Hai!"

„Doch! Dein Kopfsprung in die Tiefe, in der die Bestie lauerte, war entweder extrem tollkühn oder aber, es war der Wahnsinn eines Selbstmörders", zahle ich es ihm mit gleicher Münze heim. „Ich selbst bin reingeschubst worden. Mein Kopfsprung war nicht mutig, sondern ein Unfall oder ein Mordversuch. Doch du!", zeige ich auf ihn, „Bacchus, du hast wirklichen Mut bewiesen und Charakter gezeigt! Du hast einem anderen Dionysos-Kandidaten das Leben gerettet, obwohl es dein eigenes hätte kosten können. Das nenne ich wirklich tapfer und selbstlos."

Weil Bacchus sich nicht entscheiden kann totenblass zu werden oder zu erröten, tut er beides immer abwechselnd, was sehr seltsam aussieht. Da Adriany seinen Helden augenblicklich stolz anhimmelt, küsse ich Bacchus nicht zum Dank, sondern reiche ihm männlich meine Hand: „Danke, Kumpel! Du hast mir das Leben gerettet!"

„Behalte die Muschel trotzdem", stammelt Bacchus. Erst jetzt wird ihm bewusst, wie knapp er heute selbst mit dem Leben davon gekommen ist. Um seine nachträglichen Schrecken darüber zu überspielen, stupst er die Muschel um meinen Hals mit seinen kurzgeschnittenen schwarzlackierten Fingernägeln an. „Es bleibt eine Ehrenmedaille, wenn auch jetzt für dein Überleben. Nicht jedem wird das Leben von Walen gerettet!"

„Oder von einem Konkurrenten", zwinkere ich ihm zu. „Bacchus, ich trage diese Muschel fortan in Ehren!", labbere ich schwülstigen Schwachsinn. Meine Neuigkeiten haben Bacchus vollkommen aus der Bahn geworfen und er versucht, den Coolen zu mimen. Bacchus hebt seine Hand für High Five und ich klatsche ab. Damit verlasse ich den Tisch, um mir noch einen Cappuccino an der modernen Kaffeemaschine rauszulassen und mich zurück neben Asterios zu setzen.

„Heute haben zwei Kandidaten dem Tod ins Auge geblickt", erhebt sich Janus von seinem Stuhl. „Ich bin mir sicher, beide werden den Schrecken darin erkennen und bestimmt – vielleicht noch nicht heute – Erkenntnisse daraus gewinnen. Eleuthereus!", zeigt Janus auf mich, dass ich mich ebenfalls vom Stuhl erhebe. „Seine Nah-Tod Erfahrung hat ihn mehr zu dem gemacht, was er wirklich ist. Er hat eine Hülle, die er nicht mehr braucht, abgelegt!"

„Ja, sein gelbes Höschen", brüllt Brom und erntet dafür schallendes Gelächter, was mich entspannt und darin einstimmen lässt.

„Geburt und Tod", fährt Janus fort, „sind Türen von einem Bewusstseinszustand in einen anderen. Weder ist das Erste der Beginn, noch ist das Zweite das Ende."

Ich nicke, denn nach dem Traum heute Nacht bin ich mir sicher, ich lebe nicht zum ersten Mal. Es gab ein Leben vor diesem Leben.

„Vielleicht hat ein Unbeteiligter den Startschuss fürs Finale gegeben? Vielleicht wurde er manipuliert?", fährt Janus fort. „Leben oder Tod? Das liegt an euch! Am Ende wird nur einer ..." Janus bricht mitten im Satz ab und setzt sich wieder hin.

Mit der Heiterkeit ist es augenblicklich vorbei. Wir Dionysos-Kandidaten starren uns wie Raubtiere argwöhnisch gegenseitig an.

Asterios' Geheimnis

Ami wich mir während des Abendessens immer aus. Er setzte sich sogar zu Os an einen anderen Tisch. Mein *Unfall* macht ihm schwer zu schaffen. Mein syrischer Kumpel zieht sich, kaum über die Linie bei der Treppe getreten, für den Rückweg durch die Nacht eines seiner leichten Leinenkostüme über. Anders als ich, ist Asterios kein Nudist, wenn er mit Nacktheit auch extrem locker umgeht. Für ihn ist Nacktheit ein Ritual, ein Gewand oder ein Symbol der Reinheit. Nacktheit ist sein ganz persönlicher Weg, das Göttliche in sich zu finden, zu akzeptieren und zu zelebrieren. Brom eilt uns nach, macht aber unter den Palmen kehrt und entschließt sich, doch auf Ami zu warten, der uns nicht gefolgt ist.

„Eleuthereus, was glaubst du, wollte uns Meister Janus mit seiner Botschaft mitteilen?“, fragt mich Asterios, der neben mir in seinen weißen Sachen einherschreitet, abermals so aufrecht, wie ein Prinz oder ein Balletttänzer.

„Mit dem halben Satz? Am Ende wird nur einer ... Meinst du das mit der Botschaft?“ Als Asterios nickt, beende ich den Satz, wie ich denke, dass er wahrscheinlich lauten sollte. „... überleben!“

„Glaubst du das wirklich?“, schüttelt Asterios seinen Kopf, tut das aber in seiner ruhigen selbstbeherrschten Art und Weise. „Das denke ich nicht! Ich vermute, Meister Janus wollte uns etwas anderes sagen: Am Ende wird nur einer den Thron besteigen.“

Asterios' Worte bringen meinen Traum von vorletzter Nacht zurück und was mir Asterios im Halbschlaf oder Traum gesagt hatte, als der Blitz unweit der Klippen einschlug. Den Rest des Weges schweigen wir.

Kaum in seinem Zimmer zieht sich Asterios wieder aus, faltet seine lange Hose und den frischen Dischdascha, den er vorhin getragen hatte, zusammen, um beides im offenen Kleiderschrank zu versorgen. Asterios besitzt nur weiße Kleidungsstücke und nicht eines von ihnen ist nicht wenigstens ein bisschen durchsichtig. Jedes Teil – und es sind erstaunlich viele! – ist mit kostbaren Stickereien oder Ornamenten mit Silber- oder Goldfäden bestickt oder durchwirkt. Die Hemden haben alle edle Knöpfe oder Schnallen. Einige dieser Verschlüsse sind aus purem Silber oder bestehen aus Lapislazuli, Bernstein, Türkisen oder Karneolen. Asterios muss aus reichem Haus stammen, denn sein Luxus kann sich nicht jeder leisten. Auch türmen sich in einem seiner kleineren eckigen Koffer Halsketten, Uhren, Ringe und Armreife, die ebenfalls seinen sehr exquisiten Geschmack bezeugen.

„Ich habe dich noch nie mit Schmuck gesehen. Trägst du ihn nur zu bestimmten Anlässen?“, zeige ich auf Armreifen, Ketten mit Anhängern und Luxusuhren.

„Ja und nein!“, zuckt Asterios mit seinen Schultern. „Bacchus hat dir heute eine selbstgemachte Kette geschenkt“, deutet Asterios mit seinem Kinn auf das geflochtene Gras um meinen Hals mit der runden Muschel und dem schimmernden Perlmutter daran aufgefädelt.

„Bacchus nannte es eine Ehrenmedaille für den beknacktesten, wenn auch wagemutigsten Selbstmordversuch!“, verrate ich.

„Die Kette ist eine Auszeichnung!“, lächelt mich Asterios an.

„Vorhin änderte Bacchus seine Meinung darüber, als er hörte, dass mich jemand geschubst hatte und ich nicht freiwillig zu den Walen gesprungen bin.“

„Einige meiner Schmuckstücke dienen ähnlichen Zwecken“, geht Asterios nicht weiteres darauf ein. „Jedes von ihnen ist entweder ein Geschenk, eine Belohnung oder eine Auszeichnung.“ Er langt nach einer ledernen Schutzhülle und zieht eine Bernsteinkette daraus hervor. „Dieses Schmuckstück ist das Einzige, was keiner dieser Kategorien angehört. Diese Kette ist ein Andenken an meine Mutter und ihren Mut. Bis zum letzten Atemzug ...“ Asterios bricht ab. „Das ist Vergangenheit! Wir sollen im Camp nicht über unserer Vergangenheit sprechen. Dennoch“, lächelt er, „dieses Schmuckstück“, langt er nach einem Cockring aus massivem Gold und Silber, „ist dafür verantwortlich, dass ich bin, wer ich bin. Und dieser Fingerring mit dem Rohrubin...“

„Warte!“, unterbreche ich ihn. „Was hat es mit diesem Cockring auf sich?“

Asterios stülpt ihn sich über und sogleich erwacht sein Schlafender. Das geht bei ihm so schnell, dass ich ihn nur fasziniert angaffe. Einmal mehr wird mir bewusst, wie selbstverständlich Asterios mit Sexualität umgeht. „Ich bekam ihn nach meiner ersten Einweihung in die Mysterien des Lebens von meinem Mentor verliehen.“

„Erzähl!“, hocke ich mich neugierig auf Asterios’ Bett und starre nicht nur auf das gold- und silberne Prachtstück.

„Kannst du ein Geheimnis bewahren?“, fragt mich der große Syrer sehr ernst geworden. Als ich nicke, zieht er mich an beiden Händen vom Bett hoch. „Gut! Aber nicht hier im Haus ohne Türen.“ Asterios führt mich zur Terrasse, danach über die Brücke zurück aufs Plateau und weiter durch die Nacht bis zum Bambushain und dem Elefantengras, welche zusammen als natürlicher Wall den Bereich dahinter abtrennen.

Unter dem ausladenden Banyanbaum mit seinen unzähligen Luftwurzeln, die wie Säulen die gewaltige Krone des Baumes tragen, setzen wir uns auf eine der Bänke, die dort stehen. Nahe bei den Klippen, schenkt uns nur die Reflektion des Mondes auf dem Ozean etwas Licht.

„Bevor ich nach Ägypten und später nach Indien zog, flüchtete ich mit meinem europäischen Vater aus Syrien in die Arabischen Emirate. Meine Mutter war da bereits verurteilt worden. Wir lebten von der Hand in den Mund und waren bettelarm. Kurz nach meinem siebzehnten Geburtstag wurden mein Vater und ich sterbenskrank. *Nysa,* der Berater eines der lokalen Prinzen im Lande, bot meinem Vater viel Geld für mich an; und mein Vater verkaufte mich ihm."

„WAS?", rufe ich aus. „Echt jetzt? Du wurdest verkauft, wie ein Sklave?"

„Ich wusste, dass mein Vater die Woche nicht überleben würde, wie auch ich kaum den nächsten Monat, falls ich keine medizinische Versorgung erhalte oder ein Wunder passiert. Mein Vater und ich, wir wussten beide, dass dieses Wunder in Form von Nysa mit seinem Angebot aufgetaucht war."

„Du wurdest verkauft?", schüttle ich immer wieder ungläubig den Kopf.

„Das ist in gewissen Teilen der Welt auch heute noch nicht so selten, wie du vielleicht annimmst."

„Aber ..."

„Wie auch immer", legt mir Asterios seine rechte Hand auf meine. „Es war meine einzige Chance, vielleicht zu überleben. Ich ergriff sie. Nysa brachte mich in der Nacht durch einen Dienstboteneingang in den Palast des Prinzen. Er gab mir zu Essen, Medizin und pflegte mich gesund. Dabei begann er mich auf die Mysterien des Lebens vorzubereiten, denn er versprach mich darin einzuweihen, sollte ich mich als würdig erweisen."

„In das tägliche Überleben oder wirklich in die mystischen Geheimnisse des Lebens?", hake ich nach.

„Du kennst die Antwort! Auch du hattest einen Mentor, der dich in die Mysterien des Lebens einweihte", sieht mich Asterios an. „Wäre es nicht so gewesen, wärst du heute keiner der auserwählten Dionysos-Kandidaten."

In der Dunkelheit kann ich Asterios neben mir kaum ausmachen, doch in nicke. Mich trainierte Dionysos in zweierlei Gestalt; einmal in der Verkleidung als ein Internet- und Traumfreund; und zum anderen in der Manifestation von Wilton, meinem Boss und gutem Freund im Hotel in London, in dem ich als Gastronomiekaufmann mein Praktikum absolvierte, bevor ich von dort flüchten musste. [3]

„Zudem", fährt der ehemalige Sklave mit seiner Erzählung fort, „sind das tägliche Überleben und die Mysterien des Lebens eng miteinander verknüpft. Ich werde dir nichts über diese Geheimnisse verraten, nur, wie sie mein Leben veränderten."

„Verstehe!", brumme ich.

„Nach einer Woche kam ich wieder zu Kräften und war geheilt worden. Nysas Kräuter und seine Medizin halfen. Heute weiß ich, dass es vor allem mein Wunsch um Heilung und die Prüfungen, die ich in meinen Träumen

[3] siehe „Nackte Geheimnisse", Himmelstürmer Verlag Herbst 2015

meistern musste, waren, die mich ins Leben zurückbrachten."

„Nysa hat dich in deinen Träumen gelehrt und geheilt?"

„Er zeigte mir, wie ich mich selbst heilen konnte."

„Ich hatte in London auch einen Mentor, der mich in Träumen über einige Schwellen zerrte!"

„Dein Mentor war bestimmt ebenfalls eine der vielen Manifestationen des Dionysos, genauso wie Nysa eine war!" Ich nicke und Asterios fährt mit seiner Geschichte fort: „Ich war jung, ohne Bildung, ohne Eltern und ohne Heimat. Da entdeckte ich nach einer weiteren Woche diesen massiven Gold- und Silberring in einer Schatulle, die Nysa sonst immer unter Verschluss hielt. An jenem Tag aber stand sie offen auf dem Tisch, an dem ich normalerweise meine Mahlzeiten einnahm." Asterios dreht am Cockring, den er noch immer stolz trägt. „Ich nahm den Ring aus der Schatulle, um ihn mir genauer anzusehen. Da er mir nicht übers Handgelenk passte, wusste ich nicht, wozu er dienen sollte."

„Aber du hast es rausgefunden!", schmunzle ich.

„Ich hätte mit dem Ring mein Schicksal gewählt, verkündete Nysa, als er plötzlich hinter mir auftauchte. Ich wusste nicht, wovon er sprach und entschuldigte mich, den Ring aus seiner Schatulle herausgenommen zu haben. Doch Nysa forderte mich auf, ich solle nochmals hineinblicken und den anderen Gegenstand ebenfalls herausnehmen. Der andere Gegenstand war ein reich verzierter Dolch, wie er zu rituellen Zwecken benutzt wird. Ich hatte ihn zuvor schlicht übersehen. Nysa belehrte mich danach, dass die beiden Gegenstände zwei Möglichkeiten, die ich im Palast offeriert bekam, repräsentieren würden. Der Dolch stehe für eine Laufbahn als Krieger, der Ring für eine Laufbahn als Lustknabe."

„Du verarschst mich doch!", lache ich los.

„Die beiden Gegenstände stehen natürlich noch für etwas ganz anderes, doch das ahnte ich damals natürlich nicht."

„Das meine ich nicht. Du warst wirklich ein Lustknabe?"

Asterios sieht mir im Mondlicht in meine Augen. „Das ist ein Geheimnis, das zwischen uns beiden bleiben muss!"

Ich schlucke leer und nicke, denn ich kann die Augen meines Gegenübers noch immer kaum ausmachen, auch wenn sich mein Augenlicht inzwischen recht gut an die Dunkelheit gewöhnt hat. „Wie?"

„Nysa berichtete mir, der junge Prinz hätte mich kürzlich im Hof der Angestellten gesehen. Ich hätte sein Interesse geweckt. Meine Wahl des Gegenstandes besiegelte mein Schicksal im Palast. Nysa wollte von mir hören, ob ich die Wahl akzeptiere; und ich nickte. So begann eine wirklich interessante Zeit."

„Und das ist wirklich passiert?"

Asterios nickt. „Nysa rief Leibdiener herbei, die mich erst am ganzen Körper vollkommen enthaarten, meinen Kopf frisieren, mich wuschen und danach mit Rosenöl salbten. Zum Ende stülpen sie mir diesen Gold-Silber-Ring über und forderten meinen ganzen Stolz."

„War das nicht komisch, als all die Leibdiener..."

„Im Orient ist einiges sehr anders, als viele glauben. Ich wuchs in dieser Kultur auf. Ich wusste von Lustknaben. Ich hörte davon. Mir war das nicht fremd. Nysa brachte mich so hergerichtet in einen Teil des Palastes, der alleine dem Prinzen und seinen Vertrauten vorbehalten blieb. Der Prunk und die Herrlichkeit, die ich da zu sehen bekam, verzauberten mich und bestärkten mich, meine Rolle so gut mir möglich sei auszufüllen. Nysa führte mich vor eine vergoldete Doppeltür und forderte mich auf einzutreten, mich dem Prinzen zu zeigen und dabei unbedingt zu schweigen. Der Prinz würde mir sagen, was ich weiter zu tun hätte."

„Wie alt war der Prinz?"

„Etwa acht Jahre älter als ich. Ich vermute Mitte zwanzig. Als er mich sah, erhob er sich von einem Diwan und schickte seine drei Begleiter fort. Lange sah er mich einfach nur an, dann winkte er mich zu sich zum breiten Diwan mit den bestickten Seidenkissen. Mein Stolz war steinhart, denn ich fühlte mich zum ersten Mal in meinem Leben schön und begehrt. Als Gassenjunge hatte ich keine Freunde, nur Kumpane. Nach über einer Stunde, ich stand nur da und der Prinz sah mich an, schicke er mich ohne ein gesprochenes Wort fort. So ging das die nächsten drei Nächte. Er ließ mich holen. Ich stand mit Rosenöle eingerieben vor ihm. Er schaute mich an und entließ mich nach ein oder zwei Stunden wieder. Mir war klar, dass dies ein Test sein musste. Die Zahl Fünf steht für die Hand und die Hand symbolisiert die Handlung oder die aktive Tat. So brachte ich in der fünften Nacht ein Töpfchen mit Rosenöl zum nächtlichen Treffen mit dem Prinzen mit. Als der Prinz mich abermals zu sich zum Diwan winkte, stellte ich diesmal das Töpfchen auf den Boden und langte mit zwei Fingern meiner rechten Hand in die Paste darin, um mir damit meine Brust und meinen Bauch einzuölen."

„Ah! Dieses Ritual kenne ich!", werfe ich ein.

Asterios fährt ohne Kommentar dazu fort: „Ich wusste nicht, ob ich zu weit ging, denn der Prinz sah mir nur schweigend zu, wie ich mich sehr gründlich überall salbte. Er sprach auch in jener Nacht kein Wort mit mir, doch in seinen Augen sah ich ein Blitzen, was mich immer weiter anstachelte. Ich ölte meinen ganzen Körper, meine Arme, meine Beine, meine Hände, meine Zehen und schließlich auch meinen Phallus. Ich ließ mir sehr viel Zeit damit, vermied es dabei aber, den Prinzen direkt anzusehen. Nach drei Stunden, in denen ich meinen Körper immer wieder überall berührte und streichelte, schickte mich der Prinz wieder fort."

„War der Prinz ein Voyeur?"

„Selbst würde er sich niemals so bezeichnen, doch das war er – aber nicht nur! Ich war damals sehr jung und auch sehr naiv. Doch ich spürte, dass der Prinz mich begehrte, nicht nur körperlich mit all seinen Sinnen, sondern auch mit seinem Geist. Die weiteren Nächte blieb ich beim Einölen. Ich wusste nicht, was ich sonst machen sollte. Da ich den Prinzen weder schockieren noch mich selbst erniedrigen wollte, vermied ich es tunlichst, mich zu lange an einer Stelle zu massieren. Erst in der zwölften Nacht in Folge sprach mich der Prinz zum ersten Mal an. Er habe mich von Nysa freigekauft. Er würde es mir überlassen, mit ihm einen Jahresvertrag als sein Lustknabe einzugehen oder ich könne als freier Mann den Palast verlassen."

„Du lügst mich doch an", schneide ich eine Grimasse.

„Im Orient gibt es Regeln und Schlupflöcher in den Schriften, die vieles ermöglichen. Ein solcher Vertrag ist mit einem befristeten Heiratsvertrag vergleichbar. Ein solcher Vertrag ermöglicht es einem, einen möglichen Partner oder eine Partnerin erst zu testen, ob man zusammen passt. Was vom anderen, ob von einem Mann oder einer Frau, erwartet wird, wird oft detailliert zum Voraus im Vertrag festgelegt. Ein solcher Vertrag läuft nach einem Jahr einfach aus und man trennt sich wieder oder aber, der Vertrag wird um ein weiteres Jahr verlängert."

Ungläubig rücke ich näher. „Hast du etwas ausgehandelt?"

„Ich sagte dem Prinzen, dass es mir eine große Ehre sei, dass er sich mich als seinen Lustknaben ausgesucht habe, und dass ich in der folgenden Nacht mit ihm die Bedingungen verhandeln wolle. Ich verneigte mich, und er entließ mich für den Abend."

In der Ferne höre ich Ami und Brom laut schwatzend ins Haus auf der Klippe heimkehren. Ein aufgeschrecktes Nachttier flüchtet durchs Elefantengras in unsere Richtung.

„Wie immer, betrat ich auch in der nächsten Nacht des Prinzen Audienzzimmer mit nichts auf dem Leib, als diesem Silber-Gold-Ring um meinen Stolz. Der Prinz bot mir zum ersten Mal einen Platz auf seinem Diwan an. Nysa, der einer seiner Berater, wie auch meine Mentor war, saß im Schatten einer Nische, um die Bedingungen, die wir aushandeln wollten, schriftlich festzuhalten."

„Das ist für jemanden, der in Europa aufgewachsen ist, kaum zu glauben", bemerke ich. „Was waren das für Bedingungen?"

„Der Prinz wollte mich jeden Abend zur Verfügung haben. Ebenso gehörte einmal monatlich meine Anwesenheit an speziellen Anlässen in kleinen Kreisen ausgelesener Freunde zu meinen Pflichten. Ebenso hatte ich ab sofort jeden Morgen Privatunterricht und würde am Nachmittag zusammen mit dem Prinzen an seinen Studien teilnehmen. Zweimal die Woche standen Ausritte auf dem Plan, wie diverse Anlässe am Hofe des Prinzen. Im Gegenzug verpflichtete er sich, mich für alle Anlässe entsprechend einzukleiden, mir Gemächer, wie alles zum Überleben zur Verfügung zu stellen. Der Prinz sicherte mir ein Jahreseinkommen, das auf eine Bank in der Schweiz überwiesen wurde. Zusätzlich versorgte er mich mit allem Luxus, den er für den Lustknaben des Prinzen für angebracht halten würde. Wir feilten über die Details – insbesondere über die, der speziellen Anlässe – bis wir uns auch da einig wurden. Es wurde auch vertraglich festgehalten, dass bis auf ihn, mich sonst niemand berühren dürfe, außer ich würde es selbst wollen und es würde der Lust des Prinzen dienlich sein. So wurde es besiegelt."

„Ab da warst du sein Betthäschen?"

„Wir haben nie zusammen das Bett geteilt! Nicht ein einziges Mal!", lächelt Asterios.

„Kein Sex?"

„Oh natürlich! Wir hatten sehr viel Sex. Ich war ja sein Lustknabe. Er liebte es, mich überall zu streicheln und zu küssen. Je mehr Lust ich daran zeigte, desto erfinderischer wurde er, wie auch seine Freunde. Doch ich verbrachte nicht eine Nacht in seinem Schlafgemach – zumal nie, wenn wir alleine waren oder er ruhen wollte."

„Krasse Geschichte!"

„Der Prinz verlängerte unseren Vertrag noch zwei Mal um jeweils ein weiteres Jahr. Doch als sein Vater im dritten Jahr starb, rückte der Prinz ins Zentrum der Macht. Ich musste verschwinden. Einen Lustknaben unterhalten viele, doch meist mehrere gleichzeitig und den gleichen nie länger als ein Jahr. Ich war beinahe genau tausend und eine Nacht im Palast."

„Aha!", lache ich los. „Hast du auch jede Nacht eine Fortsetzungsgeschichte erzählt?"

„Man muss sich auch als Lustknabe etwas einfallen lassen, um interessant zu bleiben. Wie auch immer! Im Palast ahnten viele, dass ich mehr, als nur das Sexspielzeug des Prinzen war, da ich ihn auch tagsüber immer öfter begleitete und mit ihm zusammen studierte. Er liebte mich wirklich! Bevor sich diese Gerüchte verhärten konnten, verließ ich als sehr reicher Mann das Land und zog nach Ägypten und später nach Indien."

„Und deine Vorliebe für durchsichtige Klamotten rührt daher?"

„Der Prinz konnte sich an meinem Körper einfach nicht sattsehen. Deshalb wurde schon im ersten Vertrag die Klausel nachträglich eingeführt, dass ich mich nie vollkommen verhüllen dürfe, nicht mal, wenn ich bekleidet wäre – außer bei offiziellen Anlässen am Hofe seines Vaters. Der Prinz schenkte mir hunderte verschiedener Kleidungsstücke in allen Schnitten des Orients und des Okzidents. Ich besitze durchsichtige Anzüge, Sporthosen, Kimonos, Wickeltücher und sogar einen durchsichtigen Smoking und vieles mehr. Auch liebte er es, mich bemalt, mit Ornamenten geschmückt oder nur mit Schmuck zu sehen. Er liebte mich wirklich und ich ihn auch."

„Und an den speziellen Abenden?" Ich schmachte den schönen Asterios an, der von seinen Erinnerungen nicht minder angetan ist.

„Du weißt mehr über mich, als ich dir je hätte erzählen dürfen!"

„Wer hat dich all die Rituale und die Reinheit des Geistes gelehrt? Immerhin warst du der Lustknabe eines Prinzen, der mit dir bestimmt an seinen speziellen Abenden angeben wollte. Wie bist du so rein an Geist und Seele geblieben?"

„Ich habe mich nie prostituiert. Ich war mit dem Prinzen fast drei Jahre lang *verheiratet*. Natürlich hatte er Frauen, doch er hatte nur einen Lustknaben – mich. Da ich meinen Körper im unzulänglichen Teil des Palastes nie verhüllen durfte, war es mir normal geworden, mich auch mit seinen Freunden, die ähnlich voyeuristische Neigungen wie er pflegten, zu zeigen. Ich habe nie etwas getan, was ich nicht wollte. Ich wurde nie zu etwas gezwungen, noch wurde ich jemals misshandelt, gedemütigt oder geschlagen. Mein Leben war voll und ganz der Lust meines Prinzen gewidmet – so war der Deal und ich hielt mich immer daran."

„Extreme Geschichte!", klopfe ich Asterios auf sein rechtes Knie. „Irgendwann erzähle ich dir von meinen nackten Geheimnissen, die ich in London erlebt habe.[4] Doch jetzt sollten wir ebenfalls ins Bett, denn falls das Wetter morgen früh gut sein sollte, wird uns Brom um fünf Uhr wecken. Der Hula-Tänzer kennt kein Pardon, wenn es darum geht, seine Art der Sprache des Herzens auszudrücken."

---

4 Siehe „Nackte Geheimnisse", Himmelstürmer Verlag Herbst 2015

Eine Viertelstunde später in meinem Bett liegend, habe ich über Asterios' Offenbarungen nachdenkend tatsächlich den Schock im Ozean vergessen. Wenn ich mich jetzt daran erinnere, schwimme ich mit Walen, von denen mir einer zuzwinkert. Die Angst ist verflogen. Sternenjunge hat mir mit seiner Lebensgeschichte nicht nur sein Abenteuer erzählt, er hat auch meine Panik vollkommen aufgelöst. Ihn beim Sprechen einfach im Mondlicht zu beobachten, seiner sanften Stimme zu lauschen, gemischt mit der fernen Brandung und dem Wind in den Palmen, hat mich glücklich gemacht. Morgen werde ich mir eine Abbildung seines Ringes in mein geheimes Tagebuch zeichnen, damit ich immer daran erinnert werde, dass es nicht nur Ritualdolche und Mörder gibt, sondern auch Lustknaben und Sternenkinder mit reinen Herzen. Entspannt schlafe ich ein, nur um abermals vor dem Regenbogen im geheimen Tal zu stehen. Heute flimmert das Gold und ich betrete die andere Welt durch diese Farbe.

„Eleuthereus, wir müssen los!“, höre ich eine Stimme nach mir rufen. Das ist die Stimme von Asterios. Ist schon morgen? „Eleuthereus, jetzt mach schon! Wir müssen aufbrechen!“

Ich hocke auf sandigem Boden, vor mir steht ein Topf mit Bananentörtchen. Das letzte Stück der triefenden Süßspeise schiebe ich mir gerade schmatzend in den Mund. Ich bin ein Kind! Noch während ich darüber staune, werde ich ganz und gar zu diesem Kind.

Unweit von mir entfernt, im Liliengarten oben auf der untersten Terrasse des weißen Turmpalastes der Hauptstadt, steht mein Vater. Er ist ein stattlicher Mann mit muskulösem Körper und einer Haltung, wie sie nur der *Tat-Tsok*, der Gottkönig und Imperator des Inselkontinents zur Schau trägt. Sein Kopf und sein Leib sind vollkommen enthaart. Auf dem Haupt trägt er einen schmalen Goldreif mit einem Sterndiamanten über der Stirn und um den Hals ein Amulett, das wie ein weiterer Stern funkelt. Das ist der Machtkristall, der ihn auch als Manifestation des Sonnengottes legitimiert. Außer einer durchsichtigen Schürze und einer weißen Weste aus dem gleichen kostbarsten Stoff, bestickt mit filigranen Silberfäden und bestückt mit Goldknöpfen, ist mein Vater sonst im Gewand der Götter. Seine Haut glänzt im Sonnenlicht golden. Hätte er sein Haupthaar nicht rasiert, würde es so hellblond wie meines die Sonne reflektieren. Die Körper unserer Familie wurden seit Generationen genetisch manipuliert. Nicht nur unser Aussehen ist für die Herrscherfamilie typisch, sondern auch unser rasches Reifen an Körper und Geist. Das ist nötig, damit der Tat-Tsok die Macht des Sonnengottes in sich aufnehmen kann, ohne dabei zu sterben. Mein Vater ist eine Personifikation des Gelben Gottes. Der letzte echte Sonnengott war mein Urgroßvater. Er war die letzte wahre Inkarnation oder die Wiedergeburt des Sonnengottes. Ur-Opa *Helios* war ein lebender Gott auf dem Sonnenthron des Inselkontinents. Mein Vater kann die Macht des Sonnengottes manifestieren und repräsentieren, doch er ist kein lebender Gott. Eines Tages werde ich Vater auf den Thron nachfolgen müssen. Ob ich den Gott manifestieren kann wie mein Vater oder ob ich sogar die langerwartete Wiedergeburt des Gelben Gottes bin ist noch ungewiss. Bei meiner Geburt konnten die Seher nicht klar erkennen, welches Potential in mir steckt, nur darüber waren sich die Kundigen einig, ich würde das Reich aus einer tiefen Krise befreien – oder es in den Untergang führen. Deshalb erhielt ich den Namen Eleuthereus, was der Befreier bedeutet.

„Eleuthereus, jetzt eile dich!"

„Ja, ja, Vater!" Ich teile das dichte Grün einer Blumenhecke und krabble zum Weg. Ich bin ein Knabe von vier Gotteserwachen. Über mein Kinn tropf Mooshonig und mein Leib ist total mit Bananenbreifüllung der Törtchen bekleckert. Auf meinem Haupt rücke ich mir einen selbstgebastelten Kranz aus frischen Blättern zurecht. Meine Haare sind wild und zerzaust, aber hell wie Sonnenstrahlen.

„Wie siehst du denn aus?", lacht mein Vater auf.

„Vater, ich habe nichts angestellt!", verteidige ich mich gewohnheitsmäßig.

„Wasch dich, wenn du mit willst!", lacht der Tat-Tsok und schickt mich zum Ringkanal, der die Palastinsel vollständig umfließt, damit ich mich darin waschen kann.

Vorsichtig lege ich meinen Blumenkranz auf den sandigen Boden und hechte ins Wasser. Nass und einigermaßen sauber, setze ich mir nur noch den Kranz auf und versuche so erhaben wie Vater zur Terrasse mit dem Liliengarten zu schreiten. Was kümmert mich Kleidung! Kein Sonnengott verbirgt sein Strahlen durch Wolken.

In dunkle Seide gehüllt, die vollständig mit Sternenkonstellationen und magischen Symbolen bestickt ist, beobachtet mich *Iakchos*, Vaters jüngerer Bruder. Mein Onkel ist unheimlich. Er lächelt nur, wenn Vater ihn beobachtet, sonst blickt er böse oder sehr ernst. Ich mag Iakchos nicht.

„Ich will vorne sitzen!" Springe ich sofort aufgeregt herum, als einer der riesigen Palast-Elefanten von Dienern zur Terrasse geführt wird.

Vater nickt.

Als der Diener mir die Leiter hinhält, schüttle ich meinen Kopf. Ich tätschle dem Elefanten das rechte Vorderbein. Das Tier trompetet zur Begrüßung, winkelt für mich sein Knie an und senkt seinen Kopf. Ich klettere auf sein Knie, halte mich an seinem Ohr fest und ziehe mich daran auf den hohen Rücken des grauen Rüsseltiers. Kaum oben, trommle ich mit meinen Fäusten auf dem Elefantenkopf. „Schneller, schneller! Vater, kann ich alleine reiten?“

„Kommt nicht in Frage!“, entscheidet Iakchos für mich. Sein Gesicht verfinstert sich, kaum dass mein Vater ihm den Rücken zudreht. Während mein Vater für mich die Sonne verkörpert, steht Iakchos für die Nacht und die Dunkelheit mit all ihren Schrecken und Monstern.

„Vater?“, bettle ich. „Ich will alleine reiten!“

„Du hast meinen ersten Berater gehört. Du bist noch zu klein.“ Vater steht schon auf dem angewinkelten Knie des Elefanten und zieht sich geschickt am Ohr hoch, um sich hinter mich auf die goldene Decke zu setzen. Es ist sehr heiß und Vater zieht sich seine Weste aus und legt sie vor mich, damit ich darauf aufpasse. Hinter uns ragt ein Goldschirm, um etwas Schatten zu spenden. Er ist mit dem Wappen der Tat-Tsok bestickt: einem Sonnenstern vor einem Regenbogen.

„Nie darf ich was!“, maule ich.

„Du bist erst vier Gotteserwachen alt!“

„Aber reif wie zehn!“, kontere ich. Und ich weiß, dass es der Wahrheit entspricht. Auch dafür sind die Manipulationen an meinen Genen verantwortlich.

„Wie acht“, korrigiert mich mein Vater.

„Trotzdem!“

Vater lässt sich heute nicht erweichen.

Ich lehne mich rücklings an ihn und winke Iakchos zu. Nicht aus Höflichkeit, sondern um ihn neidisch zu machen, dass ich auf einem Elefanten ausreiten darf, während er im weißen Turmpalast auf der Insel bleiben muss.

Der Elefant trottet los. Kaum auf der breiten Allee, die von der äußersten Peripherie der Hauptstadt bis vor den Palast auf der Zentrumsinsel führt, kühlt der Ostwind etwas die Mittagshitze.

„Kommt ihr etwa auch mit?“

Auf zwei weiteren Elefanten sitzend, tauchen hinter hohen Hecken *Dionysos*, die Manifestation des Grünen Gottes und Hohepriester der Bassariden im grünen Kuppeltempel; und auf dem zweiten ein Junge, der bestimmt noch keine zehn Gotteserwachen alt ist, auf. Dionysos ist ein bärtiger Mann, der zum Kranz aus geflochtenem Efeu auf seinem Haupt und einem Smaragd an einer Kette um den Hals, nur ein grünes Wickeltuch um die Hüfte trägt. Sein rothäutiger Leib ist von Leibesübungen gestählt und die grünen Smaragd-Tätowierungen schimmern in der Sonne. Dionysos ist der starke Baum, der sich dennoch jedem Sturm beugen kann, ohne zu zerbrechen. Dionysos ist der Fackelträger durch die Unterwelt und der Seelenführer, wie noch vieles, vieles mehr.

Der Junge auf dem anderen Elefant sitzend, hat rotes Haar, das mit einem Pulver bestreut silbern glänzt, Sommersprossen und moosgrüne Augen. Als der Junge meinen Vater und mich sieht, verneigt er sich tief auf seinem Elefanten, bis ihm der Tat-Tsok mit einer Geste zu verstehen gibt, er dürfe sich wieder erheben. Der Junge schweigt, da er fürs Sprechen keine Erlaubnis erteilt bekam. Als er mich neugierig mustert, strecke ich ihm ganz unprinzlich meine Zunge raus.

„In drei Tagen beginnt das Frühlingsfest, junger Prinz Eleuthereus. Ich werde mit deinen Vorbereitungen zur Einweihung in die Mysterien des Lebens beginnen", lächelt mir Dionysos zu.

„Ja, Ja!", klatsche ich in meine Hände. „Vater, werde ich schon bei diesem Erwachen des Grünen Gottes ein Novize des Grünen Gottes werden?"

Da Vater sofort loslacht, dann aber schweigt, tut es leider auch Dionysos. Zum Glück wird meine Aufmerksamkeit abgelenkt.

„HE!", brülle ich ins Wasser, als wir den innersten Wasserring um die Palastinsel überqueren. „Warum wart ihr vorhin nicht da, als ich baden musste!" Im Kanal tummeln sich jetzt Delfine, die ihre Sprünge und Kapriolen vollziehen. „Vater, stoppen wir, um mit den Delfinen zu schwimmen?"

„Ich treffe mich auch noch mit der Manifestation des Blauen Gottes auf dem Markt. Willst du ihn denn nicht wiedersehen?"

„Den alten *Hermes*?" Meine Augen müssen vor Freude blitzen. Der Waise, der auf der Insel vor der Hauptstadt in seinem Tempel auf einem erloschen Vulkan lebt, ist mein Freund. Er erzählt immer Geschichten und kennt auf jede meiner Fragen die passende Gegenfrage. Nie löst er meine Probleme. Nur die Antworten, die ich selbst herausfinde, bringen mich weiter, sagt Hermes immer.

Ich bohre meine Fersen drängend in den Hals des lahmen Elefanten, doch der behält absolut unbeeindruckt davon seinen Schleichgang bei. Die Luft vibriert und viele Vögel zwitschern aus den gestutzten Bäumen der Allee entlang. Es ist für die Zeit vor dem Erwachen des Grünen Gottes viel zu heiß.

Dionysos führt seinen Elefanten näher an unseren. „Schatten erschüttern das Gefüge unseres Reiches. Die gefangene Göttin zerrt an ihren Fesseln. Licht und Schatten werden sich bald wieder gegeneinander erheben."

Sofort deutet Vater stumm mit dem Kinn auf mich, als ob ich zu dumm sein, zu begreifen, was vor sich geht. Natürlich spürte auch ich die Erdbeben, die in letzter Zeit immer häufiger die Hauptstadt erzittern ließen. Auch die Hitzewelle und das Ansteigen der Wasser im Kanal sind mir nicht entgangen. Auch hörte ich von der gewaltigen Flutwelle, die weite Teile im Südwesten des Kontinents mit Zerstörung heimsuchte.

Dionysos wechselt das Thema. „Eleuthereus, wann besuchst du mich wieder im Kuppeltempel?"

„Schon am Frühlingsfest! Vater und ich werden zusammen in den Norden pilgern. Ich will sehen, wie der Grüne Gott der sichtbaren Schöpfung sich aus seinen Ketten befreit, um aus seinem winterlichen Todesschlaf zu erwachen. Ich will bezeugen, wie der Grüne Gott sein Reich mit Fruchtbarkeit und Wachstum erneuert."

„Das uralte Ritual der Wiedergeburt; die Auferstehung nach dem Tod; der Frühling nach dem Winter. Prinz Eleuthereus, du kannst nach den Feierlichkeiten für ein paar Tage bei den Novizen im Garten der Hoffnung im Wohndschungel bleiben."

„Darf ich?", bestürme ich sofort meinen Vater. Als der Tat-Tsok lächelnd nickt, verkünde ich stolz: „Ich werde einmal den Thron des Grünen Gottes besteigen!"

Dionysos wechselt einen raschen Blick mit meinem Vater und der erhebt augenblicklich seine Hand, das Zeichen totalen Schweigens. Dionysos neigt sein Haupt und verstummt.

„Können wir nicht jetzt nach Eden?", quengle ich und schiele zu Dionysos, um das bedrückende Schweigen zu brechen. Ich weiß, dass ein Treffen der drei Manifestationen des Grünen, des Blauen und des Gelben Gottes wichtig sein muss, doch ich habe keine Lust auf lange Gespräche. Ich will lieber mit einem Blitz fliegen und schon heute Abend im Norden den Kuppeltempel besuchen und seine Geheimnisse lüften. Ich will unbedingt den Grünen Gott beim Schlafen sehen. Ich will ihn treffen, bevor er wieder erwacht, um seinen Thron zu besteigen. Ich will den Grünen Gott fragen, warum er sich seit über hundert Erwachen nicht mehr inkarniert hat und sich nur noch durch seinen Hohepriester manifestiert, oder gelegentlich durch einen Bassariden spricht, statt selbst zu herrschen. Dionysos ist ein weiser und gütiger Mann mit viel Macht, doch er ist nicht der Grüne Gott in Person.

„Dionysos, warum manifestiert sich der Grüne Gott nur noch an seinen Festen durch dich?", frage ich den Hohepriester gleich direkt.

„Dafür bist du noch zu jung, mein Prinz."

„Gar nicht wahr!", maule ich. „Wer sagt den Pflanzen, wann sie keimen müssen? Wer verrät den Knospen, wann sie blühen dürfen? Wer schüttelt die Bäume wach oder flüstert dem Vieh zu, sich zu vermehren? Macht das wirklich alles der Grüne Gott? Doch!", gebe ich zu bedenken, dass Vater hinter mir leise lacht. „Wie kommt es, dass jetzt schon Blumen blühen und das Vieh kalbt, wenn der Grüne Gott doch noch schläft?"

„Asterios, dein Sohn ist für sein Alter viel zu schlau", richtet Dionysos das Wort an meinen Vater und lächelt mir zu.

Vater lenkt unser Reittier von der Allee auf einen schmalen Pfad durch Palmen und hohes Schilf zum Ostkanal. Kaum erblicke ich die Wellen an die Stege plätschern, packe ich das große Ohr des Elefanten und lasse mich vom Rücken auf das dargebotene Knie hinuntergleiten.

„Fahren wir mit einer Gondel?" Sofort sause ich den Stegen entlang, wo unzählige Boote im Wasser schaukeln. Als Vater nickt, klopf ich mit meiner Faust an jeden Rumpf in der Hoffnung, ein morsches Boot zu finden.

Dionysos folgt mir auf Schritt und Tritt. „Der Grüne Gott hat viele Geheimnisse." Der rothäutige Mann mit dem gestutzten Bart hat sofort meine ganze Aufmerksamkeit. Dionysos legt seinen Zeigefinger auf die geschlossenen Lippen und blickt sich nach allen Seiten um. „Psst!"

Sofort verengen sich meine Augenbrauen und ich forsche kritisch im Blick meines Gegenübers.

„Dein Vater ist eingeweiht!", flüstert Dionysos schmunzelnd.

„Ach so!", atme ich auf, denn Vater ist in Sicht- und Hörweite.

„Also höre, junger Prinz Eleuthereus, ein echter Bassaride..."

„Ist ein Bassaride ein wahrer Anhänger des Grünen Gottes?", frage ich, obwohl ich die Antwort natürlich kenne.

„Das ist die Bedeutung eines Bassariden, ja! Ein Bassaride kann vollkommen still sein und geduldig abwarten. Doch im Geiste ist er wie ein Adler, der hoch über dem Land kreist und jederzeit bereit ist, die noch so kleinste Regung zu erkennen, um vom Himmel zu schießen, um zielsicher zuzupacken."

„Jagen?", wundere ich mich.

„Unsere Beute sind Gelegenheiten zum Wachstum!"

Ich lache und bin sicher, dass Dionysos mir gerade einen ungebratenen

Storch servieren will.

„Es erfordert einen geschärften Willen, bewegungslos zu verharren, um im richtigen Augenblick mit ganzer Kraft da zu sein!", fährt Dionysos unbeirrt mit seiner Unterweisung fort.

Vater steuerte eine neue Gondel an, die von müde aussehenden Sklaven gerudert wird. Das muss ich verhindern.

„Schwebe über den Geschehnissen", hält mich Dionysos an der Schulter zurück. „Beobachte und wäge ab. Doch handle blitzschnell, wenn der richtige Zeitpunkt gekommen ist."

„Wie erkenne ich den richtigen Zeitpunkt?", forsche ich im Gesicht des Rothäutigen. Seit ich geboren wurde, ist Dionysos häufig im Palast und verbringt viel Zeit mit mir. Viele fürchten ihn, denn als die Manifestation einer der sechs Götter unseres Reiches, und zudem als enger Berater meines Vaters, ist Dionysos ein sehr mächtiger Mann. Selbst Iakchos kuscht vor ihm.

„Prinz Eleuthereus, du wirst es wissen, wenn es so weit ist."

Als Dionysos nichts weiter hinzufügt, spute ich blitzschnell zu Vater. „Können wir nicht die grüne Gondel nehmen?", zeige ich auf die morsche und hoffe, sie sinkt, wenn wir alle an Bord sind. So würde endlich mal wieder etwas Aufregendes passieren.

Kurz darauf zwängen wir uns ins schmale Boot, das kaum noch seetüchtig ist. Es knarrt und ächzt, während schnelle Ruderer unser Boot über den Ostkanal zum Markt bringen. Dort passieren wir hunderte von anderen Booten, die alle das gleiche Ziel haben. Viele der Menschen winken uns zu, bleiben aber auf Abstand. Nur selten sind Vater und ich ohne die Tat-Tsok-Barke unterwegs. Ich weiß natürlich, dass uns viele Palastwachen in gebührendem Abstand in anderen Gondeln folgen und Soldaten auf den Markt vorausgeschickt wurden.

Vater sitzt sehr aufrecht in der schäbigen Gondel und wirkt statuenhaft unnahbar; er ist wieder ganz zum Tat-Tsok, Herrscher und Gottkönig über den Inselkontinent mit seinen vielen Kolonien geworden.

Ich beobachte Vater. Ich will weder Tat-Tsok noch die Manifestation des Gelben Gottes werden, um zu herrschen. Ich will den Thron des Grünen Gottes besteigen.

Leider kentert das morsche Boot nicht. Nicht mal Wasser dringt ein. Die Gondel schwenkt in einen der langen Wasserwege am gegenüber liegenden Ufer ein und folgt dem Treiben auf Tausenden von schwimmenden Flössen, Dschunken und Gondeln. Überall wird gefeilscht, verkauft, gelacht und geschimpft. Die Hitze treibt die schwitzenden Düfte der Bergkräuter, den edlen Hölzern aus dem Norden und den Blumen vom Blütenmeer im Nordwesten zur Gondel hinüber. Immer wieder halte ich mir meine Nase zu, wenn wir Fischkutter passieren. Affen kreischen in den Palmen der Piers entlang und bunte Vögel flattern über den Kuttern.

Ich wechsle ständig meinen Platz und kletterte über Dionysos, Vater und sogar über den scheuen Jungen mit den moosgrünen Augen, der ganz hinten im Heck sitzt. Alles will ich sehen, am liebsten einpacken lassen, um in meine Gemächer im Palast zu schleppen.

„Warum tauschen wir nichts ein? Da gibt es ganz tolle Sachen, die ich unbedingt haben muss!", suche ich Blickkontakt mit Vater.

„Wir sind gleich da!", zeigt er auf eine Bucht am Ende der Wasserstraße, um deren Ufer sich silberne Fluggleiter an Herden von Schafen, Esel und Ziegen reihen.

„Warum sind wir nicht zum Markt geflogen? Wir wären doch viel schneller hier gewesen! Warum dieser Umweg, wenn wir doch eh nichts kaufen?"

„Du liebst es doch, auf Elefanten zu reiten und in Booten zu fahren?", flüstert mir der scheue Junge zu, errötet aber sofort, weil er unaufgefordert gesprochen hat.

Ich kratze mich am Kopf und denke darüber nach. Ein Adler würde sicherlich nicht auf Elefanten reiten. Oder ist der richtige Moment zum Handeln noch nicht gekommen? Vater scheint auch zu warten. Verharrt Vater? Wartet er? Weicht er etwas aus?

„Dort hinten!", zeigt Dionysos auf eine heruntergekommene Dschunke, die vor rostigen Flugobjekten ankert.

Am Ziel angekommen, helfen uns die Ruderer umzusteigen. Palastdiener erwarten uns und stehen stumm Spalier.

„Hier gefällt es mir nicht. Zu langweilig! Was soll ich hier?", stapfe ich missmutig über die Planken.

„Eleuthereus!" Ein kräftiger Mann öffnet willkommen heißend seine Arme. Seine wettergegerbte Haut ist sehr dunkel und bartlos. Die weiße Tunika und sein darüber geworfener blauer Mantel heben sich stark ab. Es ist Hermes, die gegenwärtige Manifestation des *Blauen Gottes*.

Wie konnte ich ihn vergessen? Mit Anlauf springe ich auf ihn zu.

Er packt mich, wirbelt mich um die eigene Achse und stellt mich zurück auf meine nackten Füße. „Eleuthereus, warum besuchst du mich nicht mehr in deinen Träumen?", blickt mich der Hüter der Gedanken eindringlich an. Seine Augen sind dunkelblau, dennoch leuchten sie, als ob geheimnisvolle Sonnen darin leben würden. „Es liegt an dir, junger Prinz! Ich warte jede

Nacht in einem der Tempel im Reich der Götter, um dich alles zu lehren, was du für deine Reise brauchst."

„Vater meiner Seele, du wartest auf mich?", forsche ich kritisch in diesen Augen, die mich vollkommen durchschauen.

„Jede Nacht", wiederholt der Adept lächelnd.

Ich blicke ertappt zu Boden.

„Ergreife jede sich bietende Gelegenheit zum Wachstum!", flüstert mir Dionysos zu.

„Adlerzeug?", frage ich skeptisch.

„Adlerzeug!", grinst Dionysos und begrüßt Hermes. „Prinz, spiele zusammen mit meinem jungen Schüler, während ich mit Hermes und deinem Vater die nahe Zukunft erörtere!", schickt mich Dionysos mit dem Jungen von Bord der Dschunke.

„Edler Eleuthereus, hast du schon einmal dem Tanz der Kakadu beigewohnt?", fragt mich der Junge in strammer Haltung und Respekt.

Er hat sofort mein Interesse geweckt. „Nein!", gebe ich zu. „Das will ich aber sehen!"

„Dann folge mir!" Er streckt mir seine Hand hin und führt mich über die Planke auf den Rasen hinter dem Pier. Steinplatten führen zu Büschen und hohen Bäumen, in denen hunderte der weißen Papageien kreischen oder auf Ästen mit hocherhobenen Federkronen tanzen. „Lebst du gerne im Palast?", fragt mich der Junge und hat seine steife Art abgestreift.

Ich zucke mit meinen Schultern. „Ich glaube schon. Aber ich durchstreife fast jeden Tag neue Bezirke der Hauptstadt."

„Du? Aber du bist doch erst sieben!", mustert mich der freche Junge mit seinen versilberten Haaren.

„Ich wenigen Tagen nehme ich am vierten Gotteserwachen teil!"

„Lüg mich nicht an!", zischt er ungläubig Luft zwischen seinen Zähnen hindurch.

„He! Ein Prinz lügt niemals!", stemme ich meine Hände in meine Hüften.

„Aber du siehst aus wie sieben."

„Alle Tat-Tsok sind reifer an Geist und Körper. Wie heißt du?"

Der Junge verneigt sich vor mir und spricht wieder feierlich: „Ich habe noch keinen Namen erhalten. Dionysos ruft mich aber manchmal *Eros*. Ich denke, das wird mein Einweihungsname werden."

„Eros", wiederhole ich seinen Namen. „Klingt gut! Eros, ich will einen Kakadu fangen!" Blitzschnell drehe ich mich um und schnappe im Gebüsch hinter mir nach einem der Krächzer. Dieser hackt sofort nach meinen Fingern, stellt seinen gelben Kamm und beschimpft mich.

„Niemand lässt sich einfach so einfangen", lacht Eros. „Auch Papageien lieben ihre Freiheit!"

Ich versuche es trotzdem noch viele Male. Leider kriege ich keinen einzigen zu packen, auch nicht als Eros mir dabei hilft. Den ganzen Tag spiele ich entweder Verstecken mit Eros oder wir basteln aus Kisten Fallen für die Papageien, bis die Phase der Röte hereinbricht und die weißen Vögel sich lärmend im Geäst der höchsten Bäume versammeln. Plötzlich verstummen sie, als ein Schwarm schwarzer Etwas sich vom Nordosten her nähert.

„Was ist das?", frage ich Eros, der ebenfalls den ankommenden Schwarm beobachtet.

„Das sind Flughunde."

„Lassen die sich besser fangen?"

Immer mehr der schwarzen Wesen tauchen auf und fallen über die Bäume mit den letzten verschrumpelten Früchten des vergangenen Herbstes her. Ich schleiche mich näher und spähe nach oben. Hunderte von Augen blitzen mir, wie Silberspiegel, entgegen. Erschrocken schleiche ich zu Eros zurück. „Ich mag die Weißen lieber. Diese Schatten sind unheimlich! Was ist das?", lausche ich verharrend.

„Sie nähren sich!"

„Aber die schmatzen ja wahnsinnig laut!"

„Sie haben sich wahrscheinlich einen kleinen Jungen geholt!"

Ich glaube Eros kein Wort, schiebe aber trotzdem meine Hand in seine, dass er mich zurück zum Pier mit der Dschunke führt. Dionysos, Hermes und mein Vater diskutieren noch immer unter einem Baldachin sitzend über das Schicksal des Inselkontinents.

Hermes kommt als erster auf mich zu. „Eleuthereus, fürchte dich nicht. Was auch immer geschehen mag, denke stets daran, du hast Freunde!"

Verblüfft forsche ich in den Augen des Adepten. „Ich lasse mich nicht von Fledermäusen fressen!" Damit schüttle ich Eros Hand ab und laufe auf Vater zu, der gerade mit Dionysos zusammen aus dem Bug der Dschunke herüber kommt. „Vater, was hast du?"

„Kehren wir heim in den Palast."

„Vater, du bist weiß wie ein Kakadu! Wirklich!", versichere ich ihm. Vater ängstigt sich. So habe ich den Gottkönig noch nie gesehen. Der stolze Herrscher zittert. Als er es bemerkt, strafft er seine Haltung. Augenblicklich löscht seine Disziplin jede Emotion aus.

Vater pfeift durch die Finger und Palastdiener verneigen sich in der Ferne. „Schickt nach drei Pferden!“

„Vier!“, brülle ich dem davon eilenden Diener nach.

„Von mir aus. Also vier und ein Kindersattel!“

Als ich mitten in der Nacht in meinem Bett auf der Insel Maui erwache, wundere ich mich über meinen Traum. Ich war abermals in dieser fremden Dschungelwelt mit den aztekisch aussehenden Menschen. Hat mich Asterios‘ Geschichte seiner Jugend im Palast eines Prinzen derartig inspiriert, dass ich mir selbst ein Leben als Prinz herbeisehnte? Asterios war im Traum mein Vater. Er sah etwas anders aus, doch er war es unverkennbar. Ob der schöne Syrer in jenem früheren Leben wirklich mein Vater war? Ich habe auch von meiner ersten Begegnung mit Eros geträumt und das lange von der Begegnung, an die er sich später erinnern konnte.

Obwohl ich total müde bin, knipse ich die Nachttischlampe an. Diszipliniert notiere mir auf einem Zettel all die Namen und in ein paar Stichworten die Handlung des Traums. Noch immer habe ich nichts über irgendwelche Steine erfahren oder das Versteck einer Geheimwaffe. Diese Träume sind wichtig, wenn ich auch noch nicht verstehe warum. Iakchos muss einer dieser fünf dunklen Priester sein.

Ich notiere mir seinen Namen.

Klio ermutigte mich den Regenbogen zu reiten. Es gab in meinem Traum sechs Gottheiten: die Gelbe, die Grüne und die Blaue. Ob es auch noch eine violette, eine orange und eine rote Gottheit geben soll?

Ampelos‘ Schuldgefühle

Sonntag: 21. September

Brom hat uns abermals nicht um fünf Uhr in der Früh geweckt, wofür ich ihm unendlich dankbar bin, als ich um neun Uhr aufstehe. Asterios schläft noch und Ami steht unter der Dusche. In der Küche mache ich mir einen Kaffee aus der Maschine und fühle mich schwindelig. Der Kaffee hilft nicht. Ich muss mich hinsetzen, da sich alles leicht um mich dreht und mein Kopf unangenehm schmerzt.

Habe ich mich gestern im kalten Ozean erkältet? Meine Stirn fühlt sich nicht warm an, aber ich fühle mich trotzdem fiebrig. Mit einer Flasche Wasser und einem zweiten Kaffee schleppe ich mich wieder ins Bett. Der Weg dahin kommt mir plötzlich unendlich weit vor. Erst will ich mir alle Kissen im Nacken zusammenstopfen, um mir in bequemer Stellung das gestrige Erlebnis mit den Walen und den Haien, Asterios' Geheimnis und meinen Traum in mein geheimes Tagebuch zu notieren, doch mir fehlt plötzlich selbst dazu die Kraft. Ich schaffe es nur noch, die zweite Tasse Kaffee auszutrinken, da drifte ich auch schon wieder in einen unruhigen Schlaf.

Abermals strample ich im Ozean. Das Wasser ist tiefschwarz und eiskalt. Unter mir lauert der Tod. Ich kann ihn nicht sehen, doch das Wissen, dass er das ist, ist fast noch schlimmer, als ihn wirklich zu sehen. Ich schreie auf, als etwas nach meinem Bein schnappt.

Nach Atem ringend flüchte ich aus dem Traum zurück in die Gegenwart ins Haus auf den Klippen. Ich zittere am ganzen Leib.

Neben mir am Bett sitzt Ami und fasst nach meinen Händen. Ich lebe! Erleichtert atme ich aus und setze mich auf. Meine Kopfschmerzen rauben mir fast die Sicht und der hämmernde Schmerz in den Schläfen lässt mich zurück in die Kissen fallen.

„Illu, du hattest einen Fiebertraum." Ami legt mir einen feuchten Waschlappen auf die Stirn und wäscht mir danach mit einem Schwamm den verschwitzten Körper sauber. Mein Schweiß stinkt nach Angst, Panik und Vergangenheit. Die nasse Kühlung tut gut.

Ich gleite abermals in den Schlaf, doch diesmal in eine traumlose Leere. Als ich wieder erwache, hat die Dämmerung schon eingesetzt und Ami sitzt noch immer – oder schon wieder – an meinem Bett. Abermals kühlt er mir die Stirn mit feuchten Schwämmen, flößt mir Hühnerbrühe und Wasser ein und reinigt wieder meinen Körper.

Diesmal gelingt es mir, mich aufzusetzen. Meine Kopfschmerzen sind zu einem leisen Pochen abgeklungen.

„Das Fieber hat sich gesenkt", informiert mich Ami. „Ich habe dich stündlich mit den Schwämmen gewaschen und dir immer wieder etwas Wasser zu trinken gegeben. Illu, es wird dir bald besser gehen."

„Danke!", murmle ich und hebe meinen Oberkörper noch weiter an, dass Ami mir sofort Kissen in den Rücken und Nacken schiebt.

„Hast du die ganze Zeit an meinem Bett gewacht?"

Seine Reaktion darauf hätte ich nicht erwartet. Ami bricht zusammen und heult auf dem Boden neben meinem Bett kauernd. „Ich wollte das nicht!

Ich wollte das nicht! Ich wollte das nicht!", wiederholt er immer wieder. „Ich wollte dich nur erschrecken!

Eleuthereus, Illu, ich bin doch dein Freund! Bitte glaube mir das! Ich wollte niemals, dass du wirklich ins Wasser fällst!"

Brom taucht durch das Flennen angelockt in meinem Zimmer auf. Erst gafft er auf das Häufchen Elend am Boden, dann auf mich im Bett. „Ami, du wolltest Illu ermorden?", fragt der Hula-Tänzer ganz trocken.

„Nein! NEIN! NEIN!", wimmert Ami. „Niemals! Niemals, wirklich, NIEMALS! Es war ein Scherz. Kiss hat es mir ..." Ami verstummt augenblicklich und errötet. Hat er etwas verraten, was er niemals hätte aussprechen dürfen?

„Kiss hat dich dazu angestachelt?", wundert sich Brom. „Kiss, der total ausgerastet war und seither das Camp meidet? Unser stetig lächelnder Surflehrer? Dieser Kiss?"

Ami weicht Broms Blicken aus. Dann packt er mit seinen Händen nach meiner rechten Hand und sieht mich verweint an. „Doch du bist einfach gefallen, bevor ich dich packen konnte. Illu, es tut mir so leid!"

„*Du* hast mich gestoßen?", wundert mich sein Geständnis.

Amis neues Schluchzen lässt mich jeden aufkommenden Groll über seinen saublöden Versuch witzig zu sein, in dem er mich zu Haien in den Ozean schubst, vergessen. „Vergiss es!", lege ich diesem Schafskopf meine linke Hand auf den Kopf. „Ich habe es überlebt! Mache etwas Ähnliches nur nie wieder. Hast du mich verstanden? NIE WIEDER!"

„Ja, JA! JA!", sieht Ami zu mir hoch. „Verzeihst du mir?" Als er abermals losflennt, hilft ihm Brom hoch.

„Noch nicht heute! Ich hatte panische Angst. Ich wäre wegen deiner Idiotie beinahe bei lebendigem Leib zerfleischt worden."

„Es tut mir so leid!", sieht er mich mit seinen verweinten, braunen Augen an.

„Es ist passiert! Lebe damit und lerne daraus!" Damit klettere ich aus dem Bett. Sofort schwanke ich, dass mich Brom auffangen muss. Wie einen Schwerkranken schleift er mich auf die Terrasse hinaus und bettet mich auf einen der Liegestühle.

Ami eilt mir nach und reicht mir den gelben Tanga, den er in meinem Zimmer auf dem Boden gefunden hat. „Hier!", streckt er ihn mir hin.

„Den brauche ich jetzt nicht mehr! Behalte ihn als Andenken, dass du einem Freund fast den Todesstoß versetzt hast. Doch behalte den Tanga auch als Andenken, dass ich dir verzeihe und meine Freundschaft deswegen nicht kündige."

„ECHT?", wirbelt Ami in einer Freudenkapriole um die eigene Achse. „Wenn dem so ist, werde ich diesen Tanga fortan stolz und in Ehren nur noch an ganz besonderen Tagen tragen!" Er zieht seine Badehose aus und wechselt in den kanariengelben Tanga, den ich beim Sturz in den Ozean getragen hatte.

„Hast du Hunger?", fragt mich Brom.

„Mann, ich habe den ganzen Tag nichts richtiges gefuttert!", sehe ich zu ihm hoch. „Doch bis ins Haupthaus schaffe ich es noch nicht. Kannst du mir was holen?"

„Das mache ich!", drängt sich Ami vor und saust davon.

„Brom, kannst du mir bitte das schwarze Lederbuch und meine Stifte rausbringen?", sehe ich zu Brom.

„Logo, ich bringe dir auch noch Wasser und einen Kaffee."

Welche Rolle spielt Kiss? Beginne ich meinen Eintrag mit einer Frage. Ist Kiss nicht der, der er zu sein vorgibt? Klio warnte mich vor solchen Gestalten. Doch warum ist Kiss so ausgeflippt, als ich wieder an Bord war? War das Ärger, weil sein Mordversucht missglückt war? Ist doch nicht Bacchus der Übeltäter? Ich notiere Kiss in ein weiteres der leeren Felder meiner List und füge auch dahinter ein Fragezeichen.

Ein neuer Arbeitstag

Montag: 22. September

Ich erwache nach einem erholsamen Schlaf und fühle ich gesund und wohl, weshalb ich um halb acht Uhr nackt zum Anaktoron aufbreche, um dort auf der Terrasse zu frühstücken. Bis auf Os, der mich nach dem Weißen Hai und meinem gestrigen Fieber ausquetscht, ist sonst niemand hier.

Es verspricht heute ein sonniger Tag zu werden, das ideale Wetter zum Streichen. Auf meiner Liste stehen für die nächsten drei Tage Reparaturen an den Fassaden der Bungalows. Nach einem Umweg im Geräteschuppen, wo ich mir den coolen Werkzeuggürtel umbinde, meinen Karren mit allen Farbtöpfen und Pinseln, die ich finden kann, wie der Schleifmaschine mit allem Zubehör, Spachteln, Filzschreibern und einem Plan der Bungalowsiedlung belade, ziehe ich los.

Es gibt zehn Bungalows, die fünf Sonnenhütten auf dem Plateau und fünf im Regenwald, die Waldhütten. Nach einer Inspektion steht fest: mindestens die Hälfte braucht neue Anstriche oder zumindest Ausbesserungen.

„Illu", winkt mir Adriany vom oberen Stockwerk der Registration zu. „Kommst du mal kurz hoch!"

Mir ist gar nicht mehr bewusst, dass ich nackt arbeite, als ich Adrianys Fotoatelier im oberen Stockwerk betrete. Erst Adrianys abcheckende Blicke lassen mich meine Schulter heben: „Alter, ich bin Nudist!"

„Das hast du uns bereits im Anaktoron bewiesen", lacht der Latino mit einer Vorliebe für extrem kurze Hot Pants und seitlich geschlitzte Tank Tops. „Illu, ich bin auf dem Campus die erste und oft auch die letzte Ansprechperson der Studenten für alles, was sie brauchen. Wohl hänge ich jedes Jahr Listen der Ansprechpartner und ihre Funktionen ans Anschlagbrett, doch keiner liest, was darauf steht. Darum kam mir vorhin die Idee, statt einer Liste werde ich für jeden Camp Angestellten ein Poster mit Fotos gestalten."

„Coole Idee!", pflichte ich Adriany bei. „Fotos sind immer gut, dann hat man gleich das Gesicht zu einem Namen."

„Genau! Sicher brauche ich von jedem Camp Angestellten ein Porträt, doch ich denke, Fotos bei typischen Tätigkeiten bieten den größeren Anreiz, sich künftig direkt an die richtigen Ansprechpartner zu wenden."

„Willst du mich jetzt fotografieren?"

Als Adriany nickt, winke ich ab. „Bei der Arbeit, hast du gesagt. Schnappschüsse kommen da besser rüber. Was denkst du?"

„Wenn ich dir einfach auflauern darf?"

„Warum nicht?"

„Egal, was du gerade machst?"

„Solange ich bei der Arbeit bin!"

„Auch beim Scheibenputzen?", zwinkert mir Adriany zu.

„Hast du da etwa zugesehen?"

„Aber hallo!", spielt der Latino den Entsetzten.

„Gibt es Bilder davon?", ignoriere ich sein Getue.

„Ich konnte leider nichts Spannendes knipsen."

„Mir egal, was du damit machst, doch Os will bestimmt nicht erkannt werden. Du kannst mich immer fotografieren, solange du meinen oder den Freiraum anderer dadurch nicht verletzt."

„Verstanden!", reicht mir Adriany seine rechte Hand für High Five. „Keine Veröffentlichungen ohne vorherige Absprache!"

Mit einer Schutzbrille aufgesetzt und Arbeitshandschuhen beginne ich mit dem Abschaben des Mooses an der Rückwand von Waldhütte Sieben. Das Moos löst sich sehr einfach. Ich arbeite immer schneller, dass das grüne Zeug mir nur so um die Ohren fliegt. Dass der Lärm der Schleifmaschine Bacchus aus dem Schlaf reißt, ist mir ziemlich egal. Immerhin ist bereits zehn Uhr.

Murrend beugt sich Bacchus aus Waldhütte Neun und reibt sich den Schlaf aus den Augen. Er hebt nur kurz seine Hand zum Gruß und beginnt sich eine erste Haschisch Zigarette zu drehen. Paffend beobachtet er mich, wie ich eingestäubt in einer grünen Wolke aus Moosresten arbeite. Nach einer Stunde bin ich mit allen Brettern dieser Hütte fertig und falle über die Waldhütte Neun, in der Bacchus haust, her.

„Muss das sein?", brüllt er mich über den Lärm der Schleifmaschine hinweg an. Als ich nur nicke, flüchtet er aus seiner Bleibe und bindet sich dazu nur eines seiner roten Seidentücher als Schal um den Hals, während er es sich ein Stück den weißen Weg runter, in einer Hängematte zwischen zwei Palmen bequem macht und weitere Zigaretten pafft.

Die abblätternde rote Farbe von Haus Neun lässt mich, mit all dem Grün darunter, bald wie eine Erdbeerfeld aussehen, in dem erste Früchte gereift sind.

Es blitzt.

Im Blitzgewitter nähert sich Adriany mit seiner professionellen Canon Kamera, um mich in immer neuen Posen zu fotografieren, bis ich unterbreche und die Schleifmaschine abschalte. „Illu, du siehst mit all der Farbe und dem Schweiß verdammt geil aus! Diese Fotos werden galaktisch! Kannst du dich erotischer bewegen?"

Kopfschüttelnd starrte ich den Motor neu und beende das Abschleifen. Trotzdem kann ich es nicht lassen, mit ulkigen Tanzschritten und Goofyartigem Benehmen das Finale zu krönen.

„Bist du betrunken?", schüttelt Bacchus seinen Kopf, der jetzt nackt hinter mir steht und mich beobachtet.

Ich schalte die Schleifmaschine wieder aus und schiebe mir die Schutzbrille über die Stirn hoch. „Was?", frage ich.

„Das war der schrägste Pool Dance, den ich je gesehen habe", mustert mich der blondgefärbte Argentinier.

„Ich lebe seit ein paar Tagen mit einem Hula-Tänzer zusammen", winke ich ab. „Offensichtlich ist davon etwas auf mich abgefärbt." Als ich mich umsehe, ist Adriany verschwunden.

Nach nur zehn Minuten Mittagspause betaste ich die ausgebleichten Fassaden der beiden Fronthäuser auf dem Plateau und schleife abgeblätterte Stellen sauber, danach auch gleich noch die Treppe und das Geländer von Waldhütte Drei. Ohne danach zu duschen, schnappe ich mir dunkelrote Farbe und rolle damit die Rückwand von Hütte Sieben als Grundierung ab. Mit dem Roller geht es enorm schnell. Leider spritzt die Farbe arg, da ich sie etwas zu sehr verdünnt habe. Das fertige Werk sieht aus, als ob die Wand und die nahen Büsche bluten würden.

Für den zweiten Anstrich oder andere Malerarbeiten, ist es zu spät geworden. Die Farbtöpfe und Malerutensilien deponiere ich in einer der leerstehenden Hütten, schnalle mir den coolen Werkzeuggürtel um und will nur die Schleifmaschine zurück in den Schuppen schaffen.

„Warte!", ruft Adriany. Er ist mir nachgelaufen. „Komme mit!"

„Für heute ist Feierabend", winke ich ab.

„Ich MUSS dich so fotografieren! Mann, du siehst so verschwitzt mit all der Farbe und dem Dreck auf deinem Leib rattenscharf aus."

Schulterzuckend folge ich ihm ins Atelier im ersten Stock der Registration. „Was muss ich tun?

„Hole dir vor der grünen Leinwand einen runter", animiert mich Adriany.

Ich zeige ihm nur den Vogel und denke nicht daran. Mit meinem Werkzeuggürtel und der Schutzbrille auf, nehme ich unterschiedliche Posen ein. Adrianys Begeisterung wirkt ansteckend. Ich werde immer übermütiger. So knipst er mich als grün-rotes Waldmonster, als Wald- und Fruchtbarkeitsgott oder einfach als erregter Farbunfall.

Bacchus beobachtet uns in einen seiner roten Schleier gewickelt im Türrahmen stehend. Er sagt kein Wort oder macht sich auch sonst nicht bemerkbar. Mein Fotograf nimmt ihn nicht wahr.

„So!", rufe ich aus. „Genug für heute! Ich will jetzt endlich duschen und zum Essen ins Haupthaus!"

„Erfüllst du mir den Anfangswunsch noch?"

Ich tue nur für zwei Fotos als ob, schiebe mir danach die Brille über die Stirn hoch und kann erstmals Bacchus' Eifersucht in seinem Gesicht glühen sehen.

„Ups!", zucke ich mit der Schulter und verschwinde.

Bei unserem Haus neben dem Schuppen unten, gibt es einen Wasserschlauch.

„Alter, wie siehst du denn aus?", taucht Ami hinter mir auf. Offensichtlich hat er mich von der Terrasse aus beobachtet, wie ich über die Rampe zum Schuppen unter dem Haus gekommen bin. „Dude, soll ich dich sauber schruppen?“

Als ich nicke, sucht er sich eine Brüste und einen Schwamm im Schuppen, zieht sich seine Badehose aus, montiert den Schlauch an einer Vorrichtung, die ich bisher übersehen habe, und stellt sich hinter mich unter die provisorische Dusche, um mich zu waschen.

Als ich endlich wieder sauber bin, zieht sich Ampelos seine Badehose wieder an und wirft mir ein sauberes Badetuch zu, das er vorhin mit runtergebracht hatte. Wir sprachen während der Waschung kein einziges Wort zusammen.

„Weinst du?“, frage ich, als Amis Gesicht trotz vorherigem Abtrocken wieder nass ist. „Du ...“

„Ich wollte dir wirklich nie schaden! Illu, du bist mein Freund! Ich fühle mich schlecht, weil ich dir so viel Angst, dann noch Fieber und zudem Albträume verpasst habe.“

„Ja, das hast du!“, bestätige ich.

„Es tut mir so leid!“, wimmert Ampelos abermals.

Kumpelhaft lege ich ihm meinen Arm um die Schultern. „Mann, ich lebe ja noch! Ich werde daran wachsen. Jetzt müssen wir los, es ist bald halb acht und ich habe wirklich Hunger!“

„Brom ist vor ein paar Stunden losgefahren, um einen neuen Kandidaten vom Flughafen in Kahului abzuholen. Er wird nicht vor acht hier eintreffen. Wir haben noch etwas Zeit“, sieht mich Ami mit einem Blick an, den ich vorhin schon bei Adriany bemerkt habe: Lust auf Sex.

„Alter, lass uns im Anaktoron auf Brom und den Neuen warten. Auf Sex vor dem Essen habe ich gerade überhaupt keinen Bock, doch vielleicht zum Dessert“, zwinkere ich Ami zu und lasse ihn einfach stehen, ohne seine Reaktion auf meine Worte zu checken.

„Ich steh auf Desserts!“, ruft mir Ami nach.

Auf der Terrasse des Anaktoron herrscht eine ausgelassene Stimmung und alle lachen und reichen bunte Computerausdrucke herum. Ami eilt mir die Treppe hinauf voraus, um sich die Dinger, die eine solche Heiterkeit auslösen mit eigenen Augen anzusehen. Kaum eines davon geschnappt, keucht er luftholend und lacht genauso vergnügt, wie alle anderen.

Ich ahne, was Ami, Asterios und Os auf meine Kosten so vergnügt: Adrianys Fotos von mir als Handwerker.

Von Brom fehlt noch jede Spur. Offensichtlich ist der hawaiianische Hula-Tänzer noch immer unterwegs. Auch Kiss und Janus sind nicht hier.

Adriany steht auf und klopft einmal auf den Tisch. „Illu", strahlen seine Augen, „deine Bilder kommen voll gut an!"

„Was war mit einer vorherigen Absprechе und so?"

„Bruder", winkt Adriany ab, „schau sie dir erst an, bevor du auf mich einprügelst!"

Schon beim ersten Bild platzt es auch aus mir heraus. Mein Ärger ist augenblicklich verflogen. Das grün-rot gesprenkelte Monster mit der riesigen Schutzbrille vor dem Gesicht, den Werkzeuggürtel um die Hüften gebunden, sieht mir nur sehr entfernt ähnlich. Für jeden, der mich kennt, bin ich es zweifelslos, doch kein Fremder würde mich unter all der Farbe, dem Moos, dem Schweiß und all dem bunten Staub wiedererkennen. In London wurde ich oft fotografiert und da erkannte mich jeder; diese Fotos hingegen sind pure Kunst.

„Was hältst du davon?", fragt mich der Artist.

„Mann, du bist genial!"

„Dann darf ich das beste Bild zu deinem Profil als House-Keeper an die Informationswand dazu hängen?"

„Ey, voll logo! Nimm so viel du willst!"

Der rote Stier

„Jungs, räumt zusammen, wir essen!", taucht Janus auf der Terrasse auf. „Brom hat gerade aus Kahului angerufen, der Flug von Honolulu fällt nach einer mehrstündigen Verspätung aus. Der neue Kandidat wird erst morgen ankommen. Brom bleibt über Nacht in der Hauptstadt der Insel."

„Uff!", höre ich Ami aufatmen.

„Was uff?", boxe ich ihm in die Seite.

„Dude, morgen kein Hula! Schon vergessen? Brom ist eifrig dabei, ein stressiges Programm für seine Mega-Hula-Stunde vorzubereiten."

„Wirklich uff!", lache ich.

Da erspähe ich Henry, der nur mit einer Schürze um die Hüften und einer Kochmütze auf dem Haupt einen Wagen mit Leckereien durch den Wintergarten rollt. Als ich ihm damit durch die Tür auf die Terrasse helfe, muss ich grinsen. Unser Koch trägt keine Shorts unter seiner Kochschürze, sondern präsentiert seinen Knackarsch. Asterios und neuerdings auch ich, stacheln offensichtlich die anderen dazu an, die Kleiderordnung – falls es so etwas überhaupt je gab – vollkommen aufzulösen. Nur Os habe ich noch nie mit weniger als einem T-Shirt und Shorts gesehen. Anders, als wir anderen Flitzer, ist Os entweder prüde, verklemmt oder ein Feigling. Tony zähle ich irgendwie nicht zu unserer Truppe, obwohl er in seiner Schuluniform an einem Tisch am Rande sitzt und sich einige meiner Fotoausdrucke ansieht.

„Illu“, winkt mich Os zu sich. Er steuert mit einem vollen Teller gegrilltem Fisch zu einer Kokosnuss-Curry-Sauce, Reis und aufgeschnittenen Mangos einen kleinen Tisch abseits des zusammengeschobenen an. „Kann ich etwas mit dir besprechen?“

„Logo! Warte, ich setzt mich zu dir!“, brülle ich über die Terrasse und schaufle mir Pommes, ein halbes Grillhähnchen und von der Kokosnuss-Sauce auf meinen Teller.

„Adriany will jeden von uns in typischer Tätigkeit fotografieren“, kommt Os gleich zum Thema.

„Ist mir bewusst“, schiele ich zu den Fotos.

„Ich bin für die erste Hilfe als medizinischer Assistent, wie als Sportmasseur nach dem Surf-Unterricht tätig.“

„Ist mir bekannt“, nage ich am Hühnerbein.

„In jeder meiner Tätigkeiten brauche ich ein Gegenüber.“

„Ich soll deinen Patienten spielen, während Adriany dich fotografiert?“, schlussfolgere ich.

„So in etwa!“

„Cool, ja, mach ich! Wann?“

„Morgen in der Mittagspause?“

„Alter, ich streiche morgen die Bungalows neu. Ich denke eine Fotoserie von mir als Farbunfall reicht voll und ganz.“

„Übermorgen?“

„Dasselbe in anderen Farben!“

„Hmm! Ich frage kurz Adriany!“

Später beim Dessert macht Bacchus mit seinen Hängemattenbildern die Runde. Zugegeben, der nackte Argentinier mit seiner getrimmten Körperbehaarung und seinem schwarzen Busch sieht so in der Hängematte vor sich hindösend scharf aus. Seine feinen Hand- und Fußkettchen, zusammen mit den schwarz lackierten kurzen Nägeln, seinen bunten Ringen und seiner dicken Erektion sind echt der Hingucker. Ob ihn meine Kapriolen oder die

Tatsache, dass ihn Adriany heimlich fotografierte, erregt haben, bleibt Bacchus' Geheimnis. Dass es ihm gefällt, wenn er von anderen bewundert wird, zeigt seine wachsende Begeisterung über die Komplimente der anderen. Sein Ding ist wirklich echt dick, sehe ich neugierig hin. Neben Asterios und mir, wird hier im Anaktoron wohl auch Bacchus künftig immer freizügiger auftreten.

Wir sind schon ein komischer Haufen! Dass die ungezwungene Art mit dem eigenen Körper umzugehen, einfach mit zu Dionysos' Gaben gehört, wird täglich offensichtlicher. Dionysos wurde meist nackt abgebildet, einem Leopardenfell über der Schulter oder ähnlich losen Tüchern, die nichts von seinem Körper verbergen. Als Erfinder von ekstatischen Orgien und bacchischen Festen, brach Dionysos schon in der Antike jedes Muster und schlug total über die Stränge. Als Jüngling wurde er nicht nur athletisch und sehr gut aussehend abgebildet, sondern auch oft als androgynes Wesen mit langen Haaren und weiblichen Gesichtszügen – ganz im Sinne unseres Bacchus'.

Os wird immer verlegener, als er unentwegt auf Bacchus' neue Zurschaustellung gafft.

„Unser Bacchus hat ja voll was zu bieten!“, flüstere ich Os zu und bemerke, wie Os seine Beine übereinander schlägt. „Alter, bist du wirklich ein Hetero?“

„Habe ich das gesagt?“, sieht mich Os erstaunt an. „Ich bin nicht schwul, doch ein schöner Schwanz hat mich schon immer fasziniert!“

„Das musst du mir erklären!“

„Bisexuell“, verrät er mir. „Ich habe noch nie mit einem Mann das Bett geteilt, doch ich ...“

„Alles klar!“, winke ich ab, da ich seine Vorliebe schon zweimal selbst erleben durfte. „Du bist entweder ein Heimlicher, ein Verklemmter oder eine Klemmschwester! Wer so geschickt mit seinem Mund umgeht, der will mehr!“

Komischerweise errötet Os so stark, dass ich etwas verwirrt darüber meinen Kopf schüttle. „Adriany wird um zehn Uhr im Lazarett für Fotos auf uns warten“, lenkt Os von sich ab.

„Hier gibt es ein Lazarett?“, wundere ich mich.

„Es ist einer der Räume im Erdgeschoss des Registrationshauses. Dort werde ich während der Dauer des Camps meine Stellung beziehen, wenn ich nicht mit Kiss die Studenten zum Surfen begleite. Noch etwas“, sieht mir Os in die Augen und versucht einmal mehr zu ignorieren, dass ich ihm splitternackt am Tisch gegenüber sitze. „Kannst du dir nachher etwas anziehen?“

„Alter", protestiere ich, „ich habe mich hier allen als Nudist geoutet! Warum im Namen aller Götter, sollte ich mich anziehen?"

Kurz nach neun Uhr verlasse ich zusammen mit Asterios und Ami die Terrasse, um im Haus auf der Klippe auf den Liegestühlen herumlungernd mit den beiden übers Tagesgeschehen zu plaudern.

„Bacchus kommt aus sich raus!", tuschelt Ami und sieht Asterios und mich nach Kommentaren heischend an. Als wir beide nicht auf den Klatsch einsteigen, zuckt Ami mit seinen Schultern. „Ich sage ja nur! Der Typ mag ne schräge Tunte sein, doch seine männliche Seite ist ganz und gar nicht ohne! Habt ihr seinen Dicken auf den Hängematten Bilder gesehen? Mann-o-Mann, nicht schlecht der Argentinier!"

„Stehst du auf ihn?", sehe ich zum Blondgekräuselten.

„SICHER NICHT!", brüllt Ami ertappt.

„Ich spiele nachher für Os den Proband. Er braucht gute Bilder, die ihn als Mann der Ersten Hilfe in Aktion zeigen."

„Mich will der Kolumbianer morgen fotografieren", lächelt Ami.

„Adriany ist Kolumbianer?", frage ich.

Ami nickt und fährt fort: „Ich muss rausfinden, was die typische Aufgabe eines Camp Sekretärs ist. Mich vor dem Computer sitzend zu fotografieren, stelle ich mir nicht gerade aufregend vor."

„Interview jemanden", schlägt Asterios vor.

„Coole Idee!", hebe ich meinen Daumen zu Asterios' Vorschlag. „Ami, mach das! Ziehe aber einen deiner knappen G-Strings oder Tangas dazu an. Leute, wir sehen uns später. Ich muss los!"

In meinem Schlafzimmer krame ich im Schrank. Widerwillig wähle ich ein Hemd, eine Shorts und Turnschuhe, ziehe aber nichts davon an, als ich kurz danach übers Plateau unter den Palmen rüber zum Registrationshaus schlendere. Das Gras fühlt sich so weich und dicht an. Der Mond ist aufgegangen und sein silbernes Licht reflektiert sich auf den Wellen des Ozeans zu meiner linken. Meine Arbeit hier im Camp *Telesterion* gefällt mir, und meine bisherigen Kollegen und Kumpels sind alle – sehr ausgefallen – doch total nett. Selbst Bacchus entpuppt sich täglich mehr als easy Typ. Das ganze Gerede von Kandidaten und Endausscheidung entpuppt sich als nichts weiter als ein Spiel, denn bis auf Amis saublöden Streich, mich zu den Haien ins Wasser zu schupsen, ist sonst nichts passiert, was auf einen tödlichen Konkurrenzkamp hinausläuft. Hier gibt es keine dunklen Priester und auch kein Versteck, das ich finden muss, um sechs Dionysos-Kandidaten mit einer Geheimwaffe auszustatten.

Hinter mir auf dem ersten flacheren Hügel kann ich durch die Palmen hindurch die Lichter des Anaktoron sehen und ein Stück vor mir eine einzelne Laterne über dem Eingang des Registrationshauses. Drinnen ist es bis auf ein schwaches Licht am Ende des Flurs dunkel. Die Tür dort ist nur angelehnt. Ich spähe hinein und sehe Os in einem weißen Kittel an einem Pult sitzen. Der bullige Quarterback trägt weiße Turnschuhe, eine weiße Shorts und unter dem offenen Arztkittel ein rotes T-Shirt mit weißem Kreuz darauf – was eigentlich die Schweizer Flagge darstellt, doch in Amerika für Ambulanz und erste Hilfe steht.

Adriany, mit seiner Canon in der Hand, kniet vor Os und fotografiert den Medizinstudent. „Grade rechtzeitig!", steht Adriany auf und winkt mich hinein. „Nackt?", wechselt er Blicke mit Os, doch der schüttelt sofort sehr energisch seinen Kopf.

„Ich ziehe mich ja schon an", murre ich und schlüpfe in meine Shorts und mein Hemd.

Os entspannt seine Haltung.

„Womit fangen wir an?", sieht sich Adriany im Lazarett um. „Os, kannst du Illu sein Knie einbinden?"

„Ja klar! Setze dich hierher!" Os sucht Verbandszeug.

„Nicht weiß!", schüttelt Adriany seinen Kopf, „nimm die rote Binde, da kommt der Kontrast besser rüber!"

Das Ganze langweilt mich total. Von mir wird nur mein Knie zu sehen sein, das mir von Os professionell eingebunden wird.

„Ok, Leute, das war ganz nett, ist aber kein Renner!", teilt der Fotograf meine Meinung.

„Was stellst du dir vor?", zuckt Os mit seiner Bullenschulter.

„Etwas mehr Action und Erotik, dafür definitiv weniger Realität!", fuchtelt Adriany mit seinen Händen.

„Aber", wirft Os ein, „die Fotos sollen den Studenten meine Tätigkeit zeigen. Sie sollen Vertrauen in mich schöpfen, um mit ihren Wehwehchen zu mir zu kommen. Ich bin ein seriöser Typ."

„Ja, ja, schon klar!", winkt Adriany ab. „Leute, hierher kommen schräge Nerds, verkappte Abenteurer und Möchtegern-Surfer, doch was haben diese Jungs alle gemeinsam?" Als Os und ich schweigen, beantwortet der Fotograf seine Frage selbst: „Sie sind alle schwul oder wollen es für die Dauer des Camps ausleben."

„Ja, ja, schon verstanden!“, nickt Os.

„Dann doch nackt?“, zwinkere ich dem Fotografen zu.

„Nein, doch etwas mehr nackte Haut wäre trotzdem gut!“

Der Bulle schluckt leer.

„Os, stell dich nicht so an!“, winkt der Fotograf ab. „Auch die verklemmtesten Studenten laufen spätestens nach dem dritten Tag in dieser feuchten Hitze nur noch mit Shorts oder Badehosen rum. Surfer tragen nun mal nichts anderes als Bade-Shorts.“

Ich schlüpfe aus dem Hemd und streife mir die Turnschuhe ab.

„Ne, ne!“, winkt Adriany ab. „Genau umgekehrt! Illu, behalte das offene Hemd und die Turnschuhe an, verzichte aber auf die Shorts. Ich fotografiere dich so, dass man erkennt, dass du keine Hose trägst, bringe aber deinen Pimmel nicht mit ins Bild. Das ist erotisch und weckt die Neugier. Os“, zwinkert Adriany dem Erste Hilfe Mann zu, „die Studenten werden sich wegen jeder kleinsten Schürfung von dir behandeln lassen wollen, wenn sie die Fotos sehen. Glaub mir! Also, zurück auf Anfang. Os, verbinde nochmals Illus Knie und stelle dabei seinen Fuß auf dein Knie hoch. Du, Proband“, fokussiert der Fotograf mich, „lehnst dich entspannt zurück und stützt dich mit deinen Händen hinter dir ab. Bereit?“

Os‘ Gesicht verfärbt sich rot, doch er versucht mir konzentriert den Verband so gekonnt wie schon zuvor anzulegen, ohne mir dabei ständig auf den Pimmel zu starren.

Adriany umrundet uns knipsend. „Super! Ok, weiter! Os, was sind die häufigsten Verletzungen hier?“

„Verstauchungen, Insektenstiche, Sonnenbrand und Schürfungen; zudem Kopfschmerzen, Magenverstimmung oder ...“

„Nur äußerliche Verletzungen! Keiner will Fotos vom kotzenden Illu sehen!“

Da ich heftig nicke, stimmt Os zu. „Was dann? Soll ich ihm seinen Fuß auch noch einbinden oder seine Schulter?“

„Seinen Oberschenkel!“, löst Adriany bereits die Kniebinde. „Du stellst dich vor Os“, kommandierte er mich, „und du setzt dich auf einen Stuhl!“, schiebt der Fotograf Os einen zu.

So beziehen wir wieder Stellung und das Knipsen geht weiter.

Os’ Hände fühlen sich so weit oben vertraut an. Das bleibt nicht ohne Folgen. Doch da Adriany versprach, meinen Penis nicht ins Bild zu bringen, ignoriere ich den neuen Zustand einfach und genieße das Verarztet werden durch diese Heilerhände.

„Na also! Geht doch!“, scheint Adriany wirklich zufrieden mit den neuen Bildern zu sein. „Neue Einstellung! Os, diesmal will ich dich als Masseur bei Sportverletzungen inszenieren. Os?“, sieht er ihn mit fragenden Blicken an.

„Wadenkrämpfe? Rückenschmerzen oder Muskelkater?“, zählt der Medizinstudent und Sportmasseur auf.

„Beginnen wir mit einer Wadenmassage und mache danach einfach weiter!“ Mir gibt Adriany mit rollenden Augen zu verstehen, ich solle mich wieder ausziehen, um mich danach bäuchlings auf den Tisch legen. „Drapieren wir dieses Handtuch so über seinem Arsch, dass trotzdem genügend davon zu sehen bleibt. Os, kannst du dir diesen schrecklichen Kittel ausziehen und gleich auch noch dein T-Shirt?“

„Dann wechsle ich in meine roten Shorts mit dem weißen Kreuz darauf, damit ich als Samariter erkennbar bleibe.“ Os betritt einen angrenzenden Raum und verschließt hinter sich die Tür, während er sich darin umzieht. Als er wieder rauskommt, gaffe ich Os fasziniert an. Der so konservativ wirkende Quarterback aus Atlanta hat wirklich tolle Muskeln, eine hellbraune getrimmte Brustbehaarung und das Tattoo eines schnaubenden Stieres über seiner linken Brustwarze. Von seinem Bauchnabel abwärts verläuft eine kurzgetrimmte Haarstraße in seine roten Shorts. Os muss sich in der Kammer auch seinen Oberkörper eingeölt haben, denn sein Torso glänz jetzt im Neonlicht.

„Alter“ rufe ich aus, „du siehst abgefahren scharf auf! Zum Glück liege ich auf dem Bauch!“, provoziere ich Os noch mehr.

Der Bulle stellt sich hinter meine Füße und zieht mich daran näher an sich heran, dass meine Knie gerade noch auf dem Rand der Pritsche aufliegen und meine Waden und Füße hinten hochstehen. Der Masseur fasst nach meiner rechten Wade, um sie kräftig zu kneten. Seine Hände fühlen sich gleichzeitig sanft und stark an, während meine Füße sein Gesicht rahmen. Os’ direkter Hautkontakt erregt mich so sehr, dass ich schnaube. Wie schon bei der Fensterreinigung, nehme ich abermals Flammen um Os wahr.

„Erwacht da gerade der wahre Os zum Leben?“, provoziert jetzt Adriany den Masseur, der voll bei der Sache ist.

„Knie dich auf die Pritsche!“, befielt mir Os. Jetzt schnaubt er.

Ich tue es.

„Doggy Stellung!“, klatscht er mir mit der flachen Hand auf meinen Arsch und massiert danach sofort die Stelle. Os‘ Hände widmen sich jetzt innen und außen meinen Oberschenkeln. Seine Finger sind zielstrebig.

„Genauso!“, triumphiert Adriany. Er schüttet mir Öl über meinen Hintern, dass sich die Bächlein in meiner Kimme verlaufen.

Os weiß sehr genau, wie er zupacken muss.

„Kommst du gleich?“, will Adriany von mir wissen.

„Bei diesem Wunderheiler?“, keuche ich. „Jeden Moment!“

„Stopp!“, unterbricht der Fotograf. „Neue Stellung! Illu fokussiere Os. Du Os ...“

Kaum setze ich mich vor Os auf meine Fersen, tut Os etwas, das ich bereits kenne, ihm aber niemals vor einer Kamera zugetraut hätte.

„Os?“, staunt Adriany und vergisst dabei zu knipsen.

Os wird so gierig, dass er nicht bemerkt, dass ihm Adriany von hinten seine Shorts runterzieht. Unser bisher so konservativer Quarterback steigt ganz aus seiner Hose und spielt sofort mit seinen Händen an sich selbst rum. Sein Ding wird augenblicklich steinhart und wird mindestens doppelt so lang und dick. Os ist ein wahrer Bulle! Er wird immer geiler, bis er brennt. Er keucht laut, blickt zu mir hoch, fletscht seine Zähne und fokussiert Adrianys Kamera. Blind vor Lust kocht sein Blut im Sexrausch.

Mir ist bewusst, dass dies auf den Fotos nicht sichtbar sein wird, doch der ganze Raum glüht plötzlich feuerrot. Von Os gehen Wellen purer Lust aus, die Adriany überfluten. Der Fotograf legt seine Kamera zur Seite, taumelt in die rote Ekstase, um in ihr zu ertrinken. Er reißt sich seine Hot Pants runter und liefert sich Os aus. Os' große braune Augen blitzen gierig, dann toll; alles bisher Harmlose oder Kuhartige ist vollkommen daraus verschwunden. Os ist ganz und gar zum Stier, dem Apis mit der Macht eines Zeus‘, geworden. Während er sich Adriany schnappt, glaube ich das Scharren von Hufen auf dem Boden zu hören.

Ohne meine Sachen einzusammeln, flüchte ich.

Erst draußen unter den Sternen kann ich den letzten Rest von Os' Magie abschütteln, die mich trotz ihrer ungebändigten Macht nur berühren, aber nicht überrollen konnte. Der Quarterback trägt nicht umsonst als Warnung ein Tattoo eines schnaubenden Bullen auf seiner Brust. In Os tobt eine von Dionysos‘ archaischsten Kräften. Augenblicklich ist mir klar, warum sich Os so zugeknöpft gibt. Er weiß, was passieren kann, sollte er die Kontrolle verlieren. Kaum ist sein Bullenschwanz befreit, entfesselt sich seine Macht. Kein Wunder verpasste ihm Janus den mythologischen Beinamen Lysios. Lysios steht für den *Entfessler*, den *Mauereinstürzer* und *Sorgenbrecher*. Os‘ Lust rast wie ein wilder Bulle los, um alles niederzutrampeln, zu besteigen, zu befruchten oder aufzuspießen. Os verliert nicht nur seine Hemmungen, er lässt alle

Mauern einstürzen und jeden Gedanken an Sorgen zerbrechen; der Wahnsinn ungezügelter Lust bekommt durch ihn ein Gesicht.

Ich habe Asterios' Macht beim Ritual und später bei seiner Geschichte gespürt; ebenso die Macht von Brom, als er Hula tanzte und dabei sang. Brom und Asterios haben ihre Gabe kanalisiert und gezähmt – wie auch ich. In Bacchus lauert ein schwarzer Panther; seine Macht schleicht sich an, während die von Os' alles im blinden Rausch niederwalzt. Dachte ich vorher auf dem Spaziergang hierher noch, alles wäre nur ein Spiel, belehrte mich Os gerade eines anderen. Der Bulle ist sehr gefährlich!

Lange liege ich in meinem Bett und lausche den Wellen, die gegen die Felsen donnern, als ob sie die Klippe zertrümmern und das Land zermalmen möchten. Ohne dass ich es erst bemerke, gleite ich in einen Zustand zwischen Wachsein und Traum.

Ich stehe auf und verlasse mein Bett, während mein Körper liegen bleibt. Kurz blicke ich zurück, empfinde aber nichts Ungewöhnliches dabei, als körperloser Geist – oder als Seele – das Haus auf der Klippe zu verlassen. Mit einem einzigen Gedanken projiziere ich mich ins geheime Tal. Dort erklimme ich die verwitterten Stufen den Berg hoch, um zum Regenbogenportal zu kommen. Abermals bemerke ich, dass nicht alle Farben gleich intensiv flimmern. Heute leuchtet das Rot auf. Es flammt mir regelrecht entgegen, weshalb ich diese Farbe berühre, bis sie mich überschwemmt und mit sich in die andere Welt reißt.

„Wo findet das Ritual statt?", frage ich Os, der, wie schon bei meiner ersten Begegnung in dieser Welt, wieder Aztekisch aussieht und nur einen Lendenschurz und Grünzeug auf seinem Kopf trägt. Er dürfte abermals im Alter sein, wie damals als wir zusammen in den Tempel einbrachen und er gekniffen hatte.

„Im Kreis der Ahnen!", antwortet er mir.

„Wo ist das?"

„Tief unter dem Anwesen unserer Sippschaft."

Meine Neugier ist geweckt. Endlich darf ich hinabsteigen, um den Stierkopf zu tragen. Os weiß natürlich nicht, dass mir mein Vater Geschichten und Legenden über den Ursprung dieses Rituals erzählt hatte, als ich noch als Prinz in der Hauptstadt lebte. Mir ist deshalb bekannt, dass ich, um zum wiedergeborenen Licht zu werden, erst die Phasen des kosmogonischen Zyklus bewusst erfahren muss. Ich muss dazu in die Erde hinabsteigen, um dort aus dem Urschlamm neu erschaffen zu werden. Ich muss Teil der Erde werden, um zu erkennen, dass mein physischer Leib nicht mein wahres Wesen ist, sondern nur das Gefäß meines Geistes. Mein physischer Körper ist Teil der Großen Mutter und kehrt beim Tod zur Großen Mutter zurück. Doch ich selbst bin nur Gast dieses Körpers. Ich wurde aus der Großen Mutter geboren; ich lebe von der Großen Mutter und beim Tod kehrt mein Leib wieder zur Großen Mutter zurück. Mein wahres Wesen aber tritt aus dem Lehmkörper hinaus, um in die nächste Welt weiter zu ziehen.

„Wo befindet sich der Eingang?" Dabei sehe ich Os in seine braunen Augen. Mein bulliger Wahlbruder stieg im letzten Gotteserwachen in die Unterwelt. Er hatte die Prüfung nicht bestanden.

„Ich führe dich hin", zeigt Os hinter das Männerhaus.

Schweigend folge ich ihm. Zwischen zwei uralten Drachenbäumen entdecke ich eine Falltür im Wurzelgewirr.

„Eleuthereus", spricht mich Os seltsam ernst geworden an, „bist du bereit?"

„Ja, Lysios!", benutze auch ich seinen vollen Namen, statt der üblichen Abkürzung. Endlich darf ich meine Samenkräfte offenbaren; endlich den Männern verkünden: ich bin einer von euch! Seht mich an – ich bin hier, um die Natur zu bezwingen, sie zu befruchten und den Kreislauf des Lebens durch meine Lenden zu manifestieren. Ich werde meine Kindheit abstreifen, um in die Verantwortung eines Mannes eingeweiht zu werden. Laut sage ich: „Ich bin hier, um meine Erdgebundenheit zu transformieren!"

„Was?", gafft mich Os mit seinen großen Augen an. Da ich abwinke, fährt Os in seiner Rolle als mein Begleiter zum Tor in die Unterwelt fort: „Eleuthereus, ich erkläre dir den Ablauf des Rituals. Ab jetzt musst du handeln; und das ganz alleine, im Schoss der Großen Mutter. Es ist wichtig, dass du ab jetzt nicht mehr sprichst. Sollten Fragen in dir auflodern, verbrenne sie zusammen mit all deinen Zweifeln im Licht deiner neuen Erkenntnisse."

Da ich Os wegen seiner schlauen Worte seltsam überrascht anschaue, schluckt er leer, versucht sich aber nichts anmerken zu lassen. Ernst fährt Os fort: „Eleuthereus, fühle das Brennen und lasse dich von ihnen verzehren. Nur die Antworten, die du selbst erfährst, brennen sich in deinen Geist ein und erlösen dein wahres Selbst aus seinem Kinderschlaf."

Wie klug Os sprechen kann? Da entdecke ich seinen geschickt in seiner Hand versteckten Spickzettel.

„Der Zyklus deiner Kindheit endet heute! Bist du bereit?"

Ich weiß, ich darf nicht mehr sprechen, so nicke ich nur. Mit dem Wissen, was mich erwartet, pocht mein Herz vor Aufregung.

Meine Kindheit endete schon lange; damals, als ich aus einem meiner Verstecke im Palast Iakchos' Befehl zu meiner Tötung belauschte. Mein Vater war nur wenige Tage davor plötzlich verstorben. Heute bin ich überzeugt, dass Iakchos auch ihn hatte ermorden lassen oder es gar selbst getan hat. Ich hätte am gleichen Tag den Sonnenthron besteigen sollen, um als Manifestation des Sonnengottes über das Reich zu herrschen. Doch Iakchos sah in mir nur ein verzogenes Kind. Er lechzte selbst nach der Macht. Er wollte selbst zum neuen Tat-Tsok ausgerufen werden, statt als Regent hinter meinem Thron zu stehen. So floh ich in Panik zu Dionysos in den Tempel des Grünen Gottes der Hauptstadt. Der Hohepriester des Grünen Gottes fingierte nur Tage danach meinen Tod. Er verhalf mir zur Flucht in den Norden, wo ich mich seither in dieser Sippschaft verstecke. Iakchos usurpiert seither den Thron meiner Ahnen und tyrannisiert das Reich.

„Eleuthereus“, stupst mich Os in die Seite, „hörst du mir zu?“

Ich nicke und verdränge meine Erinnerungen.

„Wo war ich?“, kratzt sich Os am Kopf. „Ah ja: Erwache aus deinem Kinderschlaf und überschreite die Schwelle ins Mannsein.“

Os öffnet die schwere Falltür in den Abgrund.

Muffig öffnet sich der schmale Pfad in die Unterwelt. Viele Stufen führen hinab ins Reich der Einweihung tief im Schoss der Großen Mutter. Für mein Wahlbruder ist das alles nur ein Spiel, das erkenne ich am Schalk in seinen Augen. Dennoch, die raue Kante der ersten Schwelle hinab in die Finsternis fühlt sich sehr real an. Das Unbekannte gähnt mir dunkel und muffig entgegen.

„Als Kind steigst du hinab“, zitiert Os weiter. „Als Mann wirst du zurückkehren!“, verkündet er feierlich, was auf seinem Papyrusfetzen steht. Hat mein Wahlbruder überhaupt eine Ahnung, was das alles zu bedeuten hat? Ich bezweifle es. Os nahm seine Einweihung damals nicht ernst und er tut es auch heute nicht.

„Bist du bereit?“, höre ich ihn zeremoniell die Frage ein drittes und letztes Mal stellen.

Ich nicke abermals und überschreite vor ihm die Schwelle ins Dunkel, was Os aus dem Konzept bringt.

„Ähm ...“, haspelt er. „Wenn du bereit bist, musst du dich entkleiden und mir dann folgen!“, stammelt er und eilt mir über die Stufen in die Dunkelheit nach.

Ich bin schon lange nackt. Mein Lendenschurz liegt irgendwo an der Böschung eines Bewässerungskanals, in dem ich mich vor dem Ritual feierlich badete. Feuchte Kühle schlägt mir aus der Erde entgegen. Die Tritte in den Fels sind von vielen Füßen über viele Gotteserwachen hinweg abgenutzt worden.

Os keucht nervös hinter mir.

Stufe um Stufe steigen wir zusammen ins Ungewisse. Begegne ich heute den Dämonen meines Schicksals? Auch, wenn ich das Erbe meiner Vorväter gerne sofort abstoßen würde, um ein unbekümmertes Leben fern ab der Macht hier im Norden zu führen, bin ich mir doch auch bewusst, dass dies nicht möglich sein wird. Irgendwann wird mich jemand erkennen. Irgendwann werde ich den Usurpator von meinem Thron stoßen müssen, um entweder als Grüner oder als Gelber Gottkönig das Reich zu führen.

Mir fröstelt.

Wie wird sich mein Stier manifestieren? Welches Ungeheuer wird mir im Schoss der Großen Mutter auflauern? Welche Macht muss ich mir aneignen? Wie weit würde das Ritual gehen? Egal, was mir in der Einweihung begegnen wird, ich darf dem Stier keine Gewalt über mich einräumen. Ich muss dem Stier seinen Kopf abschlagen. Ich muss mir das Haupt der Bestie aufsetzen. Ich muss meine animalischen Triebe überwinden.

Wird es mir gelingen, seine Macht umzuwandeln? Ich muss im Blut des Ungeheuers baden, um mir seine Kraft und Potenz anzueignen. Doch wie töte ich ein Ungeheuer, das im Abgrund meiner Seele haust? Ich will nicht töten! Dennoch muss ich. Setze ich mir den Kopf des Monsters auf, während es noch lebt, wird es mich entweder langsam von innen heraus auffressen oder mich sofort dominieren.

Die unzähligen Stufen enden in einem runden Raum, der schwach von sieben Fackeln beleuchtet wird. Das rußige Licht wirft lange Schatten an die Höhlenwand, die wie Fabelwesen und unbekannte Dämonen um mich herum tanzen. Sieben Gestalten hocken unter den tanzenden Feuern. Es sind die sieben Wächter der Pforte in die Geheimnisse der ersten Einweihung.

„Wer wird dein Opfer bezeugen?“, fragt eine alte Stimme.

„Ich und Bromios!“, antwortet Os für mich.

„Wo ist Bromios?“, fordert eine ärgerliche Stimme zu wissen.

„Ich hole ihn!“, wirbelt Os herum und eilt davon.

Ich darf nicht lachen.

„Eleuthereus, du stehst hier am stillsten Ort der Erde. Hier bezeugen weder Mond noch Sonne, was vor Anbeginn der Schöpfung aus dem Chaos entstanden ist. In einer Höhle wie dieser bezwangen damals die sechs Götter die dunkle Seite der Großen Mutter. Knie dich nieder und berühre mit deiner Stirn den Boden, auf dass dich die Berührung daran erinnert, dass dein Körper eins mit der Erde, eins mit dem Stein, eins mit den Mineralien, eins mit dem Planeten ist. Dein Leib gehört der Großen Mutter. Dein Geist aber muss sich davon befreien."

Ich knie mich nieder und der grobbehauene Fels drückt in meine Kniescheiben.

„Selbst hier singt der Wind der sieben Sphären. Deine physischen Ohren können ihn nicht hören, nur dein Herz und dein erwachter Geist vermag das. Lausche und verharre, bis die Zeugen eintreffen."

Lange knie ich auf dem Boden.

Meine Stirn hat sich längst von der Kühle des Fels abgekühlt.

Was tue ich hier? Kein Lichtgeborener beugt sein Knie vor der Finsternis. Kurzentschlossen setze ich mich aufrecht hin und schließe meine Augen. Die Sieben beobachten mich. Keiner von ihnen sagt ein Wort – tadelt oder lobt meine Entscheidung. Lange bleibt die Welt um mich herum stumm. Einzig das Knistern der Fackeln ist zu hören. Meine physischen Ohren können den Wind der sieben Sphären nicht hören; nur mein Herz und mein erwachter Geist vermag das. Erwache ich zum Mann, wenn ich den Wind der sieben Sphären hören kann?

„Du bist nicht gut genug!", spricht jetzt, statt dem Wind, einer der Sieben.

„Du bist ein Feigling und ein Drückeberger!", verspottet mich der nächste.

„Nichtsnutziger Weichling! Eitler Pfau! Du bist träge geworden unter der Last deiner Eitelkeiten. Du bist unfähig, deine Flügel zu öffnen, um dich in den Himmel zu schwingen!", dröhnt eine unheimliche weitere Stimme.

Ich sehe mich um. Reihum verhöhnen mich die Sieben. Ich darf nicht auf ihre Stimmen hören! Nur das Flüstern des ewigen Windes der sieben Sphären zählt. Nur dieser Wind ist echt. Nur er ist real. Alles andere ist bloß Echo und Illusion.

„Blinder Narr! Du bist taub, wie der Stein auf dem du hockst."

Die Sieben haben recht: ich bin ein Drückeberger und ein Feigling. Statt Iakchos herauszufordern und den Thron zu besteigen, verstecke ich mich bei Bauern und spiele Kind.

„Kriechender Wicht, schere dich fort!"

„Junge, du bist unwürdig! Du bist ein Kind, das von Müttern gestillt werden sollte, statt dem Pfad der Männer zu folgen. Geh! Erheb dich und eile zu deinen Spielsachen zurück!“

Ich bleibe sitzen.

„Du willst die uralte Große Mutter führen?“

„Dein schrumpeliger Penis soll den Göttersamen hervorbringen?“

Mit dieser letzten Verspottung erheben sich die Sieben und verlassen die Höhle, um mich alleine zurück zu lassen.

„Deine Zeugen werden uns berichten. Zum Mannsein gehört mehr als ein steifer Penis und dein Samen.“

Es wird still.

Du bist nicht gut genug! Ich höre den Spott noch immer. Ich fühle, wie der Zweifel sich immer tiefer und tiefer in mich hineinfrisst. Er darf sich nicht festsetzen. Er darf nicht zur Erinnerung werden. Er darf sich nicht als falsche Wahrheit in und durch mich manifestieren. Ist dies der Stier, den ich bekämpfen und köpfen muss? Aber wie? Seine Hörner durchdringen bereits meinen Schild und meinen Schutz. Wut kriecht in mir hoch. Eine Wut, wie ich sie bisher erst einmal auf Iakchos verspürte habe. Mein Hass blendet mich, bis ich mir eine der Fackeln greife und damit auf den Fels einschlage, wo gerade noch die sieben Männer saßen.

„Keiner verspottet den Kronprinz! Keiner verspottet Eleuthereus, den Befreier!“ Immer neue Flammen blinden Hasses und ungezügelter Wut lodern in mir auf. Erst, als auch die letzte der Fackeln von meinen Händen zerbrochen und von meinem Atem gelöscht worden ist, finde ich Ruhe in der Finsternis.

Ich hocke mich wieder hin.

Die Zeit erlischt, wie zuvor die letzte der Fackeln.

Endlich höre ich den Wind.

Er flüstert mir zu: *Beherrsche dich! Werde zu dem, was der Wind nicht verwehen kann!*

Ich versenke mich in das Rauschen dieses fernen Windes. Je länger ich dem Wind lausche, desto deutlicher manifestiert sich meine Rage als roter Stier, der mich auslacht. Rot wallen sein Zorn und seine ungezügelte Lust über mich hinweg. Erst stemme ich mich dagegen. Ich kämpfe gegen das Rot. Ich erschaffe Schutzschilde und Rammböcke. Ich schlage mit Schwertern auf den Bullen ein. Doch je erbitterter ich gegen ihn kämpfe, desto mächtiger wird der rote Stier.

„Ich will nicht!“, schreie ich so laut ich kann ins verzehrende Feuer meines sich wehrenden Kindes. Es strampelt, jammert und tobt. Es spuckt auf alles, was sich ihm entgegenstellt. Es sieht nur sich selbst und seine eigenen egoistischen Bedürfnisse. Ich muss das Feuer löschen und das Kind läutern. Ich muss diesem Stier den Kopf abschlagen. Nur sein Opferblut wäscht die Illusionen fort. Ich bin kein Kind mehr! Die Welt dreht sich nicht mehr länger um mich und meine selbstsüchtigen Wünsche.

Doch alles hilft nichts. Die Dunkelheit und das flammende Rot ziehen immer engere Kreise um mich, bis sie sich so sehr verdichten, dass ich sie real fassen kann.

Sei, was der Wind nicht verwehen kann!

Abermals brülle ich meinen Namen: *Eleuthereus, Befreier, Illu!* Ich benutze den Klang meines Namens wie ein Lichtschwert, um damit den roten Stier zu erschlagen, seinen Kopf vom Leib zu trennen, damit ich ihn mir aufzusetzen kann. Mit hocherhobenem Schwert stürze ich mich auf den roten Stier, der schnaubend sein Haupt senkt, um mich aufzuspießen.

Plötzlich halte ich inne. Ich öffne meine Arme und werfe das Schwert von mir. Ich breite meine Arme aus und lasse das Licht in meinem Herzen sich endlich befreien und entfalten.

Der Stier schnaubt jetzt noch lauter. Er scharrt mit seinen Hufen auf dem Fels in der ewigen Finsternis. Ich fühle seine Macht, seine Gluthitze, seinen Zorn und seine Lust. Doch ich wehre mich nicht mehr dagegen. Ich lasse seine Macht einfach durch mich hindurchfließen, ohne danach zu greifen oder sie mir anzueignen.

Kaum erwacht das Seelen-Licht in meinem Herzen, erkenne ich unbeleuchtete Möglichkeiten. Ich muss nicht töten. Das Rot ist kein Blut mehr, sondern erwachte Energie, ist Sexualität und Lebenskraft; wild und machtvoll. Das Rot ist nur eine von vielen Möglichkeiten, die mir jederzeit zur Verfügung steht. Ich muss nicht zum Rot werden. Das Rot ist nur eine Reflektion. Das Rot ist nur ein Teil des Spektrums der Farben. Rot ist weder positiv noch negativ, es ist einfach eine der vielen Energieformen des Gottes hinter allen Göttern; diesem Licht, das sich im Prisma unterschiedlich manifestiert.

Ich bin dieses Ur-Licht. Ich bin, was der Wind nicht verwehen kann. Ich bin der Ur-Ton und nicht eines seiner Echos. Ich bin ein unsterbliches Wesen in einem sterblichen Körper. Ich bin Seele, unsterblich und frei!

„Warum ist es hier so dunkel?“ Ich drehe mich der Stimme zu. Os stolpert über die Stufen zurück in die Höhle hinunter.

„Warum hat Illu all die Lichter gelöscht?“, fragt Brom.

Der Zauber ist gebrochen. Ich warte, bis meine beiden lärmenden Wahlbrüder ihren Weg bis zu mir hinunter gefunden haben.

„Illu, warum hast du die Fackeln gelöscht?“, brummelt Brom. „Alter, ich kann meine eigene Hand vor dem Gesicht nicht sehen!“

„Ich bin hier unten!“, gebe ich mich zu erkennen.

„Müssen wir da ganz runter?“, ruft mir Os von weit entfernt zu.

„Mann, echt, wie sollen wir in dieser ewigen Nacht bezeugen, dass du ein Mann geworden bist. Wir müssen doch sehen, wie der Gott sich durch dich manifestieren kann“, mault Brom.

„Leute, ich habe den Stier geköpft. Ich bin selbst zum Ur-Licht geworden. Ich habe dem Wind gelauscht. Das Ritual ist vollzogen!“

„Was?“, grunzt Os. „Von was sprichst du?“

Die Sage der Großen Mutter

Dienstag: 23. September

Habe ich mich heute Nacht im Traum der Macht gestellt, die Os nicht bändigen kann? Nachdem ich alles, woran ich mich noch erinnern kann, in mein geheimes Tagebuch notiert habe, verspüre ich keine Lust auf eine Begegnung mit Os. Darum lasse ich das Frühstück sausen und lasse mir nur einen Kaffee in unserer Küche aus der Maschine.

Um acht Uhr begebe ich mich direkt zu den Bungalows, um dort mit dem zweiten Anstrich der Rückwand von Hütte Sieben zu beginnen. Mir ist bewusst, dass ich mich im hintersten Winkel des Camps verstecke, um über vieles nachzudenken. Es ist kein Zufall, dass ich mit anderen, die Ähnliches – auf ganz andere Weise – erfahren haben wie ich, hier auf dieser Insel gelandet bin, um zum Finale anzutreten. Auch Brom, genauso wie Asterios, Lysios oder Bacchus sind vom Schicksal hierher beordert worden, um das zu werden, was in uns allen schlummert: *Dionysos*. Kein Wunder, haben wir alle einen Tick weg, was Nacktheit angeht und andere Verrücktheiten; kein Wunder, spielen wir alle mit Masken und Rollen; kein Wunder, sind wir alle schwul, denn auch Dionysos liebte das eigene, wie das andere Geschlecht. Nur einer von uns wird sich vollkommen in das entwickeln, was hinter der Dionysos-Macht steht oder dem, was sich als Dionysos-Bewusstsein erfassen lässt. Ich hoffe, Asterios behält Recht und einer von uns muss wirklich *nur* den Thorn besteigen. Wir anderen können froh sein, wenn wir dieses Camp überleben; oder wenigstens lernen, unsere Gabe zu beherrschen. Os würde gut daran tun, das ernsthaft in Erwägung zu ziehen. Janus warnte uns, dass jeder seine individuellen Prüfungen zu bestehen habe. Ich klammere mich an diesen Hoffnungsschimmer; die Alternative wäre der Tod.

Ob auch meine Kumpels in ihren Träumen Tests bestehen müssen? Reisen auch sie durch den Regenbogen in frühere Lebenssituationen, um sich an bereits gemeisterte Prüfungen zu erinnern oder sie abermals zu bestehen? In meinen eigenen Rückerinnerungen musste ich mich zwischen dem Weg des Sonnengottes und dem des Dionysos entscheiden. Wahrscheinlich entschied ich mich damals für Dionysos, während ein anderes Schicksal für mich bestimmt war. Habe ich damals versagt? Muss ich mir deshalb all diese Erinnerungen nochmals ansehen? Ich weiß es nicht – noch nicht! Parallelen zu meinem jetzigen Leben gibt es durchaus, auch in London musste ich zwischen dem *Weg des Apollons* und dem *Weg des Dionysos*' wählen. In London entschied ich mich für Dionysos. Dass meine Wahl akzeptiert wurde, beweist meine Präsenz im Camp der Endausscheidung.

Ich mache mich wieder an die Arbeit. Bevor Bacchus erwacht, bessere ich die gestern abgeschliffenen Stellen seiner Regenwaldhütte aus und bemale sie alle in unterschiedlichen Gelb- oder Blautönen, um Bacchus eigener dunkler Kraft entgegenzuwirken. Der ausgeflippte Argentinier macht mir keine Angst, denn seine wilde raubtierhafte Natur ist ganz nach meinem Geschmack, wenn mir seine Diva-Seite auch oft zu aufgesetzt vorkommt.

Kurz vor Mittag fühle ich mich wieder so weit ausgeglichen, dass ich selbst Os begegnen könnte. Ich dusche mich hinter einer der Hütten an einem Gartenschlauch ab und spaziere nackt übers Plateau zum Anaktoron. Heiß brennt die Sonne und der allgegenwärtige Wind fegt durch die Palmwedel.

Brom ist noch immer nicht vom Flughafen in Kahului zurückgekehrt; Bacchus schläft noch immer; und Os ist zum Glück nicht hier. Toni sitzt unter der Terrasse auf einem der Lavablöcke und liest in einem Buch; ich beachte ihn gar nicht. Da entdecke ich Ami und Asterios und winke ihnen zu. Die beiden sitzen zusammen an einem kleinen Tisch bei der Brüstung mit Blick durch die Palmen auf den Ozean. Seit dem Tag der Wal-Beobachtung und meinem Reinfall in den Ozean, ist Kiss nicht mehr im Camp aufgetaucht. Ist das verdächtig? Ich spreche Ami gleich darauf an:

„Hat dich Kiss wirklich dazu angestiftet, mich in den Ozean zu schubsen?“ Mein schafsköpfiger Freund wird augenblicklich tiefrot im Gesicht und beginnt zu zittern. Als er seinen Mund öffnen will, entweicht kein Ton. „Alter?“, schüttle ich ihn an der Schulter, als er mich eine Weile wie ein Fisch angafft und seinen Mund nicht mehr zukriegt.

„Hypnose“, schlussfolgert Asterios. Er schnippt mit seinen Fingern, doch Ami bleibt in seinem Fisch-Zustand.

„BAH!“, ruft er plötzlich laut und beginnt schallend zu lachen. „Hypnotisiert?“, sieht Ami Asterios an. „Dude, hast du sie nicht mehr alle? Kiss erzählte von Streichen, als ich im Heck des Schiffs neben ihm stand. Ich kenne den Surfer Champion von vergangenen Jahren, da war er ebenfalls hier Surflehrer. Er ist echt gut drauf und hat oft Späße im Kopf. Leute!“, sieht Ami von Asterios zu mir, „Kiss ist kein hypnotisierender Psychopath, der andere zu Mordtaten anstachelt.“ Abermals lacht Ami so laut und etwas zu schrill, dass ich mit Asterios Blicke tausche. „Schaut mich nicht so an!“, wischt er sich seine Tränen der Erheiterung aus dem Gesicht. „Ich hörte, dass Kiss bei Hilo in *Hana* wohnt. Eine seiner zahlreichen Freundinnen soll dort sein. Echt, Leute“, sieht Ami von mir zu Asterios, „unser Kiss ist ein Schürzenjäger. Der legt jede flach, die er kriegen kann. Wir Jungs sind ihm etwas zu überdreht und bestimmt auch zu schwul! Das ist alles!“

Asterios versetzt mir unter dem Tisch einen Tritt zum Zeichen der stillen Übereinkunft, das Thema *Kiss* vor Ami fallen zu lassen.

„Eleuthereus!“, steuert mich Janus an, den ich bisher übersehen habe. Wie bei unserer ersten Begegnung trägt er nur eine schwarze Shorts, eine schwarze reichbestickte Weste und dazu diese absolut unpassenden schwarzen Kniesocken ohne Schuhe. „Auf ein Wort!“

Gleichzeitig höre ich einen dörren Ast knacken. Als ich über die Brüstung aufs Plateau runtersehe, sitzen wir genau dort, wo ich zuvor Tony auf dem Lavafelsen hab sitzen sehen. Hat er uns belauscht? Tony ist harmlos! Ich spaziere zum Buffet, schaufle mir rasch vom thailändischen Fleischeintopf auf meinen Teller und suche den Tisch auf, den Janus – weit weg von Ami und Asterios – für uns beide ausgesucht hat.

„Dionysos ist dir in London in verschiedener Gestalt begegnet, um dich vor allem eines zu lehren: *Reiß dir die Masken vom Gesicht, zerfetze deine Hüllen und zerschmettere deine Hemmungen!* Junge, ich sehe, das lebst du selbstbewusst aus.“

Ich grinse, entgegne aber nichts darauf.

„Scham und Angst verhüllen das wahre Wesen und verleugnen, wer und was wir wirklich sein könnten. Beides sperrt die Liebe aus. Nur ein befreites Herz vermag der Liebe ungehindert Einlass zu gewähren. Verleugne nie, was du bist. Eleuthereus, es wird Zeit, für den nächsten Schritt. Bist du bereit?“

Das fragte mich Traum-Os auch ständig. Ich nicke stumm.

„Du hast Os' Macht gestern Nacht widerstanden. Du hast sie einfach absorbiert und umgewandelt, ohne ihr zu verfallen", lobt mich der Mann, dessen Alter ich beim besten Willen nicht einschätzen kann.

„Was ist mein nächster Schritt?"

Janus sieht mir mit seinem wechselnden Gesicht stumm in die Augen.

So beantworte ich die Frage selbst: „Ich muss zu dem werden, was der Wind nicht verwehen kann! Bin ich deshalb im Camp-*Telesterion*? Ist das hier wirklich der Ort der Einweihung? Oder ist es doch eine Todesarena?"

„Dionysos, als ein Wiedergeborener, kennt die Pfade zwischen den Dimensionen. Leben-Tod-Leben wurde von seinen Anhängern als orgiastische Feste gefeiert. Im Exzess und Rausch einer oft maßlos gesteigerten Lust am Lebendigsein verdrängten sie den Tod mit seinen Schrecken. Genau diese Gabe brauchst du, um durch die Zeit zu Reisen und das Geheimnis zu lüften."

„Geheimnis? Hat das etwas mit der Großen Mutter zu tun?", nutze ich die Gelegenheit, endlich etwas Klarheit zu meinem Albtraum zu bekommen.

„Die Sage der Großen Mutter beginnt mit einem uralten Volk, das sich selbst die *Hyperboräer* nannte. Jahrhunderte lebten die Bewohner friedlich über die halbe Erde verteilt. Als das Volk von Jägern und Sammlern zu Siedlern wurde, veränderte sich ihr Charakter. Aus herumziehenden Sippschaften formten sich sesshafte Städter. Fest an einem Ort verwurzelt unterlagen die Bewohner neuen Herausforderungen. Sie konnten mit ihren Steinhäusern und bald auch Palästen nicht einfach den Ort wechseln, wenn Überschwemmungen oder Dürreperioden das Land geißelten. Waren die alten Götter einst ihre Brüder und Verbündeten, manifestierten sich die neuen Götter als Tyrannen, Schutzgötter oder mächtige Verwalter. Von Regen- und Sonnengötter hing die Ernte ab. Vater- und Mutterfiguren gebaren Kriegsgötter, Städte- und Landgottheiten, die alle besänftigt oder um Gunst angefleht werden mussten. So entstanden die ersten Priester. Unter dem Banner roter und schwarzer Götter unterwarfen die damaligen Könige, die sich selbst *Varkas* nannten, nach und nach Länder und Kontinente. Die Magie wirkte damals noch nicht so subtil wie heute. Heute beeinflussen Werbung und die Politik die Massen, hypnotisieren und konditionieren sie; doch damals waren es schwarze Zauberkräfte, die man als die *Zurajir* kannte. Blutopfer, Bannsprüche und schreckliche Mysterien mit den Toten versetzten die Bewohner des einst friedliebenden Volkes in Angst und Schrecken. Gnade gab es keine, nur noch den Zorn dieses oder jenes Priesters. Kriegsgefangen wurden ausnahmslos grausam geopfert. Zu jener Zeit erhob sich das Matriarchat. Die

Sonnen- und Weisheitsgötter wurden des Landes verbannt und mächtige Magie- und Erdgöttinnen übernahmen die Herrschaft. Tief unter schwarzen Pyramiden wurden Kräfte kanalisiert und in diese Dimension gezogen. Bald schlug ein Herz der Finsternis. Nur das Blut unzähliger Menschenopfer hielt diese Gottheit in dieser Dimension am Leben."

„Atlantis?", frage ich.

„Atlantis nennt man die letzte Periode dieser uralten Zivilisation", erklärt Janus. „Sechs Gottheiten taten sich zusammen, um das Übel, dass immer mächtiger wurde und als die Große Mutter verehrt wurde, zu bannen."

„War Dionysos einer von ihnen?", will ich sofort wissen.

„Er war eine der Dionysos-Kraft ähnliche Gottheit. Damals wurde er einfach der *Grüne Gott* genannt. Er war ein Fruchtbarkeitsgott, ein Lehrer und Hüter der Landwirtschaft; aber auch ein Führer der Seelen durch die Welten der Schöpfung."

„Wer waren die Sechs?"

„Der *Gelbe Gott* war ein Sonnengott und der *Blaue Gott* ein Weisheitsgott. Doch es war kein Kampf des Männlichen gegen das Weibliche, denn die drei übrigen Gottheiten waren Göttinnen. Die *Orange Göttin* des Schicksals und der Hoffnung; die *Violette Göttin* der Ahnungen und der Inspiration; und die *Rote Göttin*, die als die gütige Mutter und die Macht der Gefühle und der Instinkte verehrt wurde. Diese sechs Gottheiten verzichteten auf ihre Göttermächte und kristallisierten diese in sechs Steine, die sie in einem Ring vereinten."

„Davon habe ich noch nie gehört!", gebe ich zu.

„Dieser Ring wurde als die *Die Krone der Schöpfung* bekannt. Einem jungen Bauernsohn gelang es mit dieser Krone der Schöpfung die dunkle Pyramide zu versiegeln und damit die Macht der *Zurajir* und der Großen Mutter zu bannen. Aus dem Geschlecht dieses Jungen wurden die *Tat-Tsok*, Gottkönige unter deren Schutz das Land sich langsam von der Knechtschaft der *Zurajir* befreite."

„Wurden die *Zurajir* von den *Tat-Tsok* ausgelöscht?"

„Das Böse findet immer einen Weg zu überleben. Fünf *Zurajir* taten sich vor undenklichen Zeiten zusammen und begannen abermals heimlich ihre dunkle Magie zu bündeln. Als die Gottkönige parallel dazu immer schwächer wurden und nur noch dem Namen nach Götter waren, entbrannte am Hofe der Tat-Tsok-Familie ein Brüderzwist. Einer der Brüder wollte die Gefahr nicht sehen, in der das Reich sich befand, doch der jüngere Bruder forderte ihn heraus, die Krone der Schöpfung zu aktivieren, um die fünf *Zu-*

rajir damit zu vernichten."

„Gelang es ihm?", werde ich neugierig.

Janus zuckt mit seinen Schultern. „Der Rest dieser Mythologie bleibt ein Geheimnis."

„Und die Große Mutter? Was geschah mit ihr?"

„Es gibt Überlieferungen der *Musen*, die davon sprechen, dass die Krone der Schöpfung zerbrochen und die Steine vergessen wurden. Doch nichts bleibt ewig verschollen. Die Musen vermuten, dass die *Zurajir* ihre Macht im Verborgenen wieder aufbauen."

„Warum werde ich hier Befreier genannt? Warum Eleuthereus?"

„Die Musen vermuten ebenfalls, dass die fünf Zurajir sich wieder verkörpert haben. Noch sind sie schwach und ihre dunkle Macht ist noch nicht in ihnen erwacht. Sie suchen nach den sechs Steinen der einstigen Krone der Schöpfung, um damit ein weiteres Mal die Erde mit ihrer schwarzen Magie zu überfluten. Falls du der bist, den ich in dir vermute, wird es deine Aufgabe sein, diese sechs Steine vor den Zurajir zu finden und wieder zu vereinen."

„Ich bin der Befreier einer mythologischen Macht? Mann, das ist jetzt aber echt krass!"

„So prophezeien es die Musen. Hat dir Klio noch keine Andeutungen diesbezüglich gemacht?"

„Woher soll ich wissen, wo diese sechs Götter-Steine sich befinden? Hallo, ich bin nur ein zwanzigjähriger Nudist."

„Ist das so, mein Lieber?", schnappt sich Janus eine gekochte Karotte von meinem Teller. „Lüfte das Geheimnis. Jetzt iß Henrys herrliche Götterspeisen, bevor alles kalt wird!" Janus erhebt sich und lässt mich alleine am Tisch zurück.

Ami und Asterios winken mir zu, ich solle mich doch wieder zu ihnen gesellen, was ich sofort tue.

„Dude", boxt mir Ami in die Seite, „hast du das Erdbeben gestern Nacht auch gespürt?"

„Welches Erdbeben?"

„Es war etwa zur gleichen Zeit wie dein Fotoshooting", schüttelt Ami ungläubig, dass ich nichts davon mitbekommen haben soll, seinen blonden Schopf. „Echt, Mann, die ganze Insel hat gebebt."

„Echt?"

„Eleuthereus, das hast du wirklich nicht gespürt?", wundert sich auch Asterios. „Für eine Weile erglühte das Magma, tief in diesem ruhenden Vulkan.

Ich bin durch die Hitzewellen erwacht!"

„Ah, das!", spiele ich den Wissenden. „Ja, das war ganz schön heftig! War das wirklich ein Erdbeben?"

„Glaubst du, der Haleakala bricht wieder aus?", forscht Ami in meinen Augen.

„Eleuthereus, was ist los mit dir?" Asterios langt nach meiner linken Hand. „Freund, ist dir nicht gut? Du bist schneeweiß geworden."

Bin ich der Befreier des verstopften Vulkans? Wurden diese sechs Götter-Steine einst auf Maui versteckt? Muss der Vulkan diese sechs Steine erst wieder herauswürgen? Laut sage ich: „Ach nichts! Ich habe nicht gut geschlafen", lüge ich und hoffe, das Thema damit abgehandelt zu haben. „Jungs, ich bin in zwei Stunden mit dem ersten Anstrich fertig und will heute früher Feierabend machen. Leute, wollen wir um drei Uhr zum geheimen Tal, um dort zu baden?"

„Ey, Dude, voll logo!", blitzen Amis braune Augen auf. „Ich kenne den Weg!"

Just im Moment als meine Mittagspause endet, regnet es kurz sehr heftig. Ich bin froh, nackt zu sein. Der Platzregen dauert keine Viertelstunde, dann brennt schon wieder die Sonne aus einem wolkenlos blauen Himmel, über den sich ein eindrücklicher Regenbogen zieht. Ami erwähnte schon, dass dies der Normalzustand auf den Hawaii-Inseln sei. Normal oder nicht, die Regenbogen danach sind galaktisch!

Verschmelzung

Die Fassaden von Sonnenhaus Zwei und Vier bemale ich so bunt, wie mir mit all den Farben möglich ist. Jedes Brett soll anderes aussehen. Ich will hier meine Freude und meine Lebenslust ausdrücken. Um halb drei Uhr bin ich tatsächlich mit dem ersten Anstrich aller Hütten durch. Ich wasche die Pinsel und Rollen sauber, versorge die Farbtöpfe wieder im leerstehenden Haus Zwei und eile übers Plateau zum Haus auf den Klippen. Ami in einer hellblau-gelben Badehose und Asterios in weißen Leinenklamotten warten dort bereits auf mich.

„Du brauchst nichts mitzunehmen, außer vielleicht Turnschuhe oder Flip-Flops, denn an gewissen Stellen müssen wir über Felsen klettern. Wasser und Proviant habe ich hier", zeigt Ami auf einen vollgepackten Rucksack, den er sich sofort schultert.

Da weder Ami noch Asterios hier jemals Schuhe tragen und auch Brom beim ersten Aufstieg zum geheimen Tal barfuß unterwegs war, bleibe ich, wie ich bin: splitternackt. Ich setze mir nur meine Sonnenbrille auf und schmiere mich mit Kokosnussöl ein, um auf der Wanderung keinen Sonnenbrand einzufangen.

Wir überqueren das Plateau, passieren den Bambushain mit dem Elefantengras, dahinter den Versammlungsort unter dem Banyanbaum, wo mir Asterios in jener Nacht aus seiner Vergangenheit erzählt hatte, und steuern einen kaum sichtbaren Pfad in den Regenwald dahinter an. Erst nach etwa zehn Minuten Fußmarsch, steigt das Gelände an und wir stehen nach einem Felsvorsprung am Fuße von einem der Wasserfälle. Ami führt uns um ein Becken herum und dahinter über einen weiteren Trampelpfad steil den Hügel hoch in die nächste Schlucht dahinter. Doch statt diese zu durchqueren steigen wir weiter an, bis wir zu einer Anhöhe kommen, die von unten nicht sichtbar war. Hier führt ein weiterer Pfad über Hängebrücken über weitere schmale Täler und an weiteren Wasserfällen vorbei. Erst beim fünften steigen wir eine verwitterte Treppe tiefer ins Tal hinunter und erreichen die schmale Passage. Ich erkenne den flachen Stein, auf dem ich damals all mein Gepäck aufgeschichtet hatte, sofort wieder, denn auch diesen Stein zeichnete ich mit meinem roten Samsonite.

„Wir sind fast da!“, zeigt Ami zum Wasserfall auf der anderen Seite der glitschigen Passage, wo sich dahinter der Höhleneingang zur versteckten Grotte befindet.

Die Steine hier sind vom Dauernieselregen des Wasserfalls glitschig, doch nackt finde ich gut Halt. Auf allen Vieren überwinde ich das Hindernis mit Leichtigkeit. Auf der anderen Seite der bestimmt dreißig Meter langen Kletterpartie, schlüpfe ich hinter Asterios, dessen Leinenzeug nass an seinem Leib klebt, hinter dem Wasserfall hindurch, hinein ins geheime Tal.

Kaum am Ziel zieht sich Asterios aus und breitete seine Klamotten über Steinen zum Trocken aus. Vielleicht glaubt er in diesem Tal einen weiteren heiligen, mystischen oder geweihten Ort betreten zu haben. Vielleicht will er auch nur einfach hüllenlos die Freiheit genießen. Kaum nackt, grinst mich der große Syrer an, läuft voraus und hechtet mit einem Kopfsprung ins Wasserbecken. Ami folgt ihm sofort nach, behält seine Badehose aber an. Ich checke meine Armbanduhr: wir brauchten keine halbe Stunde hierher. Amis Abkürzung wird leicht wieder zu finden sein, warum ich sicher bin, oft hierher zurück zu kommen. Über eine Stunde baden, tauchen und albern wir drei im Wasser herum, sonnen uns zwischendurch auf flachen Steinen in der Sonne, nur um uns schon nach Minuten wieder gegenseitig anzuspritzen.

„Trauben!", ruft plötzlich Ami. „Leute, hier oben wachsen Trauben!", wiederholt er und zeigt auf dem Rücken liegend ins dichte Grün über uns.

„Nicht!", halte ich den blonden Schafskopf zurück. „Erinnere dich an die Geschichte, die du mir am ersten Tag über deinen Namensgeber *Ampelos* erzählt hast!"

„Dude", winkt Ami ab, „das ist eine mythologische Geschichte zu einer mythologischen Figur. Du bist weder der echte Dionysos, noch bin ich ein Satyrn. Mein echter Name ist nicht Ampelos, sondern ..."

„Psst!", zischt Asterios und hält sich seinen rechten Zeigefinger auf seine geschlossenen Lippen.

„Ja, ja, ich verrate ihn ja nicht!", murrt Ami.

„Aber du bist einer meiner besten Freunde hier!", halte ich den Kletterer zurück, als er meine Warnung in den Wind schlägt und über die Felsen zu den Traubendolden hoch klettern will.

„Wirklich?", strahlen mich Amis braune Augen an. „Trotzdem, dass ich dich ins Wasser zu den Haien gestoßen habe?"

Ich nicke. „Vergessen und vergeben!"

Unsere Einweihungsnamen haben eine tiefere Bedeutung, das haben mir sowohl Bromios, wie Asterios und auch Lysios bewiesen. Auch wenn Ami kein offizieller Dionysos-Kandidat ist, sein Schicksal ist dennoch eng mit unserem verknüpft – meine Träume sind da deutlich.

„Fang mich doch!", entwischt mir Ami und verschwindet bald im dichteren Grün, das weiter oben die Felswand als Lianen, Efeu und gewaltige Blätter überwuchert. „Jungs", brüllt Ami nach einer Weile, „hier gibt es mehrere dieser wilden Weinstöcke. Ich schmeiße euch die Trauben ins Wasser! Ihr müsst nur nach ihnen tauchen!" Schon landet eine erste Dolde platschend im Wasser und Asterios taucht danach.

Immer mehr Traubendolden fallen aus dem Grün.

„Alter, es reicht! Die essen wir doch nie alle auf!"

„Okey Dokey! Ich komme runter!", brüllt Ami aus dem Grünzeug. Ich kann ihn nicht sehen, nur gelegentlich bewegen sich Blätter. „Leute!", brülle er. „Hier oben gibt es eine Höhle!"

Ein Schrei!

Mein Herz steht für einen Moment still. Erfüllt sich Ampelos' Schicksal erneut? Stürzt mein Freund in den Tod, wie einst *der echte* Ampelos, als er für Dionysos die ersten Trauben holte?

Am Hang, etwa zwanzig Meter über dem Becken, bewegen sich die Blätter plötzlich viel zu rasch, dann sehe ich Ami. Seine Hände packen nach dem Grün; eine, zwei, drei Hände. Er klammert sich an die Liane. „Nichts passiert!", entwarnt er. „Ich kann mich halten!"

Ein Blitzen im Grün. Ein Messer. Jemand macht sich an der Liane über Ami zu schaffen.

Noch bevor ich ihn warnen kann, reißt die Liane.

Ami stürzt.

Verzweifelt klammert er sich an einer weiteren Luftwurzel, doch sie kann ihn nicht halten und reißt. Ami fällt mit dem Grünzeug zusammen in den Pool. Das Wasser spritzt hoch auf, als der blonde Krauskopf unweit von Asterios eintaucht.

„Hab ihn!", entwarnt Asterios und umarmt den Abgestürzten von hinten, um mit ihm zusammen ans Ufer zu schwimmen.

Als ich nach oben ins Grüne starre, kann ich niemanden erkennen.

Ami ist benommen, doch es scheint ihm nichts zu fehlen. „Leute, habt ihr das gesehen?", gafft er nach oben, wo die Stelle seines Abrutschens gut erkennbar geworden ist, da dort das dichte Grün lichte Stellen aufweist.

„Gesehen und gehört!", schneide ich eine Grimasse. „War jemand bei dir?"

„Nein!", schüttelt Ami seinen Kopf. „Da oben gibt es einen zugewachsenen Höhleneingang. Jemand muss kürzlich dort oben gewesen sein, denn das Dickicht ist mit einem Buschmesser weggeschnitten worden."

Wir ziehen ihn aus dem Wasser. Ami verzieht nur einmal schmerzerfüllt sein Gesicht, als sein rechter Fuß einen Stein berührt. Auf einem aufgeheizten Lavablock bleibt er rücklings liegen. Vorsichtig checke ich seinen Körper auf Verletzungen ab. Unser Freund hat sich nur Schürfungen an seinen Armen und Beinen zugezogen, die leicht bluten. Ich wasche sie vorsichtig aus.

Asterios leert Amis Rucksack und packt die eingesammelten Trauben hinein. Wir trinken die Wasserflaschen leer und verstauen sie, wie auch alles andere aus dem Rucksack, in einer Nische der Höhle, um es beim nächsten Besuch hierher wieder einzusammeln.

Nach einem Sonnenbad auf den heißen Steinen steht Ami erstmals vom Fels auf, um sich nochmals im Wasser abzukühlen, sackt aber sofort mit einem Aufschrei zusammen. „Jungs", verkündet er, nachdem er erst heftig fluchte, „ich habe mir den Knöchel verstaucht oder den Fuß gebrochen. Ich kann ihn nicht belasten!"

„Und das hier oben?", schnaube ich.

„Ja, ja!“, seufzt Ami. „Sprich es nur aus. Los, sag es!“

„Was?“

„Das genau das eingetroffen ist, wovor du mich gewarnt hast!“

„Ampelos“, untersucht Asterios seinen Fuß, „der ist wirklich gebrochen. Schaffst du es über den glitschigen Grad zurück auf den Pfad, danach durch den Regenwald und weiter bis ins Camp?“

„Auf einem Bein humpelnd?“, bezweifelt Ami.

„Ich nehme den Rucksack mit der Beute. Diese so hart verdienten Trauben lassen wir nicht zurück. Ami, du musst Asterios und mir deine Arme um die Schultern legen, so schaffen wir es.“

Unter Schmerzen humpelt Ami schwer auf mich gestützt aus dem geheimen Tal, während Asterios sich für den Rückweg ankleidet. Bevor wir Ami über den schmalen Zugang bugsieren, checke ich vorab die Lage und deponiere schon mal den Rucksack drüben.

„Es gibt einzelne Stellen, die zwei Füße nebeneinander fassen müssten, doch es wird extrem gefährlich. Immer nur einen Schritt aufs Mal“, instruiere ich meine beiden so ungleichen Freunde. „Bevor wir nicht alle wieder einen guten Stand haben, bewegt sich keiner weiter vorwärts! Leute“, sehe ich beide ernst an, bevor wir die halsbrecherische Kletteraktion über den nassen Abhang in Angriff nehmen. „Verankert eure Hände und Füße im Fels! Wir haben Zeit! Nur ganz langsam!“ Verzweifelt sehe ich zur Sonne, die schon sehr bald in den Ozean plumpsen wird. Ist es erst dunkel ... Den Gedanken verdrängend, lege ich Ami meinen linken Arm um seine Hüfte. Zwischen uns beiden Riesen wirkt Ami wie ein Zwerg. Sehr, sehr langsam balancieren wir drei über den schmalen Grat der Schlucht. Weil Ami mit dem rechten Fuß nicht auftreten kann, müssen wir extrem vorsichtig auf unser Gleichgewicht achten. Ein falscher Schritt und wir alle stürzen in die Tiefe.

„Wir schaffen es nur, wenn wir wie ein Wesen in drei Körpern denken und uns auch so bewegen“, rät Asterios.

„Und wie soll das gehen?“, stöhnt Ami bei jeder Bewegung unter Schmerzen auf.

„Es ist wie beim Sex“, erklärt Asterios. „Lasst euch fallen und verschmelzt mit dem anderen!“

Nach wenigen Schritten müssen wir umkehren. „So wird das nichts!“, murrt Ami. „Lasst mich zurück.“

„Spinnst du!“, boxe ich ihm in die Seite. „Alter, das ist kein Kriegsfilm, sondern die Realität. Wir lassen dich bestimmt nicht hier oben alleine zurück.“

Bevor Ami weiter meckern oder sein Gesicht vor Schmerz verziehen kann, zieht sich Asterios wieder aus und faltet seine Kleidung fein säuberlich zusammen, um sie in der Grotte beim anderen Zeug zu deponieren. Als der große Syrer nackt wieder aus der Höhle heraustritt, ist er hart erregt.

„Was hast du vor?", checke ich ihn verwundert darüber ab.

Er schweigt, packt nach der Badehose von Ami und zieht sie dem verdutzten Jüngling aus.

„War das mit dem Sex nicht nur metaphorisch gemeint?", lächelt Ami und wechselt Blicke mit mir. Er hatte mir und Asterios damals beim *Ritual* zugesehen. Offensichtlich denkt er grade daran, denn sein Körper zeigt eindeutige Merkmale, kaum dass seine Badehose fort ist. Ich habe Ami noch nie ganz nackt gesehen. Als er mir die Farbe vom Leib geschrubbt hatte, stand er hinter mir.

Asterios beugt sich über den Verletzten und küsst ihn erst zärtlich auf den Mund, dann auf die Brust, um sich schließlich Amis erwachter Lust zu widmen. Weil ich nur dumm zusehe, sieht mich Asterios mit diesem Sternenblick an. Ganz anders als gestern Nacht Os' lodernde Leidenschaft, empfinde ich Asterios' Lust wie ein erfrischender Bergquell oder eine goldig blühende Blumenwiese im Sommer. „Wir müssen zu einem Wesen verschmelzen", zieht mich Asterios zu sich nieder, damit auch ich mich an der Lust beteilige. „Wir stärken seinen Lebenswillen!"

„Ja, macht das!", nickt Ami begeistert.

Der süße krausköpfige Hawaiianer hat mir immer gefallen. Gestern mit Ami unter der Dusche dachte ich ständig über Sex nach. Jetzt, durch Asterios zusammengeführt, öffnet sich mir Amis Mund zum Kuss. Wir erleben unsere Lust nicht als Eroberung mit Blut und Gewalt, sondern als Übereinstimmung und Harmonie. Mir ist bewusst, dass dies Asterios' Macht ist, die uns umfängt, wiegt und führt. Für den schönen Syrer ist dies ein weiteres Ritual oder seine erlernte Kunst als Lustknabe – was weiß ich? Ami und ich lassen uns von ihm verführen und in eine neue Welt der Gefühle entführen. Kurz denke ich an die ekstatischen Orgien des Dionysos', doch diese jetzt löscht weder mein Denken, noch mein Bewusstsein aus, sondern erweckt beides.

Irgendwann befinden wir uns alle drei auf der anderen Seite des schmalen schlüpfrigen Grades. Weder Ami noch ich können uns daran erinnern, im Lustspiel diesen waghalsigen Tanz vollführt zu haben.

Nur Asterios grinst schelmisch!

Bevor wir wieder ganz in der Realität am Hang des Haleakala ankommen, verzaubert uns Asterios erneut. Abermals küssen wir uns leidenschaftlich.

Wir lieben uns. Wir tragen und wir führen uns gegenseitig, bis wir unter dem Banyanbaum mit den Bänken auf dem Plateau des Camps-Telesterion ankommen. Bis auf den Rucksack voller Trauben haben wir alles andere im geheimen Tal zurückgelassen.

„Leute", erwacht Ami aus seinem Liebesrausch, „wie habt ihr mich hierher gebracht?"

Asterios löst unsere Verbindung und Ami stöhnt sofort vor Schmerz auf. „Eleuthereus, hol Os hierher und bringt gleich eine Bahre mit, damit wir Ampelos zurücktragen können", instruiert mich unser Führer und Lustknabe.

Ich hetzte übers Plateau, während über der Insel die Sonne längst untergegangen ist. Auch das ist mir vollkommen entgangen. Os wollte gerade zum Abendessen aufbrechen, als ich in die Registration und danach ins Lazarett stürme. „Ami hat sich den Fuß gebrochen! Wir brauchen eine Bahre und deine Heilkunst!"

Verdutzt gafft mich der Bulle an, nickt und holt die Bahre und seinen Notarztkoffer aus dem Nebenraum, um mir danach im Laufschritt übers Plateau zu Amis Lager zu folgen. Der blonde Krauskopf liegt in Asterios' Armen und lässt sich von ihm wiegen, während Os' Hände nach dem gebrochenen Fuß fassen.

Ami stöhnt sofort unter Schmerzen auf.

„Wir müssen ihn nach *Hana* schaffen, damit er dort von einem Helikopter nach Kahului gebracht werden kann. Der Fuß muss geröntgt und ärztlich versorgt werden."

„Os, du kannst ihn heilen", lege ich dem Bullen meine rechte Hand auf die Schulter. „Ich habe es gefühlt. Du trägst diese Macht in dir. Du bist ein Heiler!"

„Ich bin Medizinstudent", widerspricht er mir.

„Nicht heute!", sehe ich ihm in seine großen Kuhaugen. „Nicht auf dieser Insel! Nicht in diesem Camp!"

„Aber ...", setzt Os an.

„Nichts aber! Ich habe deine Macht gestern Nacht gespürt – jeder auf der Insel! Jetzt kanalisiere sie zur Heilung. Lysios, du bist ein Dionysos-Kandidat. Os, glaube an dich und deine Gabe!"

„Das kann ich nicht! Du weißt, was passiert, wenn ich dieser Macht erlaube, sich meiner zu bemächtigen." Os reicht Ami eine Schmerztablette und der schluckt sie sofort. „Was du von mir verlangst, ist viel zu gefährlich. Hast du denn das Erdbeben gestern nicht gespürt?"

„Leute, was labert ihr da?“, fragt Ami und verdreht seine Augen.

„Os, sieh es als deine Aufnahmeprüfung in den nächsten Kreis an. Gestern hast du versagt. Beweise heute, dass du ein würdiger Kandidat bist. Jetzt!“, befehle ich Os.

„Es kann weh tun“, sieht Os auf Ami nieder und seine Augen wechseln die Intensität. Die Kuh ist abermals verschwunden, um dem Stier den Platz zu räumen. Wie schon vergangene Nacht sehe ich rote Wellen von Os ausstrahlen, die alles im Umkreis verbrennen und niedertrappeln wollen.

„Du musst diese Macht lenken!“, instruiere ich den erwachten, roten Stier. „Du musst sie in Schach halten! Packe die Zügel und bändige den Bullen, bevor er wieder mit dir durchbrennt!“

Asterios stellt sich hinter Os und legt ihm seine Hände auf die Schultern. Augenblicklich verwandelt sich das tobende blutrot in sanftes, orangenfarbiges Licht.

Für einen Moment glaube ich, Asterios’ Goldlicht sich mit Os‘ Feuerrot verschmelzen zu sehen. „Ist Orange die Farbe der Heilung?“, frage ich, obwohl ich die Antwort bereits kenne.

Ami kann nicht sehen, was wir drei Dionysos-Kandidaten tun, denn er gafft uns wie Außerirdische an. Vielleicht wirkt inzwischen auch seine Schmerztablette oder was Os ihm gegeben hat.

„Nimmst du die Heilung an?“, frage ich Ami.

Der gafft mich verdattert an. „Ähm“, stammelt er. „Was?“

„Nimmst du die Heilung an?“, wiederhole ich meine Frage.

„Ja, ich glaub schon! Mann, was fragst du auch blöd!“

„Dann sage es! Sprich es laut aus!“

„Wie, warum?“

„Ami, wenn wir drei dich ohne deine ausdrückliche Erlaubnis heilen, ist das schwarze Magie. Vollkommen egal, ob wir glauben, dir damit zu helfen oder nicht. Wir dominieren deinen eigenen freien Willen und unterwerfen ihn. Das ist immer schwarze Magie, so fromm der Wunsch zu helfen dabei auch sein mag.“

„Was? Echt jetzt? Leute, was macht ihr?“, schüttelt Ami seinen Kopf. „Dude“, sieht er mich sehr verwirrt an, „Illu, was quatschst du da für wirres Zeug?“

„Sag es oder lass es!“

„Mann, echt jetzt? Na gut! Leute, bitte heilt meinen Fuß!“, murmelt Ami und lacht dann wie ein Kindskopf.

„Lenke das orange Licht jetzt in Amis Fuß!“, leite ich Os an und Asterios transformiert die brodelnd rote Lust in heilende orangefarbene Energie.

Ami schreit auf, als das Licht sich um seinen Fuß windet, um in ihn einzudringen. Durch den plötzlichen Schmerz wird er ohnmächtig.

„Das reicht!“, befehle ich. „Os, das reicht!“

Asterios schüttelt Os an den Schultern, doch kaum lässt er den Bullen los, brennt mit ihm abermals seine Macht durch. Unter uns bebt die Erde. Ohne zu denken, schlage ich Os meine Hand ins Gesicht, um ihn zu ohrfeigen. Augenblicklich flammt das Rot aggressiver auf und stürzt sich toll geworden auf mich.

Asterios schreckt taumelnd von Os fort und stürzt rücklings neben Ami auf den Boden.

„STOPP!“, stelle ich mich breitbeinig vor Os. „ES REICHT! Beherrsche dich oder ich entziehe dir deine Macht für immer!“

Augenblicklich erlöscht Os‘ Feuer. Der Stier verschwindet.

Os kniet sich neben Ami, fühlt seinen Fuß und gafft mich mit seinen großen Kuhaugen an. „Der Knochen ist zusammengewachsen und die Schwellung abgeklungen! Wie ist das möglich?“

„Bringen wir ihn trotzdem ins Lazarett, um seinen Fuß zu schienen. Sag ihm, es wäre eine schlimme Verstauchung und er müsse sich die nächsten Tage schonen. Ami muss die Heilung ernst nehmen. Er muss sie mit seinem Bewusstsein akzeptieren, sonst wird es Folgen haben.“

„Warum?“, gafft mich Os an.

„Sein Sturz war seine Lektion. Wir habe ihm diese Lektion genommen, in dem wir ihn heilten, ohne dass er die Konsequenzen tragen musste. Die Schiene soll Ami aber noch mindestens eine Woche daran erinnern, wie leichtsinnig seine Kletteraktion war. Unfälle sind Schicksalsschläge. Schicksalsschläge sind die Lektionen des Lebens“, labbere ich und habe keine Ahnung, woher ich das weiß.

Asterios nickt. „Alles andere, was er gesehen und erlebt hat, reden wir ihm als Fiebertraum aus.“

„Auch den Sex?“, zwinkere ich Asterios zu.

Os sieht mich seltsam stolz an.

Zu dritt betten wir den ohnmächtigen Ami auf die Bahre und tragen ihn ins Lazarett, wo er wieder zu sich kommt, während Os seinen Patienten nach althergebrachter Art und Weise professionell schient.

„Leute“, sieht der benommene Krauskopf abwechselnd von einem von uns zum anderen. „Wie bin ich hergekommen?“

„Wir haben dir ein Schmerzmittel verabreicht. Vielleicht hat es Halluzinationen ausgelöst, das kann vorkommen. Dein Fuß ist schwer verstaucht. Mann, du hast voll das Glück gepachtet. Dein Fuß ist nicht gebrochen, sondern nur arg verstaucht!", spiele ich das Theater, das wir zuvor abgesprochen haben.

„Nicht gebrochen?", schüttelt Ami seinen Kopf. „Das war ja echt totales Glück!"

„Du hättest dir bei deinem Sturz auch leicht den Hals brechen können. Ich hoffe, du lernst etwas daraus!", hake ich sofort nach.

„Ami", spricht Os ernst mit seinem Patienten. „Ich will dich eine Woche lang täglich jeden Morgen neu verbinden. Du musst deinen Fuß schonen. Hier!", reicht er Ami eine Krücke. „Damit kannst du den Fuß entlasten. Keine übermütigen Kletterpartien! Verstanden?"

„Ja, logisch! Danke, Leute! He!", sieht Ami an sich runter. „Warum bin ich nackt? War unser Gruppensex keine Einbildung?"

Asterios zieht mich nach draußen. Erst als wir die Eukalyptusbäume mit dem eingequetschten Eingang ins Registrationshaus hinter uns gelassen haben, fasst er nach meiner Hand, um mich zu sich umzudrehen. „Du hast den Thron kurz bestiegen! Meine Loyalität hast du!", versichert mir Asterios.

„Was redest du da?", schüttle ich meinen Kopf. „Ich habe nur getan, was getan werden musste! Asterios, du", stupse ich dem Nackten vor mir in seine Brust, „du hast uns sicher über die Schlucht geführt und danach zurück ins Camp. Ohne deine Fähigkeit müsste Ami heute Nacht im geheimen Tal übernachten und morgen von einem Helikopter dort abgeholt werden. Wir hätten das Geheimnis des geheimen Tals preisgeben müssen und ..."

„Ja, ja!", winkt Asterios ab. „Trotzdem! Du hast den Stier gebändigt."

„Und du hast ihn transformiert", widerspreche ich. „Du hast sein Rot in Orange verwandelt. Jetzt sei nicht so bescheiden!"

Das Hauptquartiert der Nudisten

Brom kommt pünktlich zum Essen um sieben Uhr mit einem kleinen, sehr jungaussehenden Typen mit Ziegenbärtchen im Anaktoron an. Wegen der Aufregung über Amis Sturz habe ich Brom und den neuen Dionysos-Kandidaten total vergessen.

„Leute!", ruft Brom und stellt sich oben an der Treppe zur Terrasse in

Position. Er legt seinen Arm um den Jüngling. „Mit dem heutigen Flug aus Honolulu sind gleich alle drei noch fehlenden Kandidaten zusammen hier eingetroffen. Das hier ist *Zagreus*!"

„Zac!", winkt uns der schwarzhaarige Junge mit dem kauzigen Ziegenbärtchen lächelnd zu. „Ich studiere in Tokyo. Als mich ..."

„Er ist einer von uns Dionysos-Kandidaten", unterbricht ihn Brom und beginnt ausführlich über seinen zweitägigen Ausflug nach Kahului zu berichten, wie er die drei Kandidaten kennenlernte und schweift ständig ab. Der kleine Zac steht ziemlich überflüssig daneben.

„Willkommen im Camp-Telesterion!", schneidet Bacchus Brom endlich das Wort ab und geht auf die beiden zu. Bacchus, heute wieder mit mehrfach übereinander getragenen roten Schleiern um seine Hüften – beinahe schon richtig bekleidet! – stellt sich zwischen Brom und Zac. „Zac, wir sind ein ziemlich verrückter Haufen hier, doch das wirst du bald selbst feststellen. Ich bin Bacchus!", streckt er ihm seine beringte rechte Hand mit den schwarzlackierten Fingernägeln zur Begrüßung hin. „Unser Brom redet gerne sehr viel, aber er ist nicht der einzige mit seltsamen Macken!"

Brom steht mit offenem Mund daneben und ärgert sich, in seinem Redefluss so schroff unterbrochen worden zu sein. „Wie auch immer! Leute", heischt der Hula-Tänzer wieder um Aufmerksamkeit, „die beiden anderen Kandidaten sind noch in der Registration und sprechen mit Janus. Sie kommen später nach. Wir sollen aber mit dem Essen beginnen und nicht auf sie warten."

Bacchus führt Zagreus von Tisch zu Tisch, um ihn uns allen vorzustellen, während gleichzeitig Henry die Essensschüsseln und -platten auf einem langen Tisch vor der Fensterfront des Hauses herrichtet. Abermals trägt er nur eine seiner Kochmützen zur langen schwarzen Schürze und abermals schaut hinten sein nackter Arsch vor.

Als Bacchus und Zac bei meinem und Asterios' Tisch ankommen, checke ich den Neuling ab. Aus der Nähe wirkt Zac älter, wahrscheinlich ist er bereits Ende zwanzig, wenn ihn seine Körpergröße und seine geradezu zierliche Figur auch wie sechzehn erscheinen lassen. Zac muss ein europäisches oder amerikanisches Elternteil haben; wenn seine Haare und seine Körperstruktur auch die eines Asiaten sind, so ist es sein Gesicht nicht. Seine Augen, wohl typisch asiatisch geformt, haben die Farbe von giftigem hellgrün und seine Nase ist definitiv zu lang und markant für einen Japaner. Sehr auffallend ist sein Ziegenbärtchen, das bestimmt zehn Zentimeter lang ist und am Ende spitz zusammenläuft, als ob er es geölt hätte. Dieses Ding in seinem Gesicht, zusammen mit seiner Nase, verleiht ihm den vollkrassen Ziegen-Look. Hätte der Junge noch Hörner, er wäre der Inbegriff eines Satyrn – wenn auch eines sehr haarlosen Satyrn, denn alles was von seinem Körper unter einem knielangen Kimono, der vorne nur lose zusammengerafft ist, zu sehen ist, ist absolut haarlos – asiatisch eben! Unter dem Kimono trägt er eine Badehose und seine Füße stecken in asiatischen Flip-Flops.

„Wenn du möchtest, kannst du dich nachher zu uns an den Tisch setzten", lädt ihn Asterios aus reiner Höflichkeit ein.

„Er sitzt bei mir", legt Bacchus dem Ziegenjungen seine Hand besitzergreifend um die Hüften, dass der nur konsterniert mit der Schulter zuckt.

„Wir können später zusammen chillen", antwortet Zac Asterios und wird von Bacchus zu Adriany weitergeführt, wo sie sich dann an dessen Vierertisch setzen.

Brom sucht unseren Tisch auf. „Ich habe vorhin Ami im Lazarett an Krücken gesehen? Leute, was ist passiert?"

Asterios wechselt einen Blick mit mir und wir entscheiden uns in stiller Übereinkunft, Brom nicht einzuweihen. „Ami hat sich arg den Knöchel auf dem Rückweg vom geheimen Tal verstaucht. Er wird bestimmt eine Woche lang humpeln."

„Aha!" Damit nickt Brom zum Buffet, das der blanke-Hintern-zeigende-Koch endlich fertig aufgebaut hat. „Wollen wir? Ich habe einen mächtigen Kohldampf!"

Heute stehen wieder gegrillter Fisch, Jakobsmuscheln, Krabben und diverse Gemüsearten, sowie Reis und Pommes zusammen mit exotisch aussehenden Saucen aufgetischt für uns bereit. Bevor sich unser zottelhaariger Koch mit seinem eigenen vollen Teller irgendwohin verdrücken kann, lade ich ihn zu uns an den Tisch ein und befrage ihn zu seiner neuen Aufmachung.

Als er bemerkt, wie ich auf sein blankes Hinterteil starre, lacht er. „Janus hat beim Gay Camp nichts gegen eine sehr legere Kleiderordnung. Als ich dich", zeigt Henry auf Asterios „an deinem ersten Abend beobachtet habe, dachte ich mir, warum hier den Verklemmten raushängen lassen, wenn dieser Prachtjunge jedem seinen Knüppel zeigt!"

„Aber das ist doch nicht wahr, ich ...", setzt Asterios zur Erklärung an.

„Ja, Asterios ist eine Augenweide", unterbreche ich den schönen Syrer. „Ich bin froh, dass er hier die Kleiderordnung aufgehoben hat, da ich selbst ein echter Nudist bin."

„Coole Einstellung!", hebt Henry seine rechte Hand für High-Five. „Ich träumte immer davon, einmal irgendwo nackt arbeiten zu können. Als ich vor zwei Wochen noch an der Uni von Honolulu in der Kantine kochte, lernte ich einen echt coolen Schotten kennen. Dieser *Seth* ist auch Nudist. Wir beiden flitzten oft, wenn uns niemand sah, nackt über den Campus oder …"

„Aha!", lache ich auf. „Das ist typisch Seth!"

„Du kennst Seth?", wirbelt Henry zu mir herum.

„Aber sicher! Seth ist mein Lebenspartner. Ich und der Schotte sind verheiratet."

„Dann bist du …"

„Psst!", hält sich Asterios sofort seinen rechten Zeigefinger vor seine geschlossenen Lippen. „Hier im Camp bleiben unsere wahren Namen unausgesprochen."

„Echt? Ihr zieht das wirklich voll durch?", wundert sich Henry.

„Ja, ich bin's!", beantworte ich Henrys Frage. „Hier nennt mich jeder Illu. Bitte benutze meinen richtigen Namen hier nie!"

„Kein Problem! Mann, du und Seth seid ein Paar? Kein Wunder flitzt du hier überall splitternackt herum. Dieser Schotte hat einen echt ansteckenden Einfluss!" Um seine Solidarität mit mir und Asterios zu signalisieren, zieht sich Henry seine Schürze aus, steht kurz auf, um uns seinen Pimmel zu zeigen und setzt sich wieder zurück an unseren Tisch. „Ihr beide seid so cool!", prostet er uns danach mit seinem Glas Orangensaft zu.

Brom schnaubt missbilligend, da er übersehen wurde. „Ich tanze jeden Morgen nackt Hula", bringt er sich ein.

„Ich habe dich schon zweimal heimlich beobachtet", gesteht ihm Henry und hat Broms Herz im Sturm erobert.

„Echt?", hakt Brom sofort nach.

„Ich bin totaler Fan von geilen nackten Hula-Tänzern!", prostet Henry jetzt auch noch Brom zu.

Der verbrüdert sich augenblicklich mit dem Koch. „Willst du morgen mitmachen? Ich begrüße jeden Morgen die Sonne mit einem Hula-Ritual."

„Ich kann morgens leider nicht bleiben, da das Frühstück um sieben Uhr fix und fertig bereitstehen muss. Aber könnten wir das auch mal abends machen?"

„Warum wohnst du eigentlich hier im Haupthaus?", nutze ich eine von Broms Atempausen, um Henry zu fragen.

„Als ich hier ankam, war noch niemand von euch hier anwesend. Da die Küche ebenfalls hier im Haupthaus liegt …"

„Papperlapapp!“, unterbricht ihn Brom. „Zieh bei uns ein! Wir haben noch ein Bett frei. Du gehörst doch eh zum Personal.“

Henry sieht sich in der Runde um. „Ist das euer Ernst?“, strahlen Henrys Augen, endlich Anschluss gefunden zu haben.

„Aber sicher!“, steige ich sofort darauf ein. „Deal?“

Wir schlagen alle ein.

Ami wird sicherlich nichts dagegen haben.

„Ich muss nachher noch aufräumen und das Geschirr spülen. Leute, doch ich ziehe noch heute Nacht um!“, funkeln jetzt Henrys Augen aus Vorfreude wie zwei Sterne in einer klaren Nacht. Nach dem Dessert verschwindet Henry – ohne sich seine Schürze wieder umzubinden – ins Haupthaus, um zu packen.

„Ein cooler Typ, dieser Henry!“, sieht ihm Brom nach. „Was meint ihr, ob er heute Nacht noch Hula tanzen will?“

Brom, Asterios und ich warten bei Kerzenlicht auf der Terrasse auf Henrys Rückkehr. Immer mal wieder taucht er splitternackt aus dem Haus auf, um eine weitere gepackte Tasche neben unserem Tisch zu deponieren und gleich wieder zu verschwinden, um Nachschub zu holen. Gegen zehn Uhr abends bringt er auch noch sein Surfbrett raus und scheint endlich alles gepackt zu haben.

„Das wäre alles! Ich muss mit dem Abräumen des Buffets jedoch noch auf die beiden neuen Kandidaten warten. Keine Ahnung, was die solange mit Janus in der Registration zu bereden haben. Ich checke mal kurz die Lage.“

Schon flitzt der Koch über die Treppe in die Dunkelheit Richtung Registration und der Bungalows davon. Als er nach einer Viertelstunde zurückkommt, hüft er vor uns von einem Bein auf das andre, dass sein Penis nur so schlackert. „Die beiden haben bereits ihr provisorisches Quartier in einer der Hütten bezogen. Ich kann für heute Feierabend machen. Leute, gebt mir ne halbe Stunde, dann habe ich abgeräumt und die Geschirrspülmaschine gestartet.“

„Helfen wir ihm doch“, erhebt sich Brom und beginnt, die Speiseplatten vom Tisch auf den rollbaren Servicewagen zu schichten.

Wir helfen alle und danach auch mit seinem Gepäck. Bis auf drei Taschen Klamotten besteht der Rest aus Sportartikeln, wie Handeln, Springseilen, diversen Ballen und ähnlichem plus seinem Surfbrett. Henry bezieht das letzte noch freie Zimmer, das eine offene Verbindungstür zu dem von Brom hat, worüber sich der Hula-Tänzer total freut. Da sich Henry im Haus so nackt und frei bewegt, wie vorhin beim Abendessen und nachträglichem Aufräumen, war seine Vorliebe für das Nacktsein kein leeres Gerede.

Ami liegt mit hochgelagertem Fuß in seinem Doppelbett und winkt mich zu sich. „Mann, was geht ab? Ist das nicht unser Koch, der splitternackt durch unsere Bude spaziert?"

„Henry zieht bei uns ein."

„Ich kenne Henry von der Uni in Honolulu. Henry ist voll in Ordnung! Ich hoffe, er haart nicht!", schneidet Ami eine Grimasse. „Hast du seinen Wildwuchs gesehen? Ich sage dir, wenn ich in meinem Zimmer seine Schamhaare ..."

„Schmerzt dein Fuß?", spiele ich den barmherzigen Samariter und stoppe sein Klatschmaul.

„Geht schon! Ich glaube, die Schmerztablette wirkt noch."

„Leute!", steht Brom kurz darauf nur mit je einem Frangipani-Kranz auf seinem Haupt und um seinen Hals in der Tür. „Henry will mich tanzen sehen. Kommt ihr auch?"

„Meine Verletzung", zeigt Ami dankbar für diese Ausrede auf seinen geschienten und dick eingebundenen rechten Fuß.

„Wo tanzt du?", will ich von Brom wissen.

„Draußen auf den Klippen. Heute haben wir super Mondlicht!"

„Mann, das ist ja ein geiles Tattoo", bewundert der nackte Henry Broms Frangipani-Blüte über seinem Penis. „Hat das wehgetan, in der Schamregion gestochen zu werden? Ich habe mir auch schon überlegt, mir statt meinem Busch dort ein Tattoo stechen zu lassen."

„Gute Idee", bringt sich Ami ein. „Alter, haarst du?", fragt er direkt. „Ich habe echt noch nie einen derartigen Busch gesehen. Der ist so zottelig wie deine Haupthaare."

Brom hakt sich bei seinem neuen besten Freund oder Fan unter und führt ihn nach draußen. „Leute, falls ihr doch noch zusehen wollt: in einer Viertelstunde im Steinkreis!"

Da Asterios in der Verbindungstür zu meinem Zimmer steht, gelten die Worte auch ihm und der Syrer folgt den beiden sofort nach.

„Kein Lust, unseren Brom in Aktion zu erleben?", boxt mir Ami in die Seite, als alle anderen weg sind.

„Nicht nach heute Nachmittag! Für heute hatte ich genug Erotik."

„Dann war der Sex mit dir und Asterios nicht bloß Einbildung?", sieht mich Ami flehend an, ich möge ihn belügen, falls es nicht der Realität entsprechen würde.

„Das war echt geil!“, tätschle ich dem Krausköpfigen den rechten Oberschenkel. „Brauchst du noch was?“, spiele ich nochmals den Krankenpfleger. Da Ami seinen Kopf schüttelt, suche ich das Badezimmer auf, um zu duschen und mir die Zähne zu putzen.

Müde lege ich mich auf mein Bett. Weder Henry noch Ami gehören zu uns Dionysos-Kandidaten. War es die richtige Entscheidung, den Koch hier ins Haus zu holen? Das Haus auf der Klippe artet zu einem wahren Hauptquartier für Nudisten aus. Janus Warnung war unmissverständlich. Fünf dunkle Gestalten werden hier nach etwas suchen, das ich dringend vor ihnen finden muss. Ich kann Henry nicht dem Übel überlassen, immerhin ist er ein Freund meines Seth!

Endlich gleite in einen leichten Schlaf. Abermals stehe ich sogleich vor dem Regenbogen. Verführerisch lockt heute das Violett und ich trete durch diese Farbe in die andere Welt.

Die Sonnen- und Mond-Pyramiden

War es gerade noch dunkel und Nacht, betrete ich im Traum zur Mittagszeit ein Feuermeer. Die Hitze ist so gewaltig, dass ich nach Atem ringe und mir der Schweiß augenblicklich in Bächen über Stirn, Rücken und Brust rinnt. Meine Augen haben keine Flüssigkeit um zu tränen, so heiß ist es geworden. Nur langsam kann ich mich in der neuen Welt orientieren. Ich befinde mich auf einem Hochplateau in einer ausgedorrten Landschaft. Bäume gibt es keine und die wenigen Büsche und Gräser sind alle verdorrt. Sie sind nur noch Gerippe ohne jedes Leben. Der Staub kratzt in meinen Augen und ich blinzle mehrfach. Endlich kann ich außer Staubwolken und dem Flimmern der Hitze auf dem Plateau wieder etwas sehen.

Neben mir steht Ampelos mit arg zerzausten Haaren, was bei ihm aber nicht viel anders aussieht als auch ohne Wind. Der Schweiß trocknet schneller auf meiner Haut, als dass mein Körper neuen zur Abkühlung produzieren kann.

„Ist das der Sonnentempel da vorne?“, zeigt Ampelos in die flimmernde Ferne, aus der sich eine Stufenpyramide erhebt und darum herum, soweit das Auge sehen kann, die Stadt.

„Wir haben es beinahe geschafft“, keuche ich atemlos.

Seit Tagen klettern wir durch die Hügel auf der Suche nach der Sonnen- und der Mondpyramide. Die offiziellen Straßen und Wege haben wir gemieden, um nicht entdeckt zu werden. Inzwischen ist es mir egal, wenn nur diese Hitze und der Durst bald ein Ende finden.

„Dieser tote Baum wird uns etwas Schatten spenden", krächzt meine Stimme, während ich die paar Schritte an Kakteen vorbei zum Schattenspender mache. Erschöpft lasse ich mich in den glühend heißen Staub zu Boden fallen.

„*Huehueteotl* verflucht mich für meinen Frevel. Der Feuergott wird mich noch vor Vollendung der Mission bei lebendigem Leib in seiner Wüste verbrennen." Ampelos spricht schon, seit wir übers Meer gekommen sind, von nichts anderem, als seiner Schuld. Er ist überzeugt, dass die alten Götter unsere Welt verlassen haben. Er glaubt, dass das alte Reich deshalb zum Untergang verdammt ist. Er wischt sich mit einem grünen Tuch, das einst sein Lendenschurz war, Schweißperlen aus der Stirn.

„Wir werden es schaffen!", rede ich ihm Mut zu, doch die Worte gelten mir selbst. Wäre mein Freund nicht an meiner Seite, ich hätte mich längst auf einem der Steine zum Sterben hingelegt. Doch Ampelos' Keuchen erweckt immer wieder meine Lebensgeister.

„Falls wir versagen, gibt es keinen Ort mehr, wohin wir zurückkehren können. Ampelos, wir dürfen nicht aufgeben! Wir müssen unsere Mission erfüllen!"

„Alles nur, weil ich versagt habe", wiederholt Ampelos abermals das gleiche Schuldgeständnis. „Wäre ich nicht eingeschlafen, hätte der Blitz nicht eingeschlagen und hätte niemals den lebendigen Gott mit sich genommen. Es ist meine Schuld! Ich bin für das Elend verantwortlich. Ich alleine bin für das Verschwinden des letzten noch lebenden Gottes im Alten Reich schuldig."

Als ob unser Schäferstündchen für den Blitzeinschlag verantwortlich gewesen wäre? Seit vielen Gotteserwachen bröckelt das Fundament unserer alten Welt. Immer größere Landstriche werden vom Ozean überrollt. Seit die Große Mutter aus ihrem Gefängnis befreit wurde, tobt ihr Lieblingssohn, der Feuergott, fast täglich irgendwo auf dem Kontinent. Nein, Ampelos kann nichts dafür. Auch wenn wir uns im Wald nicht geliebt hätten, der Blitz hätte trotzdem den Kuppeltempel getroffen. Der *Grüne Gott* selbst hat sein Schicksal besiegelt. Das Feuer nach dem Blitzeinschlag fraß viel zu schnell das ganze Tempelareal. Nur wenige Bassariden überlebten das Feuer Inferno. Die Wohndschungel gingen in Flammen auf, die Spiegel zerbarsten und das Kuppeldach stürzte auf den lebenden Gott auf seinem Thron nieder.

„Ampelos, es war nicht deine Schuld! Das Alte Reich stirbt!"

„Ich habe dich verführt! Ich habe dich in den See geschubst. Ich war es! Ich!", leiert Ampelos abermals die gleichen Sätze.

„Und du hast mich wieder rausgezogen, damit wir uns im Wald als Liebende vereinen konnten."

In jener Nacht waren wir beide zum ersten Mal zum Wachdienst eingeteilt worden, weil seit vielen Monden die *Mimallonen* von jenseits des Meeres, immer häufiger unsere noch stehenden Städte plünderten und alles, was noch an Schätzen und Geheimnissen die Zeit überdauert hatte, mit sich nahmen. In jener verhängnisvollen Nacht, als der Haupttempel des Grünen Gottes durch Blitze vernichtet wurde, liebten Ampelos und ich uns zum ersten Mal am verbotenen See.

„Ohne einen lebenden Gott vermögen wir den letzten Kataklysmus nicht aufzuhalten. Das Alte Reich wird für immer von der Welt und aus dem Gedächtnis der Völker weggewaschen werden. So hatte es der letzte Gottkönig prophezeit."

„Ampelos, noch gibt es Hoffnung. Die Mimallonen raubten unsere Schätze, unsere Geheimnisse und unsere Kristallmagie. Du und ich sind beides Eingeweihte des Grünen Gottes."

„Nur du!", korrigiert mich Ampelos. „Ich bin nur ein Klodone, ein Anhänger. Nur in dir schlummert das Potential des Grünen Gottes. Du, nur du kannst uns retten."

„Aber wo im Stadtlabyrinth von *Teotihuacán* werden wir unsere gestohlenen Geheimnisse und Machtkristalle finden?"

„Eleuthereus, du wirst sie finden. Du wirst mit ihrer Hilfe die Tektonische Plattenverschiebung stoppen können! Du wirst wissen, wie die Zeit zurückzudrehen ist. Du kannst die Große Mutter wieder in ihre Ketten schlagen."

Ich weiß es nicht! Ich bin erst kürzlich eingeweiht worden. Die wahren Geheimnisse des Grünen Gottes sind mir nicht zuteilgeworden. Selbst der vom Blitz getroffene letzte lebende Grüne Gott, war kaum mehr als eine Manifestation der einstigen Macht des Gottes. Er war keine Personifikation und schon gar nicht die Inkarnation des Grünen Gottes. Unsere alte Welt stirbt. Der Grüne Gott hat sie im Stich gelassen oder sich längst in einem anderen Teil der Welt wieder neu erschaffen. Ampelos weiß nichts von diesen Gedanken, denn das wissen nur die Eingeweihten.

„Eleuthereus, Illu!", rüttelt mich Ampelos an meiner Schulter. Mein Name holt mich aus dem Grübeln zurück in diese glühende Gegenwart ohne

Hoffnung, ohne Zukunft und ohne Chance auf Erfolg. „Illu, wird uns der Sonnengott verschlingen, weil wir versagt haben?"

„Ich weiß es auch nicht!" Müde rapple ich mich hoch und blicke abermals durch das Hitzeflimmern auf die Stadt, die aufblüht, während unsere Städte des Alten Reichs im Ozean versinken. Unserer Legende nach brachte *Quetzalcoatl*, einer der Eingeweihten eines der anderen Götter unseres alten Reichs, die Fackel des Lebens hier über den Ozean in diesen Dschungel. Aus ihrem Licht wurden bald Leuchttürme und bald erstrahlte der neue Kontinent unter ihrem Licht. Ob Quetzalcoatl wusste, was passieren würde? Ob er ahnte, dass die alten Götter eine neue Welt erobern wollten?

In der Nähe, von ein paar dornigen Büschen fast verdeckt, erkenne ich ein kubisches Gebäude, laufe hin und erklettere das flache Dach. Die Giganten aus Stein wirken in der Ferne wie überdimensionale Kristalle, deren Licht erloschen ist. Die Sonnen- und die Mondpyramide sind nur noch ein schwaches Funkeln des einstigen Feuers der alten Welt. Diese Pyramiden flimmern nur wegen der Hitze auf dem Plateau und nicht, weil sie lebendig sind. In diesen Häusern der Götter wohnt kein lebender Gott. Die Statuen darin sind nur Erinnerungen. Sie sind Schein und Trug. Auch in der alten Welt waren die Statuen niemals mehr als Abbilder, doch jeder wusste das. Keiner verwechselte Ursache mit Wirkung oder den Ur-Ton mit seinem Echo. Niemand betete Statuen oder Abbildungen an – außer Narren und Unwissenden.

„Du bist schon wieder abgedriftet!", boxt mich Ampelos.

Dann erlöscht alles Licht.

Als ich wieder zu mir komme, liege ich auf einen Steinaltar gefesselt in einem muffigen Verlies. Ampelos liegt geknebelt neben mir. Ich spreize mein rechtes Bein und kann mit meinen Zehen seine berühren. Mein Freund schläft, ist bewusstlos oder schon tot. War das ganze Leben bloß ein Traum? Schläft man am Ende einfach ein? Würde ich wieder aus diesem Traum erwachen? Würde sich meine Jagd nach den Geheimnissen des Grünen Gottes im nächsten Leben einfach fortsetzen? Warum hetze ich von einem Leben zum anderen immer auf der Suche nach dem Erbe, das ich einst ausschlug?

Benommen taumle ich abermals in einen traumlosen Abgrund.

Als ich diesmal wieder erwache, liege ich draußen unter der brennenden Sonne und bin noch immer gefesselt. Ampelos liegt neben mir und blinzelt mir in panischer Angst zu. Bläulich schimmern die fernen Berge im Südosten der Tempelstadt. Es herrscht Hektik und ein wildes Durcheinander von

Schaulustigen und von Pilgern, die von überall herbeigeströmt sind, um das große Spektakel des neuen Erwachens des Gottes beizuwohnen. Händler, Musikanten, Priester, Betrüger und Dienerinnen der unkeuschen Göttin, preisen ihre Ware, ihren Glauben oder ihren Körper an. Völker aus allen Himmelsrichtungen sind anwesend, sogar solche mit blonden Haaren und heller Haut, wie ich und Ampelos. Ob sich auf diesem neuen Kontinent die Seelen des alten Volkes inkarniert haben?

Ein rothaariger Priester, kaum älter als wir, also noch keine zwanzig Gotteserwachen, murmelt, schreit und klagt in einer fremden Sprachen. Am Klang seiner Stimme ahne ich meinen Tod voraus.

Die Bahren, auf denen Ampelos und ich festgebunden sind, werden über lange Treppen auf die erste Plattform des Stufentempels getragen. Ich erhasche immer wieder Blicke auf die Farbenpracht aus Federn, Stoffen, bemalter und nackter Haut und in der Sonne blitzendes Gold. Junge Männer wirbeln betrunken oder hysterisch in ekstatischen Tänzen zu schrillem Pfeifen metallener Instrumente und dumpfer Trommeln um uns herum. Von Süden, aus dem Vorhof des Quetzalcoatl-Tempels, drängen sich Menschentrauben, die der Prozession mit weiteren Priestern und gefesselten Menschenopfern folgen. Die brodelnde Hitze stachelt den Blutrausch der Einheimischen noch mehr an.

Je tiefer die Sonne sinkt, desto erotischer und wilder werden die Gebärden, bis alles im sexuellen Chaos ertrinkt. Männer, mit nichts anderem als Federn und Goldschmuck auf ihrem Kopf und um den Hals brüllen oder wälzen sich im Staub. Einige besteigen sowohl Frauen wie Männer, während der junge rothaarige Priester einen Ritualdolch zückt. Verachtend grinsende Masken neuer Priester verbreiten Furcht und erwecken die angestachelte Neugier des Volkes. Längst höre ich die Rufe, dass ein Eingeweihter des alten Reiches sich den neuen Göttern opfern wird – ich.

Des jungen Priesters Stirn, Nase und die ganze Augenpartie sind türkisgrün bemalt, wie auch sein nackter Oberkörper und sein Penis. Er trägt nur Oberarmspangen und Armreife, wie einen sehr wuchtigen Halsschmuck aus Türkisen, Rohrubinen und Goldblättchen. Seine Ohren sind mit Handteller großen Sonnen aus gehauenem Gold geschmückt. Er beugt sich tief über mich. Auf seinem Haupt trägt er den ausgestopften Kopf eines Fuchses und um seinen Hals über dem Halsschmuck windet sich eine lebende Pythonschlange. Als sich unsere Blicke treffen, schreckt er vor mir zurück.

„Du?“, starrt er mich hasserfüllt an. „Du wirst den Thron des Gottes niemals besteigen! Nicht solange ich hier der Wächter bin!“ Seine Hände schnellen nach oben und der schwarze Obsidian Dolch blitzt abermals in der Sonne.

Ich schreie und reiße meine Augen auf.

Brom steht mit seinem weißen Frangipaniblüten-Kranz auf seinem Kopf über mir und strahlt vor Begeisterung, Lust und Lebensenergie. „Illu", schüttelt er mich am Arm, „träumst du?"

Neben ihm steht Henry mit dem zweiten Frangipaniblüten-Kranz in seinen zotteligen, von der Sonne ausgebleichten Haaren und hält Broms Hand. „Illu, du hast was verpasst!", leuchten Henrys Augen im Licht meiner angeknipsten Nachttischlampe. „Brom ist der unglaublichste Tänzer, den ich je zuvor gesehen habe. Du hättest sehen sollen, wie er sein Ding ..."

„Was?", reibe ich mir die Augen und verscheuche nur langsam den Albtraum und das Gesicht dieses rothaarigen Priesters mit dem ausgestopften Fuchs als Kopfputz.

„Wusstest du, dass Hula ...", spricht Henry begeistert auf mich ein und streichelt, während er spricht, Broms nacktes Hinterteil. Ich höre nicht hin, sondern versuche aus meinem Bett Asterios auszumachen. Der Syrer ist nicht in seinem Zimmer. „Er will mich Hula lehren!", schwafelt Henry weiter, „ist das nicht fantastisch? Ich wollte schon immer ..."

„Ja, ja!", winke ich ab. „Danke fürs Wecken!"

„Asterios ist draußen auf dem Balkon. Geselle dich doch noch etwas zu uns, wir wollen auch zu ihm." Brom war meinen Blicken gefolgt und beantwortete meine ungestellte Frage. Ich checke meine Armbanduhr. Es ist erst kurz nach Mitternacht, weshalb ich aufstehe und hoffe, damit den Albtraum ganz abzuschütteln.

In einem Kreis aus brennenden Kerzen in Gläsern sitzen Ami und Asterios auf Liegestühlen und schlürfen Longdrinks.

„Alter", winkt mich Ami zu sich, „Henry hat uns Fruchtcocktails gemixt. In der Küche steht noch mehr davon. Feiere mit uns Henrys Einzug."

Asterios klopft neben sich auf seinen Liegestuhl, damit ich mich zu ihm setze.

Dann realisiere ich es: Ami lebt! Ich atme erleichtert auf. Ob wir beide wirklich in einem früheren Leben von einem rothaarigen Monster zur Freude des Pöbels abgeschlachtet worden sind? Ich hoffe, Ami kann sich nicht an dieses frühere Leben erinnern.

Mittwoch: 24. September

Ich erwache, weil ich Henry mit Brom in der Küche sehr angeregt über Hula diskutieren höre. Ein Check meines Weckers verrät mir, dass ich noch eine halbe Stunde schlafen könnte. Doch da ich eh wach bin und das Gemurmel aus der Küche nicht aufhören will, stelle ich mich unter die Dusche und schleiche mich danach aus dem Haus. Aufs Frühstück will ich verzichten, um früher mit meiner Streicharbeit zu beginnen. Heute schon könnten erste Studenten eintreffen.

Drüben in der Bungalowsiedlung öffne ich die Tür von Sonnenhütte Zwei, um daraus meine Farbkessel und die Pinsel zu holen, die ich seit zwei Tagen dort deponiere. Der Raum ist verändert. Ich sehe mich um. Überall hängen vollgeschriebene oder gedruckte Papiere und daran wiederum kleben gelbe Post-it oder es wurde mit dicken bunten Filzschreibern hineingeschrieben. Die meisten dieser Blätter sind Excel Sheets mit Tabellen und Namen. Da ich auf einer dieser Listen Eleuthereus lese, werde ich neugierig. Kaum die Notiz überflogen, schnaube ich, denn es handelt sich um eine Zimmereinteilung im Kathegemon; dem Haus der Anführer. Doch statt den Namen Henry und Ami finde ich auf dieser Liste die beiden Namen *Bassaros* und *Iakchos* in ihren Zimmern eingetragen. Ich stöbere weiter durch die überall hängenden und liegenden Dokumente und finde eine Tischeinteilung auf der Terrasse des Anaktoron. Um einen wuchtigen Tisch im Zentrum steht: *Reserviert für die Glorreichen Acht* und all die Namen von uns acht Dionysos-Kandidaten. Ami, zusammen mit Adriany und Henry sind irgendwo an einem Randtisch verwiesen über dem *Personal* steht. So geht es weiter und weiter. Alles und jedes auf dem Camp Gelände ist neu benannt und immer stehen Namen und Funktionen dabei. So gibt es einen *Aufpasser über die Bungalows*, einen *Häuptling des Dschungels*, *einen Fackelträger*, *einen Seelenführer*, *den Fruchtbaren*, wie *den Ekstatischen*. Neben meinem Namen Eleuthereus steht *der Befreier* oder auch mal: *Hüter des Rasens* oder *Meister des Hammers*.

Plötzlich höre ich Geräusche aus einem der beiden Schlafzimmer. Ich lasse die nächste Liste liegen, wo sie ist, um nachzusehen. Ich bin sicher, dass es sich nicht um ein Tier handelt, das sich hier eingenistet hat, sondern um eine Organisationsbestie oder einen Kontrollteufel.

Das gefährliche Wesen schläft in einem der Betten und hat die Decke bis unters Kinn hochgezogen. Es muss sich beim jungen Mann um einen der beiden Neuankömmlinge handeln, die ich gestern nicht mehr getroffen habe. Der Typ hat dunkle zerzauste Haare, dicke Augenbrauen und muss sich seit Tagen nicht mehr rasiert haben; viel mehr kann ich von ihm nicht sehen, außer, dass er unter der Decke schlaksig wirkt, also wie eine hochgeschossene Bohnenstange. Genauso dünn und schlaff sah ich selbst aus, bevor ich mit meinem Bodybuilding Training begonnen hatte. Nur war ich nie so bleich.

Als ich mich aus seinem Schlafzimmer schleiche, knarrt eine der Dielen. Der Typ schreckt im Bett hoch, doch er wacht nicht auf. Als seine Bettdecke verrückt, erkenne ich einen altmodischen Schlafanzug aus einer langen Hose und einem halb zugeknöpftem Hemd, beides aus kleinkariertem braunem Stoff. Seine fast freigelegte Brust ist leicht behaart, wie seine Schienbeine; auch an diesen Stoppeln erkenne ich, dass der Typ sich normalerweise rasiert, es aber seit Tagen nicht mehr gemacht hat. Ein weiteres Merkmal das auffällt, sind seine großen Füße mit langen Zehen. Ich kann nicht sagen, was es ist, doch der Typ gefällt mir nicht. Es sind nicht nur seine diktatorischen Listen, mit denen er glaubt, hier alles nach seinem eigenen Gutdünken zu verändern und zu dominieren, sondern seine bloße physische Präsenz; seine Ausstrahlung und selbst seine zusammengekniffenen Augen sind mir unsympathisch. Kopfschütteln, weil ich mir über einen Fremden, der erst noch schläft, bereits ein solch vernichtendes Urteil gebildet habe und das, bevor ich auch nur einmal mit ihm gesprochen habe, erschreckt mich selbst.

So leise mir möglich ist, trage ich alle Malutensilien ins Freie und schließe hinter mir die Tür der Sonnenhütte Zwei wieder zu. Verwirrt und stocksauer über des Typen Art und Weise hier die Zügel an sich zu reißen, beginne ich mit dem zweiten Anstrich dieses Hauses. Erst bemerke ich es gar nicht. Ich habe tatsächlich in meiner Wut einige der fröhlichen Farben von gestern dunkel übermalt. Kopfschüttelnd übermale ich das aggressive Blutrot wieder mit Rosa, das depressive Dunkelgrau mit Türkis und das besserwisserische Senf-Gelb mit sonnigem Gold-Gelb. Kurz vor zehn Uhr bin ich fertig. Ich wasche die Pinsel aus und mache mich auf den Weg zur Kantine. Wenn ich Glück habe, hat Henry das Frühstück noch nicht abgeräumt.

„Was ist denn dir über die Leber gelaufen?“ Ami kommt aus dem Wintergarten gehumpelt. Er hatte dort neue Bücher in Regale geräumt. Er setzt sich zu mir an den Tisch.

„Was weißt du über die beiden letzten Kandidaten?“, sehe ich dem blonden Lockenkopf in seine braunen Augen. „Wird einer der beiden hier unser

Boss sein?“

„Boss?“, schneidet Ami eine Grimasse. „Du und ich, wie alle anderen Camp Angestellten ebenso, sind nur Janus verantwortlich.“

„Und was ist mit den Studenten?“

„Ebenso!“, zuckt Ami mit der nackten Schulter. Wie immer trägt der Hawaiianische Jüngling nur eine seiner bunten Speedos und einen dicken Verband um seinen rechten geschienten Fuß. „Klar, während der diversen Kurse sind auch die Lehrer Respektspersonen.“

„Das meine ich nicht!“, malträtiere ich mein Frühstückswürstchen, als ob ich es hinrichten würde. Meine beiden Spiegeleier blende ich, in dem ich ihre goldigen Augen mit der Gabel durchsteche, dass ihr Saft ausläuft.

Ami beobachtet mich kopfschüttelnd. „Ich habe dich noch nie so aggressiv erlebt! Illu, was ist passiert?“

„In der Sonnenhütte Zwei hat sich einer eingenistet, der hier alles umkrempeln will.“

„Wie kommst du darauf?“

„Überall hängen in der Hütte Excel Tabellen mit Zimmerzuordnungen, doch ebenso mit fixen Platzzuweisungen hier auf der Terrasse oder in unserer Bleibe auf den Klippen.“

„He?“, grunzt Ami.

„Gemäß diesen Listen wirst du und Henry aus dem Haus der Anführer geschmissen, damit ein gewisser Iakchos und ein gewisser Bassaros eure Zimmer übernehmen können.“

„Ich ziehe dort nicht aus!“, stemmt sich der Halbnackte seine Hände in die Hüften. „Ich wohnte auch schon die letzten beiden Jahre dort! Was erlaubt sich so ein dahergelaufener Spinner ...“

„Wer ist jetzt aggressiv?“, boxe ich Ami verschwörerisch in den Oberarm.

„Mann, der Typ wird mich kennenlernen!“

„Ich denke, das passiert früher, als du denkst“, nicke ich übers Plateau Richtung der Bungalows. Ein konservativ gekleideter schlaksiger Typ mit hängenden Schultern und dunklen zerzausten Haaren schlurft unter den Palmen auf uns zu. „Kennst du ihn?“, tuschle ich mit Ami.

„Allerdings!“, spuckt Ami auf den Holzboden. „Dieser Typ studierte ebenfalls ein Jahr an der Uni in Honolulu.“ Ami überlegt kurz, dann flüstert er: „Er heißt ...“

„Nein!“ Ich packe nach Amis Hand. „Sprich seinen wahren Namen hier nicht aus.“

„Dieser Typ da“, blickt Ami finster auf die ankommende Gestalt unter den Palmen, „bedeutet Ärger. Er spielt sich immer und überall als Chef auf – auch als er noch an der Uni in Honolulu war. Er war dort der Sprecher der Studenten. Na ja, eigentlich wurde er nie dazu gewählt. Er war nur der Ersatzmann des offiziell ernannten Mannes. Als der jedoch plötzlich erkrankte und nach Boston umzog...“ Abermals spuckt Ami auf den Holzboden. „Dieser Nerd“, schielt er zum Typen mit der hängenden Schulter, „rückte ohne eine Wahl an den ersten Platz. Ja, an seine Reformen – wie er seine eigenen Beschlüsse gerne selbst nannte – erinnere ich mich nur zu gut.“

Wir schweigen beide, als die Bohnenstange die Treppe erreicht und hochkommt. Er trägt zur kurzen Jeans eine Art Poncho mit Kapuze, der bis zum obersten Knopf geschlossenen ist. Er ist barfuß und trägt in seiner rechten Hand eine schwarze Aktentasche.

Als er uns bemerkt, steuert er uns – noch immer unrasiert und zerzaust – mit einem süffisanten Lächeln an. Ungeniert mustert er uns wie Untermenschen, dass mir sofort wieder die Galle überläuft, und Ami abermals auf den Boden spuckt.

„Folks“, spricht er uns ohne jede Begrüßung an, „weiß einer von euch beiden, ob der eine oder der andere *Kandidat*“, er betont das Wort, als ob es ein Adelstitel wäre, „schon hier im Anaktoron weilt, damit ich ihm meine Aufwartung machen kann?“

„Kandidaten?“, spiele ich den Volldepp. „Nein, großer Sahib, ich nicht wissen. Ich nur dummer Junge sein, der hier den hohen Herren dient.“

„Macht nichts!“, sieht mich der Vollidiot gütig an und kann gerade noch seine Hand zurückhalten, um mir nicht wie einem Welpen, den Kopf zu tätscheln. „Bursche“, sieht er mich naserümpfend wegen meiner Nacktheit an, „ich hätte gerne zwei Spiegeleier over easy, dazu Speck und Hash Browns sowie Orangensaft und einen Kaffee ohne alles. Ich werde mich an den Tisch im Zentrum setzen. Und beeile dich, ich habe heute noch viel zu erledigen!“

„Alter, hast du sie nicht mehr alle!“, tippt sich Ami an den Kopf.

„Wünschen Eure Schwachkopfigkeit noch etwas anderes?“, stehe ich auf und verneige mich wie ein Butler vor der Bohnenstange mit der Aktentasche. „Darf es noch eine Kopfnuss und einen not-so-easy Eiertritt sein?“

„Nenn mir deinen Namen!“, befiehlt mir der Dunkelhaarige mit den fast schwarzen Augen. „Das hat Konsequenzen! Ich sorge dafür, dass du aus deinem Job entlassen wirst. Noch heute!“, betont er selbstgerecht.

„Ach, halt doch die Klappe!“, winkt Ami ab. „Eleuthereus hier ist mehr Mann, als du dir jemals erträumen kannst.“

„DU“, gafft mich der Idiot an, „bist Eleuthereus? DU“, betont er das

Wort schon wieder, als ob ich ein Lügner wäre. „DU bist einer von uns acht *Auserwählten*?"

„Du weißt schon, dass der erste Eindruck ein bleibender ist?", sehe ich ihn mit hochgezogenen Augenbrauen an. „Bist du immer ein so arroganter Schwachmatt oder gibst du dir nur gerade besonders viel Mühe?"

Statt darauf zu antworten, räuspert sich der Typ in den schäbigen Klamotten, die ihm alle irgendwie zu klein scheinen. Dann nennt er seinen Namen: „Ich bin *Iakchos*, der Fackelträger. Ich bin Iakchos, der Begleiter durch die eleusinischen Mysterien. Ich bin Iakchos, der Frühlingsbeginn! Aber ihr könnt mich auch *Kosh* nennen."

Ami zwinkert mir zu und wir beginnen beide schallend zu lachen, bis Kosh eingeschnappt abzieht.

Kaum außer Hörweite, tippe ich mir mehrfach an den Kopf. „Der hat sie wirklich nicht mehr alle!"

Im Zentrum schiebt dieser Kosh vier Tische zu einem großen zusammen, öffnet seine Aktentasche und zieht ein laminiertes Schild daraus hervor, auf dem steht: *RESERVIERT für die auserwählten Kandidaten*. Mit Tesafilm klebt er sein Bastelwerk so auf dem Tisch fest, dass selbst ein Hurrikan es nicht mehr wegfegen könnte. Sehr zufrieden mit seiner Tat grabscht er nach kleineren Namensschildern und klebt auch diese, nach seiner Tischordnung, die er vor sich legt, mit genauso viel Tesafilm fest. Danach setzt er sich ans Kopfende. Interessanterweise bleibt das gegenüberliegende Tischende ohne Namen.

„Hat er gerade …?", fragt Ami.

„Er hat!", antworte ich, bevor Ami seinen Satz beenden konnte.

„Gibt es hier keinen größeren Tisch?", ruft er uns zu.

„Im Keller!", antworte ich ihm.

Kosh sitzt alleine an seiner provisorischen Tafel und sieht sich jetzt nach einer anderen Bedienung um.

„Sollen wir ihn aufklären?", frage ich Ami.

„Sicher nicht!", schüttelt der seinen Kopf. „Soll er doch warten, bis hier Schnee fällt oder sich ein Dummer auf seine Machtspielchen einlässt."

„Humpelbein", schüttle ich nochmals über Koshs Verhalten meinen Kopf, „ich muss weiter arbeiten. Sehen wir uns zum Mittagessen?"

„Logo! Ich bin hier im Haus mit dem Umräumen der Bücher beschäftigt. In den Regalen des Aufenthaltsraums sollen die ganzen Mythologie Bücher über Dionysos für euch und Janus' Unterricht zum Nachschlagen zur Verfügung stehen. Nachmittags sortiere ich die anderen Mythologie-Werke in der

Bibliothek im Obergeschoss."

„Gibt es ein Buch über Dionysos' viele Beinamen?"

„Bestimmt", zuckt Ami mit seinen Schultern. „Falls mir langweilig werden sollte, suche ich es oder recherchiere etwas für dich!"

„Cool, Danke!"

Den ganzen Morgen über vollende ich meine Pinseleien an den anderen Hütten. Als ich schließlich mit meinem neuen bunten Anstrich zufrieden bin, ist auch mein Ärger verflogen. Weil mir noch etwas Zeit bleibt, zeichne ich an verschiedenen Stellen Schmetterlinge und andere künstlerische Details. Um Kosh nicht zu begegnen, halte ich stets nach ihm Ausschau. Einmal sehe ich ihn von weitem, wie er eines seiner Schilder an einen Baum befestigt. Plötzlich überkommt mich wieder Ärger. ICH bin hier der House-Keeper! ICH bin für die Beschriftungen verantwortlich! Entschieden, Kosh den Kampf anzusagen, wasche ich alle Pinsel aus.

Weil ich vergessene Farbtöpfe aus Koshs Sonnenhütte Zwei holen muss, sehe ich mich stinkfrech nochmals bei ihm um. Im Schlafzimmer steht nur ein einzelner Koffer, auf dem groß eine Etikette klebt: *FUNDSACHEN.* Schadenfroh kichere ich vor mich hin. Offensichtlich ist sein Gepäck auf der Reise hierher verloren gegangen. Ich hoffe, es wurde aus Versehen auf den Müll verfrachtet oder über dem Ozean abgeworfen. Schließlich verlade ich alle Farbtöpfe wieder auf meinen Karren und zieh ab.

Als ich unser Haus auf der Klippe passiere, klebt dort am Brückenpfosten eines von Koshs Schildern: KATHEGEMON. *Das Haus der Anführer. Zutritt für Unbefugte verboten!* Da neuer Ärger in mir hochsteigt, packe ich geistig nach dem besserwisserischen Unruhestifter, um ihn in den Ozean zu schleudern. Statt ihm, widme ich mich stattdessen seinem Plakat. Leider kann ich es nicht vom Pfosten lösen, da es nicht nur mit extrem viel Klebeband daran gefesselt ist, sondern auch noch zusätzlich mit kurzen Nägeln vandalensicher gemacht wurde. Vor mich her fluchend, zerre und reiße ich am Schild, bis ich es endlich in meinen Händen halte, um es über die Klippen in den Ozean zu schleudern. Im letzten Moment halte ich inne und schmeiße es stattdessen auf meinen Karren. Ich will mit diesem Unrat die Insel nicht verschmutzen.

„Hast du es echt weggekriegt?", spaziert Brom bis zur Brücke, bleibt aber auf der Terrasse drüben stehen. Er muss mich beim Schildentfernen beobachtet oder meine bösen Verwünschungen gehört haben. „Illu, ich dachte darüber nach, es zu übermalen, doch im Schuppen gab es keine Farbe mehr!"

„Zu spät!“, winke ich mit dem Schild. „Die Farben räume ich gleich wieder unten ein, doch dieses Schild werde ich häckseln oder verbrennen.“

Brom lacht. Bis auf seine Frangipani-Kränze ist er nackt.

„Hast du Iakchos – oder Kosh, wie er seinen Namen abkürzt – schon kennen gelernt?“, frage ich Brom.

„Allerdings!“, brummelt er. „Ich kenne den Typen von der Uni in Honolulu. Er war schon damals ein Spinner. Aber er ist ein Spinner, der weiß, wie er andere manipulieren muss, damit er am Ende seinen Willen durchsetzen kann. Er kam für ein Jahr auf die Insel. Er ist Südafrikaner aus Johannesburg, lebte aber zuvor eine Weile in Chicago und flog nach zwei Semester wieder in seine Heimat zurück. Leider ist er hier im Camp der Projektleiter.“

„Leiter für welche Projekte?“

„Das wird er uns bestimmt schon heute verklickern“, winkt Brom ab. Genau wie Ami, reagiert auch Brom übelgelaunt auf seinen ehemaligen Kommilitonen.

„Kosh plant, hier einzuziehen“, lasse ich mein Karren auf dem Plateau stehen und spaziere über die Brücke zu Brom.

„Alter, keine Chance! Unser Haus ist voll!“, winkt Brom ab. „Diesen Miesepeter will ich nicht um mich haben. Schlimm genug, dass er jetzt hier – und noch einer von uns Dionysos-Kandidaten – ist!“

„Er will Ami und Henry rauswerfen, um sich selbst zusammen mit Bassaros hier einzuquartieren.“

„Kommt nicht in Frage!“, stampft Brom auf und nimmt eine seiner Hula-Tanz Stellungen ein, die mich vage an Kung-Fu erinnert. „Ich mag Henry!“ Rasch fügt Brom an: „Und Ami natürlich auch! Mit dir und Asterios sind wir ein Spitzenteam. Ich will diesen aufgeblasenen Besserwisser nicht hier haben.“

Schäbig grinsend klopft mir Brom auf die Schulter. „Räumen wir die Farben weg!“ Brom hilft mir den Karren über die Rampe in den Schuppen zu fahren, um dort die Farbtöpfe, Pinsel und Rollen wieder zu versorgen. „Kann man sich mit diesen Farben auch den Körper bemalen?“, fragt mich der Tänzer.

„Nur wenn du dich zuvor sehr dick mit einer Creme einschmierst. Tust du es nicht, wirst du die Acrylfarbe nur schwer wieder von der Haut lösen können. Warum fragst du?“

„Ach nur so!“, grinst er lausbübisch. „Illu, was wirst du heute Nachmittag machen?“

„Aufräumarbeiten“, lache ich über Broms grimmigen Gesichtsausdruck.

„Irgendein Spinner hat hier überall die Landschaft mit Klebeband und Plastikschilder verschmutzt. Ich als House-Keeper muss dafür sorgen, dass solcher Unrat beseitigt wird."

Beim Mittagessen warten Ami, Brom und ich auf eine weitere Konfrontation mit Kosh – ja, wir sehnen sie geradezu herbei! Doch leider taucht Schilder-Spinner nicht auf. Auch von Bacchus, Os, Asterios und dem kleinen ziegenbärtigen Zac fehlt jede Spur. Kiss ist ebenfalls noch nicht wieder aus Hana zurückgekommen. Nach Tony sehe ich mich schon lange nicht mehr um. Egal, wann ich ihn mal irgendwo getroffen habe, immer wich er meinen Blicken aus und verzog sich ohne ein Wort mit mir gewechselt zu haben.

„Asterios will Urania, der Astronomie-Lehrerin, im Observatorium auf dem Krater oben bei ihren Vorbereitungen helfen. Os bot ihm an, ihn mit einem der Jeeps hochzufahren", klärt mich Ami auf. „Ich habe sie belauscht, als ich Bücher sortierte. Zac ist mit Bacchus und Tony am Strand. Kosh plant mit Bassaros einen Putsch oder eine Show ein. Was weiß ich? Sie übten vorhin mit einem langen Mantel eine Enthüllung oder so etwas in der Art."

„Ist Bassaros auch ein machtbesessener Denkzwerg?", rolle ich mit meinen Augen.

„Ich habe den jungen Mexikaner nur aus der Distanz beobachtet, ihn aber nicht gesprochen. Er will hier übrigens *Saro* genannt werden! Keine Ahnung, wie Saro drauf ist", zuckt Ami mit der Schulter und zupft an seiner hellblau-gelb gestreiften Speedo.

Erst jetzt bemerke ich, dass Brom nackt zum Mittagessen erschienen ist. „Dude", grinse ich ihn an, „übernehmen die Nackten hier bald das Zepter?"

„Ich habe bis eben getanzt und tatsächlich vergessen, mir etwas anzuziehen", stellt Brom sachlich fest. „Echt, Leute, das war keine Absicht!" Dann sieht er ernst geworden zu Ami. „Freund", legt er ihm beide Hände auf die Schultern, „du bleibst bei uns im Haus auf der Klippe! Illu und ich kämpfen dafür, sollte Kosh versuchen, seinen Willen durchzusetzen. Alter, du bist einer von uns. Hast du mich verstanden?"

Gerührt nickt Ami. „Wir Nudisten müssen zusammenhalten!", kichert Ami und zieht sich seine Speedo unter dem Tisch aus. „Alle Macht den Nackten!", brüllt er, als ob das eine Kampfansage sei. Dabei schiebt er mir einen total zerknitterten Zettel hin, der aus seiner Speedo gefallen ist. Es ist eine Liste mit vielen Beinamen des Dionysos.

Nach dem Mittagessen checke ich vor dem Computer im oberen Stockwerk unseres Hauses Hilos Listen. Vor der Ankunft der Studenten muss ich nur noch die Bestuhlung unter dem Banyanbaum hinter dem Elefantengras und Bambushain herrichten. Dazu müssen noch zehn weitere Tische mit Bänken aus dem Keller geholt, zusammengeschraubt und vor Ort im Boden fixiert werden. Darauf verspüre ich aber keine Lust. Das Entfernen aller Schilder von Kosh lasse ich ebenfalls bleiben. Ich werde Schild-Heini heute Abend zur Rede stellen und ihn zwingen, sie selbst alle wieder abzunehmen; das wäre eine größere Genugtuung. Den Rest auf Hilos To-Do-Liste kann ich auch erledigen, wenn die Studenten schon hier sind.

Da es während des Mittagessens kurz geregnet hat, wird der Nachmittag trocken bleiben, warum ich die hohen Palmen erklettern will, um dort mit der Motorsäge die dörren Wedel zu entfernen. Einmal mehr mit nichts mehr als meiner Schutzbrille auf der Stirn, Handschuhen und Wanderschuhen bekleidet, spaziere ich mit dem neu beladenen Karren zu den Palmen, die am nächsten beim Anaktoron wachsen. Ich musste an der Uni in Honolulu üben, wie man Palmen richtig erklettert, was mit einem Spezialseil um die Hüften und um den Baum gewickelt und mit guten Schuhen schwerer klingt, als es wirklich ist. Die Motorsäge ist an einem weiteren langen Seil befestigt und liegt im saftig grünen Rasen, während ich geschickt die erste Palme an der rauen Borke hochklettere. Mit den Wanderschuhen, die ich mit zusätzlichen Haken an den Sohlen zu idealen Kletterwerkzeugen umfunktioniert habe, bin ich im Nu oben. Ich ziehe die Motorsäge am Seil nach. Ich schnappe mir die Kopfhörer, die an der Maschine befestigt sind, stülpe sie mir über und starte den Motor, um mit dem Absägen der verdorrten Wedel zu beginnen.

Die Zeit fliegt nur so vorbei, während ich Palme um Palme erklettere und bei einer nach der anderen das Prozedere wiederhole. Hoch in den schwankenden Säulen unter den raschelnden Kronen, komme ich mir wie ein Affe oder wie ein Eingeborener aus längst vergangenen Tagen vor. Ob ich damals in jenem Leben im Dienste des Grünen Gottes auch Palmen erklettern musste? Meinen Träumen nachhängend genieße ich die Aussicht übers Plateau und den triefblauen Ozean mit den weißen Gischtkronen in der Ferne. Den Lärm der Motorsäge blende ich vollkommen aus. Niemals hätte ich mir träumen lassen, dass Nacktarbeit so viel Spaß machen könnte und sich so befreien anfühlt. Der Wind leckt mir den Schweiß vom Leib oder küsst kühlend meine intimsten Stellen. Oft bin ich erregt, wenn es dazu auch keinen Grund gibt. Ich glaube, das hat einfach mit meiner Lebensfreude und der Potenz dieser fruchtbaren Insel zu tun. Meine Muskeln fühlen sich hart an, wenn ich die schwere Motorsäge am Seil raufziehe oder danach unten auf dem Plateau die Palmwedel auf den Karren hieve.

Kurz vor sechs Uhr klettere ich von der bestimmt schon zwanzigsten Palme wieder runter, um die abgesägten Wedel auf meinen Karren zu schichten. Kaum fertig, ziehe ich mir meine Schutzbrille und die Handschuhe aus, wie auch meine Wanderschuhe. Da bemerke ich eines von Koshs Schildern an den Stamm der nächsten Palme genagelt. *Treffpunkt für die Morgengymnastik*, steht darauf. Mir ist bewusst, dass Brom für jede Form von Gymnastik, Tanz oder Frühturnen zuständig sein wird – das ist immerhin Teil seines Jobs hier! Zudem weiß ich, dass mein Kumpel den Steinkreis im Palmenring hinter unserem Haus dafür hergerichtet hat.

Wütend, dass Kosh sich über alles hinwegsetzt, packe ich nach dem Plakat. Das doppelt laminierte Schild lässt sich nicht zerreißen. Entschlossen packe ich nach dem rostigen Nagel und zerre daran. Ich versuche ihn zu drehen und zu verbiegen. Endlich lockert er sich ein wenig. Ich zerre entschlossener daran. Beim Rausgleiten aus dem Stamm schneide ich mich am verrosteten Eisen, so dass meine rechte Handfläche sofort stark zu bluten beginnt. Ich heule auf und lasse den Nagel sofort los. Mein Blut verschmiert Koshs Schild. Meine Flüche schluckend, suche ich auf dem Karren nach etwas geeignetem, um meine Wunde damit einzubinden. Ein Lappen, der eigentlich für die Reinigung der Motorsäge vorgesehen war, muss hinhalten. Bald ist das schmutzige Tuch von meinem Blut getränkt.

Wütend und noch immer stark blutend spaziere ich zum Registrationshaus, in der Hoffnung, Os dort in seinem Lazarett zu finden. Aber unser Mann für Erste Hilfe ist noch nicht von seinem Ausflug mit Asterios vom Krater zurückgekehrt. Adriany ist ebenfalls weg, wahrscheinlich bereits im Haupthaus drüben beim Abendessen. Mit einem ätzenden Desinfektionsmittel wasche ich mir die Wunde aus. Als die Blutung endlich gestoppt ist, begutachte ich die Wunde. Ich habe mir die Lebenslinie vollkommen aufgeschlitzt! Linkisch verbinde ich mich einhändig mit einer frischen Gazebinde.

Da die Sonne bereits untergegangen ist, stelle ich mich bei einem der Bungalows unter einen der Wasserschläuche draußen und wasche mich einhändig so gut es geht, bevor ich zum Abendessen ins Haupthaus aufbreche.

Brom winkt mir von einem neuen gewaltig großen Tisch im Zentrum zu.

Der Südafrikaner hat wirklich den alten Eichentisch aus dem Keller raufgeholt. Natürlich kleben auch darauf wieder alle von Koshs Schildern. Gleichzeitig humpelt Ami mit dick eingebundenem Fuß aus dem Wintergarten im Haupthaus. Wie lange ihn Os wohl noch so über seinen Leichtsinn nachdenken lässt?

Brom wechselt seinen Platz und setzt sich demonstrativ ans Kopfende, dem Platz, den sich Kosh für sich selbst angeschrieben hat, und Ami nimmt Asterios' Platz ein. Meine beiden Freunde tragen jetzt wieder entweder ne abgeschnittene Jeans oder ne Speedo. Sternenjunge und der Bulle sind noch nicht vom Kraterausflug zurück. Bacchus, an einem der kleinen Vierertische näher beim Buffet, trägt sein feuerrotes Seidentuch heute wie ein Inder einen Lendenschurz und tuschelt mit Adriany, während er sich gleichzeitig seine kurzgeschnittenen Zehennägel frisch schwarz lackiert.

„Darf ich mich zu euch setzen?", fragt der ziegenbärtige kleine Halbjapaner, der plötzlich aus dem Nichts auftaucht.

„Zac!", bietet Ami ihm einen Platz an der Tafel an. „Logo! Bitte setz dich, wohin du willst. Ignoriere die Schilder, die haben nichts zu sagen", ergänzt er, als sich der kleine Typ auf den Platz, der mit seinem Namen angeschrieben steht, setzen will. „Zac, es gibt hier keine Zwänge, selbst wenn das *jemand"*, betont Ami und verdreht dabei seine braunen Augen, „es auch gerne so haben möchte."

„Hast du dich hier schon etwas eingelebt?", frage ich Zac, der sich im Ziegenbärtchen krault und wieder einen japanischen Kimono trägt, was ihn sehr asiatisch aussehen lässt.

„Ihr seid alle so ...", Zac räuspert sich und sieht von mir, dann auf Bacchus am anderen Tisch, „so zwanglos!"

„Dude, was hast du denn erwartet?", blitzen Broms extrem blaue Augen. „Wir sind alle, wie wir sind!"

„Zac, falls du eine Nudistenader hast, kannst du sie bei uns im Haus auf der Klippe ausleben. Unser breiter Balkon bietet sich perfekt fürs nackte Chillen an!"

„Yep!", übernimmt wieder Brom.

„Hat Nudismus etwas mit der Dionysos-Gabe zu tun?", fragt der kleine Halbjapaner.

„Alter", lacht Brom. „Ein echter Hula-Tänzer trägt niemals mehr als einen Lendenschurz oder einen Bastrock. Wir *echten* Insulaner sind mit der Natur verbunden, unsere Körper sind wie die Bäume, die sich zu den Tönen des Windes bewegen."

Zac lacht auf. „Jungs, ich studiere in Japan. Nacktbaden ist dort verboten, doch ich würde es schon mal gerne ausprobieren. Ihr müsst wissen, als ich die Dionysos-Gabe vor zwei Jahren zum ersten Mal in mir spürte, erwachte auch ein Verlangen ..." Der Jüngling errötet und bricht mitten im Satz ab.

„Ein Verlangen nach Lebensfreude?", frage ich, da ich Ähnliches wie Zac in London erlebt hatte. „Mein Mentor lehrte mich: *Reiß dir die Masken vom Gesicht, zerfetze deine Hüllen und zerschmettere deine Hemmungen!* Glaub mir, das war nicht leicht zu erlernen."

„Aber du bewegst dich so natürlich. Eleuthereus ..."

„Nenn mich Illu, das tun alle meine Freunde!", werfe ich ein.

„Cooler Name! Illu, ich hatte dich heute immer Mal wieder heimlich aus der Ferne beobachtet. Du warst ein echter Fruchtbarkeitsgott, als du auf den Palmen rumgeturnt bist. Schert es dich gar nicht, von allen angegafft zu werden?"

„Zac, mir wurden meine Hemmungen auf die peinlichsten, aber auch auf die witzigsten Arten in London ausgetrieben. Heute sehe ich mich als *Nudist at Work*. Ja, ich bin ein echter Nudist geworden, etwas anderes kommt für mich nicht mehr in Frage."

Ami zuckt mit der Schulter. „Leute, ich gehöre nicht zu eurem Götter-Verein, dennoch bewege ich mich am liebsten nur in sexy Speedos! Ich habe hunderte davon." Dabei steht der blonde Krauskopf auf und dreht sich um die eigene Achse, damit wir seine feuerrote Badehose mit push-up-Effekt bewundern können. Humpelnd, da seine Pirouette mit dem eingeschienten Fuß ihn aus der Balance wirft, stützt er sich an Broms Schulter ab. „Sorry, Dude! Dieser Verband verwandelt meinen Fuß in einen Satyr-Huf. Os versprach mir, sollte die Schwellung heute Abend abgeklungen sein, er mich bald davon befreien will."

„Heute schon?", spiele ich mit. „Ami, deine Heilung ist ja voll rekordverdächtig!"

„Als mich Dionysos in einer seiner tausend Erscheinungsformen zum ersten Mal in einem meiner Träume aufsuchte", kommt der Halbjapaner aufs Thema zurück, „da forderte er mich auch auf, hinter die Erscheinungen zu blicken. Ich sollte versuchen, das wahre Gesicht hinter den Masken zu sehen; und die Verkleidungen der Illusionen herunterreißen, um die nackte Wahrheit unverschleiert und frei zu erfahren. Dass ich dabei auch meine eigene Bekleidung runterreißen muss, auf diesen Gedanken bin ich bis jetzt noch nie gekommen."

„Zac", klopft ihm Brom auf den Rücken. „Dionysos-Gaben manifestieren oder personifizieren sich durch jeden anders. Ahme niemanden nach! Kopiere nicht einfach das Verhalten der anderen, nicht mal das deiner Ideale. Entdecke *dich* selbst. Sei ein Original! Sei niemals eine schlechte – oder selbst eine gute – Kopie von jemand anderem! Sei du selbst!"

„Mich vor anderen auszuziehen, ist nicht mein Ding", gesteht der kleine ziegenbärtige Typ mit den giftgrünen Augen.

Ich lange nach seiner kleinen Hand, um sie kurz zu drücken. Anders, als bei den anderen Dionysos-Kandidaten, fühle ich bei Zac nichts, kann keine Farbe sehen oder sonst irgendetwas, das ihn als den auszeichnet, der er ist. Ich weiß nicht viel über all das Götterzeug, doch so viel inzwischen schon: wir Kandidaten tragen ein Potential in uns, das uns befähigt, andere Dimensionen zu bereisen. Ob das die Heimat der Götter ist oder einfach eine andere Bewusstseinsebene, ist mir eigentlich egal. Os ist das Feuer, Brom die pure Fruchtbarkeit und Asterios ein Herrscher. Bacchus' Eigenschaft habe ich noch nicht wirklich erfasst, doch sie ist da und schleicht wie ein gefährliches Raubtier durchs Camp. Warum fühle ich bei Zac nichts? Laut sage ich: „Schade, dass wir kein weiteres Zimmer vergeben können. Zac, du würdest gut zu uns passen!" Als Zac eine Grimasse schneidet, füge ich an: „Ganz egal ob nackt oder angezogen!"

„Danke", murmelt Zac, steht auf und verlässt die Terrasse, um in die Nacht auf dem Plateau zu verschwinden.

„Was hat er?", fragt mich Brom. „Habe ich was Falsches gesagt?"

„Haben wir ihn verärgert?", wundert sich Ami über den Abgang.

„Ich glaube, er ist einfach scheu", winke ich ab.

Henry und Adriany verteilen Tischkerzen in bauchigen Glasgefäßen auf den Tischen und entzünden die Fackeln vor der Terrasse, um danach alles elektrische Licht – bis auf die Lichterketten um die Palmen vor der Treppe – zu löschen. Das ist nicht an jedem Abend so, warum ich verwundert Henry nach dem Candle Light Dinner befrage, doch der zottelhaarige Koch schweigt sich mit einem Grinsen aus. Erst, als die Stimmung kaum noch kitschiger werden kann, setzt er sich zu uns an die Tafel im Zentrum.

Fast gleichzeitig treffen Os und Asterios bei der Treppe ein. Ich winke beide zu uns und beobachte einmal mehr – und genauso fasziniert, wie schon oft – Asterios' Strip vor der Linie. Der schöne Syrer faltet sein grobmaschiges Seidenhemd und danach seine hauchdünne Shorts mit Stickereien an den Säumen sorgfältig zusammen, um danach in seiner typisch aufrechten Haltung zu unserem Tisch zu schreiten. Er trägt heute breite Armspangen und seinen gold-silbernen Cockring voller Stolz und Selbstsicherheit. Ich habe

Asterios noch nie schöner und erhabener gesehen, als jetzt in diesem flackernden Licht auf der überdachten Terrasse.

Os trägt eine seiner roten Sportshorts mit dem weißen Kreuz darauf zu einem ebenfalls roten T-Shirt zu weißen Turnschuhen. „Was ist denn dir passiert?", tippt unser Mann für Erste Hilfe auf meine unprofessionell eingewickelte Hand.

„Ach nichts!", winke ich ab. „Nur ein Schnitt, der arg geblutet hat. Es tut überhaupt nicht mehr weh!", lüge ich.

„Ich sehe es mir nachher im Lazarett trotzdem an", beharrt der Medizinstudent auf einer Kontrolle. „Was hat es denn mit diesen Schildern auf sich?", versucht Os das Namensschild von Bassaros zu lösen, das auf seinem üblichen Platz mit Blick aufs Buffet auf dem Eichentisch festklebt.

„Was ist das denn?", zeigt Brom durch die Palmen aufs Plateau. „Da nähert sich uns eine Prozession?"

Ich folge Broms Fingerzeig. Fünf dunkle Figuren nähern sich.

„Yep! Es sind zwei Gestalten in Umhängen", bestätigt Os.

Ich kann fünf sehen, wenn auch nur zwei auf uns zukommen. Die anderen bleiben in der Dunkelheit. Die erste sich nähernde Figur trägt eine Fackel in ihren beiden Händen vor sich herhaltend, die zweite folgt dicht in sehr aufrechtem Gang. Als die beiden Männer näher kommen, erkenne ich, dass der Fackelträger wirklich einen langen Kapuzenmantel trägt, der ihn von Kopf bis Fuß vollkommen einhüllt. „Ein mittelalterlicher Mönch?", rümpfe ich meine Nase. „Ist das der Einzug der Inquisition?"

Der andere ist etwas kleiner und nicht so schlaksig wie Kapuzenfreak, sondern trainiert. Selbst aus der Ferne ist an seiner Haltung und der Art wie er sich bewegt, klar erkennbar, er muss Balletttänzer sein. Sein Umhang sieht aus, als ob er aus Haut, auf der eben erst frisches Blut dunkelrot eingetrocknet sei, bestehen würde, was zu seinen extrem orangen, hochaufstehenden Haaren unheimlich aussieht. Erst jetzt verschmelzen die drei zurückgebliebenen Gestalten wieder vollständig mit den Schatten auf dem Plateau.

„Die beiden toppen ja noch Asterios' ersten Auftritt!", boxt mir Brom, interessiert ihrem Aufmarsch folgend, in die Seite. „Was für ne Show!"

Ich fühle etwas wirklich Finsteres und Boshaftes auf uns zukommen. Bei meinem Flug von Honolulu nach Maui habe ich von fünf dunklen Gestalten geträumt. Offenbaren sich Kosh und Saro als zwei der *Zurajir*?

„Illu!", schüttelt mich Brom. „Nicht abdriften! Das musst du dir ansehen!"

Als die zwei beim Anaktoron ankommen, rammt der erste seine Fackel in den aufgelockerten Boden bei den Rabatten. Es muss Kosh sein. Er lässt Saro die Treppe hoch den Vortritt. Saro stellt sich drei Schritte vor unserem neuen Tisch im Zentrum in Position. Bis auf Bacchus und Adriany sitzen wir alle darum herum. Janus, wie auch unser Surfer Champion sind nicht hier. Zac bleibt verschwunden und Tony interessiert mich nicht.

Jetzt von Nahem kann ich Saros' Kopf und Züge klar erkennen. Er hat nicht wirklich hochstehend oranges Haar, sondern trägt den ausgestopften Kopf eines Fuchses, wie ein Schamane als Kopfputz. Saros Augenpartie und seine Stirn sind türkisfarben bemalt, dass es aussieht, als ob er eine Halbmaske tragen würde. Riesige runde Scheiben, wie ich sie schon an antiken Bildnissen von Azteken oder Inkas gesehen habe, zieren seine Ohren und sind aus Gold. Sein Hals wird von einem breiten Halsband aus Türkisen gewürgt. Der Schamane blickt theatralisch ernst in die Runde. Laut, mit einer geschulten Bühnenstimme, proklamiert er mit sehr starkem spanischen Akzent:

„Ich bin Bassaros, der Führer der Seelen. Ich bin der hohe Priester. Ich bin die künftige Personifikation des *Polyônomes*, des Gottes mit vielen Namen. Ich werde mir den Titel *Orthos*, der Aufrechte, verdienen und ebenso den Titel *Chtonios*, der Herr der Unterwelt."

„Ein sehr bescheidenes Wesen", flüstert mir Asterios zu, gafft aber den Exoten fasziniert an. „Der Typ ist auf der Bühne zuhause und muss Dramatik und Tanz studiert haben. Seht euch seine perfekte Körperhaltung an."

„Er will die Titel zweier ausgeschiedener Kandidaten an sich reißen. An seiner Stelle würde ich Orthos lieber nicht erwähnen", nuschle ich.

„Orthos, war das der Typ, der im Hyatt Hotel in Honolulu ermordet wurde?", tuschelt Ami, gierig nach neuem Tratsch.

„Genau der!", verschränke ich meine Arme vor der Brust und starre den Fuchsköpfigen im Blutmantel ablehnend an.

Kosh stellt sich hinter den Schamanen und langt nach dessen Umhang, um ihn ihm sehr, sehr langsam abzunehmen. Saro strafft seine Haltung und erstarrt dabei zur Statue, um sich zeremoniell enthüllen zu lassen. Als erstes teilt sich die blutende Haut an seinen Schultern und befreit eine antike dreiteilige Kragenkette, die Saros Brust halb verdeckt. Auch dieses Schmuckstück besteht aus echten Edelsteinen: Karneolen, Rohrubinen und Türkisen, die mit Goldplättchen zusammengehalten werden. Trotz all dem Gehänge wirkt Saro kein bisschen feminin, sondern wirklich wie ein Hohepriester aus einer längst vergangenen Hochkultur in Mesoamerika.

Der Mantel rutscht sachte tiefer, um mehr von Saros geschmücktem Körper zu offenbaren. Die beiden haben diese Enthüllung am Nachmittag geübt, das merkt man, denn Kosh ist sehr geschickt. Als nächstes legt er den Torso seines Show-Partners vollkommen frei und entblößt so breite Oberarmspangen. Kaum sind seine Arme vom Mantel befreit, erhebt sie Saro theatralisch mit den Handflächen nach innen, als ob er uns segnen oder verfluchen wollte. Sein Blick ist jetzt vollkommen emotionslos in die Ferne gerichtet. Seine beiden Handgelenke sind mit rotgefärbten Lederbändern umwickelt, an denen unzählige bunte Papageienfedern hängen.

Millimeter um Millimeter gleitet die blutende Haut tiefer, bis Saros Brust und Bauch, beide genauso wie sein Gesicht türkisfarben bemalt, sichtbar werden. Seine schmalen Hüften ziert ein wuchtiger Gürtel aus Gold mit einer runden Spange in der gleichen Machart, wie seine gewaltigen Ohrringe. Noch ist die Bluthaut nicht vollkommen entfernt, doch es ist jetzt schon klar erkennbar, dass Saro weder prüde noch verklemmt ist. Als Kosh den Mantel dem Schamanen ganz abnimmt, steht ein türkisbemalter Sperr herausfordernd von Saros Körper ab. Um die Aufmerksamkeit noch mehr darauf zu lenken, schmücken drei verzierte Ringe diese Lanze und um seine Oberschenkel winden sich Goldbänder, an denen weitere bunte Federn hängen.

DU?, höre ich ihn im Geiste ausrufen, als er mich plötzlich am Tisch sitzend direkt fokussiert, während ich glaube, in seinen Händen plötzlich einen gezückten Ritual Dolch zu erkennen. Will mir Saro abermals bei lebendigem Leibe mein Herz aus dem Brustkorb schneiden? Ich zittere, denn Saros Arroganz und Böswilligkeit schmückt ihn jetzt genauso, wie in meiner Vision. Mir wird speiübel und alles beginnt sich zu drehen. Kalter Schweiß perlt sich auf meiner Stirn und meine Zähne klappern unkontrolliert.

Kaum hat sich uns der potente Schwarzmagier von seiner härtesten Seite gezeigt, zieht sich auch Kosh seinen dunklen Kapuzenmantel aus. Anders, als sein Kollege, ist er darunter weder bemalt, noch mit Schmuck rausgeputzt oder einfach nackt. Kosh trägt schwarze Jeans und ein dunkelrotes T-Shirt darunter. Beides liegt hauteng auf seinem Leib und gehört bestimmt zu den Fundsachen, die er statt seinen eigenen am Flughafen ausgehändigt bekommen hat. Der bleiche Typ wirkt darin noch biederer, als er eh schon ist. Sein weißes Gesicht erinnert in dieser Aufmachung an einen Totenschädel. Mir ist plötzlich zum Kotzen. Meine Stirn glüht fiebrig und meine Sicht verschwimmt immer mehr.

Da sowohl der mit Bassaros angeschriebene Sitzplatz, wie auch der Platz am Kopfende unserer Tafel besetzt sind, setzen sich die beiden so unterschiedlichen Schauspieler nach ihrem spektakulären Auftritt an einen separaten Vierertisch neben den von Bacchus und Adriany.

„Na, wenigstens ist dieser Saro kein zugeknöpfter Feigling. Leute", sieht sich Ami im Kreis um, „habt ihr euch seine grünbemalte Latte angesehen? Das Ding ist doch bestimmt so lang wie ein ansehnliches Buschmesser", kichert er leicht errötet.

„Mit dieser Lanze kann er jeden problemlos pfählen!", scherzt Brom, doch es schwingt etwas Neid mit, da Brom bei dieser Länge definitiv nicht mithalten kann.

„Lasst uns essen!" Henry verlässt die Tafel, um gleich danach seinen Servicewagen mit den heutigen Köstlichkeiten auf die Terrasse zu schieben. Er winkt uns zu sich, damit wir uns über seine Gerichte hermachen. Als sich keiner – bis auf mich – zweimal dazu auffordern lässt, wendet sich der Koch später an mich. „Illu, ist dir nicht gut?"

„Ich habe heute wohl etwas zu viel Sonne abbekommen. Kannst du mir eine Karaffe Eiswasser bringen?"

Henry bringt mir nicht nur das Wasser, sondern auch einen Teller mit allem, was ein hungriger Magen begehrt. Leider wird mir beim Anblick des in Kokosnuss gegarten Lammfilets und dem bunten Gemüse noch viel schlechter. Um mich vom Anblick des Essens abzulenken, beobachte ich Saro, der jetzt am Buffet steht. Der Mexikaner hat seinen Fuchskopf abgenommen, doch sein tiefschwarzes Haar ist am Scheitel wirklich orange gefärbt, was ihm eine Art Hahnenkamm verleiht. Sein reich geschmückter Balletttänzer-Körper ist wirklich einen zweiten und auch einen dritten Blick wert, würde ich nicht auch seine Aura wahrnehmen, die mit Krallenhänden nach jedem und allem greift. So jung und knackig sein Körper auch ist, die Seele, die diesen Körper bewohnt, ist uralt und alles andere als jugendlich oder unschuldig. Ist Saro der Mörder, der hier sein nächstes Opfer aussucht?

Brom stellt sich neben den archaisch aufgeputzten Exhibitionisten und plappert auf ihn ein, betatscht dessen Hals- und Ohrschmuck, wie auch die breiten Lederbänder um seine Handgelenke. Schließlich widmet er sich dem breiten Gurt, der so tief hängt, dass Brom, wie zufällig auch gleich noch die drei Ringe um die gezückte Lanze in Augenschein nimmt. Saro lässt es zu; er nimmt sogar immer neue Posen für Brom ein, um sich bewundern zu lassen. Auch wenn ich die beiden Tänzer aus der Ferne nicht hören kann, dann ist doch offensichtlich, dass sie sich über Tanzschritte, Posen und Bühnenerfahrungen austauschen. Zac hatte vorhin schon recht: wir Dionysos-Kandidaten müssen uns der nackten Wahrheit stellen. Dionysos ist aber nicht nur der Gott der Masken und der Rollen, er gehört auch zu den Fruchtbarkeitsgöttern, was so einiges erklärt.

Kosh wartet an seinem Tisch zurückgelassen, offensichtlich auf eine Bedienung. Als Saro einiges später mit zwei gehäuften Tellern zurück an seinen Tisch kommt, ahne ich, der Herr der beiden ist nicht der Vorzeigepriester, sondern der dunkle Schatten mit dem weißen Gesicht und den Second Hand Klamotten.

„Illu, du isst ja gar nichts?", stupst mich Brom an, als er vom Buffet zurückkommt und auf meinen noch unangerührten Teller sieht.

„Mir ist nicht so gut", winke ich ab, dass Os mich mit seinem Medizinstudenten Blick mustert.

„Unser Azteke", schielt Brom zu Saro, „tritt regelmäßig in Mexico City auf diversen Bühnen auf. Er ist außerdem in der Szene für seine experimentellen Azteken- und Indioperformances bekannt", schwärmt Brom. Dass er dabei seufzt, ist ihm gar nicht bewusst. „Saro tanzt, seit er fünf Jahre alt ist, Ballett. Er lebt und studiert in Mexico-City. Er wollte sich heute als Kulturträger seines mittelamerikanischen Erbes zeigen. Seine Ahnen reichen bis ins Olmeken Reich zurück. Illu", sieht Brom zu mir rüber. „Sein jetziges Outfit gehört zu einer seiner Shows, die ..." Ich höre gar nicht mehr zu, denn Brom kommt so richtig in Fahrt. Mir ist inzwischen wirklich hundeelend. „... so wie er eben aufgetreten ist, würde er doch voll zu uns Nudisten ins Haus passen!", endet endlich Brom.

„Wir sind voll!", rutscht mir aggressiv raus, weshalb mich Asterios verwundert ansieht. Mein schöner Sternenfreund weiß ja noch nicht, was Kosh plant.

Kaum ist das Dessert abgeräumt, erhebt sich abermals Kosh und gibt Saro mit einem Kopfnicken zu verstehen, er solle es ebenfalls tun. „Ab morgen weht hier ein anderer Wind!" Kosh stellt den potenten Paradiesvogel neben sich mit seiner Dominanz vollkommen in den Schatten. War Saro vorhin Mittelpunkt unserer Blicke und Aufmerksamkeit, dient er jetzt nur noch als Verzierung für Koshs Rede. Selbst in den zerlumpten Second Hand Sachen wirkt Kosh alles andere als der zweite Mann.

„Ich, Iakchos, ich, der Fackelträger, den ihr Kosh nennen dürft," fügt er gütig an, „bin der Leiter der Sonderprojekte an diesem Camp. Meine Regeln sind ab morgen hier Gesetz!"

„Aber sonst tickst du noch richtig?", fährt Ami von seinem Platz hoch und wankt einmal mehr, da er seinen eingeschienten Fuß wieder vollkommen vergessen hat. Angewidert spuckt er demonstrativ auf dem Holzboden der Terrasse. „Schwachkopf, keiner hat dich zum Häuptling ernannt!"

„Das Personal wird sich in der Hütte hinter dem Anaktoron einquartieren, damit im Kathegemon künftig nur noch die *echten* Anführer wohnen werden.“

Asterios wechselt erstaunte Blicke mit mir, bis ich ungeduldig abwinke.

„Vergiss es, Schwachkopf!“, faucht jetzt Brom, da Kosh während seiner Rede ständig Henry abschätzend musterte, während der leere Teller abräumt. „Henry und Ami bleiben, wo sie jetzt sind! Dein ganzes Geschwafel von ausgewählten Kandidaten kannst du vergessen! Hier ist jeder gleichberechtigt!“

„Warum Dionysos sich ausgerechnet dich als mögliche Personifikation ausgesucht hat, bleibt wohl ein Mysterium“, winkt Kosh arrogant ab. „Mir und Bassaros hier“, zeigt der barfüßige Nerd auf den nackten Azteken-Verschnitt, „gebührt ein Platz im Haus der Anführer. Janus hat das Haus auf der Klippe so benannt, weil es in diesem Jahr ...“

„VERGISS ES!“, schreit jetzt wieder Ami. „Ich arbeite nicht zum ersten Mal in diesem Camp; und glaube mir, du aufgeblasener Wichtigtuer, ich wohnte schon immer im Haus auf der Klippe – vollkommen egal, wie es heute genannt wird!“

„Nicht in diesem Jahr!“, winkt Kosh ab, als ob er zum nächsten Programmpunkt wechseln wollte, da seiner Meinung nach bereits alles gesagt ist, was dazu relevant sei. „Diese Tafel“, zeigt er auf unseren Eichentisch im Zentrum, „wird ab morgen ausschließlich für Dionysos-Kandidaten reserviert sein!“

„NIEMALS!“, brüllt Brom mit seiner Hula-Stimme.

„Lass ihn doch plappern“, bringt sich Os zum ersten Mal ein. „Kosh kann Reden schwingen, so lange er will. Wenn sich keiner daran hält, sind seine Worte nichts weiter als Staub im Wind.“

„Ich habe dich gehört, Lysios“, fokussiert Kosh Os. „Wirst du deine Kraft nicht die nächsten Tage meistern, wirst du der erste von uns letzten noch übrig gebliebenen acht Kandidaten sein, der abdanken muss. Du wärst nicht der erste und bestimmt auch nicht der letzte!“

Bevor unser bulliger Quarterback rot anlaufen kann, steht Asterios rasch von seinem Platz auf und stellt sich hinter Os, um ihm seine Hände auf die Schulter zu legen. Asterios' Aura flimmert kurz goldgelb; augenblicklich wandelt sich Os' Aura von tiefem Blutrot in ein kräftiges Orange, als ob sich ihre beiden Farben einfach mischen würden.

„Lysios“, flüstert ihm Asterios ins Ohr, „leider hat diesmal Iakchos Recht. Kriegst du deine Machtausbrüche nicht unter Kontrolle, wird dieser dunkle Schatten“, nickt er auf Kosh, „dich vernichten.“

„Die Zukunft wird jeden von uns testen. Wir werden sehen, wer am Ende den Thron des Gottes besteigt“, wechselt Kosh zum nächsten seiner Traktanden und liest jetzt von einem Zettel ab.

Schlagartig zittere ich wieder.

„Ich bin der ernannte Projektleiter!“, proklamiert Kosh. „In wenigen Tagen treffen die Studenten hier im Camp ein. Janus übertrug mir gestern Abend die Aufgabe, jedem von euch Kandidaten ein Projekt zuzuweisen, das während des Camps mit den Studenten umzusetzen ist!“

„Was bildest du dir eigentlich ein?“, knurrt wieder Ami. Unser blondhaariger Krauskopf faucht und blitzt ohne Unterlass den Typen, den er noch von der Uni in Honolulu her kennt, an. Ganz offensichtlich geraten die Beiden nicht zum ersten Mal aneinander.

„Du hast hier gar nichts zu melden“, provoziert Kosh Ami noch mehr. „Du bist keiner der acht Auserwählten. *Auserwählte*“, fokussiert Kosh reihum Bacchus, Bromios, Lysios, Asterios, mich, den schweigenden Bassaros neben sich stehend und zum Schluss Zac, der kaum sichtbar neben Kiss und Tony bei der Treppe steht. „Ihr alle müsst euch bis Freitag ein Projekt ausdenken, das ich genehmigen oder ablehnen werde.“ Unsere bissigen Bemerkungen darüber, genauso wie Amis neue Zornesausbrüche ignorierend, fährt Kosh unbeeindruckt fort: „Jedes dieser Projekte kann entweder einmal die Woche an einem Abend für die Studenten angeboten werden, am Sonntagnachmittag oder einfach als laufender Prozess neben dem regulären Unterricht. Wer sich darüber beschweren will, wende sich doch bitte direkt an Professor Janus. Findet ein Projekt, das eurer Dionysos-Gabe entspricht!“

Saro räuspert sich, um endlich auch etwas sagen zu können, doch Kosh winkt sofort ab. Dem harten grün bemalten Jüngling bleibt nichts anderes übrig, als weiter seine Lanze auf uns zu richten, ins Leere zu starren und den erotischen Pausen-Pin-up zu spielen. Mehr ist er jetzt nicht mehr.

„Was soll das?“, tuschelt Brom als erster, als die beiden wieder ihren eigenen Tisch aufsuchen. „Mein Projekt ist Hula, das steht so auch offiziell im Programm. Glaubt dieser bleiche Schatten, ich denke mir noch ein weiteres Projekt aus?“

„Das kommt nicht von Kosh, sondern ist ein Auftrag von Meister Janus“, versucht Asterios unsere aufgebrachten Gemüter zu beruhigen. „Meister Janus versprach uns ja bereits an einem früheren Abend, dass wir alle hier im Camp getestet werden würden. Diese Sonderprojekte gehören zu unseren Prüfungen.“

„Leute, das macht Spaß!“, nuschelt Zac und krault sich im Ziegenbärtchen. Wie er plötzlich neben mich kam, ist mir total entgangen.

„Wir können machen, was wir wollen!", leckt sich plötzlich Os seine Lippen. „Dann lasst uns doch total auf den Putz hauen und den Haufen kräftig aufmischen!"

Ich habe weder mein Essen noch mein Dessert angerührt. Mir ist speiübel, weshalb ich mich als erster vom Tisch auf der Terrasse des Anaktoron zurückziehe. Ami, der nicht zu den Auserwählten gehört, fühlt sich beim Ideenaustausch zu möglichen Sonderprojekten überflüssig. Er begleitet mich durch die Nacht zum Haus auf der Klippe.

Plötzlich beuge ich mich vornüber und reihere in den Rasen.

„Dude", sorgt sich Ami, „hast du etwas verdorbenes zum Mittagessen gehabt?"

„Das Gleiche wie du", sehe ich im dichten Rasen kniend zu ihm hoch, wische mir den Mund ab und würge, denn mein Rachen brennt.

„Soll ich Os holen?"

„Nein, geht schon! Ich glaube, ich habe nur einen Sonnenstich in den Palmen oben eingefangen." Ob mich das Erscheinen von Kosh, den ich inzwischen als den Thronräuber aus den seltsamen Träumen identifiziert habe so aufwühlt, oder ob ich es Saro verdanke, der mich in einem früheren Leben in Teotihuacán ermorden wollte, kann ich nicht sagen. Sicher ist nur: ich bin krank. Mein Magen hat sich verknotet und mein Fieber ist definitiv keine Einbildung. „Kannst du mich ins Bett bringen?"

„Logo!", sorgt sich Ami.

Ich dusche mich kühl ab. Ami steht hinter mir, damit ich nicht umfalle. Seinen Verband um seinen rechten Fuß weicht er dabei vollkommen auf. Im Bett gleite ich sofort in einen traumlosen Schlaf. Immer wieder erwache ich, weil meine Hand wild pocht und meine aufgeschlitzte Lebenslinie so derartig brennt, als ob das Magma des Haleakala daraus hervorbrechen wollte. Jedes Mal, wenn ich mit Schüttelfrost und schweißgebadet aus dem Schlaf hochschrecke, sitzen entweder Ami, Brom oder Asterios an meinem Bett, um mich mit feuchten Schwämmen abzutupfen oder meine gesunde Hand zu halten.

Als ich zum bestimmt schon zehnten Mal wegen den Schmerzen in meiner Hand aufwache, blicken mich diesmal riesige Kuhaugen gütig an. Os fasst nach meiner Stirn. „Illu, warum hast du mich nicht schon früher kommen lassen?"

„Ich habe dich nicht kommen lassen", murmle ich mit brennendem Hals.

„Nein, hast du nicht! Es war Ami, der mir, während ich ihn von seinem Verband befreite, von dir erzählte“, schüttelt Os seinen Kopf. „Asterios tauchte danach auf, um mich zu dir zu rufen.“

Da reicht mir der nackte Syrer auch schon ein Glass Eiswasser. Als ich es hastig austrinke und danach wieder abstelle, schmerz meine Hand abermals so sehr, dass ich wild an der Wunde kratze.

Os fasst sofort danach und wickelt den schlecht angelegten Verband ab. „Bei allen Göttern!“, ruft Os aus. „Wann ist das denn passiert?“

„WAS?“, wirble ich zu Os herum und auch Asterios ist seinen Blicken auf meine Hand gefolgt. Nicht nur, dass meine Lebenslinie dunkelrot entzündet ist und der Schnitt dreimal so tief aussieht wie noch vor wenigen Stunden; an meinem Handgelenkt wandert eine gezackte dunkelrote Linie gegen meinen Ellbogen hoch.

„Illu, du hast eine akute Blutvergiftung!“

„Echt?“, starre ich auf meine Hand.

„Asterios, bleib bei Illu und sorge dafür, dass er seine Hand nicht mehr bewegt!“ Damit läuft Os aus meinem Zimmer.

„Alter, was ist los?“, gafft Brom dem Davoneilenden verwundert nach. Draußen ist es noch dunkel, weshalb Brom sein allmorgendliches Hula-Ritual noch nicht ausgeführt hat, sondern in der Küche damit beschäftigt war, neue Frangipaniblüten zu Kränzen aufzufädeln. „Illu?“, tritt er nackt in mein Zimmer und sofort erfüllt der Duft dieser Wachsblumen meinen Raum. „Autsch!“, gafft Brom auf meine Hand. „Das sieht böse aus!“ Sofort vollführt der Hula-Tänzer ulkige Tanzschritte, die mich an meinen Traum mit ihm erinnern. Ob Brom auch in diesem Leben abergläubisch ist? Ich sage nichts, sondern beobachte nur seine Bewegungen, die immer harmonischer werden, bis Broms Aura hellgrün zu glühen beginnt. Warum ich seit kurzem Farben sehe, führe ich auf das Schockerlebnis im Ozean zurück. Ich kann Broms Kraft nicht nur spüren, ich kann sie auch deutlich sehen. Der Hawaiianer hat sich mit der Kraft der Erde und der Insel verbunden.

Asterios muss es ebenfalls sehen, denn er lächelt gütig.

Als Os nach einer Viertelstunde mit seinem Ersten-Hilfe-Koffer zurückkommt, pocht Broms grüne Energie durch mein Zimmer und stärkt mich. Os zieht eine Spritze auf und pickst mich damit, nachdem er meinen linken Oberarm desinfizierte. „Tetanus! Das ist gegen Starrkrampf! Jetzt zeig mal deine Hand!“ Os legt sie sich auf seinen Schoss, während er sich auf mein Bett setzt. Er desinfiziert meine aufgerissene Lebenslinie mit einer orangenen Flüssigkeit und schmiert mir dann dick eine Wundsalbe auf den Schnitt. „Ich muss deine Hand für vierundzwanzig Stunden fixieren. Das Gift soll sich nicht weiter in deinem Körper ausbreiten können. Heute keine Arbeit!" Als ich widersprechen will, fügt er an: „Verordnung des Arztes! Hier schlucke das! Die nächsten zehn Tage nimmst du alle acht Stunden eine davon ein. Zum Glück habe ich immer Antibiotika in meiner Apotheke. Illu, es ist wichtig, dass du diesen Achtstunden-Zyklus einhältst. Die rote Linie wird, wenn das Antibiotika zu wirken beginnt, zurückgehen. Hattest du heute Nacht Fieber und Schüttelfrost?", erkundigt er sich und als ich nicke, tut es Os auch. „Es wird dir bald besser gehen. Du musst etwas essen. Lass heute keine Mahlzeit aus und schlucke regelmäßig deine Pillen! Versanden?"

„Ja, großer Medizinmann!"

Krisensitzung

Donnerstag: 25. September

Während Brom mit intensiv duftenden Frangipani-Kränzen geschmückt lärmend mit Henry zusammen das Haus verlässt, um draußen auf den Klippen sein Sonnenritual zu tanzen, legt sich Asterios neben mich ins Bett.

„Ich habe heute frei", sehe ich zu ihm rüber. „Mit dieser Hand", zeige ich ihm meine dick verbundene und geschiente Rechte, „bin ich arbeitsunfähig."

„Nutzen wir die Zeit anders." Asterios kuschelt sich an mich.

„Aha!", spiele ich den Überraschten.

„Wir können heute über unsere Sonderprojekte diskutieren", flüstert mir der Syrer zu, während seine Finger über meinen Torso zu meinem Bauchnabel wandern. Auch wenn ich Seth, meinen Lebenspartner, über alles liebe, so genieße ich trotzdem die physische Nähe dieses ehemaligen Lustknaben in meinem Bett. Ich kann Lust durchaus von Liebe unterscheiden und beides genießen.

„Ist das unser Sonderprojekt?", seufze ich.

Ami, auch schon wach, beobachtet uns von der Zimmertür aus. Früher hätte ich meine Lust niemals so offen zelebrieren können, wie jetzt.

Asterios wischt mir den Bauch sauber und deckt mich zu. „Schlaf noch etwas. Die Sonne ist noch nicht aufgegangen. Ich wecke dich fürs Frühstück!" Der schöne Syrer beugt sich über mich und küsst mich auf die Stirn, um danach mit Ami unser offenes Wohnzimmer und die Küche dahinter anzusteuern.

Befriedigt kuschle ich mich in mein Kissen.

„Kriege ich auch so eine Behandlung?", höre ich Ami Asterios fragen. „Mein Fuß tut weh", lügt er. „Diese Art Behandlung stimuliert doch die Durchblutung und fördert den Heilungsprozess!"

Als mich Asterios kurz vor neun Uhr fürs Frühstück weckt, fühle ich mich erholt und ausgeschlafen. Meine Hand hat aufgehört zu pochen und meine Lebenslinie brennt auch nicht mehr. Offensichtlich wirkt das Antibiotika.

„Habt ihr schon konkrete Ideen?", setze ich mich nackt zu Brom und Asterios an den runden Tisch unter dem hohen Giebel. Das Grünzeug im Hausinnern wuchert und wächst, wie ich das noch nie sonst wo erlebt habe. Ich hätte schwören können, die Zimmerpalmen haben alle inzwischen doppelt so viele Fächer, wie bei meiner Ankunft, der Ficcus explodiert mit neuem Grün und auch die Kakteen haben alle Blüten getrieben. Ob das wirklich unsere Fruchtbarkeitsgott Energie ist?

„Janus will uns drei zu einer Krisensitzung im Anaktoron treffen", holt mich Brom aus meinen Gedanken.

„Krisensitzung?", zucke ich mit der Schulter und lange nach einem zerknitterten Stück Papier, das vor den beiden auf dem Tisch liegt. Stirnrunzelnd lese ich:

Zwölf Dionysos-Kandidaten sollten zum Finale antreten, doch nur acht sind erschienen. Einer von ihnen ist nicht der, der er sein sollte. Trotzdem fühle ich die Macht von zwölf. Seid achtsam! Nutzt den Regenbogen, um auf dem Pfad der Götter nach der Krone der Schöpfung zu suchen. Das Böse regt sich und hat seine fünf dunkelsten Helfer auf die Insel gelockt. Ihr müsst sie entlarven und vor ihnen das Portal zur schwarzen Pyramide finden, um es für immer zu zerstören. Einer von euch sieben muss seine göttlichen Qualitäten vollkommen realisieren, denn nur er kann heilen, was er einst zerstörte.

„Leute", sehe ich meine Freunde an, „jetzt wird's ernst!"

„Wir müssen uns mit den anderen Kandidaten zusammen tun und beraten", spricht Asterios ganz sachlich. „Zudem sollte jemand die neuentdeckte Höhle im geheimen Tal inspizieren."

„Neu?", schüttelt Brom seinen Kopf. „Freunde, das Loch da oben gibt es schon lange. Es führt nirgends hin. Alles schon in Vorjahren ausgetestet. Das ist eine Sackgasse!"

„Kann trotzdem mal jemand nachsehen?", schlage ich vor.

„Warum braucht es einen Dionysos der Gegenwart?", fragt mich Brom direkt, als ob ich die Antwort wüsste.

„Um diese Energie zu kanalisieren?“, rate ich.

„Das, was die Menschen Götter nennen, sind Bewusstseinszustände und“, räuspert sich Asterios und blickt von Brom zu mir, „in der Tat Energien. Doch die Götter oder diese Mächte kann jeder Mensch in sich erkennen und zum Leben erwecken.“

„Janus ist aber sehr spezifisch!“, tippt Brom auf den Zettel. „Einer von uns sieben muss den Gott in sich zur Realität machen. Wer kann das sein?“

„Das Potential eines Gottes wie Dionysos steht für Verschiedenes. Sein Erfahrungspotential reicht vom Wahnsinn zur Befreiung, vom Delirium zur spirituellen Ekstase, von der verblendeten Lust zur vollendeten Fruchtbarkeit, von der Maske zur hüllenlosen Wahrheit, von der ...“

„Ja, ja“, winkt Brom ab. „Mann, mir hummeln schon die Gedanken.“

„Was?“, lache ich.

„Wenn ich das höre, brummen eine Million Hummeln in meinem Kopf.“

„Der neue Dionysos-der-Gegenwart muss all das meistern, um jedem, der sich in die Dionysos’ Erfahrung begibt, zu beschützen und hinauszuführen?“, grinst jetzt auch der schöne Syrer.

„Ist das wirklich die Verantwortung eines Gottes?“, bezweifle ich. „Wo bleibt der freie Wille und die Eigenverantwortung? Jeder, der sich in die Abgründe von Drogen, blinder Lust oder Exzesse begibt, tut das aus freien Stücken. Jeder muss selbst lernen, sein Unterscheidungsvermögen zu schulen, um Gut von Böse und Sackgassen von Pfaden in höhere Welten zu unterscheiden. Kein Gott wird sich da einmischen.“

„Woher willst du das wissen?“, fokussiert Brom diesmal mich.

„Ich glaube, dass der neue *Dionysos-der-Gegenwart* einer sein wird, der sich durch all das hindurchgekämpft und geläutert daraus hervorgetreten ist. Er steht für den Pfad aus all den Wirren hinaus.“

„Das habe ich vorhin gemeint“, pflichtet mir Asterios bei.

„Wer immer von uns den Gott in sich realisiert, muss erstmals die Verantwortung schultern und als der Weg fungieren; doch er selbst ist nicht mehr Teil der Schöpfung.“

„Illu, wie geht’s deiner Hand?“, wechselt Brom kopfschüttelnd das Thema.

„Tut nicht mehr weh. Os will sich die Wunde nachher ansehen.“

„Im Camp sind bisher wir drei“, kommt Asterios zurück zum Thema, „dazu Bacchus, Lysios, Zac, Iakchos und Bassaros. Wer ist keiner von uns?“

„Kosh!“, murmelt Brom.

Während Asterios sich eine seiner leichten Leinenhosen überzieht, wählt Brom eine seiner abgeschnittenen Jeans und schmückt sich mit frischen Frangipani-Kränzen.

„Was?", faucht er mich an. „Ich stehe auf das Zeug!"

„Ich sag ja nichts", verwerfe ich meine Hände. „Diese Blüten duften nur so extrem, dass ich davon ganz benommen werde."

„Willst du auch?", streckt mir der Hula-Tänzer einen weiteren Kranz zu. Als ich nicke, stülpt er mir die weiße Blütenkette um meinen Hals. „Aloha!"

„Bastelst du die selbst?", schnuppere ich an den Wachsblumen.

„Jeden Morgen! Ich pflücke täglich einen Korb davon, um sie in meinem Zimmer aufzufädeln."

„Daher die Gerüche im Haus?", schiele ich zu Asterios, denn aus dessen Zimmer schweben immer intensive Wolken seines Rosenöls. Welche Düfte wohl aus meinem Raum fliehen?

Vor der Linie auf der Terrasse, zieht sich Sternenjunge wieder aus, faltet sein Zeug fein säuberlich zusammen und überschreitet, wie ich *im Gewand-des-Gottes* förmlich die Grenze in *sein* Heiligtum. Ich enthalte mich jeden Kommentars.

Janus erwartet uns und führt uns in eines der Sitzungszimmer im oberen Stockwerk. Vor der Tür hängen Bademäntel an Haken; wahrscheinlich für Asterios und mich. Ich verzichte, doch nicht Asterios. Da das Sitzungszimmer für ihn nicht zu seinem Heiligtum zählt, zieht er sich einen der Bademäntel über.

Kaum öffnet sich dir Tür erkenne ich den Rest unserer Bande im Raum herumstehen oder in Grüppchen zusammen diskutieren.

Os sitzt neben Zac „Hat sich das Fieber gesenkt?", erkundigt sich der Medizinstudent nach meinem Befinden. „Illu, hast du die zweite Pille geschluckt?"

„Yep!", grinse ich breit. „Mir geht's schon ganz gut."

„Trotzdem", hebt Os seinen rechten Zeigefinger, „heute keine Arbeit! Du musst deine Hand stillhalten."

Bacchus steht in eines seiner feuerroten Seidentücher gewickelt neben der Tür. Seine Knie und Ellbogen sind voller Schürfungen, als ob er auf Schotter ausgerutscht und in die Tiefe gestürzt sei. Anders als meine Hauskumpels duftet Bacchus weder nach Blüten noch nach Rosen, sondern stinkt nach Haschisch, Zigaretten und Patschuli. Gähnend streift er sich seine langen blondgefärbten Haare aus dem Gesicht und setzt sich an den ovalen Sitzungstisch neben Saro und Kosh. „Habt ihr euch schon für ein Projekt entschieden?", sieht sich Bacchus in der Runde um.

Tony neben Kiss am Fenster stehend, winkt ab.

Ist Tony ein Dionysos-Kandidat? Warum sonst sollte er sich mit den Sonderprojekten befassen? Über Tony habe ich eigentlich noch nie wirklich nachgedacht. Ich weiß weder, ob er zum Personal gehört, ein früh angereister Student oder tatsächlich ein Kandidat ist. Doch da auch Fremde anwesend sind, vermute ich Janus Krisensitzung hat etwas mit dem Camp an sich zu tun. Doch dann wären auch Adriany, Henry und Ami hier, doch keiner der drei wurde eingeladen.

Einer der Fremden erinnert mich an einen Polizisten. Der Mann dürfte um die dreißig sein. Er hat einen sehr behaarten Körper, was gut sichtbar ist, weil er sein Hemd bis zur Hälfte offen trägt. Auffallend sind sein eckiger Kopf und sein breiter Mund. Als er mich sieht, zwinkert er mir sofort flirtend zu. Ob ich mir doch einen der Bademäntel hätte anziehen sollen? Immerhin sind hier Fremde. Zu spät! Ich bin Nudist! Warum sich dessen schämen?

Der zwölfte Gast von Janus Runde ist ein schlanker Afroasiate in einem pinkfarbenen Spandex-Body. Da diese Dinger extrem Körper betont sind, zeichnet sich alles darunter deutlich ab. Sein hartes Ding unter seiner Spandex lässt sich sehen.

„Nudist, was stemmst du?", fragt er mich, als ich ihm zur Begrüßung die Hand schüttle. Er sieht echt gut aus. Wahrscheinlich ist er Läufer oder Schwimmer, denn seine Schultern und die trainierten Waden lassen beide darauf schließen. Er hat millimeterkurze Haare und einen dieser Captain Jack Bärte, nur ist seiner so schmal gestutzt, dass er an schwarze Linien um sein Kinn erinnert.

„Hier gibt es leider keinen Trainingsraum. Hier stemme ich nur Lavablöcke", spiele ich den Coolen.

„Ich bin Triathlet", antwortet mir der Afroasiate. Er dürfte bestimmt schon dreißig oder gar älter sein. „Ich bin übrigens Long Sho-Tro! Falls du mal Lust hast, können wir zusammen laufen!"

„*Long* Sho-Tro?", wiederhole ich seinen seltsamen Namen, um ihn mir besser einzuprägen. Allerdings *Long* checke ich sein Ding ab. „Yep! Cool!", antworte ich salopp.

„Ich will nachher gleich loslaufen", zeigt er auf seinen pinkfarbenen Body. „Darum mein Aufzug. Als ich bei meiner Ankunft in der Registration dein Poster sah, dachte ich mir, warum viel anziehen, wenn hier der House-Keeper nackt rumläuft!"

„Ja, ich stehe dazu!"

„Soll ich dich zum Laufen abholen?", hakt Long Soh-Tro nach.

„Heute nicht! Danke!"

Als wir uns alle gegenseitig entweder vorgestellt oder angeknurrt haben, setzen wir uns alle um den Sitzungstisch.

„Geile Bilder von dir auf deinem Mitarbeiterposter!", nickt der Argentinier Brom anerkennend zu. „Du hast voll abgefahrene Mooves drauf! Ich wusste nicht, dass Hula so verdammt sexy sein kann!"

Broms Mimik hellt sich sofort auf und er beginnt die Fotos, die Adriany von ihm gestern Abend bei Dämmerung geschossen hat, wortreich zu kommentieren.

„Wie auch immer!", winkt Bacchus ab, dem Broms Redefluss zu wortreich ist. „Ich tue mich mit Adriany für eines der Sonderprojekte zusammen."

„Höhlen erforschen?", rutscht mir raus.

„Was?", gafft mich Bacchus ertappt an und winkt theatralisch ab. „Ich suchte nach einem Weg die Klippe an den Strand runter, dabei bin ich gestürzt." Er zeigt seine aufgeschürften Ellbogen.

Ich glaube Bacchus kein Wort, denn seine düstere Aura flackert aufgeregt.

„Nein! Adriany und ich wollen einen Model-Kurs anbieten."

„Voll geil!", schlägt Brom mit der flachen Hand auf den Tisch. „Adriany ist ein super Fotograf und du hast bestimmt tausend Ideen, wie man auf Bildern gut rüberkommt", lobt er Bacchus, der sich seine schulterlangen Haare in den Nacken schwingt und danach schmachtend das gelangweilte Model mimt.

„Nicht so vorschnell, Miss Argentinien!", unterbricht Kosh der heute ein grobmaschiges Netzshirt und ein dunkles Wickeltuch um die Hüfte trägt. Auch jetzt in der Morgensonne, die ins Sitzungszimmer hineinscheint, wirkt seine Haut für jemanden, der in Südafrika lebt, viel zu hell.

Der Jüngling, der neben Kosh sitzt, kommt mir bekannt vor. Ich erkenne den scheuen Jungen in einem rot-grünen T-Shirt nur als den selbstsicheren Azteken-Balletttänzer von gestern Abend, weil eine seiner Augenbrauen noch immer von der Türkis-Farbe gezeichnet ist. Auch wenn Saro Mexikaner ist, seine Indiowurzeln sind ihm wirklich im Gesicht abzulesen. War Saro gestern ein Wesen aus Albträumen, Sexfantasien und der schrillen Show-Welt aus Mexico-City, ist jetzt nichts mehr davon zu erkennen. Zusammen mit seinem Kostüm hat Saro auch seinen Stolz und seine Magie abgelegt. Ebenfalls hat sich Saros Aura vollkommen verändert, das Böse und das Dunkle sind vollkommen daraus verschwunden. Hatte ich mir gestern alles nur eingebildet? War ich von der Erinnerung meines Albtraums überrollt worden oder litt ich einfach unter den Auswirkungen der akuten Blutvergiftung? Mir ist bewusst, dass ich den jungen Mexikaner abchecke und nach Zeichen des exotischen Wesens von gestern Abend suche – vergeblich. Der heutige Saro ist nichts weiter, als ein junger, sehr gutaussehender Indio-Mexikaner mit einer schlanken Tänzerfigur. Saro ist mir plötzlich total sympathisch.

„Buenos Dias, Amigo!“, begrüßt er mich auf Spanisch, bevor mein Röntgenblick peinlich wird.

„Saro?“, gafft ihn jetzt auch Brom verwirrt an. „Alter, ich habe dich angezogen kaum wieder erkannt. Ehrlich, Amigo, gestern Abend hast du mir extrem viel besser gefallen! Mich hat dein Kostüm schwer beeindruckt!“

„Muchas Gracias!“, bedankt sich der Mexikaner.

„Jedes Sonderprojekt muss von mir bewilligt werden!“, bringt sich Kosh ein. „Ich koordiniere alles!“

„Ach, halt doch die Klappe!“, winkt Brom ab.

Zac, der jungaussehende Halbjapaner in einem Kimono, zupft in seinem Ziegenbärtchen und kichert in sich hinein.

Selbstverliebt streichelt Bacchus seinen nackten Oberkörper und lässt seine Hände mit den schwarzlackierten Fingernägeln sinnlich im kurzgetrimmten Brusthaar kreisen. Er lenkt damit sehr gekonnt unsere Aufmerksamkeit auf sich. Als er sie fest im Griff hat, schiebt er seinen Stuhl vom Tisch weg, lehnt sich relaxed zurück, dass sein rotes Seidentuch langsam verrückt und so sein üppiges Schamhaar preisgibt. Abermals wartet Bacchus, bis auch der letzte von uns ihn gebannt anstarrt, erst dann öffnet das herb männliche Model seinen Mund: „Express Yourself!“

„Ja, ja!“, nicke ich.

„Sei, wie du bist! Keiner hat ein Problem damit!“, nickt Brom.

„Das ist der Titel meines Workshops!“, bewegt Bacchus ganz leicht seine Hüften, dass der Stoff jetzt auch seinen Penisansatz freilegt. Natürlich haben wir alle sein gutes Stück schon zuvor gesehen, doch jetzt ist sein Strip eine wahre Offenbarung. „Express Yourself!“, wiederholt er. „In meinem Sonderprojekt geht es um die Kunst, sich vor der Kamera zu inszenieren. Präsent zu sein und alle Blicke auf sich zu fokussieren.“ Die rote Seide rutscht noch weiter und bevor Bacchus‘ halb erigierter Penis ganz hervorschnellt, rückt er den durchsichtigen Stofffetzen wieder so, dass abermals alles gerade noch so eben leicht verdeckt bleibt.

Kosh gafft den Provokateur mit seltsam interessierten Augen an, zückt einen Zettel aus seiner mitgebrachten Aktentasche und notiert sich seine Beobachtungen. Als wir diesmal alle Kosh angaffen, lehnt auch er sich in seinem Stuhl zurück, doch weder sein billiges Netzshirt noch sein ausgebleichtes Wickeltuch offerieren Sinnlichkeit. Als ihn keiner lüstern fokussiert, fischt Kosh gelangweilt nach einem dicken Ordner, schlägt ihn auf und hat jetzt ein Formular mit acht Spalten vor sich. „Model-Workshop", spricht er und schreibt es in eines der Felder mit Bacchus' Namen darunter. „Bacchus, wie sieht dein Konzept im Detail aus?"

Bevor Bacchus eine Schnute ziehen kann, winkt Janus ab.

„Ich habe euch alle zusammen gerufen, um euch Detectiv Ric und seinen chinesischen Kollegen aus Shanghai, Long Soh-Tro, vorzustellen. Sie werden beide im Mordfall Orthos hier auf dem Campus ermitteln." Als alle ihre Blicke auf die beiden Fremden richten, zwinkert mir Janus heimlich zu und legt seine beiden Hände so auf den Tisch, dass ich sieben ausgestreckte Finger abzählen kann. Was will er mir damit sagen? Rasch kicke ich Asterios unter dem Tisch an und nicke auf Janus' Hände, die aber bereits ineinander gefaltet sind.

„Long Soh-Tro reiste gestern an, um die Ermittlungen seines ermordeten Landmannes zusammen mit Detective Ric, vom Morddezernat Honolulu, zu leiten. Ich bitte um eure Kooperation", sieht sich der Camp Leiter in der Runde um. „Beide Polizisten sind davon überzeugt, dass sich Orthos' Mörder bereits hier im Camp aufhält oder die Tage mit den Studenten zusammen anreist. Warum?", zuckt Janus mit der Schulter. „Ich kann es euch nicht sagen. Diese Theorie wird euch entweder Detectiv Ric oder Sheriff Long Soh-Tro in den individuellen Befragungen verraten."

„Genau!", übernimmt der Haarige und grinst breit in die Runde. „Orthos ist nicht der erste Dionysos-Kandidat, der aus dem Weg geschafft wurde."

„Woher weiß der Typ über Dionysos und uns Bescheid?", flüstert mir Brom zu.

Rasch wechsle ich einen Blick mit Janus, doch der verzieht keine Miene, sieht heute aber uralt aus.

„Mein chinesischer Kollege und ich vermuten, dass der Mörder hier auf der Insel nach einem alten Artefakt sucht. Im Haleakala solle es ein Labyrinth aus Höhlen und Schächten geben. Zwei der Eingänge haben wir bereits gefunden. Wir vermuten, dass ein weiterer Ausgang sich unweit dieses Camps befinden muss. Ist dem so, könnte der Mörder von dort aus operieren."

Rasch check ich Bacchus und seine Schürfungen ab. Hat der Argentinier

Ami im geheimen Tal in den Abgrund geschubst? Ist er der gesuchte Mörder?

Nach einem auffallend langen Blick in meine Augen, fährt der haarige Klotz fort: „Zur Erforschung des Höhlensystem könnten wir freiwillige Helfer brauchen. Long Soh-Tro und ich sind überzeugt, der Mörder nutzt das Höhlensystem für seine Zwecke. Professor Janus bat uns, heute hier vorstellig zu werden, bevor ihr euch zu sehr mit Sonderprojekten beschäftigt. Wir brauchen Helfer! Die Suche nach dem Mörder hat – für uns zumindest – oberste Priorität."

„Genau! Das ist es!", rufe ich aus. „Leute, das ist mein Workshop!" Ich gaffe Detectiv Ric begeistert an. „Mann, Sie sagen es! Mein Projekt wird sich um diese Suche drehen."

„Somit arbeiten wir eng zusammen", zwinkert mir der haarige Bulle abermals zu.

„Eine Bedingung stelle ich." Bevor der Polizist antwortet verkünde ich: „Nudist at Work!"

„Los schreib auf!", klopft Brom auf den Tisch und sieht zu Kosh. „Illu hilft bei der Erforschung des Höhlensystems des Vulkans!"

Bacchus weicht meinen Blicken aus. Janus nickt kaum merklich. Offensichtlich hofft er, ich würde im Herz des Vulkans die Überreste der Krone der Schöpfung oder das Portal in die schwarze Pyramide finden.

Kosh macht sich Notizen und sieht genauso neugierig in die Runde, wie das Asterios und ich tun. Auch er scheint in den Gesichtern der Anwesenden mehr herauslesen zu wollen, als mit den physischen Augen sichtbar ist. Ob Kosh wirklich einer der fünf dunklen Priester ist? Womöglich sogar der gesuchte Mörder von Orthos?

„Sollen wir uns jetzt Sonderprojekte ausdenken oder nicht?", fragt irgendwann Brom, als keiner mehr spricht.

„Reitet den Regenbogen!", spricht Janus ernst und sachlich.

„Wie soll das gehen?", fragt Zac und zwirbelt sein Ziegenbärtchen. „Regenbogen lassen sich nicht reiten. Meinen Sie mit Regenbogenreiten die Gay Flagge? Sollen wir uns schwule Projekte ausdenken?"

„Einzeln ist jede Farbe nur so stark, wie ihr eigenes Potential", lacht Janus ab dem Witz. „Doch als Regenbogen verbunden, öffnet ihre Verbindung den Pfad der Götter."

Zac runzelt seine Stirn, dann schüttelt er ärgerlich seinen Kopf.

Entweder kennt Zac das Regenbogenportal im geheimen Tal noch nicht oder er ist derjenige, der es weder sehen, noch es durchschreiten kann. Ist er der offizielle Dionysos-Kandidat, der keiner ist?

Als Zac meine Blicke auf sich spürt, lächelt er plötzlich. „Körper, Geist und Seele! Ich verstehe!“

„He?“, schnauzt Brom. „Was meinst du damit?“

„Denkt darüber nach!“ Damit hebt Janus die Runde auf.

In Grüppchen verlassen alle bis auf Detectiv Ric, Kosh, Kiss und Tony das Sitzungszimmer.

„Das war seltsam?“, tuschelt Brom mit Asterios und zieht mich in ihre Mitte. „Da stimmt doch etwas nicht!“

„Ich bleibe hier“, deute ich mit meinem Kopf auf die angelehnte Tür, hinter der sich noch immer Detectiv Ric mit Kiss, Kosh und Tony unterhält. „Als House-Keeper gehört es zu meinen Aufgaben, das Sitzungszimmer ordnungsgemäß abzuschließen. Das schöpft keinen Verdacht, wenn ich hier lausche.“

Als nach knapp einer halben Stunde Tony und Kiss den Raum verlassen, strahlen ihre Gesichter seltsam befriedigt. Nur der Baum steht, jetzt oben ohne, am Fenster und blickt übers Plateau auf den Ozean hinaus.

Kosh schlurft grinsend als vorletzter raus. Der dürre Typ ist fast so groß wie ich, doch damit hören auch schon alle Ähnlichkeiten auf. Würde ich Kosh inzwischen nicht etwas besser kennen, ich würde in ihm den typisch konservativen Streber sehen, der abermals in seiner Kleiderwahl voll daneben gelangt hat. Diese Aufmachung passt überhaupt nicht zu ihm. Seine einst mal rasierten Stelzen sind voller Stoppeln und sehen zum ausgebleichten Schwarz noch weißer aus, als sie eh schon sind; seine Hühnerbrust erweckt durch das grobmaschige Netz Mitleid. Komischerweise hat sich Kosh seine dunklen Haupthaare mit Gel so an den Kopf geklebt, dass er noch viel mehr an einen Langweiler erinnert, der glaubt mit etwas Schmiere im Haar cool auszusehen. Vielleicht könnte er mit etwas Training, der richtigen Kleidung und viel Sonne ganz ansehnlich aussehen, denn sein Gesicht ist klassisch und sieht gut aus. „Schleimst du dich bei der Polizei ein?“, provoziere ich Kosh.

„Nicht der Schönste, nicht der Stärkste und auch nicht der Klügste macht hier das Rennen, sondern der Listigste“, belehrt mich der Nerd. „Nicht alle spielen fair. Vergiss nicht: es geht um Leben und Tod!“

Ich werde diesen schlaksigen Typen nicht unterschätzen. Er tut, was immer er tun muss, um zu gewinnen.

Als Kosh abgezogen ist, will ich lüften und danach das Sitzungszimmer schließen. Da kommt mir der stark behaarte Typ ohne Hemd entgegen.

„Ich bin Ric", stellt er sich mir persönlich vor. „Detective Ric vom Hawaiian Police Department. Ich untersuche den Mordfall im Hyatt Hotel. Aber nicht hier und nicht heute. Hast du noch Zeit für einen Drink?"

„Ist das klug?", frage ich direkt.

Abermals flirtet Ric ungeniert mit mir.

„Ich war zur Tatzeit in Honolulu", gebe ich zu bedenken. „Bis auf meinen Partner habe ich kein anderes Alibi für die Tatzeit!" Natürlich haben wir über die Zeitung längst erfahren, wann genau und wo der Mord passiert war. Ich war an jenem Nachmittag mit Seth in einer Shopping Mall in Pearl Harbor.

„Du bist doch Eleuthereus?" Als ich nicke, fährt Detective Ric fort: „Wie gesagt, ich untersuche den Fall nicht heute und nicht jetzt."

Ein Polizist, der sich sein Hemd auszieht und jetzt mit einem nackten Tatverdächtigen schamlos flirtet, ist mehr als ungewöhnlich. Doch mehr noch warnt mich seine Stärke, die er wie eine schusssichere Weste trägt. Wäre Detective Ric einer von uns Dionysos-Kandidaten, wäre er ein sehr gefährlicher Konkurrent. Seine Aura ist stark und sein Wille ist abgeschirmt. Komischerweise kann ich um ihn keine Farben wahrnehmen. Da ist einfach nichts, egal, wie sehr ich versuche mehr zu sehen.

„Professor Janus gewährte mir bereits Einblick in eure Akten."

„Dann werde ich jetzt doch verhört?"

„Nein!", winkt Detective Ric ab. „Du gefällst mir! Zudem werden wir gemeinsam in die Höhlen des Haleakala vorstoßen."

„Aha!", bleibe ich distanziert. „Ich muss hier lüften und abschließen", lüge ich.

„Die Fenster sind alle schon eine Weile offen. Ich helfe dir!" Bevor ich etwas antworten kann, ist Detective Ric schon im Raum zurück und schiebt alle Fenster zu. Sein Hemd liegt bei seiner Weste, an der tatsächlich seine Dienstmarke hängt. Er nimmt Hemd und Weste vom Stuhl, zieht aber keines der Kleidungsstücke an.

Geschäftig rücke ich alle Stühle zurecht und tue so, als ob ich aufräumen müsste. Detective Ric beobachtet mich schweigend. In der Hoffnung, ihn loszuwerden, zeige ich auf die offene Tür, und er verlässt vor mir das Sitzungszimmer. Da ich keinen Schlüssel habe, ziehe ich einfach die Tür hinter mir zu und stelle mich so davor, dass Detective Ric nicht sehen kann, was ich mit meinen Händen mache. Er hat eh nur Augen für meinen Hintern.

„Was stemmst du?", fragt er.

Ich vermeide es, ihm ins Gesicht zu sehen und spaziere den Flur zur Treppe voraus. „Ich kenne mich in den amerikanischen Maßeinheiten nicht wirklich gut aus. Ich bin Europäer“, antworte ich ihm, als ich seine Blicke noch immer auf meinem Körper fühle.

„Das ist mir bekannt.“ Plötzlich klingt seine Stimme tief und sehr ernst. „Du solltest hier der Anführer sein, nicht dieses flacharschige Bleichgesicht mit seinen Ordnern und Listen.“

„Sorry?“, drehe ich mich zu ihm um, um in seinen Augen zu lesen. Detective Ric spielt genauso eine Rolle wie Kosh. Glaubt er, ich sei so dämlich, ihm zu vertrauen? Nur weil er meine Abneigung für Kosh teilt, macht uns das noch nicht zu Verbündeten.

„Ich habe hinter diesem Haus Quartier bezogen. Wir werden uns die Tage öfters sehen. Ich melde mich, sobald die erste Höhlenerforschung startet. Übrigens, grinst er: Du hast einen schönen Schwanz!“

„Was? Mister Ric ...“

„Detective Ric“, korrigiert er mich. „Doch du kannst mich einfach Ric nennen.“

„Detective Ric“, gehe ich nicht drauf ein, „solange die Verhandlungen laufen, werde ich mich nicht mit Ihnen einlassen.“

„Aber danach?“, bleibt er hartnäckig.

„Ich bin verheiratet!“, winke ich ab. „Keine Chance!“

„Ich will nur Sex“, zuckt Ric frech grinsend mit der Schulter. „Ich mag haarlose Bodybuilder mit großen Schwänzen.“

Wie halte ich ihn in den Höhlen auf Distanz? „Ich habe noch drüben auf der Klippe zu tun! Detective Ric, hat mich gefreut!“ Damit lasse ich ihn stehen und flüchte über die Treppe aus dem Haupthaus.

Die Farben der Aura

In meinem Zimmer lege ich mich auf mein Bett und starre zum Fenster hinaus. Meine Freunde albern zusammen rum. Ich kneife meine Augen zusammen und sehe mir ihre Farben an, sie verschmelzen in Harmonie, als ob sie zusammen tanzen würden. Das Grün von Brom mischt sich mit Asterios' Goldgelb und Os' Rot. Henrys Ausstrahlung ist blasser und verfügt nicht über diese Leuchtkraft und Macht, wie bei den drei Dionysos-Kandidaten, doch auch Henry ist ein voll integriertes Mitglied ihres Teams, genauso wie auch Amis buntes Flackern. Von wegen, es geht um Leben und Tod! Ich kann mir einfach nicht vorstellen, mit Asterios, Brom oder Os in einen wirklichen Konkurrenzkampf zu treten. Absolut ausgeschlossen! Ich stelle mich lange unter die Dusche und denke nochmals über alles nach.

Wer ist Kosh wirklich? Niemand von uns wählte ihn zum Anführer, dennoch kommandiert er uns bereits herum. Falls wir uns nicht gegen ihn wehren, wird Kosh bald das ganze Camp dominieren. Was dann als erstes passieren wird, ist klar: Ami und Henry fliegen aus dem Haus auf der Klippe und die Tischordnung an der neuen Tafel wird sich ebenfalls seinem Willen beugen.

Und was war das mit diesem Detective Ric? Der bullige Typ sieht typisch amerikanisch aus, wenn sein Akzent auch eindeutig Australisch ist. Er ist ein echter Bär mir starken Muskeln, Fell und dazugehörigen Pranken. *Du solltest hier der Anführer sein, nicht dieses flacharschige Bleichgesicht.*

Nach der Dusche stelle ich mich vor den Spiegel neben dem offenen Wandschrank und sehe mir meinen eigenen Arsch an. Kopfschüttelnd wische ich meine Gedanken zur Seite. Ich checke meine Armbanduhr. Es ist erst kurz nach drei Uhr, der Nachmittag ist noch lange.

Wo sind bloß all geblieben? Einen Moment bin ich versucht, mir etwas anzuziehen, denn ich will Detective Ric auf keinen Fall nochmals nackt in die Arme laufen. Abermals schüttle ich meinen Kopf und bleibe, wie ich bin. Entschieden, mich vom Bulligen nicht weiter provozieren zu lassen, spaziere ich zum Registrationshaus, um dort im ersten Stock in Adrianys Studio nach dem Fotografen und Bacchus zu sehen. Auch hier ist niemand, weshalb ich mir am Anschlagbrett unten in der Registration die Fotos der Camp Mitarbeiter ansehe, die Adriany schon in Aktion fotografiert und als Plakate fertiggestellt hat.

Mein Plakat ist wirklich bunt. Da bin ich als Farbunfall, doch ebenso auf den Palmen oben mit der Motorsäge hantierend oder wie ich den Karren mit Farbtöpfen übers Plateau schiebe. Als Text steht neben meinem Fantasienamen und meinen vielen Tätigkeiten als House-Keeper auch noch, dass ich Nudist sei, wie auch mein Wahlspruch aus London, den Adriany wohl von Ami oder Brom aufgeschnappt haben muss: *Reiß dir die Maske vom Gesicht, zerfetze deine Hüllen und zerschmettere deine Hemmungen!*

Das nächste Plakat zeigt Brom. Die Bilder von ihm sind tatsächlich fantastisch. Der Körper des Hula-Tänzers wird von der Abendsonne golden beleuchtet. Bis auf seine Frangipani-Kränze und seine Tattoos verzichtet er auf alles andere. Auch bei ihm steht ein Leitspruch unter den Anfangszeiten und den Örtlichkeiten seiner diversen Tanz-Kurse: *Schmück dich mit Blumen, kränze dich mit Ehre und tanze mit vollem Körpereinsatz für die Götter.* Wie erregend sein Tanzstil sein kann, verrät sein harter Einsatz, den er wohl mit seiner Hand knapp verdeckt – doch eben nur knapp. Brom ist ein wirklich schöner Mann.

Amis Plakat zeigt den krausköpfigen Blonden auf zwei Bildern mit unterschiedlichen bunten Badehosen, doch das dritte zeigt auch ihn nackt. *Ich bin ein Mann der Tat. Ich kann zupacken und nehme die Sachen auch gerne mal in die eigene Hand!* Steht unter dem Bild als sein Leitspruch neben seiner Camp-Funktion als Blogger, Reporter und Problemschlichter. Sei Wichs-Foto ist ganz neu, denn ich erkenne seinen verbundenen rechten Fuß.

So gibt es auch Plakate von Adriany als Mann für die Registratur und Chef der Bungalows und ein weiteres von Os. Os' Plakat ist wuchtig, wie der rote Stier selbst – und ist definitiv nicht jugendfrei. Os kniet splitternackt vor einem Kerl – wahrscheinlich Adriany – und vollführt mit seinem Mund, was wahrscheinlich viele Studenten von einem erotischen Masseur erhoffen. Schockiert lese ich Os' Spruch: *Ich habe Hände zum Massieren; ein Herz um zu Heilen und einen Mund um Wunder zu wirken.*

„Eleuthereus!", ruft eine Stimme nach mir, sodass ich aus dem Fenster der Registration nach draußen spähe. Es ist Janus.

„Haben Asterios, Brom und du meine Nachricht noch vor der Sitzung erhalten?", erkundigt sich der Camp Leiter."

„Ja! Warum wir drei? Sind wirklich nur sieben von uns echte Dionysos-Kandidaten und der Rest …"

„Klio riet mir, euch zu warnen. Dunkles ist auf die Insel gekommen", nickt Janus. „Ein Gott wie Dionysos steht über Gut und Böse; wie alle Götter. Doch solange du dich nicht selbst über die Dualität erheben kannst, um die wahren Welten des Seins zu betreten, können dir sowohl Licht als auch Schatten übel mitspielen."

„Das Licht auch?", frage ich und folge Janus übers Plateau zum Haupthaus zurück. Dass ich dabei splitternackt bin, stört den Typen, dessen Alter ich einfach nicht einschätzen kann, nicht im Geringsten. Wie immer trägt Janus zu einer Shorts schwarze Kniesocken, was bei dieser Hitze wirklich ungewöhnlich ist.

„Licht und Schatten sind Energieströmungen, die entweder in die eine oder in die andere Richtung ziehen – oder gelegentlich auch zerren. Das Licht soll uns die Stolpersteine und Fallen auf dem Weg beleuchten, doch es kann auch der Eitelkeit als Spotlight und Bühnenbeleuchtung dienen. Viele werden davon verblendet. Ihre Selbstüberschätzung verleitet sie zu dunklen Vorhaben. Die Weltgeschichte ist voll mit den Verblendungen solcher Gestalten; und es sind nicht nur die von Königen und Anführern, sondern sie können jeden treffen, dem es an Unterscheidungsvermögen mangelt."

„Dann ist das Licht nicht das Positive?"

„Dein Unterscheidungsvermögen und dein eigenes Herz bestimmen, was du bist. Scheue niemals das Licht, doch hüte dich vor deinem Ego, das mit der neuen Energie vielleicht nicht umgehen kann. Balance und Gleichgewicht sind der Schlüssel. Wer auch immer euren Dionysos-Kollegen getötet hat, er befindet sich auf dem Camp. Vergiss niemals: Dionysos ist der Gott der Masken und des Theaters. Die falschen Dionysos-Kandidaten beherrschen das Spiel der Masken genauso gut, wie ihr! Darum: nutze was du hast! Nutze was du bist!"

„Brom kann es nicht gewesen sein. Er war als einziger schon vor dem Mordanschlag auf der Insel", gebe ich zu bedenken.

„Ja und nein! Brom hatte vor deiner Ankunft drei Tage frei. Ich verdächtige Brom nicht, doch auch er hätte die Insel Maui verlassen können. Er kennt genügend Fischer, die ihn auf die Inseln Malokai, Lanai oder Kahoolawe hätten bringen können, von wo aus er unbemerkt nach Honolulu hätte gelangen können."

„Janus, da du mir all das erzählst, verdächtigst du mich nicht?"

„Sollte ich?", sieht mich der Camp Leiter seltsam durchdringlich an, bis er plötzlich loslacht.

„Uff!", spiele ich mit.

„Vier von euch kann ich ganz klar von jedem Verdacht freisprechen."

„Vier?"

„Asterios, Brom, Kosh und dich."

„Kosh?"

„Er ist der geborene Anführer. Nur er, Asterios und du kennen die Wahrheit über den Verbleib der Krone der Schöpfung. Nur einer von euch kann der Eine sein."

„Der Eine?"

„Der Eine, der heilen kann, was er einst zerstörte."

„Der Eine ist ein Zerstörer?"

„Achte auf deine Träume! Nutze den Pfad der Götter, um alles über den Verbleib der Krone der Schöpfung herauszufinden. Du musst in deinem Bewusstsein göttlich werden."

„Und wie das?"

„Lerne aus deinen Träumen. Nochmals: sei vorsichtig, wem du dich anvertraust! Einzig Asterios, Brom und Kosh sind, was sie sind. Vergiss nicht: die *Zurajir* sind hier oder kommen bald. Mindestens einer saß heute morgen am Tisch im Sitzungszimmer."

„Wer ist es?"

„Die Dunkelheit weiß sich zu verbergen und hinter Dionysos' Macht zu verstecken. Dionysos' Macht wirkt überall auf der Insel. Illu, hast du schon bemerkt, wie fruchtbar der Boden geworden ist? Ich habe oft das Gefühl, ich könne seit eurer Ankunft das Gras auf dem Plateau beim Wachsen beobachten."

„Genau!", nicke ich wild. „Auch die Zimmerpflanzen ..."

„Das ist eure Energie. Ihr Kandidaten kanalisiert Dionysos' Macht. Eine andere von Dionysos' Eigenschaften ist die eines Fruchtbarkeit- und Naturgottes. Erweckt nur nicht wieder den Haleakala!", erhebt Janus seinen rechten Zeigefinger, grinst dabei aber so schief, dass ich mir nicht sicher bin, ob er nicht doch scherzt.

„Warum war heute morgen Tony dabei? Wer ist Tony?"

„Ein Student, der früher anreiste und vor euer aller Ankunft die Grundreinigung des Anaktoron gemacht hat. Tony ist harmlos. Ich lud ihn nur zur Sitzung ein, weil er Probleme hat, sich mit anderen anzufreunden."

„Wirklich?", bezweifle ich.

Wie schon zuvor wechselt Janus' Gesicht ständig das Alter. Natürlich ist das eine Illusion, doch sprach vorhin ein gereifter Mann zu mir, grinst jetzt ein Jüngling, der kaum älter als ich selbst sein kann.

„Illu", holt mich Janus aus meiner Betrachtung, „deine Freunde sind bis auf Kosh alle am Strand. Falls du willst, fahre ich dich hin. Noch was. Ich habe nichts gegen Nacktheit, doch Os' Aktion geht doch etwas zu weit. Sag Adriany, er soll das eine Bild von Os austauschen."

„Strand? JA!", juble ich und ignoriere den Rest. „Sehr gerne! Ich war noch nie am Strand."

„Dann los in den Wagen mit dir!"

„Brauche ich keine Badehose?"

„Würde das was bringen?", winkt Janus ab und macht mitten auf dem Plateau kehrt, um das Camp zu verlassen.

Als wir über einen holperigen, kaum sichtbaren Weg am Strand unterhalb der Klippen ankommen, sind alle meine Kumpels nackt und kämpfen im Sand zu zweit oder in Gruppen, während Adriany immer neue Regieanweisungen dazwischenruft und alles fotografiert.

„Na, lauf schon! Abendessen gibt's heute erst um acht. Ich muss mich mit den Musen beraten."

„Cool! Danke fürs Bringen!"

Janus wendet seinen Jeep und überlässt mich meinen Freunden und einem möglichen Mörder. Bald ist klar, was die Verrückten treiben, sie posieren für Fotos für Broms und Henrys Workshop. Die beiden wollen *Bare Sports* als Freizeitprogramm anbieten. Das Nacktringen macht total Spaß. Bis auf den bulligen Quarterback aus Atlanta oder Broms geschmeidige Art, habe ich im Zweikampf sonst keine Konkurrenz – selbst mit eingebundener Hand. Ami springt mit seinem bis gestern noch eingebundenen Fuß herum, als ob es den Unfall im geheimen Tal niemals gegeben hätte.

„Großaufnahmen der Workshop-Leiter!", kommandiert der Fotograf

Brom legt sich auf den Rücken in den Sand und streckt seine Hände nach Henry aus.

„So bleiben! Action!", tänzelt Adriany mit seiner Kamera um die beiden, deren Kampf gerade eher einem pornografischen Liebesspiel ähnelt. „Ihr anderen!", scheucht uns der Fotograf auf, „ihr sollt einen Volleyball Match im Hintergrund darstellen. Action!

„Hula-Mann, dein Ding ist der totale Hingucker, doch Janus will nicht, dass wir uns prostituieren."

„Eh?", gafft mich Brom an. „Illu, was quatschst du da?"

„Janus hat sich die Fotos in der Registration angesehen. Bis auf Os' Blowjob-Bild wurden alle anderen bewilligt; selbst Amis Handarbeit!"

„Henry, kannst du es so aussehen lassen, als ob dein Zupacken ein Spezialgriff im Wrestling sei und nicht ein Vorspiel?"

Weil wir für die Fotos immer wieder zu sandig werden, schickt uns der Fotograf ständig zum Waschen in die Wellen. Mein Verband ist längst aufgeweicht und den Verschluss habe ich auch verloren.

„Zeig mal her!", wickelt mir Os nackt vor mir kniend meine Hand aus. Das Rumalbern und Broms pornografische Aktionen zeigen durchaus ihre Wirkung. Mir ist einerlei, ob wir die Macht eines Fruchtbarkeitsgottes kanalisieren oder ob es einfach unser jugendliches Testosteron ist, das wild überschäumt. Ich genieße einfach diese ungezwungene Lebenslust. Os geht es nicht anders, denn kaum ist meine Hand ausgewickelt und die Wunde als gut heilend diagnostiziert, öffnet er seinen Mund.

„Darf ich auch mal?", stellt sich Zac keine Minute danach neben mich. „Das würde ich gerne versuchen!"

„Na dann!“, grinst Os und packt den kleinen Halb-Japaner, der sofort seine Augen verdreht und laut stöhnt.

Asterios beobachtet uns aus der Distanz. Er legt seine Hände vor sich auf den Sand, als ob er die Erde damit beruhigen wollte. Er wirkt konzentriert und lässt Os nicht aus den Augen.

„Bändigst du wieder Os' Macht?“, frage ich Asterios.

„Unser bulliger Quarterback schafft es schon fast alleine“, sieht Asterios zu mir hoch. „Ich will nur nicht riskieren, dass er versehentlich den Vulkan wieder erweckt. Os ist einer der stärksten von uns allen, aber er ist auch derjenige, dem es total an Disziplin mangelt. Fällt er in Dionysos' Rausch, vergisst er alles um sich herum. Zac reizt ihn, doch er bringt ihn nicht in Rage – noch nicht!“

„Und ich?“

„Ich glaube, dich liebt er, weshalb sein Rausch von seiner Liebe gedämpft wird. Lass ihn nur nie mit Brom, Saro oder Bacchus zusammen kommen. Jeder von ihnen ist selbst ein Vulkan.“

„Woher weißt du das?“

„Illu, kneife deine Augen so fest zusammen, dass du gerade noch etwas wahrnehmen kannst, dann sieh dir die Jungs an. Es erfordert Übung, doch bei deinen Talenten müsstest du den Trick rasch raushaben.“

Es kostet mich weder Anstrengung noch Übung, ich habe ein ähnliches Schauen vorhin selbst erprobt. „Ist das Broms Aura?“, frage ich den Sternenjungen und sehe wie saftiges Grün um Brom herumwirbelt.

„Durch Brom manifestiert sich die Dendrites-Macht von Dionysos am deutlichsten. Du hast diese Natur- und Fruchtbarkeitskraft auch in dir. Du bist damit geboren worden. Auch du könntest der Grüne Gott werden, wenn in dir auch weit mehr steckt.“

Augenblicklich schaudert mir. Über meine Träume mit dem Grünen Gott habe ich lange nicht mehr nachgedacht. Brom war in meinem Träumen immer dabei. Brom war damals mein Wahlbruder und bester Freund. Ich selbst musste damals zwischen dem Gelben und dem Grünen Gott wählen. Vor der Macht des Gelben flüchtete und versteckte ich mich, doch die Macht des Grünen ersehnte ich. Laut sage ich: „Ja, diese grüne Macht kenne ich!“

„Was siehst du bei den anderen?“, forscht Asterios.

Bacchus steht hinter Adriany und lenkt seinen neuen Freund ständig mit neuen Posen von Broms erotischem Kampf mit Henry ab. Bacchus glüht eifersüchtig, denn dass Brom und Henry nicht kämpfen, sondern Sexstellungen ausprobieren, hat inzwischen jeder begriffen. Adriany ist vollkommen in ihrem Bann. Bacchus gefällt das ganz und gar nicht. „Bacchus leuchtet tiefrot“, verrate ich Asterios. „Einzelne Flammen brechen aus dem pochenden Zentrum aus, doch alles in allem wirkt Bacchus in seinem Rot stabil.“

„Diese Spitzen in Bacchus’ Aura verraten, dass er Adriany begehrt. Am liebsten würde er damit Brom erdolchen, weil der Adriany mehr anzieht, als Bacchus das gerade schafft.“.

Ich nicke und lasse meinen Blick auf Zac und Os wandern. Der ziegenbärtige Halbjapaner flackert, doch ich erkenne keine klaren Farben, während ihn der rote Stier zum Höhepunkt bringt. Verwirrt darüber schüttle ich meinen Kopf. Dann fällt mein Blick auf Saro, der ebenfalls Broms und Henrys Verrenkungen folgt. Saro ist tief violett, absolut gleichmäßig ohne Spitzen, Wellen oder sonstige Ausbrüche. Das Schauspiel lässt ihn unbeeindruckt. Wahrscheinlich beobachtete Saro in den Clubs von Mexico City ähnliches jeden Abend. „Was bedeutet Saros Violett?“, befrage ich meinen neuen Lehrer im Aura-Lesen.

„Als Balletttänzer verfügt Saro über eine antrainierte Disziplin. Er ist sehr stabil und ruht in seiner eigenen Stärke. Violett ist die Zone der Intuition, der Ahnungen und der Inspiration. Ich bin mir sicher, Saro wird einen guten Draht zu den Musen entwickeln, falls er den nicht schon lange hat. Das ist übrigens auch eine der Eigenschaften, die in dir hell leuchtet. In Saro ist das Violett dunkel, was auch auf Listenreichtum, Magie und einen Hang zum Okkulten verrät; aber nach seinem gestrigen Auftritt als Azteken-Priester verwundert das auch nicht. Saro ist nicht so leicht zu durchschauen, wie einige der anderen.“

„Ist Saro gefährlich?“

„Das sind wir alle“, nickt Asterios.

Ich verstehe.

„Brom hingegen ist das pure Leben“, zeigt Asterios zum Hula-Tänzer. „Os ist die ungezügelte Leidenschaft, während Bacchus sich vollkommen seinen Sinnen ergibt, was auch sein Haschisch, seine Zigaretten und bestimmt auch seine Vorliebe für alkoholische Getränke, wie viel Sex erklären dürften.“

„Und du?“, sehe ich Asterios erstmals bewusst seine Aura an. Sie ist wie der Himmel oder der Ozean. „Blau, tief und ruhig!“

„Ich bin ein Denker. Blau steht für die mentalen Regionen mit dem Intellekt und den verschiedenen Funktionen des Verstandes mit seinen planerischen und strukturierten Eigenschaften.“

„Aha!“, zwinkere ich. „Und dieser abgeklärte Intellektuelle war einst ein

Lustknabe?“

„Ich ruhe gerade in mir selbst, um Os‘ Macht auszugleichen“, kickt Asterios nach mir. „Heute früh in deinem Bett glich meine Aura der von Bacchus. Ich liebe die Lust, doch sie kann mich nicht überwältigen. Ich kann in ihr Licht eintauchen, um darin zu schwimmen, aber ich kann auch wieder vollkommen aus der Lust heraustreten. Du auch, mein Lieber!“, sehen mich Asterios‘ Sternenaugen verliebt an. „Als dich vorhin Os verwöhnte, hast du auch geleuchtet und geglüht, doch nur solange, wie du wolltest. Saro hat seine Selbstdisziplin vom Ballettunterricht, ich durch mein mentales Training, was mir mein früherer Meister und Mentor beibrachte. Woher hast du diese innere Ruhe?“

„Bodybuilding?“, rate ich.

„Vielleicht!“

„Warum flimmert Zac, doch seine Farben bleiben diffus, während wir anderen vorwiegend eine Farbe ausstrahlen?“, komme ich zurück zum Thema.

„Zac ist wie ein Kind. Ich vermute, er unterdrückt seine wahren Gefühle. Er ist mächtig, sonst könnte er die Farben nicht so verwässern. Dennoch ist er wie Zagreus, der Knabe, der sich noch nicht zum Dionysos transformiert hat. Wir anderen haben dieses Stadium durchlaufen. Ich bin mir sicher, wir anderen haben alle den Prozess des Todes erfahren. Jeder von uns muss diese Schwelle überschritten haben, sonst wären wir keine Dionysos-Kandidaten.“

„Ich wurde in London zu Tode geprügelt. Thalia, eine der Musen, Apollon und die Moiren haben mir das Leben gerettet.“

„Nein!“, winkt Asterios ab. „Die Götter mischen sich nicht ein. Sie haben dich vielleicht beraten oder deinem Schicksal auf die Sprünge geholfen, doch gewählt hast du selbst!“

Asterios ist wirklich weise oder er hat das alles selbst am eigenen Leib erfahren. Seine Aura ist jetzt hellgelb und golden. Er liest meine Gedanken. „Eleuthereus, ich erzählte dir, wie ich zum Prinzen kam. Bevor sich mir dieses Schicksal eröffnete, musste ich sterben. Mein altes Ich überlebte es nicht. Mir war damals, als ich als Dionysos-Kandidat wiedergeboren wurde bewusst, dass ich mich meiner Lust stellen musste, um nicht von ihr verschlungen zu werden. Als Lustknabe kostete ich sie in allen Schattierungen aus. Ich habe diesen Becher bis zum letzten Schluck austrinken müssen, um die Lust zu meistern. Heute beherrscht sie mich nicht mehr, sondern ich sie.“

„Dann muss Zac erst sterben, um einer von uns zu werden?“

„Dies, oder er hat sich dazu entschieden, den kindlichen Aspekt des Dionysos‘ zu manifestieren. Schau ihn dir an. Selbst in seiner Lust ist er unschuldig und bunt, wie ein Schmetterling. Oder …“, Asterios schüttelt seinen Kopf und scheucht den Gedanken fort.

„Was?“

„Er ist nicht der, der er zu sein vorgibt“, nuschelt Asterios.

„Leute!“, winkt uns Adriany zu sich. „Wir haben nur noch für eine halbe Stunde Tageslicht. Ich möchte noch Fotos von euch als Statisten schießen!“, zeigt er auf Asterios, mich und die anderen, die dumm rumstehen, um Broms sexuelle Verrenkungen zu beobachten. „Im Wagen sind Klamotten, die bei früheren Camps hier liegen gelassen wurden. Zieht euch um!“

Keine fünf Minuten später beziehen wir auf den Felsen in ulkigen Verkleidungen Stellung. Hier am Ozean angezogen zu posieren, befremdet mich.

Damit wir nicht sofort erkannt werden, müssen wir unsere Sachen in letzter Minute tauschen, damit jeder andere Farben als normalerweise trägt. So sehe ich Asterios erstmals in keinen durchsichtigen Klamotten, sondern in dunklen Erdfarben und einmal sogar in knallrot oder schwarz.

Adriany hetzt von Model zu Model, instruiert und kommentiert und schießt dabei ein Bild nach dem anderen. „Leute!“, strahlt er übers ganze Gesicht. „Ich hab's im Kasten. Danke, Leute, ihr wart mega-gigantisch!“

Kaum bei Os‘ Wagen zieht sich Asterios sehr rasch das dunkelgrüne T-Shirt und die schwarze Jeans aus, als ob ihm diese dunklen Farben körperliche Schmerzen bereiten würden. Als ich ihn darauf anspreche, zuckt er nur mit der Schulter. „Eleuthereus, du kannst die Ausstrahlung der anderen wahrnehmen. Hast du jemals ein Dunkelgrün, ein Feuerrot oder gar das Schwarz in meiner Aura wahrgenommen?“

Da auch ich es eilig habe, ein rotes Hemd loszuwerden, schüttle ich nur meinen Kopf.

„Dann höre auf deine Intuition. Bin ich ein Erdfarbenmensch oder gar ein schwarzer Typus?“

„Ähm, nein! Dein weißes Leinenzeug drückt deine neutrale Art aus, obwohl dir hellblau oder gelb bestimmt stehen würde.“

Auf der Fahr zurück zum Camp gehe ich in Gedanken meine Garderobe durch. Ich finde nicht ein Stück in Herbstfarben oder in grellen Farbtönen. Ich kann mich selbst in einem Feuerrot oder einem Braun genauso wenig vorstellen, wie über längere Zeit schwarz zu tragen, obwohl ich das in London gelegentlich getan habe. „Ist das Schwarz genauso neutral, wie es das Weiß ist?“, frage ich Asterios.

„Schwarz macht dich unsichtbar. Schwarz verbirgt dich, macht dich zu einem in der Masse“, flüstert mir Asterios zu, als wir auf dem Schotterplatz vor dem Bambushain parken. „Schwarz schluckt alles Licht; saugt einfach alles auf. Nichts dringt nach außen, alles führt nach innen. Denke mal darüber nach, warum heutzutage so viele Menschen schwarz tragen?“

„Das hat eine Bedeutung?“

Asterios Blick verrät mir, ich müsste es besser wissen.

„Und weiß?“, frage ich.

„Es reflektiert das Licht. Weiß leuchtet. Es ist wie ein Prisma das Licht in den Farben aufbricht. Weiß ist Ursprung, darum wird es oft mit Unschuld gleichgesetzt. Weiß kann jede Farbe annehmen, weil es alle Farben ist. Beleuchte ein weißes T-Shirt mit einem roten Licht und das T-Shirt erscheint rot. Das funktioniert mit allen Farben auf weiß. Doch versuche das Gleiche auf einem schwarzen T-Shirt und nichts wird sich verändern. Schwarz wird jede Farbe einfach verschlingen, wie die Nacht auch alle Farben und alles Licht löscht. So jetzt aber genug philosophiert. Ich habe Hunger!“

„Henry hängt aber noch hinter uns mit Brom ab.“

„HENRY!“, brüllt Asterios, dass seine Aura kurz rot aufflammt. „Wann gibt es etwas zu essen?“

„Heute erst um acht! Kein Stress!“

„Hast du meine Aura beobachtet?“, fragt mich mein Lehrer.

„Ähm, nein!“

„Gewöhne es dir an, mit einem Auge auf das Unsichtbare zu achten. So hast du ein Frühwarnsystem und wirst von Aggressionen, Wut oder anderen Gefühlswallungen deiner Mitmenschen nicht mehr einfach überrollt.“

„Musst du zurück in unser Haus?“, frage ich Sternenjunge. Als er seinen Kopf schüttelt, führe ich ihn in die Registration, um ihm die bisherigen Fotos auf den Plakaten zu zeigen.

Adriany bringt zum Abendessen sein Laptop mit und präsentiert uns die neuesten Fotos vom Strand. Ohne dass wir es überhaupt bemerkten, schweißte uns dieses gemeinsame Erlebnis wieder enger zusammen. Seit jenem Ausflug, um die ersten Wale hautnah im Ozean zu beobachten, waren wir nicht mehr ein derart eingespieltes Team. Saro und Zac haben sich spielend eingebracht; selbst Kosh sucht unsere Nähe und lacht über die Fotos. Im Wintergarten kann ich Janus sehen, wie er mit Detectiv Ric und Kiss diskutiert.

Plötzlich zieht ein Gewitter auf. Der Wind fegt durch die gedeckte Terrasse. Es hat aufgefrischt, doch langsam komme ich mit dem Hawaii-Wetter ganz gut klar. Die Palmwedel rascheln hier immer, jetzt einfach stärker. Wir essen und Henry räumt danach zügig den großen Tisch ab, denn der Sturm rückt näher.

Detective Ric und Kiss sind zum Essen nicht aufgetaucht.

Kosh war als Einziger nicht am Strand dabei, doch ich suche beim Kaffee seine Nähe. „Hat sich Bacchus zusätzlich zu seinem Model-Workshop auch noch fürs Höhlenforschen angemeldet?"

Der Nerd, noch immer im Netzshirt und seinem schäbigen Wickeltuch, sieht mich kritisch an. „Nein! Warum?"

„Ach nur so!", winke ich ab. Auch wenn Janus diesem Südafrikaner vertraut, ich tue es nicht. Da der Sturm stetig zunimmt und bald ein heftiges Gewitter über die Flanken des Haleakala ziehen wird, verdrücken wir uns alle übers Plateau in unsere Hütten oder ins Haus auf der Klippe.

Das Gras ist schon wieder gewachsen, denn es kitzelt jetzt beim schnellen Laufen tatsächlich meine Knöchel. Morgen werde ich wieder mähen müssen!

„Schneller, Leute!", hetzt uns Ami. „Bei diesen Anzeichen ist es ratsam, heute Nacht alle Fenster zu verrammeln!"

Nachdem wir das Haus sturmsicher gemacht haben, hilft mir Brom, meine Hand frisch einzubinden. Die Zackenlinie ist vollkommen verschwunden und meine Lebenslinie ist nur noch rot, doch der Schnitt hat sich beinahe wieder geschlossen. „Falls das Unwetter heute Nacht zuschlägt, wirst du morgen viel mit Aufräumarbeiten zu tun haben!" Damit verlässt Brom mein Zimmer.

Kurz darauf erlöschen auch die Lichter in Asterios' und Amis Zimmer, während gleichzeitig über dem Ozean immer häufiger Blitze zucken und der Donner immer näher rückt.

Zeichen und Wunder

Müde schreibe ich in meinem geheimen Tagebuch die letzten Tage und Beobachtungen auf. Ebenfalls ergänze ich meine Liste mit: *Zagreus = Zac (Halbjapaner im Kimono);* Bassaros = *Saro (Azteken Priester), Iakchos = Kosh (Nerd und Kontrollfreak)*. Wer ist keiner von uns? Auf meiner Liste stehen noch Orthos, Dendrites, Chtonios und ein leeres Feld. Ebenfalls notiere ich mir: *Sheriff Long Soh-Tro* (Tri-Athlet mit riesiger Gurke); und *Detective Ric* (haariger Klotz, der in mich verknallt ist). Den Zettel mit den diversen Beinamen des Dionysos', den mir Ami überreichte, lege ich in die Doppelseite. Für heute bin ich zu müde, mir mehr Gedanken darüber zu machen.

Erledigt gleite ich in den Schlaf und finde mich vor dem Regenbogenportal am Südhang des Haleakala, irgendwo oberhalb des geheimen Tales. Lange bewundere ich heute die Farben und kann mich nicht entscheiden, welche ich aktivieren will. Schließlich öffne ich weit meine Arme und lasse mich in den Regenbogen fallen, in der Hoffnung, ich berühre das ganze Spektrum auf ein Mal.

Die Sonne ist kaum aufgegangen, da weckt mich Bromios in unserem gemeinsamen Zelt. „Ampelos und Lysios sind bereits im Bach, um sich zu waschen. Los, Eleuthereus! Auf, auf! Unsere Sippschaft will gemeinsam zum Haupttempel des Grünen Gottes für die Eröffnungszeremonie pilgern!"

Schlagartig bin ich hell wach und dränge an Brom vorbei ins Freie, um in einen der breiten Bewässerungskanäle, die sich zu hunderten durch die flache Landschaft rund um den Tempel ziehen, für die Waschung zu stürzen. Der nahe Dschungel dampft grau. Meine Wahlbrüder und ich werden gleich, wie die zehntausend anderen Pilger aus den Sippschaften des Nordens und Nordwestens, zum Tor um die äußerste Tempelmauer strömen, um danach im Heiligtum das erste Ritual des Festes zu bezeugen.

Endlich wird der Grüne Gott wieder erwachen! Ich bin ganz zappelig, als ich mir meine hellblonden Haare mit rotem Schlamm an den Kopf klebe, um mein Erscheinungsbild dem der anderen Jünglinge der Sippschaften anzupassen. Mit meinem Körperbau falle ich schon genug auf. Hier beim wichtigsten Fest des ganzen Erwachens könnten Iakchos' Spione aus der Hauptstadt sein. Niemand soll mich erkennen, sondern weiterhin daran glauben, dass ich damals nicht überlebt habe.

Die meisten der zehntausend Pilger tragen heute nur Kränze oder Farbe auf der Haut. Genau wie ich. Stolz auf das wahre Gewand des Gottes schreite ich neben Bromios, Lysios und Amelos zum Tempel. Das gewaltige Kuppeldach schimmert smaragden in den ersten Sonnenstrahlen in der Ferne. All die Männer und Jünglinge um mich herum haben sich zu Ehren des Grünen Gottes in wahre Manifestationen des Gottes verwandelt. Einige der Männer gleichen den alten Häuptlingen des Nordens oder den Kriegerpriestern des Südens, bevor meine Ahnen sie alle stürzten, um das riesige Reich unter einem Thron zu vereinen. Wüssten sie, dass der wahre Erbe des Flammenthrones der Tat-Tsok heute unter ihnen weilt, könne ein Bürgerkrieg ausbrechen.

Mein Onkel, der als Usurpator auf meinem Thron sitzt, hat das alte Reich gespalten und mit seinen neuen Ritualen die stolzen Sippschaften des Nordens schwer gekränkt.

„Was grübelst du?“, boxt mir Bromios in die Seite. „Freust du dich nicht auf das Fest?“

Ich verscheuche alle Gedanken an den Usurpator. Wie schön sich Bromios rausgeputzt hat. Sein Leib ist mit hundert verschiedenen Blüten geschmückt, die er sich zu langen Girlanden aufgefädelt hat. Lysios hingegen trägt eine Kriegsbemalung, und Ampelos versucht beiden nachzueifern, was eine seltsame Mischung hervorbrachte. Ich selbst trage nur einen Kranz aus fleischigen Blättern und wenigen goldigen Blümchen darin; dazu einen Ring, um meinen Stolz aufzurichten; grüne Farbe im Gesicht und ebenso als Streifen über meiner Brust. Mehr brauche ich nicht. Kleidung ist heute nicht erwünscht.

Das gewaltige doppeltürige Haupttor um das Tempelgelände steht weit offen und sieht aus wie ausgebreitete Schwanenflügel.

„Wir sind in Eden!“, atme ich erleichtert auf und inhaliere die Luft, als ob sie eine andere wäre, als draußen vor den Toren. Wenn ich auch weiß, dass auf dem Thron nicht der Grüne Gott selbst erscheinen wird, sondern einer der dafür geschulten Bassariden, so ist es dennoch in jedem Erwachen ein ergreifendes Erlebnis, den Grünen Gott beim Erwachen zu beobachten.

Ampelos wird am Eingang von Novizen erwartet, die ihn zur Vorbereitung seiner ersten Einweihung abholen.

„Wir sehen uns in drei Tagen!“, winke ich Ampelos neidisch nach. Ampelos darf für drei Tage im Garten der Hoffnung im Wohndschungel leben. Gerne würde ich mit ihm tauschen.

Durch die Baumriesen gelangen wir ins Tempelinnere. Lysios zieht mich am Arm durch das Menschengedränge weiter zur Empfangshalle des Gottes. Dort steht der Thron, worauf ein gefesselter Bassaride den noch schlafenden Grünen Gott mimt, der auf den Beginn des Rituals wartet. Die kommende Inszenierung symbolisiert das Ende des Winters und das Erwachen des Frühlings. Jeden Spätsommer wird ein sehr gealterter Grüner Gott überwältigt und auf den Fels geschmiedet. Unbeweglich harrt der Grüne Gott in einem Todesschlaf seiner Wiedergeburt. Mit den ersten warmen Tagen verjüngt sich der Gott wieder, bis er seine ursprüngliche Stärke wiedererlangt hat, um abermals zu erwachen und als Jüngling die Geschicke des Reiches zu lenken. Gleich werde ich Zeuge dieser ewigen Verjüngung.

„ELEUTHEREUS, WAS HAST DU?“ Lysios schreit mir ins Ohr, um

den Lärm der Hereinströmenden zu übertönen. „Sonst kannst du es nie erwarten, bis die Lichter den geketteten Jüngling in seiner ganzen Potenz auf seinem Thron zeigen?“

Statt einer Antwort packe ich Lysios und dränge mit ihm bis zu den Stufen des Thrones vor. Neugierig spähe ich hoch. Wird bei diesem Fest mein Freund Eros den verjüngten Gott spielen? Eros fehlt mir so sehr. Könnte ich doch nur beim Tempelrat vorsprechen, um hier im Tempel zu studieren.

Der diesjährige Schauspieler muss ein Tänzer sein, denn seine Glieder sind muskulös, aber geschmeidig. Sein schwarzes Haar ist vollkommen glatt und seine Erektion ragt wie ein Speer zum Kuppeldach. Noch schläft der Gott gefesselt auf den Stein.

„WEISST DU, WO ELEUTHEREUS IST?“, höre ich eine vertraute Stimme unter einem grünen Kapuzenmantel Lysios anschreien.

„Na hier!“, dreht mich Lysios ihm zu.

„Eleuthereus! Endlich sehen wir uns wieder!“ Eros packt nach meiner Hand und zerrt mich vom Thron fort und weiter durchs dichte Gedränge aus der Empfangshalle des Grünen Gottes.

„Eros! Wo führst du mich hin?“

Mein Freund schweigt. Erst, als wir die Halle verlassen haben, um gleich dahinter einen der blinden Spiegel zu durchschreiten, verstummt der Lärm. Eros zieht sich den Mantel aus und steht nackt und grün vom rituellen Öl glänzend vor mir. Seine mit dem Puder behandelten roten Haare blitzen silbern. „Eleuthereus, der Tempelrat will dich sofort sehen.“

Nervös scharre ich mit meinen nackten Füßen auf dem unebenen Boden. „Ich bin bereit!“, lüge ich. „Bin ich würdig?“

Eros führt mich durch Gänge und verborgene Türen. Glaubte ich bisher, mich hier auszukennen, werde ich jetzt eines besseren belehrt, als wir immer in neue und aufregende Bereiche des unzugänglichen Teils des Tempels vordringen.

„Was soll ich tun? Ist das ein Eignungstest?“ Meine Aufregung pocht sichtbar in meinen Schläfen. Ich darf nicht versagen. Nur mit den höheren Einweihungen und der intensiven Schulung im Tempel werde ich mein Schicksal meistern. So sehr ich mich auf diese Begegnung mit dem Tempelrat auch freue, so bedauere ich doch, dass es ausgerechnet gleichzeitig zum großen Schauspiel in der Empfangshalle sein muss. Den Sperr dieses jungen Tänzers hätte ich gerne in Aktion erlebt.

„Wird mich der Tempelrat akzeptieren?“, frage ich Eros.

„Der Rat wird den Gott in dir erkennen! Sei einfach du selbst!“

Auch Eros vergisst ständig, dass ich nicht einundzwanzig Gotteserwachen alt bin, sondern erst sechzehn. Älter auszusehen bringt Vorteile, doch fordert es mich auch ständig heraus, mich reifer zu geben, als ich sein will. „Wie ist man sich selbst?“

„Lass einfach dein Licht leuchten“, küsst mich Eros.

Plötzlich entspanne ich mich.

Nach weiteren Passagen durch diese Spiegel, die keine sind, bleibt Eros vor einer Wand stehen, an der eine dicke Ranke in ein oberes Stockwerk wächst.

„Eleuthereus“, spricht Eros feierlich ernst, „der Rat empfängt dich.“

„Ohne Waschung und Salbung?“, frage ich zögernd.

„Du bist doch sicherlich nicht ohne Waschung in den Tempel gekommen?“, forscht Eros in meinen Augen.

„Nein! Natürlich nicht!“, antworte ich ihm. War das Bad im Bewässerungskanal Reinigung genug? Keinen Moment dachte ich dabei an eine rituelle Waschung. Meine Haare kleben gescheitelt rot mit der Schlammpaste eingefärbt auf meinem Kopf.

„Geh hinauf!“, weist mir Eros den Weg in meine ungewisse Zukunft. „In der Ranke gibt es verborgene Tritte.“

Ich zögere und frage: „Wie viele sind es?“

„Genug!“ Eros nimmt mir meinen Kranz vom Kopf und krönt sich selbst damit. „Den brauchst du nicht!“

Ob der Rat aus einem oder aus hundert Bassariden besteht, macht keinen Unterschied. Ich werde gleich geprüft werden. „Wie soll ich mich ihnen zeigen?“

„Was würde der Grüne Gott tun?“, antwortet mir Eros.

„Ganz oder gar nicht!“, lache ich meinen Liebsten an und streichle meinen Penis, bis der bald eines Fruchtbarkeitsgottes würdig meine Bereitschaft zeigt. Der Goldring tut sein übriges. Selbstbewusst klettere ich die Ranke hoch und schiebe die Tür auf, um vor das Tribunal zu treten.

Nur beim Öffnen der Tür erkenne ich kurz im Zwielicht einen runden Raum. Auf dem Boden sitzen Gestalten im Kreis. Kaum fällt die Tür hinter mir ins Schloss, umgibt mich die Schwärze, wie sie nur eine sternenlose Nacht zu erzeugen vermag. Ohne sie zu sehen, fühle ich Augen mich beobachten. Blind schreite ich ins Zentrum. Auf keinen Fall verweile ich wie ein scheuer Jüngling am Rand des Ereignisses an einer Wand klebend.

Kaum meine Position im Zentrum erreicht, flackert ein schwaches Licht eines Kohlenbeckens auf. In seinem rauchigen Glimmern erkenne ich sieben

Männer im Raum sitzend, alle vollkommen unter Kapuzenmänteln verborgen. Herbe Düfte entsteigen dem Becken und Schwaden von verbrannten Kräutern und Harzen kitzeln angenehm mein Nase und meine Sinne.

„Was siehst du?“, fordert eine jung klingende Stimme.

Das ist der Test! Ich bin so gut wie blind, doch das werde ich nicht verraten. Was würde der Grüne Gott antworten? Ich schließe meine Augen, um mit dem Herzen zu schauen. Nach einer Weile erscheint ein grünes Licht am Horizont meiner inneren Sicht.

„Ein grünes Licht! Es nähert sich mir rasch.“ Mir ist bewusst, wenn ich nur für einen Moment zweifle, wird das Licht verschwinden. Es wird immer grösser und füllt bald den ganzen Raum, dass ich die Gestalten immer deutlicher erkennen kann.

„Ein grünes Licht?“, erkundigt sich einer der Sitzenden.

Warum zweifelt er?

„Was tut es?“, fordert eine zweite Stimme zu wissen.

„Es umarmt mich!“ Tatsächlich, das Licht umschließt mich, wie Bromios' Umarmung heute morgen, bevor wir aufstehen mussten.

„Beschreibe uns, was du erlebst!“, befiehlt ein Sitzender.

„Ein Gesicht formt sich aus dem grünen Licht oder tritt einfach daraus in Erscheinung. Es wechselt ständig seine Ausdrucksform – mehr noch – es ist, als ob hundert verschiedene Gesichter Eins wären. Jedes davon blickt mich durch identische Augen in verschiedener Gestalt an. Einmal ist das Gesicht jung, jünger noch als meines, dann ist es das eines stattlichen Mannes; selbst als Kreis blickt mich das Gesicht um die unveränderlichen Augen an. Einige der tausend Gestalten kommen mir bekannt vor, als ob ich sie zu vergessenen Zeiten persönlich gekannt hätte oder als ob ich sie erst noch kennenlernen würde. Zeit und Raum sind aufgehoben.“

„Der Gott in tausend Gestalten!“, flüstert einer der Sitzenden.

„Ja!“, bestätige ich. „Vor mir steht der Gott in tausendfacher Manifestation und ist doch immer Eins; verschieden und doch gleich; sich ewig wandelnd und doch unveränderlich.“

Aufgebrachtes Murmeln der Sitzenden durchbricht die erhabene Stille. Mich interessiert nur das Flüstern des Gottes. Erst kaum wahrnehmbar, dann als Melodie und schließlich als Gesang mit Worten, teilt sich mir der Grüne Gott mit. Seine Stimme hat einen – nein, tausend Klänge – ein jeder schöner und erhabener, als menschliche Laute es je auszudrücken vermögen. Ich übersetze die Klänge in Worte. *Ich habe dich gerufen!*

„Ich weiß!“, antworte ich laut.

„Was weißt du?", fragt einer der Sitzenden.

Ich verspüre kein Bedürfnis, darauf zu antworten.

Der Gott formt mit seinen Händen einen Kranz aus Licht und setzt ihn mir, zu duftenden Blüten manifestiert, auf mein Haupt.

„Was weißt du?", wiederholt der Sitzende seine Frage.

Ich antworte auch diesmal nicht. Ich habe nur Augen und Ohren für den Grünen Gott. Sein Licht salbt meinen Körper mit einem betörenden Duft und einem Glanz, der sich nach und nach in zehntausend Smaragdkristalle verwandelt.

Ich habe dich erwählt!, verkündet der Gott.

„Was weißt du?", wiederholt der Sitzende.

„Ich wurde gerufen. Ich wurde erwählt", hauche ich vor Ehrfurcht und Liebe für den Grünen Gott.

„Solches vermag nur der Grüne Gott zu bestimmen!", durchbricht eine zornige Stimme eines weiteren Sitzenden die Enge dieses Raumes, den ich längst transzendiert habe.

Ich schreite in eine Weite, wie ich sie noch nie zuvor erfahren habe. Alle Farben des Regenbogens tanzen um mich herum, begrüßen mich einzeln, dann wieder als vollständiges Prisma. Jede einzelne Farbe klingt anders und jede erkennt mich, jede salbt mich, jede weiht mich in ihre Geheimisse ein. So stehe ich am Rande von Zeit und Raum mit einem Fuß in den Welten der Schöpfung und mit dem anderen in den Welten des Seins. Dann überschreite ich die Schwelle und tauche ganz in die erste Welt des wahren Seins ein. Hier gibt es nur noch Licht und Klang, heller und schöner, als ich es jemals beschreiben könnte.

Plötzlich werde ich mir wieder dem kleinen lichtlosen Raum bewusst. Eine neue Kraft steigt in mir hoch und durchflutet meinen Körper. Ich zittere.

Ein gewaltiger Donner zerreißt den Vorhang der Stille.

Der Ozean erwacht zum Leben und schickt eine gewaltige Welle auf mich zu. Rasend schnell donnert sie der Küste entgegen. Ich öffne meine Arme und lasse mich fallen. Die Urgewalt zerschmettert mich, zerschlägt meine Ideen und ertränkt all meine Wünsche. Ich stehe unbewegt da und lasse den Ozean durch mich hindurch. Ich biete keinen Widerstand, noch habe ich Angst. Die Macht des Ozeans erfüllt meinen Geist, ersetzt Totes durch Leben; Aberglaube durch Weisheit; und Unnötiges durch Liebe. Ich akzeptiere das Geschenk.

Dann wütete ein Sturm um mich herum.

Auch ihn lasse ich durch mich hindurchfegen, ohne ihm Widerstand zu leisten, mich gegen ihn zu stemmen oder vor ihm zu flüchten. Je mehr ich mich entspanne, desto gewaltiger schüttet der Grüne Gott seine Macht über mich aus, als ob er mich zu seinem ewigen Quell machen wollte. Flammende Blitze lodern um mein Haupt; ich rühre mich abermals nicht. Ich akzeptiere das Geschenk.

Dann bebt die Erde so gewaltig, dass ich erstmals schwanke. Beim zweiten Beben stolpere ich und beim dritten stürze ich. Ich sitze jetzt auf dem Boden und habe meine Augen noch immer geschlossen. Etwas Neues erwachte in mir. Dieses Etwas klingt erst wie der Ton einer Flöte, dann wie der Wind in den Baumkronen. Zu Beginn höre ich den Ton außerhalb von mir, dann in mir, bis ich selbst ganz zu diesem Ton geworden bin. Mein Windgesang schwillt an und dringt durch den Fußboden ins Gewölbe dieses Tempels, um schließlich in den Schoss der Erde selbst zu gelangen.

Ein weiteres Beben rast durch meinen Körper, doch ich biete ihm abermals keinen Widerstand.

Ich akzeptiere das Geschenk.

Das Beben beruhigt sich. Die Risse in der Erdkruste schließen sich und die Wellen im Gestein unseres alten Reiches ebben ab, bis sie vollständig zur Ruhe kommen.

Sofort wird es hell im Raum. Ein Bassaride aktivierte die Lichtkristalle.

Ich knie im Zentrum mit einem glühenden Nimbus auf meinen hellblonden Sonnenhaaren, mein Körper schimmert heller als die Kristalllichter, doch nicht weiß, sondern grün. Vielleicht erlitten die Kristalle durch das Beben auch nur eine Fehlfunktion und strahlen jetzt gleißend auf meinen öligen Körper, um diesen Effekt zu erzeugen.

Jeder im Tempelrat starrt mich an, als ob sie noch nie einen nackten vor Ekstase zitternden Jüngling gesehen hätten.

„Wie kannst du es wagen!", zischt die Stimme eines älteren Bassariden wutentbrannt. „Keinem Außenstehenden ist es erlaubt, das Grün des Gottes zu tragen und sich den Nimbus aufzusetzen."

Ich erhebe mich und blicke stumm um mich. Trage ich wirklich die Krone des Grünen Gottes auf meinem Haupt? Prüfend greife ich mir in die Haare. Auf meinem Kopf liegen weiche Blüten. Der Grüne Gott ist tatsächlich zu mir gekommen.

Erschreckt zucke ich zusammen. Wenn ich meine wilden Sonnenhaare fühlen kann, wo ist dann die rote Paste – wo ist meine Tarnung geblieben?

„Der Gott hat dich gesalbt", flüstert ein weiterer Vertreter des Tempelrates. „Würde ich es nicht mit eigenen Augen sehen, ich würde es nicht glauben."

Langsam fühle ich, wie der Glanz verblasst, als ob meine Haut das Licht, das Öl und die Smaragdkristalle einfach absorbieren würde. Selbst die Goldblüten verschmelzen mit meinem Sonnenhaar. Mit dem Verschwinden des Lichts des Grünen Gottes, kehren meine Zweifel zurück. Im Gewand des Gottes, aber jetzt erschlafft und kraftlos, sehe ich mich in der Runde vorsichtig um. Ich bin wieder der Junge, der sein Schicksalsspruch erwartet.

„Eleuthereus, du kannst gehen. Wir werden uns beraten."

Mein Mut verlässt mich. Habe ich bestanden?

„Kehre in die Empfangshalle des Gottes zurück. Wir werden dir den Entscheid des Rates zutragen."

In der Empfangshalle des Grünen Gottes legt sich die Panik, damit die neue Verwirrung die Führung übernimmt. Alle Männer reden wild durcheinander. Lysios und Bromios finden mich und brüllen mich von zwei Seiten an. Ich verstehe nur immer wieder:

Das Erwachen des Gottes! Erdbeben! Untergang! Die uralte Prophezeiung erfüllt sich! Ein lebender Gott wandelt unter uns! Prinz Eleuthereus lebt noch!

Alle Männer im Tempel wiederholen in immer neuen Varianten die gleichen Aussagen, bis die Bassariden den Tempel räumen lassen und die Pilger zurück in ihre Zeltstädte hinausschicken.

Den ganzen Tag höre ich mir immer wieder die gleichen Geschichten an, bis die Sonne untergeht und ich erschöpft in mein Zelt krabble, um in Ruhe nochmals über alles nachzudenken. Woher kommen diese Gerüchte, dass der verschollene Prinz noch leben könnte? Hat mich doch jemand erkannt und verraten?

Als ich wieder erwache, ist die Sonne noch nicht über den Horizont geklettert. Die Landschaft ist grau und farblos. Feucht weht ein heftiger Wind Kühle ins Zelt, das ich mit meinen Wahlbrüdern teile. Als ich gähnend meine Augen öffne, ahne ich, dass irgendetwas nicht stimmt. Weder Bromios noch Lysios sind bei mir.

Krabbelnd verlasse ich das Zelt. Klamm klebt das nasse Gras an meinen Händen, Knien und Zehen. Es ist viel zu nass für Morgentau. Unsicher drehe ich mich in alle Richtungen um. Viele Männer unserer Sippschaft stehen in Gruppen zusammen, entzünden die Lagerfeuer oder starren in meine Richtung.

Bin ich entlarvt worden? Wurde ich verraten? Soll ich einfach in den Wald davon laufen und nie wieder zurückkehren?

Es riecht verkohlt und nach kaltem modrigem Rauch. Wo ist der riesige Nussbaum, der gestern noch wenige Schritte hinter unserem Zelt stand? Er ist verschwunden! Ungläubig reibe ich mir die Augen, doch der Nussbaum taucht nicht wieder auf.

Bromios läuft auf mich zu. „Eleuthereus, wo warst du?"

„Wo wohl? Im Zelt am Schlafen!"

„Sag bloß, du hast von all dem nichts mitbekommen?"

„Was habe ich denn verpennt?"

„Zuerst schlug ein Blitz direkt in den Nussbaum hinter unserem Zelt ein. Danach", zählt Bromios an seinen Finger ab, „stand der Baum in Flammen." Er hebt seinen dritten Finger. „Dann stürmte eine Löschkolonne aus dem Tempel in unsere Zeltstadt. Dann begannen die Novizen den Nussbaum zu fällen! Dann..."

„Ja, ja! Schon verstanden!" Tatsächlich, der riesige Nussbaum liegt zerteilt in weitem Umfeld im Rasen um unser Zelt.

„Ein Blitzeinschlag, direkt hinter unserm Zelt, zerschmetterte die Baumkrone nahe dem Stamm. Du hast wirklich nichts gehört?" Bromios will mir nicht glauben, als ich nur immer wieder verneine und meinen Kopf schüttle. „Niemand kann bei einem solchen Flammeninferno und Lärm schlafen!", winkt er ab.

„Nein, ich habe wirklich nichts gehört!", versichere ich ihm.

„Der Nussbaum brannte. Die Hitze musst du doch gespürt und den Rauch gerochen haben?"

Ich schüttle den Kopf, schnuppere an mir und muss zugeben, ich stinke übel nach Ruß.

„Dann kamen Novizen mit Leitern und Schläuchen aus dem Tempel gerannt. Bald pumpten sie Wasser aus den Bewässerungskanälen und bespritzten damit den Baum und unser Zelt. Das dauerte die halbe Nacht! Danach schlugen sie mit Äxten den Baumriesen in Stücke", wiederholt Brom.

Ich rieche es. Ich sehe es, doch ich kann es nicht glauben.

„Eleuthereus, du bist der Einzige, der das verschlafen hat!", trottet Lysios, schwarz vom Ruß, auf mich zu.

„Muss ja ein mächtig spannender Traum gewesen sein!", dabei zwinkert mir Bromios zu. „Hast du von mir geträumt?"

„Deswegen der Tumult?", versuche ich so zu tun, als ob es normal sei, eine derartige Katastrophe einfach zu verpennen.

Überall auf heißen Steinen der Lagerfeuer werden inzwischen Fladenbrote, Eier und Speck gebraten.

„Siehst du das?", zeigt der schmutzige Lysios in Richtung Tempel, woraus Reiter auf schnellen Pferden davon eilen.

„Der Tempel schickt seine Blitze und Fluggleiter in alle Provinzen", erkläre ich die blitzenden Kugeln, die aus dem höchsten Turm im hintersten Teil des Tempelbezirks schießen.

„Blitze?", rümpf Lysios, der diese Technik natürlich nicht kennen kann, seine Nase. „Ja, ja! Klar doch!"

Bald dringen die Neuigkeiten der reitenden Boten bis zu uns ins Camp vor. Ich lausche den Überbringern. Der Sturm habe im Norden des Kontinents verheerende Schäden angerichtet. Flutwellen überschwemmten die Inseln im Nordwesten. An den Steilküsten wurden ganze Dörfer von Sturmböen niedergemacht. Zum Glück wären vielerorts die Felder noch nicht bestellt worden, da die Männer auf das Erwachen des Grünen Gottes gewartet hatten.

„Was für ein Sturm?", wende ich mich an einen der Boten.

Bromios räuspert sich. „Das hat mit dem Auftauchen des Prinzen zu tun! Die Prophezeiungen sagen, sollte der Prinz jemals den Flammenthron besteigen, die Erde entweder das Reich für immer verschlucken oder ein neues Zeitalter anbrechen werde."

„Prinz? Was für ein Prinz?", erkundigt sich Lysios.

Vergeblich hoffe ich, das Thema würde nicht weiter vertieft werden, wenn ich nur laut genug um Frühstück und Honigmilch bettle. Aber außer mir, denkt sonst niemand ans Frühstück.

„Als es gestern so bebte und donnerte, ist Prinz Eleuthereus aus seinem Todesschlaf, in den ihn sein böser Onkel Iakchos versetzt hatte, erwacht!", berichtet ein Greis unserer Sippschaft. „So habe ich es gehört! So ist es geschehen!", nickt der zahnlose Alte.

„Warum sollte ein toter Prinz erwachen?", fragt Lysios.

„Der wahre Tat-Tsok empfing gestern von den Göttern sein Erbe. Die uralte Macht der Herrscher ist in ihm erwacht. Der junge Prinz wird den Usurpator vom Thron stoßen, um im Reich endlich wieder Frieden herzustellen", behauptet der Häuptling einer benachbarten Sippschaft.

„Nein!", behauptet ein anderer Mann. „Prinz Eleuthereus wurde gestern zum Grünen Gott. Er hat sich im Tempel krönen lassen! Er vereint die Gelbe, wie die Grüne Macht. Er ist zwei in Einem; er ist sowohl der Sonnengott, wie auch der Grüne Gott!"

„Der Grüne Gott ist gestern erwacht, wie bei jedem ersten Tag des Frühlingsfestes!“, versuche ich alles zu bagatellisieren. „Am Frühlingsfest erwacht immer der Grüne Gott; und niemals ein verschollener oder ein toter Prinz!“

„Aber die Männer in der Empfangshalle des Gottes riefen immer wieder den Namen des Prinzen! Hast du es denn nicht auch gehört?“, wundert sich Lysios wegen meiner Weigerung, das für ihn und alle anderen so Offensichtliche nicht einsehen zu wollen.

„Natürlich donnert es, wenn der Grüne Gott erwacht! Natürlich bebt da die Erde! Das gehört doch alles zum Schauspiel der Auferstehung dazu“, beharre ich auf meiner Behauptung.

„Glaubst du nicht, dass Prinz Eleuthereus zurückkehrt, den Flammenthron besteigen und die Welt heilt?“, plappert Bromios.

„Wir können nur hoffen, dass die Frauen unserer Sippschaft zuhause keinen so tiefen Schlaf hatten wie du!“, grinst Ampeols.

„Ampelos, warum bist du hier im Lager und nicht bei den Novizen zur Schulung für deine Einweihung?“, wundere ich mich über seine Gegenwart.

„Eros brachte mich gestern Nacht mit der Löschpatrouille hierher ins Zeltlager. Ich glaube, Eros suchte nach einem Vorwand, nach dir zu sehen.“

„Eros ist hier?“

„Da ist er!“, zeigt Ampelos auf eine Gestalt, die uns, komplett in einen grünen Mantel gehüllt, vom anderen Ufer zuwinkt.

Ein stämmiger Viehzüchter legt ein Brett über die schmalste Stelle des Kanals, damit sich Eros einen langen Umweg ersparen kann. „Ihr seid doch ein Diener aus dem Tempel?“, begrüßt der Viehzüchter Eros, der auf dem Balken balancierend zu unseren Feuern überwechselt. „Ist an den Gerüchten etwas dran? War der Kronprinz gestern im Tempel?“

Eros verneigt sich zur Begrüßung und achtet dabei darauf, sein Gesicht unter der Kapuze verborgen zu halten. „Der Kronprinz ist seit vielen Erwachen tot oder zumindest verschollen. Das kann ich euch allen mit Sicherheit sagen. Im Tempel versteckt sich kein Prinz!“, dabei sieht mich Eros unter seiner Kapuze hervor an.

Als sich unsere Blicke treffen, weicht er mir aus.

Beleidigt zottle ich davon und hocke mich hinter unserem Zelt in den mit Asche übersäten Rasen und scharre mit meinen Füßen in den Überresten des uralten Nussbaums. So schnell kann ein so mächtiges Wesen ausgelöscht werden. Gestern war der Baum noch der Stolz der Gegend, heute dient sein Leib als Brennholz für die Garküchen und Lagerfeuer.

„Eleuthereus!“, höre ich meinen Namen. Eros hat sich lautlos angeschlichen. „Ein wahrlich klares Zeichen!“, weist er mit seinem halbverborgenen Kinn auf die Überreste des toten Baums. „Der Tempelrat hat entschieden: du wirst im Tempel als Novize aufgenommen werden!“

„WAS!“, jucke ich auf und tanze nackt in den verkohlten Resten und wirble dabei die Asche auf. „Ich wusste es! Ich wusste es!“

Eros grinst. „Es ist eine Ausnahme. Aber nur, weil du wie einundzwanzig aussiehst“, hastet Eros mit einer Erklärung nach.

„Nur deswegen?“, plappere ich und bereue sofort meine Worte.

„Die Zeichen sprachen eine deutliche Sprache. Es bestand kein Zweifel, der Gott hat dich erwählt und gekrönt! Welcher Gott es war, das wird sich zeigen müssen.“ Eros greift in eine seiner Manteltaschen und zieht ein silbernes Armband daraus hervor. „Hier! Das Symbol deines Eintritts in die Bruderschaft der Bassariden.“

Freudig nehme ich ihm den Silberreifen ab. Er ist handbreit und aus einem Metall, das sich dem Körper anpasst, um federleicht getragen zu werden. Hastig schieb ich meine rechte Hand durch den Ring. Auf den schmalen Rändern sind filigrane Blüten und Blättern eingraviert, das Zentrum bildet der Zweig eines Nussbaums mit Blättern, Samendolden und zwei Nüssen. Über dem Zweig zuckt ein Blitz, so lebendig gestaltet, als ob er gerade einschlagen würde.

„Am Tag deiner Prüfungen erhältst du sein Gegenstück. Falls du alle Prüfungen bestehst, auch die Fußspangen.“

Ehrfürchtig berühre ich das silberne Zeichen meiner Reife.

„Jeder wird damit in dir einen Akzeptierten für die höheren Einweihungen in die Mysterien des Lebens erkennen!“

Tränen tropfen auf meine rußigen Hände. In Gedanken lege ich schon meine Abschlussprüfungen ab und werde mit allen Zeichen eines vollausgebildeten Eingeweihten geschmückt.

Nahe meiner schwarzen Zehen liegt eine einzelne Nuss. Überlebte sie den Brand? Mit dem großen Zeh bohre ich ein Loch und lege die Nuss hinein.

„Wachse und werde stark und mächtig wie dein Vater!“, beschwöre ich die Nuss.

Freitag: 26. September

Noch bevor mich Brom für seine Spezial-Hula-Stunde wecken kann, die er uns seit Tagen verspricht, stehe ich auf und notiere mir im Schuppen unter dem Haus versteckt meinen Traum in mein geheimes Tagebuch. Wurde ich in einem früheren Leben in die höheren Mysterien des Lebens eingeweiht oder passiert das in der Gegenwart in einer Parallelwelt? Bin ich der Eine?

Kopfschüttelnd checke ich Amis Liste mit den diversen Beinamen des Dionysos. Viel steht nicht drauf. Neugierig vergleiche ich die Namen meiner Liste mit denen von Ami.

Orthos ist der Phallische oder der Aufrechte, was beides auf Dionysos als Fruchtbarkeitsgott hinweisen soll. Dieses Attribut trifft aber auf alle von uns Kandidaten zu, warum ich dazu keinen von uns benennen kann. Der einzige Student, der bisher schon im Camp ist, kann nicht Orthos sein, denn Tony ist dafür einfach zu unscheinbar. Ein Orthos müsste seinem Beinamen alle Ehre machen. Ein Orthos würde bestimmt kein unsichtbarer Streber sein, sondern eher ein Provokateur wie Bacchus oder ein Aufrechter wie Asterios oder Brom.

Neben Dendrites steht: der Baumartige oder der Dreigestaltige. Es gibt nur einen, der mich an einen Baum erinnert und bereits schon zwei sehr unterschiedliche Seiten von sich offenbarte: Detective Ric. Ob Ric die Abkürzung von Dendrites sein kann? Aber wie kommt ein Polizist aus Honolulu in unseren Kreis von Dionysos-Kandidaten? Doch da auch Janus nichts von Detective Ric wusste, wenn er auch versuchte, sich nichts anmerken zu lassen, notiere ich mir den Namen nicht auf die Liste.

Ein weiterer Beinamen des Dionysos fällt mir auf der langen Liste von Ami auf: *Kissios*. Hinter dem Namen steht nur: derjenige des Efeus. Ohne lange darüber nachzudenken, ergänze ich meine Liste mit Kissios. Damit habe ich alle zwölf Kandidaten benannt. Ich muss jetzt nur noch rausfinden, wer Dendrites, Chtonios und Kissios ist. Orthos ist ermordet worden. Ob ich ihn doch von meiner Liste streichen soll? Doch wer ist dann der zwölfte Kandidat? Janus versicherte mir, wir wären nur zu siebt, die anderen würden sich die Masken des Dionysos zur Tarnung zu Nutze machen. Vielleicht lüftet Janus für mich die letzten Geheimnisse, wenn ich ihn direkt darauf anspreche? Sicher ist: Janus weiß mehr, als er sagt!

Als ich nach über einer Stunde wieder vom Schuppen in die Küche hochkomme, brüht sich Asterios dort frischen Tee.

„Dude, wie konntest du heute Nacht bei diesem Sturm nur schlafen?“, fragt mich Ami verschlafen, als er, kaum dass er mich sieht, in einem giftgrünen Tanga aus seinem Zimmer kommt. „Eine der Palmen ist vom Sturm abgeknickt und direkt vor dein Fenster auf die Terrasse gestürzt. Mann, echt, ihre langen Wedel schlugen wie Peitschen gegen die Scheiben deines Zimmers, bis Asterios und ich es nicht mehr ausgehalten haben und mit Taschenlampen und einer Motorsäge das Übel im strömenden Regen beseitigt haben. Schläfst du immer wie ein Toter?“, boxt mir Ami in den Oberarm. „Henry floh vom Lärm in sein altes Zimmer im Haupthaus, da er mit dem Kleinbus zum Flughafen fahren müsse, um die ersten Studenten abzuholen und dafür auf jeden Fall fit sein wolle. Brom folgte ihm mit der gleichen Ausrede.“

„In echt?“

„Dude, ich glaube, die beiden haben sich verknallt!“, nickt Ami mehrmals. „Die wollten einfach nochmals, diesmal ungestört ...“

„Das meine ich nicht!“, verdrehe ich bei Amis neuestem Tratsch meine Augen. „Ist wirklich eine Palme umgestürzt?“

Asterios schenkt auch mir und Ami eine Tasse seiner Spezialmischung ein und führt mich nach draußen. Ami folgt uns, lässt aber seine Tasse Tee stehen. Mir schmeckt das heiße Gebräu aus Minze und Koriander. Da sehe ich die abgesägten Palmwedel unter meinem Schlafzimmerfenster aufgeschichtet liegen. Diese Parallele zu meinem Traum schockiert mich.

„Eleuthereus“, stellt sich Asterios in weißen Leinenshorts neben mich, „deine Träume beeinflussen das Wetter.“

„Was?“, wirble ich zum schönen Syrer herum. „Was redest du da?“ Ich packe Asterios an seiner Hand und zerre ihn zur äußersten Kante der riesigen Terrasse um unser Haus. Unter uns wütet die entfesselte Macht des Ozeans in Form von gewaltigen Wellen. Erst als ich abermals gecheckt habe, dass uns hier niemand zufällig belauschen kann, frage ich ihn: „Ist das möglich?“

„Eleuthereus, die letzten noch übrigen Dionysos-Kandidaten sind hierher ans Ende der Welt berufen worden. Glaube mir, diese Abgeschiedenheit ist kein Zufall. Alles was uns hier passiert, gehört zu unseren Tests. Durchschreitest du den Regenbogen?“

„Ja, ja!“, schnaube ich und sehe Sternenjunge in seine Augen. „Aber das sind doch nur Träume!“

„Nicht, wenn du auf dem Pfad der Götter wandelst.“

„Träumst du auch von anderen Welten?“.

Der schöne Syrer nickt, verrät mir aber nichts darüber.

„Illu!“, ruft mir Ami vom Haus aus zu und schlürft an einer Tasse Kaffee. „Os ist hier und will nach deiner Hand sehen.“

„Dann hatte das Unwetter von letzter Nacht mit mir zu tun?“, flüstere ich Asterios zu und gebe Ami mit einer Geste zu verstehen, dass ich gleich kommen werde.

„Genauso wie Lysios kürzlich ein Erdbeben ausgelöst hat. Würden Janus und die Musen nicht über alles wachen, wir hätten schon weit Schlimmeres angerichtet, als den Haleakala zu kitzeln.“

„Os erweckte den Vulkan! Mann, das soll harmlos sein?“

„So schnell erwacht kein Gigant! Eleuthereus!“, sieht mir Asterios direkt in die Augen. „Alle Farben sind nur Varianten des reinen weißen Lichts. Reite den Regenbogen.“

„He?“, sehe ich zu Asterios. „Woher kennst du Klios Belehrung aus meinem Traum? Schnüffelst du in meinem Tagebuch?“

„Ich achte deine Privatsphäre! Die Muse erschien auch mir.“

„Ich habe schon viel über Klios‘ Worte nachgedacht“, nicke ich.

„Warum die Prüfungen auf diese Realität beschränken, wenn Zeit und Raum dazu aufgehoben werden können?“, bemerkt Asterios ganz sachlich. „Mach aus allem das Beste!“

„Erlebe ich in meinen Träumen frühere Leben?“, frage ich direkt. „Oder kreiert das – was-weiß-ich wer? – für uns?“

„Ist das wichtig? Eleuthereus ...“

„Nenn mich doch auch Illu, das tun wirklich alle.“

„Illu“, betont er und verdreht dabei seine Augen. „Eleuthereus klingt viel schöner! Eleuthereus, nutze jede sich bietende Gelegenheit, um über dich selbst hinauszuwachsen. Du musst nicht härter arbeiten, sondern einfach schlauer an die Sache rangehen“, flüstert mir Asterios zu, damit mich Ami, der ungeduldig bei der Tür ins Haus hinein auf mich wartet, ihn nicht hören kann.

„Ich setze mir Ziele!“, verrate ich Asterios. „Ich will den Gott in mir zu einer Realität machen. Ich will hinter die Masken und die Scharaden von Dionysos’ Spielereien blicken. Ich will mich nicht durch seine Beinamen – oder Interpretationen seiner diversen Facetten – verstricken lassen. Ich will zum Kern vorstoßen. Ich will das Göttliche erfahren, nicht an den Attributen hängen bleiben.“

„Dann handle, als ob alles, was dir passiert, ein nächster Schritt auf dieses Ziel zu sei. Illu“, Asterios schüttelt seinen Kopf. „Nein, ich werde dich weiter Eleuthereus nennen! Jeder deiner Träume ist genauso wichtig wie alles, was du hier im Wachzustand auf Maui erlebst. Wertest du deine inneren Erfahrungen geringer, entgehen dir die Schätze, die dich zu dem machen, was du anstrebst."

„So sehe ich das auch! Keine Ressourcen verschwenden!"

„Flitzer, jetzt komm schon endlich!", drängt Ami. „Os hat noch anderes zu tun, als den ganzen Morgen auf dich zu warten!"

„Ich habe dich in einem früheren Leben nicht beschützen können", nuschelt Asterios sehr leise. „Vielleicht kann ich es heute?"

„Wie meinst du das?", wirble ich zu ihm herum und ignoriere Amis Schnauben, da ich mich nicht seinem Drängen beuge.

„Das weißt du! Jetzt lasse dir deine Hand untersuchen; eine Blutvergiftung darf man nicht auf die leichte Schulter nehmen."

„Ja, ja! Jetzt sag schon!", dränge ich.

„Ich wurde in jenem Leben, als ich dein Vater war, von meinem eigenen Bruder über Wochen hinweg vergiftet. Gifte schleichen sich unbemerkt ein, bis sie einen überwältigt haben. Ich habe damals die Symptome ignoriert, bis es zu spät war. Ich ignoriert aber nicht nur dieses Gift, sondern auch das Gift das unser Reich bereits infizierte. Damals verlor ich nicht nur mein Leben, meinen Thron und meinen Sohn, sondern auch ..."

Ich gaffe Asterios mit großen Augen an, doch er beendet den Satz nicht mehr. „Dann hattest du diesen Traum auch?", frage ich.

„Traum?", hebt der schöne Syrer seine Augenbrauen.

„Mann, jetzt komm schon!", nervt Ami weiter.

„OKAY, OKAY!", brülle ich zurück. „Danke", zwinkere ich Asterios zu und spaziere über die Terrasse zu Ami. „Alter!", checke ich Amis giftgrünes Höschen. „Warum so aufgebrezelt?" Bevor der blonde Hawaiianer mir antworten kann, winke ich ab.

„Zeig mal her!", fordert Os meine Hand zu sehen, kaum dass ich im Haus bin. Die Wunde an meiner Hand braucht kaum noch Pflege. Os trägt mir dennoch abermals eine desinfizierende Salbe auf den fast verheilten Schnitt auf und verbindet mir die Hand neu. „Alles wieder in Ordnung. Illu, du heilst schnell!"

„Liegt am Inselklima", verdrehe ich meine Augen und zwinkere Os verschwörerisch zu, doch so, dass es Ami nicht mit bekommt.

„Nudy, du bist ab sofort wieder arbeitsfähig. Schone aber noch etwas deine Hand", zwinkert Os zurück.

„Wie das? Ich muss heute weitere Bänke für das Freiluft Klassenzimmer unter dem Banyanbaum zusammenzimmern", schüttle ich meinen Kopf. „Ab heute trudeln die Studenten ein. Ami", blicke ich zum zappeligen Krauskopf, „verriet mir, dass der Ort unter dem Banyanbaum ein beliebtes Rückzugsgebiet der Studenten ist."

„So ist es!", bestätigt der Wollkopf.

„Ich helfe dir!", bietet mir Os spontan seine Hilfe an. „Ich habe, bevor die Studenten hier sind, eh nichts zu tun. Körperliche Arbeit wird mir gut tun. Ich schraube und nagle gerne Dinge zusammen."

„Dude, kann ich auch mitmachen?", hüpft Ami von einem Bein aufs andere. „Bänke stemmen werde ich nicht, doch ich will mit euch beiden abhängen. Ab morgen hocke ich eh meist in der Registration. Zudem wollte ich immer schon einmal ins Gewölbe unter dem Haupthaus."

Während wir drei nach dem Frühstück ins Gewölbe hinabsteigen, fährt Kiss, der sich wieder im Camp aufhält, Brom und Henry nach Hana. Von dort aus sollen die beiden mit Kleinbussen nach Kahului zum Flughafen fahren, um die ersten Studenten abzuholen.

Das Gewölbe unter dem Haupthaus stellt sich als eine natürliche Höhle heraus, die aber wirklich nur als Lagerraum etwas taugt. Hier lauern keine Drachen, noch gibt es versteckte Abgänge ins Höhlenlabyrinth des Vulkans. Während Os und ich die Bänke nach oben tragen, sucht Ami trotzdem vergeblich nach einem vergrabenen Schatz oder geheimen Falltüren in der Höhle. Nach zwei Stunden Holzbänke stemmen, fühle ich mich wirklich gut und meine Muskeln brennen. Os ergeht es nicht anders. Immer wieder präsentiert er stolz seine Bauch- und Oberarmmuskeln und hat sich längst bis auf seine rote Erste-Hilfe-Shorts ausgezogen. Dieses ungewöhnliche Krafttraining machte ihn die letzte Stunde immer geiler. Ich rechne jeden Moment damit, dass seine Aura feuerrot erglüht und der rote Stier sich abermals offenbart. Zum Glück kühlt sich Os etwas ab, als wir nach der fünften Fuhre mit hochbeladenem Karren, die letzten Bänke an Ort und Stelle gebracht haben. Immer wieder, während wir zusammen die Bänke mit Nägeln oder Schrauben für das Open Air Klassenzimmer aufbauen, kühlt sich Os im Becken ab. Seine Lust flackert bald nur noch leicht rosa.

Kurz nach dem Mittagessen bilden die Holzbänke unter dem Banyanbaum einen echt coolen Bereich, an dem man sich gerne aufhalten will. Das Becken beim Wasserfall hier im Campus ist kein Vergleich zu dem im geheimen Tal, doch ich nutze es trotzdem viertelstündlich, um mich unter den Wasserfall zu stellen und mich zu erfrischen.

„Du warst ja schon öfters in diesem Camp", richte ich nach getaner Arbeit im Pool chillend, mein Wort an Ami. „Wie läuft das hier normalerweise so ab?"

„Heute ist Freitag", kniet sich der Wollkopf neben mich ins Becken, um seine Arme neben meinen Kopf am Beckenrand abzustützen und dabei seinen nackten Arsch im Tanga aus dem seichten Wasser zu strecken. Os' Aura flammt beim Anblick rot auf. „Ab Freitag trudeln die Studenten ein. Die letzten werden am Sonntag hier ankommen."

Os wechselt seine Position im Becken. Er setzt sich direkt Amis Arsch gegenüber und schmachtet den Hawaiianer lüstern an.

„Dennoch", fährt Ami fort, als ob er nicht genau mitkriegen würde, wie seine eigene Position Os stimuliert, „heute werden sich bestimmt einige deiner Kumpels von ihrer besten", Ami räuspert sich, „na ja, wohl eher von ihrer ausgefallensten Seite zeigen, um zu punkten."

„Warum?", frage ich ziemlich dumm.

„Auch wenn ich keiner der *Auserwählten* bin", betont Ami das Wort, dass Kosh gerne für uns Dionysos-Kandidaten gebraucht, „so habe ich trotzdem kapiert, dass die letzten acht sich noch im Rennen befindenden Kandidaten hier zum Wettkampf gegeneinander antreten werdet. Keine Ahnung, was ihr da so machen müsst, doch bestimmt gibt's Extrapunkte für den, der sich die meisten Mänaden angelt!"

Will Ami von mir oder von Os geangelt werden? Seine Haltung könnte kaum weniger einladend sein. Weil er meine Blicke falsch versteht, boxt er mir im Wasser in den Oberarm. „Schon vergessen? Ich bin bei Professor Janus im Mythologie Kurs an der Uni in Honolulu. Janus sprach vor den Semesterferien auffallend viel über Dionysos. Mich wundert nur", dreht sich Ami um und zeigt auf Os und danach auf mich, „dass ihr beide nichts über die Mänaden wisst."

„Ja, ja, Mänaden!" schüttle ich meinen Kopf. „Trotzdem, ich will mir keine Anhänger angeln."

„Ich schon", bringt sich Os ins Gespräch ein. Danach fordert er Ami mit Blicken auf, sich doch wieder hinzuknien. „Männliche Mänaden", grinst er feist, „wie geil!"

„Mit Ruhe wird es ab heute Abend vorbei sein. Mann, das kann ich dir versprechen", fokussiert mich Ami, um zu tratschen. „Meist steigen Sauf-Partys in den Waldhütten, hier um den Wasserfall oder unter den Palmen auf dem Plateau. Unser Haus auf der Klippe war die vergangenen Jahre immer der Party Treffpunkt. Vielen wird nicht gefallen, dass wir daraus ein Nudisten Hauptquartier gemacht haben."

„Keine Partys in unserem Haus!", schüttle ich meinen Kopf.

„Bacchus hat mir schon seinen Alkohol- und Cannabis-Vorrat gezeigt, den er seit Tagen in einem Versteck im Dschungel hortet", ignoriert Ami meinen Einwand. „Er hat sich mit Kiss versöhnt, der ihn immer wieder nach *Hana* und zweimal sogar nach Kihei brachte, um dort Schnaps und Drogen zu beschaffen. Du musst wissen", rückt Ami näher an mich ran, doch so, dass er seitlich seinen Arsch wieder Os präsentiert, „Kiss steht voll auf Sauf-Partys."

„Ist er noch immer wütend auf mich?", nutze ich die Chance vom Klatschmaul vielleicht mal etwas Nützliches zu erfahren.

„Kiss hängt ständig mit einem ziemlich behaarten Typen ab. Der Neue wohnt im Gästehaus hinter dem Haupthaus auf dem oberen Plateau. Kennst du diesen Bären?"

„Ich bin ihm begegnet", nicke ich. „Er heißt Ric!" Würde ich jetzt Ami erzählen, dass er Polizist ist, wüsste das heute Abend jeder ankommende Student. Doch ich will den Mörder oder die noch fehlenden *Zurajir* nicht warnen, weshalb ich dieses Detail verschweige. Soll Ric noch etwas unbehelligt rumschnüffeln können.

„Ric?", rückt Ami näher. „Und weiter?"

„Was weiter?"

„Dieser Ric fährt voll auf dich ab. Er hat mich schon zwei Mal über dich ausgequetscht. Beide Male traf ich ihn in der Registration, wo er sich dein House-Keeper Plakat angesehen hat."

„Was hast du ihm gesagt?"

„Ich?", zeigt Ami entsetzt auf sich. „Ich verrate Fremden doch keine Geheimnisse", lügt er.

„Kiss, unser schräger Surfer", kommt Os auf den Champion zurück, „wird bestimmt bei seinen Surfer-Dudes punkten", rückt Os dicht an Ami heran und fasst unter Wasser nach dessen Backen, um sie kräftig zu kneten. „Wenn ich an die letzten Jahre denke", schwelgt Os in Erinnerungen und flammt schon wieder feuerrot auf, „dann würde Kiss in diesem Jahr ein hervorragender Wein- und Drogengott abgeben. Zusammen mit Bacchus werden die beiden den Laden hier schmeißen."

„Kiss, ein Dionysos?", lache ich auf, werde aber sofort hellhörig. Bestätigt mir Os meine eigene Vermutung? „Aber Kiss ist doch kein offizieller Dionysos-Kandidat."

„Nicht alle sind offiziell", wendet sich Os von mir ab und bearbeitet Ami unter Wasser etwas eindeutiger.

„Wirklich?“, hake ich sofort nach.

Doch Os hat nur noch Augen und Ohren für Ami. „Erinnerst du dich noch an den dicken Justin aus Los Angeles?“

Ami rekelt sich im Wasser und genießt Os‘ Massage. „War das dieser dunkelhäutige Perser, der fast jeden Abend gekotzt hat?“

„Genau der“, bestätigt Os. „Jeden Morgen verlangte er nach Alka-Seltzer gegen seinen Hang Over.“ Als beide über ihre Erinnerungen lachen, fühle ich mich ausgeschlossen.

„Er kommt dieses Jahr nicht! Ich habe die Listen bereits nach bekannten Namen gecheckt“, verrät Ami und kniet jetzt wieder so, dass Os voll auf seine Kosten kommt, und ich Amis Tratschmaul wieder direkt neben meinem Ohr habe.

Als Os Ami seinen giftgrünen Tanga im Wasser abstreift, verlasse ich das Becken beim Wasserfall. Alleine belade ich den Karren mit Werkzeug und verdrücke mich zwischen dem Elefantengras hindurch zurück auf das Plateau.

Werden hier wirklich bald Alkoholleichen rumliegen und die Kiffer sich um Bacchus scharren? Sollte ich mir auch etwas einfallen lassen, um mir eine Anhängerschaft zu sichern? Os wirbt mit seinem *Blow-Job-Plakat*. Brom punktet mit seinem *Bare Sports*, die er mit erotischen Bildern von sich im Scheinkampf mit Henry bewirbt. Asterios wird eh alle in Bann schlagen, wenn er sein Strip-Ritual vor der Linie auf der Terrasse zelebriert. Und Saro muss nur nochmals als potenter Azteke auftreten, um sein Bild unvergesslich jedem einzubrennen. Lasse ich mir nichts einfallen, werde ich in der Disziplin *Mänaden-Sammeln* total durchfallen.

Nach einer Dusche zurück in unserem Haus auf der Klippe, sonne ich mich auf unserer Terrasse und döse vor mich hin. Tief unter mir donnert die Brandung wütend ans schwarze Vulkangestein. Die Wellen haben weiße Kronen durch die unzähligen Felsen vor der Küste, die sie unentwegt brechen. Abermals überwältigt mich einfach die wilde Schönheit dieser Insel inmitten des Pazifischen Ozeans. Die Sonne brennt heiß und ich rekle mich genüsslich, bis ich wegen unzähliger Stimmen hochschrecke.

Broms Lautstärke übertönt all. Ich höre ihn erklären, dass dieses Haus auf der Klippe in diesem Jahr Privatgrund sei.

„Warum?“, fragt einer der Studenten und sieht zu mir rüber. „Diese Terrasse ist doch voll mega-geil. Das ist der beste Platz zum Chillen! He, da liegt doch auch schon einer auf den Liegen!“, protestiert der Typ. „Warum darf der hier liegen und wir nicht?“

„Das ist Illu, unser House-Keeper. Er wohnt hier.“

„Hi, Guys!“ Ich stehe auf und spaziere bis zur Brücke, die über die Klippe aufs Plateau führt, bleibe aber auf meiner Seite stehen.

„Ey, bist du der Nudist hier?“, fragte ein Chinese und mustert mich. „Ich habe mir in der Registration dein Plakat angesehen. Cooler Slogan!“, hebt der Chinese seinen rechten Daumen.

„Wo ist dieser Os?“, fragt ein dünner Kerl mit Seitenscheitel. „Ich glaube, er sollte mich mal gründlich untersuchen. Vor allem hier!“, zeigt er auf seine Hosenstall. „Diese Region braucht intensive Linderung!“, lacht er danach auf. „Falls du Os siehst, sag ihm ...“

„Jungchen!“, fahre ich ihm übers Mundwerk. „Ich bin hier der House-Keeper und nicht dein persönlicher Kuppler! Verstanden?“

„Ist das wirklich das Hauptquartier der Nudisten?“, drängt sich ein Typ mit französischem Akzent in den Vordergrund. „Ich bin schon oft in Saunas gewesen, als ich noch in Montreal lebte.“

„Ja, genau! Jungs“, kommandiert Brom, „ich zeige euch den Sportplatz und danach das Freiluft Klassenzimmer und das Haupthaus! See you, Illu!“, winkt mir Brom zu und schiebt die Studentengruppe weiter Richtung seines Hula-Tanzplatzes.

Plötzlich klingelt das Mobile Phone, das bei mir im Werkzeuggurt steckt, der neben meiner Pritsche liegt. Ich habe dem Telefon bisher keinerlei Beachtung geschenkt.

„Hallo?“, hebe ich ab.

Eine Stimme verlangt nach dem House-Keeper.

„Ja, der bin ich“, bestätige ich und höre mir das Begehren der Männerstimme an. Ein Typ namens *Kane*, der hier während des Camps einer der Chauffeure sein wird, bräuchte meine Hilfe in seinem Bungalow. „Das Blaue mit der gelben Frontseite auf der Anhöhe?“, frage ich. „Ja, das kenne ich! Ich bin gleich da!“

Ich binde mir nur den coolen Werkzeuggurt um, schlüpfe in meine Arbeitsschuhe und ziehe mir die Sonnenbrille an. Den gelben Helm trage ich in meiner Hand. Der besagte Bungalow befindet sich auf der Dschungel abgewandten Rückseite des Haupthauses, etwas den Hügel hoch. Drei Häuser gibt es hier: zwei davon nahe dem Dschungel, kaum größer als die Hütten, in denen die Studenten wohnen werden; doch das einstöckige Haus mit Giebeldach im Zentrum des blühenden Paradiesgartens verfügt bestimmt über fünf Schlafzimmer und seine überdachte Veranda ist mit Schaukelstühlen und einer Hollywoodschaukel bestückt. *Musenheim*, steht in feuerroten Lettern auf einem Schild, das mehr einer Warnung gleich, als einer Ortsbezeichnung. Ich passiere das Musenheim und klopfe beim besagten Bungalow an die Holztür.

„House-Keeper!", rufe ich, setze mir den Helm auf und rücke mir meinen Werkzeuggürtel zurecht. Mir ist bewusst, dass ich provoziere, doch für meinen ersten offiziellen Einsatz will ich zu dem stehen, was ich hier bin.

„Na so was?", stößt ein Typ Anfang dreißig in Lederklamotten aus, als er mich sieht. „So was sieht man nicht alle Tage!"

„Ich bin Illu, der *Nudist-at-work*, der diesjährige House-Keeper", stelle ich mich ihm vor.

„Kane!", streckt er mir seine Hand zur Begrüßung hin. „Ich habe während vieler Camps schon etliche kennengelernt, doch du bist ein echtes Original. Mann-oh-Mann, alle Achtung! Ein schamloser Bodybuilder, der Hausbesuche macht. Da kann ich ja nur hoffen, dass ständig etwas kaputt geht."

„Seit ein paar Monaten", streichle ich mir die schamlose Stelle dicht unter der Gürtelschnalle.

Der Braunhaarige lacht auf. „Komm rein, Illu! Mein Partner wird mit Henry im zweiten Bus herfahren. Ich will mein Motorrad in der Nähe haben. Es stand lange genug am Flughafen weggesperrt", zeigt er mit seinem Kinn durchs Wohnzimmerfenster hinter die Hütte, wo seine Maschine unter einem Eukalyptusbaum steht.

„Geiles Teil!", gaffe ich auf seine Motocross Maschine.

„Allerdings!", schmunzelt Kane, checkt aber abermals mich ab. „Ich hörte, dass der neue House-Keeper Nudist sei, doch ich dachte dabei an einen schmächtigen bärtigen Naturfreak, niemals an ein schwedisches Model mit solchen Muskeln."

„Ich bin halb Schwede, halb Schweizer." Angeberisch präsentiere ich meine Mukis.

„Willst du was trinken?", bietet mir Kane auf einem von drei Rattan-Sesseln im Wohnzimmer einen Platz an.

„Bin ich nicht hier, um etwas zu reparieren?", winke ich ab.

„Ah, ja!", scheint sich Kane wieder zu erinnern. „Normalerweise bewohnen Alain und ich im Registrationshaus das hintere Zweizimmer-Appartement, doch ein gewisser Kosh beansprucht unsere übliche Bleibe für seine Zwecke. Ist Kosh einer der neuen Lehrer?"

„Nein, aber das glaubt der Möchtegerne", winke ich ab. „Dann sollte ich hier wohl mal die Wasser- und Gasleitungen aufdrehen und einen Rundumcheck machen?"

„Oh, gerne!", lächelt mich Kane an.

Beide Leitungen finde ich in der kleinen Küche und teste danach auch noch gleich den Herd.

„Kannst du den Abfluss auch überprüfen?", bittet mich Kane, der mich nicht für einen Moment aus seinen Augen lässt und jede meiner Verrenkungen sehr genau beobachtet.

„Logo!" Ich lege mich auf meinen Rücken und schiebe mich unters Waschbecken, um das Rohr abzuklopfen. „Klingt hohl", damit kraxle ich wieder hervor. „Da ist nichts verstopft." Zum Test lasse ich das Wasser länger laufen und es versickert wie es sollte im Abfluss. „Was ist?", lächle ich Kane an, während ich mich vornübergebeugt nach der Steckdose des Kühlschranks bücke.

„Ich glaube, du bist dir nicht bewusst, wie erotisch du in deinem House-Keeper-Look rüber kommst."

„Meine übliche Arbeitskleidung", winke ich ab.

„In Los Angeles würden viele eine Menge Geld hinblättern, wenn du ihnen in diesem Aufzug ihre Villen überprüfen würdest."

Verlegen verdrehe ich meine Augen, fühle mich aber durch seine Komplimente und Blicke geschmeichelt, was wahrscheinlich jeder Zwanzigjährige, der in seiner Pubertät als Pickelgesicht oder Bohnenstange beschimpft wurde, nachempfinden kann.

„Wirklich!", führt mich Kane aus der Küche zurück ins Wohnzimmer. „Du solltest dir ernsthaft überlegen, ob du deine Dienste nicht als nackter Handwerker anbieten solltest. Falls du eine Laufbahn als arbeitender Nudist in Erwägung ziehst, dann ..."

„Darüber denke ich schon seit einiger Zeit nach", steige ich auf das Gespräch ein und hocke mich wieder in den Rattan-Sessel. Weil der Werkzeuggurt dazu zu wuchtig ist, öffne ich den Verschluss und lege ich neben mir auf den Boden, wie auch meinen Helm. „Gibt es dafür eine Marktlücke?"

„Natürlich würdest du Konkurrenz haben. Viele Stricher verdienen sich etwas als Nacktputzer dazu."

„Ich bin weder ein Stricher noch ein Callboy, noch will ich das jemals werden!", protestiere ich. „Prostitution ist nicht mein Ding! Ich habe jedoch nichts gegen Erotik einzuwenden."

„Wie willst du das trennen?", fragt Kane neugierig.

„Darüber habe ich noch nicht nachgedacht."

„Du brauchst einen coolen Namen und ein gutes Konzept. Wie hast du dich vorhin an der Tür vorgestellt? Nudist-Irgendetwas."

„Nudist-at-work!"

„Das würde ich an deiner Stelle zum Firmennamen und auch gleich zum Konzept machen. Ein Nackter bei der Arbeit, klingt für mich zweideutig, doch mit den richtigen Fotos und Texten, kannst du da jedem Rotlicht Verdacht vorbeugen."

Kane reicht mir eine Flasche warme Coke. „Den Kühlschrank hast du eben erst eingeschaltet", entschuldigt er die warme Brühe.

„Nein, danke!", winke ich ab.

„Unser Adriany von der Registration ist ein guter Fotograf. Vielleicht könnte ich ihn überreden, dich die Tage in ein paar guten Posen zu fotografieren. So hättest du Bildmaterial für einen ersten Prospekt oder für eine Internetseite."

„Adriany hat mich schon etliche Male heimlich beim Arbeiten fotografiert. Einige dieser Bilder von mir hängen bereits in der Registration", lächle ich. „Und ja, Adriany, ist ein Spitzenfotograf!"

„Na wunderbar! Zudem", nickt Kane auf meinen breitbeinige Haltung im Sessel. „Ästhetische harte Bilder lockern die Scheine."

„Ich war diesen Sommer in London der Werbeträger für den *horny Nudist*, eine Kampagne zum ersten offiziellen Nudistentag parallel zum *World Naked Bike Ride*. Meine Latte zierte das Plakat, das überall in London aufgehängt war. Ich habe damit keine Probleme." [5]

„Werde ich im Internet recherchieren", notiert sich Kane auf einen Spickzettel.

Ich verrate ihm die Homepage-Adresse. „Kane, was arbeitest du normalerweise, wenn du nicht hier im Camp die Studenten chauffierst? Bist du Talentsucher oder Porno-Produzent?"

„Nichts dergleichen", schüttelt Kane seinen Kopf. „Mein Partner und ich betreiben eine kleine Werbeagentur." Abermals checkt er mich ab. „Illu, du trägst keine Tattoos, keine Piercings und dein Körper ist überall so, wie du damit geboren wurdest. Gerade diese Natürlichkeit würde ich an deiner Stelle unbedingt beibehalten; speziell in einer Metropole wie Los Angeles, wo niemand mehr ohne Chirurgen, Body-Manipulation und permanente Schmückung des eigenen Körpers mit Farbe, Blech oder Implantaten auskommt."

„Blech?", lache ich auf.

---

5 Siehe „Nackte Geheimnisse, Himmelstürmer Verlag, Herbst 2015

„Hast du dir noch nie die Blechgesichter angesehen? Da gibt es wirklich Freaks, die Hundert und mehr Piercings im Gesicht und am Leib tragen."

„Ist das nicht Silber oder Weißgold?"

„Sieht das nicht alles gleich aus?", schmunzelt Kane.

„Warum Los Angeles?", werde ich neugierig, da mir Seth prophezeit, dass er und ich uns in Zukunft dort niederlassen werden.

„Die Metropole ist erstens riesig und zweitens ist Los Angeles mit Hollywood und dem San Fernando Valley Hauptsitz der Filmindustrie. Dort tummeln sich die Stars und die Ausgeflippten. Zudem leben dort unzählige schwerreiche Leute, wovon eine große Anzahl schwul oder zumindest bisexuell veranlagt ist – viele nur inoffiziell", fügt Kane noch an. „Illu, falls du ernsthaft über einen Flyer oder einen Homepage Auftritt für deine zukünftige Firma *Nudist-at-work* nachdenkst, könnte ich dich beraten und das Konzept wirkungsvoll aufbereiten."

„Echt?"

„Dein Gesicht, dein Körper und deine natürliche Art mit Nacktheit umzugehen ist dein Kapital. Zieh deine Schuhe aus." Das lasse ich mir nicht zweimal sagen und lasse mich danach abermals von Kane abchecken. „Junge, Junge! Du bist durch und durch ein Ästhet. Deine Nägel haben eine gute Mani- und Pedicure. Deine Muskeln und deine Körpergröße verleihen dir genügend Männlichkeit, dass du dir diese unschuldige Sinnlichkeit leisten kannst, ohne dabei feminin oder tuntig zu wirken."

„Was würde mich eine professionelle Kampagne mit Flyer, Visitenkarten und einer Homepage kosten?", frage ich hell begeistert.

„Engagierst du mich als dein Image- und Werbeberater?"

„Ich habe einen Freund in Miami Beach, der mir bestimmt ein Anfangskapital zur Gründung einer eigenen Firma zur Verfügung stellen wird. Hättest du und dein Freund denn Zeit, mich zum *Nudist-at-work* zu promoten?"

„Adriany hat ein gutes Grafikprogramm auf seinem Computer installiert, mit dem ich vertraut bin. Überlege dir die Tage, wie du dich selbst vermarken willst, danach besprechen wir alles weitere."

„Du glaubst wirklich, dass mich Leute einstellen, damit ich bei ihnen zuhause nackt arbeite?"

„Hundert Pro!"

Ich stehe wieder auf, binde mir den Werkzeuggürtel um und checke die diversen Fenster, ob sie richtig schließen, die Deckenventilatoren und Steckdosen. Immer wieder muss ich mich dazu bücken, strecken, auf Stühle klettern oder mich einfach verbiegen. Da mich Kane dabei ungeniert beobachtet, komme ich mir plötzlich wie bei einem ungewöhnlichen Casting vor.

„Schade, dass dich Adriany jetzt nicht fotografieren kann. Das wäre genau das Material, was in dein Prospekt reinpassen würde. Du weißt sehr genau, was ein schwuler Mann sehen will!"

„Dann darf ich dich als meinen Grafiker engagieren?"

„Auf deine neue Firma: Nudist-at-work!"

„Auf Nudist-at-work!", schlage ich ein.

Auf meinem Weg zurück ins Haus auf der Klippe bin ich so überdreht und begeistert über die neue Aussicht einer eigenen Firma, dass sich dies hart ausdrückt. So stoße ich abermals auf Brom, der gerade mit den neun Studenten, die er noch immer kreuz und quer über den Campus führt – oder seinen Mänaden? – zusammen.

Brom zieht mich außer Hörweite und tuschelt: „Illu, kennst du einen Seth?"

„Ja, klar! Seth ist mein Lebenspartner! Warum fragst du?"

„Er kam mit dem gleichen Flieger, wie diese neun Studenten hier aus Honolulu an. Doch in meinem Kleinbus gab es keinen Platz mehr für ihn, da ich noch zu spät eingetroffenes Gepäck mitnehmen musste."

„In echt?", verdrehe ich meine Augen. „Das Gepäck nahm so viel Platz ein?" Dann platzt es einfach aus mir heraus: „Seth ist auf Maui?" Warum hat er mich nicht darüber informiert? War ich bis eben noch einfach nur überdreht, werde ich jetzt extrem nervös.

„Seth kommt mit Henry im nächsten Bus hier an." Dann brüllt Brom lauter: „Leute, wenn ihr noch andere *echte* Kerle sehen wollt, als nur diesen rattenscharfen House-Keeper", zeigt er auf mich, „dann meldet euch in der Registration für den Workshop *Bare Sports* an. Die Fotos dazu werden euch inspirieren", zeigt er diesmal auf sich. „Ich leite den Kursus! Die Registration ist dort drüben. Jungs, wir trafen uns zu Beginn meiner Führung davor. Der Eingang befindet sich eingequetscht zwischen den Regenbogen Eukalyptus. Leute, die Tour ist hiermit beendet!"

Die Studenten trotten ab.

„Echt jetzt? Dieser scharfe Seth ist dein Lover?"

„Yep, wir sind verheiratet!"

„Alter?", gafft mich Brom an. „Du bist *wirklich* verheiratet? Ich habe es dir nicht abgenommen, als du es erzählt hast."

„Es ist aber so! Wann kommt Henry vom Flughafen zurück?"

„Der zweite Flieger sollte um drei Uhr gelandet sein. Rechne mal nicht vor sechs Uhr mit ihm.“

Ich checke meine Uhr und sofort beschleunigt sich mein Herzschlag; es ist bereits halb sechs.

Die Geisel der Unschuld

Seth kommt hierher? Warum jetzt? Warum hat er mich nicht angerufen, eine SMS geschickt oder ne E-Mail? Ich habe keine Telefonnummer von ihm, da wir unsere Tarnungen nicht durch unnötige Kommunikation auffliegen lassen wollten. Je weniger wissen, wer wir in Wahrheit sind, umso besser.

Da mich die Frischlinge eh schon nackt gesehen haben und mein Poster in der Registration mich als den Campus-Nudisten deklariert, denke ich nicht daran, mir auf dem Gelände oder später fürs Abendessen im Haupthaus etwas anderes anzuziehen, als meine neue House-Keeper-Uniform, die schon Kane beeindruckte. Total aufgeregt laufe ich los. Als um sechs Uhr noch immer kein zweiter Kleinbus auf dem Parkplatz vor dem Bambushain außerhalb des Campusgeländes eintrifft, werde ich immer nervöser. Um sechs Uhr fünfzehn geht die Sonne unter, und ich warte noch immer. Hinter mir weht jetzt riesig die Regenbogen Flagge. War dieser Ort bisher ein idyllisches Versteck, ahne ich, dass hier bald eine Gay-Parade-Stimmung herrschen wird.

Endlich, um kurz vor halb sieben Uhr, tauchen Lichter in der Ferne auf und bald darauf erkenne ich den zweiten Kleinbus. Henry parkt ihn direkt neben dem ersten und öffnet die Vordertür, damit die neuen Studenten aussteigen können. Jeder gafft mich an, einige pfeifen, andere verdrehen die Augen über meinen Aufzug und beinahe jeder zerreißt sich über mein Erscheinungsbild das Maul. Ich höre gar nicht hin, da es sich dabei immer entweder um Komplimente, anzügliche Bemerkungen oder um derbe Witze handelt. Ein paar begrüßen mich, doch die meisten sind mit dem Ausladen ihres Gepäcks und dem Runterholen ihrer Surfbretter vom Gepäckträger beschäftigt.

Wo ist Seth? Als auch noch der letzte der zehn Passagiere ausgestiegen ist, es ist ein Typ in seinen Dreißigern in Hemd und Krawatte, fühle ich einen Stich im Herz.

„Hallo, Illu“, begrüßt mich der Krawatten-Typ. „Kane hat vorhin am Telefon nicht gelogen!“ Grinsend checkt er mich ab. „Sorry“, unterbricht er die Fleischschau, „ich bin Alain, Kanes Lebensgefährte und Geschäftspartner in der Werbebranche."

„Oh!", schüttle ich ihm die Hand zur Begrüßung. Da ich ihn aber gleich links liegen lasse, um in den leeren Bus zu steigen, folgt mir Alain. „Seth bleibt noch eine Nacht in Kahului. Er will sich dort einen Jeep mieten, um hier unabhängig zu bleiben."

„Du kennst Seth?"

„Wir beide fanden im ersten Bus keinen Platz mehr. Das Gepäck eines der Studenten, der schon hier wohnt, ist verspätet aus Afrika eingetroffen. Ich habe ja schon einiges erlebt, doch noch nie sowas!", verdreht Alain seine Augen. „Wir mussten wirklich noch Koffer im Bus auf zwei Sitzplätze deponieren, um alle unter zu kriegen."

„Seth?", frage ich scheu.

„Ah ja! Wir sind zusammen in Kahului Essen gegangen und haben uns dabei unterhalten. Er hat viel von dir erzählt. Ihr beide seid wirklich verheiratet?"

„Warum bleibt er in Kahului? Mann, das Weekend ist eh viel zu schnell vorüber!", stöhne ich genervt.

„Weekend? Nein!", winkt Kane ab. „Seth wird Henry in der Küche unterstützen. Er hat sich hierher versetzen lassen, weil er sich um dich Sorgen macht."

„Sorgen?"

„Ein junger Chinese wurde im Hyatt Hotel ermordet. Dies und Ähnliches konnte man in Honolulu in der Zeitung lesen. Seth ..."

„Seth hat sich hierher versetzen lassen?", juble ich auf. „Danke! Wir sehen uns beim Abendessen. Ich muss sofort meinen Kumpels Bescheid geben." Übermütig wegen der Neuigkeit sprinte ich übers Plateau zurück ins Haus auf der Klippe, wo nur noch Asterios auf dem Bett in seinem Zimmer liegt und in einem Buch liest. Bald habe ich ihn auf den neuesten Stand gebracht – ohne meine Begegnung mit Kane zu erwähnen – und lese in seinen Augen Eifersucht. Hat sich der schöne Syrer in mich verliebt? War das Ritual am ersten Abend doch mehr gewesen?

„Ob Seth mit mir das Zimmer hier teilen kann?", provoziere ich Asterios und will seine Reaktion darauf überprüfen.

„Aber sicher! Dein Bett ist breit genug für ein Liebespaar. Falls Seth viel Gepäck dabei hat, kann er auch noch was davon bei mir im Zimmer unterbringen."

Als ich lache und auf Asterios' vollgepackte Schränke deute, entspanne ich mich wieder. Asterios liebt mich, doch er akzeptiert, dass ich vergeben bin. „Kommst du?“

„Ins Anaktoron? Nein! Kannst du mir was mitbringen?“

„Alter, bist du krank?“, stelle ich mich vor sein Bett.

„Nein“, winkt er ab. „Eleuthereus, du weißt, dass ich im Anaktoron niemals Kleidung tragen werde. Ich will mich aber nicht dem Spott der Studenten aussetzen.“

„Spott?“, runzle ich meine Stirn.

„Du, wie all die anderen Dionysos-Kandidaten und Mitarbeiter im Camp sind meine Freunde geworden. Ihr versteht mich und meine ...“

„Allüren?“

„Gewohnheiten und Rituale“, zwinkert der schöne Syrer.

„Scheu?“, setze ich mich zu Asterios aufs Bett. „Du?“

„Ich bin kein Nudist“, sieht mir Sternenjunge in die Augen. „Meine Nacktheit ist meine Form, mich der Spiritualität des Göttlichen zu nähern; mein Körper ist mein Tempel; und meine Nacktheit eine Art des Respekts. Ich will nicht als Lachnummer verpönt werden.“

„Wie hast du nur deine Vergangenheit überlebt?“, mustere ich den ehemaligen Lustknaben. Als er schweigt nicke ich. „Wie du willst! Ich werde die Lage checken und dir später berichten. Sternenjunge, ich rate dir aber, dich hier nicht zu verschanzen, um der Meute wirklich Grund zum Tratsch zu geben.“

„Das habe ich auch nie im Sinn gehabt. Nur heute Abend bleibe ich dem Anaktoron fern.“

Alleine spaziere ich unter den raschelnden Palmen zur Terrasse des Haupthauses, von der ich schon von weitem Lachen, Reden und Musik höre. Bisher hatte keiner von uns echten und falschen Dionysos-Kandidaten das Bedürfnis nach Musik gehabt; die Klänge des Windes, der Brandung und der Natur reichten uns allen vollkommen aus. Ami hat recht, es hat sich alles verändert.

Als ich die Terrasse betrete, ebbt der Lärmpegel kurz ab, doch nur um, kaum dass mich alle angegafft haben, noch lauter wieder anzuschwellen. Brom, in einer seiner abgeschnittenen Jeans, seiner offenen Wildlederjacke und etlichen Frangipaniblüten um seinen Hals, hantiert an der Musikanlage, die jetzt eine der Ecken nahe des Wintergartens einnimmt. Brom winkt mir zu und legt Hawaiianische Volksmusik auf, die sofort lautstarke Reklamationen der Studenten auslösen, bis Brom abermals auf Pop umstellt.

Erstmals bin ich für Koshs Reservationsschild auf dem Eichentisch im Zentrum der Terrasse ganz dankbar, denn dort sitzen jetzt ausschließlich meine Kumpels und Feinde; selbst Bacchus und Adriany bevorzugen heute diese Tafel, statt einen Zweiertisch fernab von uns anderen. Den blondgefärbten Argentinier heute in seiner roten Lederhose zu sehen, derselben, die er auf der Bootsfahrt getragen hatte, statt einem seiner Schleier, verrät mir, dass nicht nur Asterios Berührungsängste mit den Studenten hat. Auch Bacchus ist ein Feigling. Bacchus' Haare sind staubig, wie auch die von Adriany. Ob die beiden sich Detective Ric's Höhlenerforschung angeschlossen haben? Nur Ami bleibt sich treu. Wenn er auch seinen giftgrünen Tanga durch eine fast schickliche Badehose ausgetauscht hat, zeigt er doch frei seinen Körper. Vielleicht verlor er den Tanga auch im Bassin, als er ihm von Os auszogen wurde? Os sitzt jetzt neben seiner neuesten Eroberung und flammt gelegentlich rot auf, wenn Ami sich ihm zudreht und auf ihn einredet, um den Quarterback mit dem neuesten Tratsch zu füttern.

Kiss unterhält sich mit Zac und dem Afroasiaten, den ich als Long Soh-Tro kennen gelernt habe sowie mit Detective Ric, der abermals sein Hemd vorne bis zum behaarten Bauchnabel offen trägt. Kaum entdeckt mich Detective Ric leuchten seine Augen auf und er winkt mich zu sich. Ich winke ab und steuere weiter das Zentrum mit dem Eichentisch an. Ich will nichts von dem Polizisten. Von Kosh fehlt jede Spur.

„Aloha!“, begrüße ich meine Kumpels und setze mich zwischen Bacchus und Saro an den reservierten Tisch. Bacchus riecht zusätzlich zum Tabak nach Erde und Staub. Auch der Indio-Mexikaner ist abermals zum unscheinbaren Mauerblümchen geworden. „Wo bleibt euer Stolz und eure Selbstverständlichkeit das auszudrücken, was euch ausmacht? Bacchus, mir gefallen deine feuerroten Schleier!“ Kopfschüttelnd mustere ich Saro. „Echt Mann, dein Azteken-Look ist unheimlich, doch er ist verdammt scharf! Warum seid ihr heute Abend nur Schatten eures wahren Selbst?“

Bacchus weicht meinen Blicken aus und Saro murmelt etwas Unverständliches auf Spanisch, das Bacchus, ebenfalls auf Spanisch, quittiert, worauf beide in ihrer Muttersprache losschwafeln, bis ich ans Kopfende der Tafel flüchte.

Brom nickt mir zu und zieht sich seine Wildlederjacke aus; doch sonst wird keiner lockerer. Einzig Adriany trägt eine seiner echten Hot Pants und ist auch sonst, wie er eben ist, ein etwas schriller Macho aus Kolumbien – nur ziemlich staubig.

„Leute!“, beuge ich mich über die Tischplatte und fokussiere die Schlappschwänze. „Wir sollten hier die Anführer sein!“

„Dude, heute ist der erste Abend“, schwatzt Ami beschwichtigend auf mich ein und setzt sich neben mich. „Heute beschnuppern sich alle gegenseitig aus der Ferne. Glaube mir, das wird schon! Take it easy, Dude!“

Wegen der Feigheit meiner Kumpels schnaub ich.

Als Henry – auch er trägt heute unter seiner Schürze wieder eine Shorts und dazu sogar noch ein T-Shirt – das Essen auf seinen Rollwagen auf die Terrasse führt, bin ich der erste, der sich von der Tafel erhebt, um sich einen Teller zu schnappen und von den Köstlichkeiten zu schöpfen. Da mir keiner meiner Kumpels folgt und mich auch die Studenten sitzenbleibend nur blöd anstarren, als ob sie auf eine Spezialeinladung warten würden, drehe ich mich ihnen zu. Es sitzen knapp zwanzig neue Studenten zu zweit oder zu viert an den Tischen um unseren im Zentrum verteilt herum. Von Kane und Alain fehlt jede Spur; genauso wie auch von Janus.

„Aloha im Camp-Telesterion“, verkünde ich, als ob es mein Job sei, hier den Anführer raushängen zu lassen. „Ich halte jetzt keine Rede oder so.“

„Warum nicht?“, fragt Detective Ric laut und zwinkert mir zu.

Ich steige nicht drauf ein. „Leute, hier ist Selbstbedienung!“ Als noch immer keiner aufsteht, drehe ich mich einmal um die eigene Achse. „Leute, ich bin der *Nudist-at-work* hier! Mich werdet ihr niemals mit mehr als einer Sonnenbrille und dieser Arbeitsbekleidung sehen. Hat einer ein Problem damit?“

„Ich hätte ein Problem damit, wenn du deinen Luxuskörper verhüllen würdest!“ Es ist abermals Detective Ric.

Als sonst keiner Antwortet, füge ich hinzu: „Wer mir blöd kommt“, hebe ich meine Oberarme und präsentiere meine trainierten Bizeps, „kriegt es mit denen zu tun. Verstanden?“

Endlich lachen ein paar der frisch Angereisten.

Plötzlich stellt sich ein extrem gut gekleideter Dunkelhaariger neben mich. Weil ich wieder von lüsternem Zwinkern von Detective Ric abgelenkt werde, nehme ich den Mann neben mir nur aus dem Augenwinkel wahr. Er trägt eine schwarze Lackhose, die in Lackstiefel mit extrem hohen Absätzen mündet. Solche Stiefel tragen nur Drag Queens. Langsam lasse ich meine Blicke höher wandern. Der Oberkörper des großen Mannes steckt in einer glitzernden Pailletten-Weste, die nicht viel von seinem vollkommen enthaarten Oberkörper verdeckt. Seine schlanke Gestalt riecht nach teuren Parfums. Doch nicht nur seine Kleidung und sein Duft sind von exquisiter Art, auch sein Auftreten. Eine derart vollkommene Körperhaltung habe ich bisher nur von Asterios und Saro, dem Balletttänzer, gesehen oder bei Brom, doch nur wenn er Hula tanzt.

„Unser Camp-Nudist nennt es beim Namen“, spricht der Mann neben mir. „Jungs, willkommen im Camp der Ausgeflippten, der Spinner und der lustigen Flitzer. Bitte bedient euch am all-you-can-eat-Buffet!“

Kosh? Ich gaffe den vollkommen veränderten Nerd mit offenem Mund an. Nichts an dem Wesen neben mir erinnert auch nur entfernt an den Streber mit krummem Rücken in seinen schäbigen Second Hand Klamotten.

„Heute kam endlich mein Gepäck mit dem ersten Bus hier an“, flüstert er mir sehr erleichtert zu. „Endlich konnte ich mich rasieren, frisieren und umziehen“, atmet er sehr glücklich darüber auf.

Ich muss nach oben schauen, denn durch die bestimmt zwanzig Zentimeter hohen Absätze seiner Lackstiefel überragt mich Kosh. Es kommt Bewegung in die Gruppe. Zwei junge Inder füllen hinter mir stehend Essen auf ihre Teller. Kosh legt mir seinen Arm um meine Schultern und führt mich aus dem rasch aufkommenden Gedränge.

Noch immer gaffe ich Kosh mit offenem Mund an. „Ist das dein wahres Wesen?“, frage ich ihn etwas dumm.

„Ich habe viele Gesichter“, lächelt mich Kosh an. Seine buschigen Augenbrauen sind jetzt perfekt gezupft und seine Augen dezent geschminkt. Er wirkt kein bisschen tuntig, sondern wie ein erstklassiger Burlesque Künstler.

Erst als Detective Ric auf uns zukommt, drehe ich mich ab, schnappe mir eine weitere Hähnchenkeule und verstecke mich abseits stehend, um den Sturm des Buffets amüsiert zu beobachten. Die meisten scheinen noch nicht wirklich hier angekommen zu sein. Nicht einer von ihnen ist barfuß oder oben ohne. Die Stimmung ist vollkommen anders, als noch heute Mittag. Wird sich wirklich alles ändern? Brom sorgt zumindest für einen grotesken Lärmpegel und macht seinem Beinamen – *Bromios*, der Lärmende – als DJ alle Ehren. Abermals nehme ich den Platz Kosh gegenüber am anderen Stirnende der Tafel ein.

Zac in einem seiner Kimonos wird jetzt von Bacchus und Saro in die Mangel genommen, bis er mir zuwinkt, ihn von den beiden zu retten. Ich gebe ihm mit einer Kopfbewegung zu verstehen, er solle sich doch neben mich setzen, wozu er die beiden spanisch Redenden verlässt. Ich starre Kosh total fasziniert an. Selbst seine gebückte Haltung und sein krummer Rücken sind vollkommen verschwunden. Der Typ wirkt wie ein Dandy aus dem achtzehnten oder neunzehnten Jahrhundert des letzten Millenniums. Würde er noch ein Foulard und einen Zylinder tragen, das Bild wäre perfekt. Er ist ein Chamäleon. Er macht Dionysos, dem Vielgesichtigen, alle Ehren.

„Illu“, holt mich Zac aus meiner Betrachtung, „das war ein Superauftritt von unserem Kosh!“ Dabei krault sich der Halbjapaner in seinem Ziegenbärtchen. „Denkst du, ich kann ebenfalls heute Abend schon mit meinem Sonderprojekt *Celebration* beginnen? Bacchus und Saro sind der Meinung, ich solle entweder warten oder falls nicht, direkt zum Angriff übergehen.“

„Angriff? Zac, ich wollte für nichts werben. Kam das so rüber?“, sehe ich dem kleinen Kerl in seine giftgrünen Augen. Als er nickt, erkundige ich mich: „Was hast du denn mit *Celebration* im Sinne?“

„Sollten wir nicht Brücken bauen, statt Mauern zu errichten?“

„Logo!“

„Brücken baut man mit guten Beispielen, die verbinden, statt zu trennen?“

„So sehe ich es auch“, nicke ich zur Bestätigung.

„Ich will den Geist und die Idee des Gay Camps verkörpern. Ich möchte die Studenten zusammenbringen.“

„Aha!“, antworte ich überrascht.

„Illu, du bist der einzige von uns Dionysos-Kandidaten, der voll und ganz lebt, was er sagt.“ Nach einem Seitenblick auf Kosh fügt er an: „Oder Kosh, doch erst seit heute Abend. Unser Südafrikaner ist ein Meister der Masken.“

„Das ist er!“, bewundere ich Koshs Talent der Verwandlung. Selbst Koshs Gesichtsausdruck ist ein vollkommen anderer. Dieses Dionysos-Talent besitze ich nicht, doch es in Aktion zu erleben, fasziniert mich gerade total.

„Illu!“, holt mich Zac abermals aus meinen Gedanken. „Du stehst zu deinem Wort! Kosh vorhin wollte sich nur in den Vordergrund drängen und sich mit deinen Federn schmücken. Auch wenn er heute extrem gut aussieht, hat er dennoch deine Bühne für sich beansprucht. Du solltest hier der Anführer sein. Du trägst die Krone der Schöpfung, nicht Kosh.“

„Was?“

Zac spricht schon weiter: „Du verstellst dich nicht! Du bist durchschaubar. Das macht die Sache einfacher. Du imponierst mir!“

„Ähm, danke!“, stammle ich verwirrt. „Ich ziehe hier keine Show ab. Falls das einer annimmt, ist das seine Meinung.“

„In Tokyo gilt es, das eigene Gesicht zu wahren. Verliere ich mein Gesicht, wenn ich ...“ Zac räuspert sich, „schon heute Abend versuche, das Eis zu brechen?“

„Zac, sei einfach du selbst und kümmere dich nicht um die Meinungen anderer. Du kannst dein Gesicht nicht verlieren, denn auch dein Gesicht ist nur eine von vielen Masken. Schau dir Kosh an. Er hat das Gesicht gewechselt, dennoch bleibt es Kosh. Er wird auch dieses Gesicht wieder ablegen.

Zudem!“, boxe ich dem Kleinen im Kimono in seine Rippen, „wer trauert schon Masken nach! Mein Mentor riet mir immer: *Reiß dir die Masken vom Gesicht, zerfetze deine Hüllen und zerschmettere deine Hemmungen!* Nach diesem Credo lebe ich.“

„Und falls andere mich deswegen verspotten?“, zweifelt Zac.

Asterios plagen die gleichen Ängste, doch das verrate ich keinem. „Glaube mir“, lege ich dem feingliedrigen Asiaten meinen muskelbepackten rechten Oberarm um die Schultern und erschrecke dabei selbst, wie wuchtig ich neben diesem zierlichen Jüngling erscheine. „Zac, diejenigen, die sich über dich oder deine Gaben den Mund zerreißen, sind meist entweder Neider, Leute mit der gleichen Neigung oder deine heimlichen Fans.“

„Diejenigen, die am lautesten spotten, sind in Wahrheit meine Bewunderer?“, zweifelt Zac und sieht zu einem Tisch hinüber, um den vier Typen sitzen, die sich Mühe geben, wie echt harte Machos rüberzukommen. Bei ihnen sitzt auch der unscheinbare Tony. „Illu, es macht dir nichts aus, dass die vier Jungs dich perverser Spinner, Stripper-Tunte und schwanzwedelnder Blondy nennen?“

„Ähm ... Was?“ Ich schlucke leer und schüttle dann meinen Kopf. „Sollen sie doch! Schau sie dir an. Sie spielen eine Rolle und tragen Masken. Bestimmt wird einer dieser vier der Erste sein, der die Tage selbst hier nackt rumrennen wird oder die schwanzwedelnde Tunte raushängen lässt. Wollen wir wetten?“

„Nicht nötig! Danke für den Rat!“ Zac isst rasch auf und verdrückt sich in den Wintergarten des Haupthauses.

Bacchus folgt ihm sofort.

Aus dem Augenwinkel beobachte ich die vier Typen und Tony, die mich scheinbar verspotten.

Als Zac nach einer Viertelstunde alleine wieder nach draußen kommt, trägt er nur noch eine schwarze Halbmaske im Stile eines maskierten Superhelden, sonst ist er splitternackt. So stellt er sich an den Tisch der fünf Spötter, verschränkt seine Hände auf seinem Rücken, als ob auch er ein Kostüm tragen würde und posiert vor ihnen, während ihm langsam eine Latte wächst.

Ich habe Zac gestern am Strand schon so gesehen, warum ich nur lächelnd beobachte, wie die anderen drauf reagieren. Zac mag der kleinste und schmächtigste von uns Dionysos-Kandidaten sein, doch nicht nur seine Nase ist untypisch lang für einen Asiaten.

„Was macht denn unser Japaner?“, taucht plötzlich Saro neben mir auf und nickt zu Zac hinüber.

„Konnichiwa!“, begrüßt Zac auf Japanisch mit belegter Stimme die Zuschauer. „Ich bin Zagreus oder einfach Zac! Ich bin der Camp Animator!“

„Saro, dein Auftritt war stärker, doch ich glaube, der scheue Jüngling ahmt dich gerade nach“, stupse ich den heute so biederen Indio-Mexikaner in die Seite.

Zac steht tapfer seinen Mann. „Mich anderen nackt zu zeigen, ist mir vollkommen fremd, dennoch bewerbe ich das diesjährige Camp Motto: *Proud to be real!*“, fährt Zac fort und hat die Aufmerksamkeit aller längst auf sich gezogen.

„Ist das das offizielle Camp Motto?“, frage ich Saro.

„Hast du sie nicht mehr alle?“, klopft sich der kräftigste der Vieren am Tisch, vor dem Zac sich noch immer präsentiert, auf seine Schenkel und zeigt danach Zac den Vogel. „Noch so ein perverser Spinner!“

„Ist das dein Outing als strippender Pausenclown?“, spottet der nächste in der Runde.

Einige lachen.

„Für jemanden ohne exhibitionistische Neigungen, bist du aber gerade voll das zeigegeile Lustobjekt!“, kommentiert der dritte am Tisch.

„Ist das ein Bratwurst-Check?“, will der vierte wissen.

Als wieder viele lachen, fragt wieder der erste: „Die meisten der Nerds hier mögen ja verkappte Tucken sein, die dich jetzt am liebsten flach legen oder dein Stechholz in sich fühlen möchten, doch ich sicher nicht.“

„Ach halt doch die Klappe!“, brülle Ami.

Fasziniert gaffe ich den jungen Halbjapaner an, der mit keinem Wort auf die Angriffe und Spötteleien reagiert, sondern sich einfach knapp nach asiatischer Manie verneigt *Sayonara* murmelt und sich zum nächsten Tisch weiterbewegt. Auch dort lässt er sich von den Jungs heimlich bewundern oder offen auslachen. So geht das weiter, bis der geile Pin-up sich jedem präsentiert hat. Immer begrüßt er die neue Gruppe mit *Konnichiwa* und verabschiedet sich mit Sayonara. Immer das gleiche Ritual. Jeden sieht er direkt in die Augen – jedem!

„Was beabsichtigt Zac damit?“, stupst mich diesmal Saro an. „Der Kleine biedert sich hier ja regelrecht als die jungfräuliche Hure an!“

„Glaubst du?“, runzle ich meine Stirn, „war das bei deinem Auftritt nicht auch die Idee?“, provoziere ich den Indio-Mexikaner.

„Falls du das glaubst, bist du nicht der, als den ich dich erkannt habe“, geht Saro nicht weiter drauf ein.

Obwohl Zac einer der ältesten unserer Gruppe ist, wirkt er jetzt wie ein sehr junges Früchtchen, das wirklich vernascht werden will. Sein asiatisches Lächeln passt perfekt in diese Rolle. Seine Bewegungen und seine Gestik sind eine Mischung aus schüchterner Unschuld und einer gut einstudierten Beschwörung.

„Selbst unser Lustknabe würde sich niemals derart anbiedern", nuschelt Ami sehr leise von der anderen Seite in mein Ohr. „Wo versteckt sich eigentlich unser Asterios?"

„Ihm ist heute nicht so gut", verteidige ich den schönen Syrer.

Ruhig bewegt sich Zac jetzt zur Musik tänzerisch wieder von Tisch zu Tisch, lächelt jeden Neuankömmling an und präsentiert sich noch offensichtlicher als Naschwerk zum Dessert an. Je länger er sich in seiner Maske durch die Studenten bewegt, desto hemmungsloser werden seine Verrenkungen. Wie Asterios mich gelehrt hat, beobachte ich Zacs Ausstrahlung. Seine Aura flackert in einem tiefen Violett und schickt Pfeil in alle Richtungen, um wahllos auf alles und jeden zu schießen. Dectective Ric, Long Soh-Tro und Kiss, die sich einen Tisch teilen, folgen interessiert jeder seiner burlesken Verrenkungen. Ric hat sogar aufgehört mit mir zu flirten.

„Ich habe Zac ja schon gestern am Strand beobachtet", rückt Ami näher. „Erst traute er sich nicht seine Badehose auszuziehen, dann ließ er sich von Os vor unser allen Augen einen blasen. Wenn du mich fragst", tratscht Ami weiter, „dieser Ziegenpeter ist die schaumgeborene Verführung!"

„Oder er ist eine tödliche Sirene, die ihre Beute frisst, nach dem sie bekommen hat, was sie will", fügt Saro leise an. „Zac nutzt eine Art Magie. Ich kann es deutlich fühlen."

„Bestimmt wird er die Nacht nicht alleine verbringen, denn einige der Jungs sind von seiner Darbietung schlichtweg überwältigt", nickt das Camp-Klatschmaul und zeigt auf einige der sehr rot angelaufenen Studenten. „Siehst du", folgen Amis Blicke Zacs kindlich wirkenden Verrenkungen. „Zacy ist voll auf Konfrontation aus!"

„Du hast recht", flüstere ich, denn Zac schnappt sich ein Mango Sorbet vom Dessertbuffet und setzt sich ausgerechnet an den Tisch der fünf Streithähne, die ihn zu Beginn am lautesten verspottet haben. Ganz selbstverständlich reicht er die Süßigkeit an den, der lautstark behauptet hatte, er würde nicht auf Tucken stehen. Ausgerechnet der füttert jetzt Zac mit dem Dessert. Nach jedem Happen küsst Zac den Macho zum Dank auf dessen Mund und rückt näher an ihn ran, bis der seine andere Hand um Zacs Hüften schlingt und ihn sich auf den Schoss zieht.

„Wie auch immer“, winke ich ab, „dieser schmächtige Typ stellt uns andere heute Abend mächtig in den Schatten.“ Damit verlasse ich meinen Platz, um mir ebenfalls vom Mango Sorbet vom Dessertbuffet zu holen. „Noch frei hier?“, schiebe ich mir einen freien Stuhl zu Zac, Tony und den vier Typen an den Tisch heran. Keiner beachtet mich. Falls einer doch noch auf dumme Gedanken kommen sollte, will ich dem schmächtigen Halbjapaner zur Seite stehen.

„Bist du immer so geil drauf“, flötet einer der vier Machos Zac verliebt ins Ohr und tätschelt dabei seinen Oberschenkel.

Der Halbjapaner lächelt und schmiegt sich noch dichter an den Typen, der ihn noch immer mit Sorbet füttert. „Ich tue nur das, was heute Abend nötig ist, damit das Eis schmilzt“, antwortet Zac und zerzaust dem Typen links von sich das Haupthaar.

Ich kenne Zac wirklich kaum, doch etwas passiert hier, dass meine Warnsignale aufleuchten lässt.

„Du gefällst mir“, streichelt der mit dem zerzausten Haar Zac über seine Brust. „Magst du das?“ Als Zac nickt, wandert die Hand des Sprechers tiefer. „Hier auch?“, fragt er, als seine Hand beim Bauchnabel ankommt.

Als Zac bemerkt, wie ich ihn überprüfe, wechselt für den Bruchteil einer Sekunde sein Ausdruck vollkommen. Seine Pfeile verschießende violette Aura wechselt in ein eiskaltes Silber und Zac blitzt mich wortlos aber unmissverständlich an, ich solle mich verziehen. Das alles passiert so rasch, dass ich verwirrt blinzle. Wo gerade noch ein kleiner Lustdämon saß, lächelt jetzt wieder der tuntige Japaner. Weil ich mich nicht rege, spricht es Zac laut aus: „Illu, ich brauche keine Mutterhenne, die mich unter ihre Fittiche nimmt. Hau ab! Los, verzieh dich! Suche dir eigene Freunde!“

„Ok!“, winke ich ab und stehe auf.

Dann bemerke ich es abermals. Zac missbraucht seine Dionysos-Gabe, gegen die diese vier Pseudo-Machos keine Chance haben. Nur Tony grinst breit, streckt seine Hand nach Zacs bestem Stück aus und packt zu. Dieser unscheinbare Halbjapaner bezirzt, wie ich das noch niemals zuvor gesehen habe. Koshs Darbietung war dazu gerade ein Anfängerstück. Zac hat die vier vollkommen dominiert und zu seinen willigen Mänaden gemacht oder zu seinen persönlichen Sklaven. Ich bin sicher, die vier werden die nächsten Tage nicht mehr von Zacs Seite weichen. Tony ist der einzige von ihnen, der davon nicht betroffen ist.

„Habe ich es dir nicht gesagt“, zieht mich Ami an meiner Hand wieder neben sich. „Dieser kleine Dionysos nutzt den sexuellen Rausch, um jeden zu blenden und in seine Exzesse zu zerren. Ich dachte, Bacchus wäre hier der Verführer. Offensichtlich nicht!“

„Gefällt dir Zac?“, konfrontiere ich Ami.

„Was?“, verdreht der wegen meiner Vermutung sofort seine Augen. „Naja, er ist schon echt süß und so, doch ...“ Der blonde Krauskopf verstummt.

„Süß?“, boxe ich Ami in die Seite. „Stehst du auf ihn? Ich dachte, du fährst mehr auf rote Stiere und kuhäugige Bullen ab?“

„Os?“, dreht sich mir Ami zu. „Ich werde mich jederzeit wieder von Os massieren lassen. Echt Dude, Os kennt da Tricks, die dich ...“, grinsend verstummt er, doch nur für Momente. „Os? Nein!“ Ami zieht mich dicht an sich und nuschelt mir vertraulich ins Ohr: „Ich würde Zac sofort vernaschen, hier und jetzt auf dem Tisch“, verzieht er seinen Mund zu einem Schmunzeln. „Aber ich glaube, ich habe mich total in Saro verknallt“, huschen Amis Blicke zum Indio-Mexikaner, der abermals etwas zu aggressiv auf Spanisch auf Bacchus einredet.

„Stehst wohl auf haarlose Provokateure? Alter“, foppe ich den blonden Krauskopf weiter und stupse ihn in die Seite, „passe ich da nicht auch voll in dein Beuteschema?“

„Logo!“, spielt es Ami mit einem Witz runter.

Auch wenn wir es erst nicht wahrhaben wollen, doch Zac hat mit seinem peinlichen Auftritt das Eis dieses ersten Abends nicht nur gebrochen, sondern vollkommen weggeschmolzen. Die nächste Stunde ist es immer Zac, der einen Studenten an der Hand zu einem von uns an die Tafel führt, Grüppchen bildet und uns alle umgarnt und verhext. Immer liegt er irgendeinem Studenten in dessen Arme, lässt sich befummeln und scheut sich nie, dabei auch genussvolle Töne auszustoßen, bis Os feuerrot glüht und mit seinen Hufen zu scharren beginnt.

„Saro zeigt heute kein Interesse an dir“, ziehe ich Ami von seinem Tisch, an dem er Saro von weitem anschmachtet, fort, „doch Os schnaubt und scharrt. Ami, falls dir heute Nacht nach sehr heißem Sex zumute ist, dann schnapp dir Os.“

„Echt?“, sieht mir der blonde Hawaiianer in die Augen. „Os wollte schon im Pool mehr. Glaubst du, er will mich ...“

„Ja!“, schiebe ich Ami weiter in Richtung Os. „Kühle den Bullen ab! Lass dich von ihm massieren und reiten!“

Os' Aura flammt immer gefährlicher. Asterios, der ihn sonst zu bannen weiß, ist nicht hier. Entlädt sich Os' Macht nicht bald, wird der rote Stier sich nicht mehr lange zügeln lassen. Kurz bevor Ami bei Os ankommt, drängt sich Zac vor. Er setzt sich rücklings auf Os' Schoss und schmiegt sich wie ein Profi-Stripper an ihn. Dann packt er nach Os' Händen und legt sie sich um den eigenen Leib, wobei er sich immer stimulierender an den Quarterback schmiegt.

„Os", stelle ich mich hinter ihn und lege ihm, wie das sonst Asterios tut, meine Hände auf seine Schultern, um beruhigend auf ihn einzureden.

Bacchus und Kosh sehen sich gegenseitig an und stellen sich so, dass Os von den anderen Studenten abgeschirmt wird, vor ihn.

„WAS SOLL DAS?", schüttelt Os mich genervt ab. „VERZIEH DICH! Illu, du siehst doch, dass ich mit Zac beschäftigt bin!"

„Dieser Typ ist ne lästige Glucke", bestätigt Zac und sieht mich herausfordernd an. „Verzieh dich!", scheucht mich Zac abermals fort, dreht sich um und grabscht in Os' Hose, dass der rote Stier sofort toll geworden an seinen Ketten zerrt.

„OS!", türme ich mich vor Os auf. „Fahre deine Energien runter! SOFORT!"

„Was bildest du dir eigentlich ein!", gleitet Zac von Os' Schoss, lässt aber seine Hand, wo sie ist, um Os daran vom Sitz hoch zu ziehen.

Der arme Os verliert gleich vollkommen die Kontrolle über seine rote Macht. Ein Auge bettelt mich um Hilfe und Schutz an, während das andere mich lüstern aufspießt, um sich an meinem Blut zu laben.

Zac stellt sich jetzt hinter Os und zieht dem Bullen seine rote Sporthose bis zu den Knien runter.

Kosh flüstert erst Os, dann Zac etwas ins Ohr und bringt sich aus der Schussbahn.

Die Erde bebt.

Keiner der Studenten kriegt es mit, da Brom zeitgleich seine Musikanlage voll aufdreht und die Bässe alles erzittern lassen.

Zac drückt den Bullen vornüber auf einen leeren Tisch und rammt ihm sein Ding rein, dass Os aufstöhnt und augenblicklich die Beherrschung vollkommen verliert.

Abermals rumort es tief im Erdinneren.

„OS!", brülle ich ihn an. „Beherrsche dich!"

„Was ist nur los mit dir?", bagatellisiert Zac. „Os gehört mir!" Zac stöhnt danach seine Lust laut in Os' Ohr, während er den Bullen hart reitet. „Soll ich aufhören?", fragt er und beißt dem Bullen brutal in den Nacken, dass Blut fließt.

Ami hat sich längst eifersüchtig abgewendet, um sich Broms Party auf der anderen Seite der Terrasse anzuschließen, wo jetzt Saro oben ohne auf einem der Tische tanzt und die Gemüter aufheizt – oder ablenkt. Nicht nur Os flammt immer gefährlicher, sondern inzwischen auch viele der Studenten, wenn diese auch nicht über Dionysos-Macht verfügen, dann doch über genügend Testosteron, das bald alles kippen kann. Wie Bacchus es so schnell geschafft hat, Feuerwasser aufzutreiben, entzieht sich meiner Kenntnis; doch viele der tollwütigen Studenten reichen jetzt Whisky, Gin und anderes rum, um direkt aus den Flaschen zu saufen und zu Broms wilderer Musik abzutanzen. Dionysos' dunkelste Macht breitet ihre Arme aus, um alle in den Abgrund zu zerren.

Aus dem Augenwinkel sehe ich Asterios übers Plateau auf uns zu hetzen. Kosh sitzt am Kopf der Tafel, wo sein Namensschild festklebt ist und murmelt in einer fremden Sprache vor sich hin, während Saro auf der Tanzfläche zu strippen beginnt.

Os brennt lichterloh und setzt sich das Stierhaupt auf. Anders, als bei meiner eigenen Einweihung in jenem Traum, hat Os die Macht aber weder vorher transzendiert, noch vermag er sie zu beherrschen. Der rote Stier ergreift vollkommen Besitz von ihm, während der halb-japanische Dämon immer wilder stöhnend den Stier zureitet, beißt und kratzt.

Als uns Asterios endlich erreicht, zieht er nicht mal seine Shorts vor der Linie auf die Terrasse aus, sondern bahnt sich seinen Weg durch die Tanzenden von Broms Party und Saros balletttänzerischen Verrenkungen, die immer sexueller werden. Da wird mir der Ernst der Lage so richtig bewusst.

„Eleuthereus", fleht mich Asterios an, „ich kann nichts mehr tun! Beschütze uns alle, bevor Dionysos' dunkle Seite uns alle vernichtet!" Dann packt Asterios nach Zac und verpasst ihm eine knallende Ohrfeige, bis der Dämon aus dem jungen Halbjapaner weicht und nur noch ein verstörtes Kind zurücklässt. „Was hast du getan?", schüttelt Asterios den Japaner immer wieder heftig an seinen Schultern. „Was hast du nur getan?"

Zac blickt an sich runter, erschrickt über seinen Aufzug und was er gerade mit Os gemacht hat und flüchtet weinend ins Haus hinein.

„Os!" Asterios stellt sich vor den roten Stier, der lichterloh in Flammen steht. „Atme langsam ein und aus!" Doch als Asterios Os berührt, entlädt sich ein Blitz auf den Syrer. Taumelnd verliert Asterios das Gleichgewicht und stürzt bewusstlos zu Boden.

Endlich erwacht etwas tief in mir. Ich fühle, wie etwas mir einen Kranz aus goldigen Blüten aufs Haupt setzt und eine Million smaragdleuchtende Sterne auf meinem Körper aufleuchten. Goldig-grünes Licht umgibt mich und ich greife hinaus, um die Wellen, die vom Anaktoron ausstrahlen, zu packen, sie zu umarmen und an mich zu ziehen. Ich fühle, wie die Energie sich aufbaut, sich wehrt und gegen mich kämpft. Es ist nicht nur Os' rotes Feuer; sondern jetzt auch Broms grüne Fruchtbarkeit; Saros violette Magie und noch etwas anderes, das ich nicht zuordnen kann. Diese neue Macht ist stärker als alle anderen zusammen. Sie zerrt an mir. Sieben Gestalten bilden einen stummen Ring um mich.

Ich will aufschreien, da ich ahne, dass es diesmal um Leben und Tod geht. Die Sieben verharren, sie beschützen mich. Einer von ihnen löst sich auf, doch die sechs anderen bleiben als Schutzwall zurück.

Die neue Macht, die mich – uns – angreift, ist tief schwarz und saugt alles auf. Irgendjemand oder Irgendetwas kanalisiert all die anderen Dionysos-Kandidaten und richtet diese Macht gegen mich.

Der rote Stier brüllt auf und senkt sein Haupt, um mich mit seinen Hörnern aufzuschlitzen. Os will mich töten, das ist unmissverständlich! Der Ring der sechs zerbricht und löst sich vollkommen auf.

Os sprüht Funken. Einer von uns beiden wird die heutige Nacht nicht überleben!

„Du?", höre ich Saros Stimme in meinem Kopf und sehe einen Obsidian Dolch über seinem Kopf aufblitzen.

Erschreckt schüttle ich die Vision ab. Ich packe nach Os' rechter Hand. „Lysios, ich habe dich gewarnt", flüstere ich und fühle, wie diese feuerrote Wand aus Glut, Hass und ungezügelter Lust auf mich zu donnert. Die Dunkelheit bündelt die kanalisierte Kraft der Studenten und übergibt die Zügel an Os. Der hält die Studenten fest im Griff. Tanzten sie grade noch nach Zacs Umgarnungen und später zu Saros Lust-Tanz, winden sich jetzt all die Jungs in Os' rotem Feuer. Keiner der Studenten ist noch er selbst.

Ich greife hinaus und lange nach den Mänaden, um sie zu bändigen, fest zu halten und unter meinen Willen zu zwingen.

Sei, was der Wind nicht verwehen kann!, höre ich eine vertraute Stimme aus meinem Herzen eine Warnung ausstoßen. *Lass los!*

Augenblicklich lasse ich die Mänaden los. Ich entspanne mich und ruhe im Licht, das sanft meinem Herz entströmt.

Als mich Os' Macht abermals mit voller Wucht angreift, biete ich keinen Widerstand mehr, sondern lasse sie einfach durch mich hindurch. „Lysios", sehe ich ihm traurig in die rotglühenden Augen, „du hast versagt! Übergib mir den Kopf des Stieres!“

Os schnaubt, scharrt und versucht sich aus meinem Griff zu lösen. Er versucht seine Macht mit dem Vulkan unter unseren Füßen zu vereinen, um ihn zu erwecken. Er ist fest entschlossen, uns alle unter Magma zu verbrennen.

Ich war bereits im Schoss der Erde. Ich habe mich von ihrer bindenden Macht gelöst. Als Eingeweihter bin ich mir bewusst, dass mein Körper aus der Erde geboren wurde, mein Körper Erde ist und zur Erde zurückkehren wird. Doch ich bin nicht mein Körper! Ich bin ein unsterbliches Wesen, dass die alte Mutter nur besucht, sich Leben um Leben mit ihr vermählte; doch jetzt ziehe ich weiter.

Os hat das nicht begriffen. Er brüllt und stampft. Immer verzweifelter wird sein Ringen um Dominanz und Herrschaft über die Insel und ihre Bewohner. Abermals bebt die Erde. Die tanzenden Studenten passen ihre Bewegungen den Schwankungen an. Sie stampfen. Sie schreien. Sie sind nicht mehr sie selbst.

Kosh ruht in sich versunken am Stirnende der Tafel.

Saro wirbelt wie ein nackter Dschinn im Zentrum der Studenten, während Bacchus gleichzeitig immer mehr Flaschen an die Mänaden weiterreicht und Brom längst zu Hardrock lautstark mitsingt.

Ich packe nach den Hörnern des Stiers und reiße Os den Stierkopf runter, um ihn mir selbst aufzusetzen.

Os bäumt sich. Wieder bebt die Erde.

„Du hast versagt!“, flüstere ich abermals. „Falls du überleben willst, dann verzichte auf dein Erbe!“

„NIEMALS!“, brüllt der rote Stier.

Ein Knacken, dann bricht das Genick. Der Stierkopf löst sich ab.

Augenblicklich sinkt der Bulle bewusstlos zu Boden.

Kaum trage ich selbst das Stierhaupt, durchströmt mich die flammende Macht der zügellosen Lust mit all ihrem Blutrausch, der Gewaltbereitschaft und den entfesselten Trieben. Doch ich lasse nicht zu, dass mich diese Macht korrumpiert oder zu dem macht, was aus Os geworden ist.

Plötzlich steht die uralte Muse Klio neben mir und warnt mich: „Nur der Mutige atmet die rote Unschuld. Ihr Duft ist nur der Anfang und wird dich retten. Nicht der Stärkste, nicht der Klügste und nicht der Schnellste wird gewinnen, sondern derjenige, der zu dem wird, was der Wind nicht verwehen kann. Transformiere Dionysos‘ Macht und eigne sie dir an. Erwache zu dem, was in deinem Herzen erblüht. All dein Wissen hilft dir nichts, wenn du es nicht in deinem Herzen zur Ernte bringst. Jetzt!"

Ich entspanne mich. Das Rot schrumpft zu einem Klumpen in meiner Hand, transformiert zu einem Edelstein und ich lege ihn mir zu den anderen ins Herz.

Tief unter meinen Füßen fühle ich, wie der Vulkan sich wieder zum Schlafen hinlegt und draußen auf dem Ozean sich eine Woge glättet, die auf die Insel zuraste, um sie unter sich zu ersäufen.

Als ich mir den Stierkopf abnehme, hat er sich in eine feuerrote Seerose verwandelt. Ich halte sie in meinen Händen und plötzlich löst sich davon Blatt um Blatt, um durch die Nacht vom Wind davon getragen zu werden.

Als ich meine Augen wieder öffne – mir war gar nicht bewusst, dass ich sie, im Moment, als ich Os berührte, geschlossen hatte – gibt es weder einen Stierkopf, noch davonfliegende Seerosenblätter, noch einen goldenen Blütenkranz auf meinem Kopf, noch smaragdfarbige Sterne, die meinen Leib zieren.

Ich blicke mich um. Hinter mir tanzen die angekommenen Studenten um Saro herum – der noch immer seine Hose anhat – und schlürfen dabei Coke aus diversen Flaschen, die Bacchus rumreicht. Nur Brom ist wie in meiner Vision, ein laut singender DJ, der die Meute mit seiner Rockmusik einheizt.

Kosh ist verschwunden.

Mir wird schwindelig, dann beginne ich am ganzen Leib zu zittern und stürze zwischen Os und Asterios, die beide noch nicht wieder zu sich gekommen sind, auf meine Knie. Ich weine, denn Os ist keiner mehr von uns! Wir sind jetzt nur noch zu siebt!

Die Mythologie schlägt zurück

Samstag: 27. September

Wie ich in mein Bett gekommen bin – oder Asterios, denn ich in seinem eigenen Bett schlafend von meinem aus sehen kann – weiß ich mir nicht zu erklären. Meine Hand pocht wieder sehr stark, als ob sich das Gift darin abermals tief in meine Lebenslinie gefressen hätte. Doch als ich nachsehe, zackt sich keine dunkle Linie meinen Arm hoch; und als ich die Hand ausbinde, ist der Schnitt nach wie vor rosig und fast verheilt.

„Mann, war das eine Willkommensparty!", strahlt mich Ami aus dem Badezimmer heraus an und setzt sich danach im kanariengelben Tanga, den er dem heutigen Tag zu ehren trägt, auf mein Bett. „Das war die krasseste Auftakt-Party, bei der ich je dabei war."

„Echt?", versuche ich mehr aus seinen Blicken zu lesen.

„Dude, wir haben bis zum Morgengrauen durchgetanzt und abgefeiert. Bacchus reichte uns in Coke-Flaschen abgefüllt harte Drinks; Saro animierte uns mit voll krassen Tanzschritten zu immer wilderen Gruppentänzen und zog sich dabei aus, dass er beinahe wieder wie der Aztekenpriester des ersten Abends aussah; er holte später sogar den Schmuck, den er dazu getragen hatte. Alter", winkt Ami ab, „Saro ist total genial! Mann, echt, du hast voll was verpasst! Dude", sieht mich Ami plötzlich mitleidig an, „ich wusste nicht, dass du Alkohol so schlecht verträgst?"

„Ich war nicht betrunken!", protestiere ich.

„AHA!", spielt Ami mit und tut so, als ob ich die Wahrheit sagen würde. „Dann haben du, Asterios und Os nicht besoffen am Boden gelegen, sondern ihr habt euch nur in einer der abseitigen Ecken der Terrasse etwas ausgeruht?"

„SO war das nicht!"

Weil ich mir sofort an den Kopf fasse, der entsetzlich schmerzt, grinst Ami und hebt seine Augenbrauen. „Natürlich hast du nicht von Bacchus' Cola getrunken, und natürlich leidest du jetzt nicht unter einem Hang Over. Dude", boxt mir Ami in die Seite. „Wenigsten könnt ihr drei feiern und seid nicht so Spaßbremsen wie Kosh! Echt, der Spinner hat immer wieder versuchte, Brom zu überreden, die Musik leiser zu drehen und oft erwischte ich ihn, wie er von den getarnten Köstlichkeiten in den Coke-Flaschen ausschüttelte, wenn er dachte, keiner würde es sehen. Echt, wer hat schon was gegen guten Rum?"

„Wie bin ich zurück ins Haus gekommen?", hoffe ich darauf eine plausible Antwort zu kriegen.

„Os verträgt Rum offensichtlich besser als du und Asterios. Er kam als erster von euch dreien wieder zu Bewusstsein und schleifte dann erst dich und später Asterios übers Plateau in unser Haus. Alter, der Bulle hat dabei pausenlos geflennt. Irgendjemand sollte ihm sagen, er solle das Rum-Trinken lassen. Oder!", flüstert mir Ami verschwörerisch zu, „er ist total verknallt und bekam ne Abfuhr. Dude, hast du gesehen, wie der Quarterback von unserer asiatischen Sirene drangenommen wurde? Wenn du mich fragst ..."

„Wo ist Os jetzt?", will ich den neuesten Tratsch nicht hören.

„Er schläft in Asterios' Zimmer neben dessen Bett am Boden."

Augenblicklich hechte ich aus meinem Bett, um nach dem gefallenen Dionysos-Kandidaten zu sehen. Rein äußerlich hat sich an Os nichts verändert, nur dass er nicht mehr seine roten Erste-Hilfe-Shorts trägt, sondern eine dieser durchsichtigen Leinenhosen von Asterios. Im Schlaf wirkt der Bulle entspannt und fast glücklich, wie er zusammengerollt auf dem Bettvorleger pennt.

Als ich meine Blicke auf Asterios verlagere, öffnet der gerade seine Augen. „Danke!", flüstert er mir sehr leise zu, damit es Ami, der mir natürlich gefolgt ist, um alles zu beobachten, nichts hören kann.

„Reden wir später?", nuschle ich genauso leise und deute mit meinem Kinn auf Os. „Geht es ihm gut?"

„Er hat überlebt, nur das zählt", wispert Asterios noch leiser.

„Leute, ich kann euch hören", verdreht der blonde Wollkopf in der Tür seine Augen. „Natürlich hat Os überlebt! Was sonst? Ihr beiden hättet unseren Bullen in den letzten Jahren sehen sollen. Os hat noch so schnell keiner unter den Tisch gesoffen. Warum er gestern Nacht nichts vertragen hat, verstehe ich nicht. Echt, Osy ist wohl zum ersten Mal so richtig hart gefickt worden! Das muss ihn irgendwie ausgeknipst haben. Leute!", winkt Ami ab und seufzt. „Unser Quarterback wird es wie ein echter Kerl nehmen. Er ist nicht der erste Bulle, der entdeckt, dass in ihm ein Softy und ein Bottom steckt."

„Ist die Kaffeemaschine schon angestellt?", wechsle ich das Thema und schiebe Ami mit mir aus Asterios' Zimmer, in der Hoffnung, Asterios wird gleich nachfolgen.

Sternenjunge tut es und schwankt, als ob auch er unter einem entsetzlichen Kater leiden würde. Doch außer Augenringen, die von schwerer Erschöpfung herrühren, scheint der Syrer Os' Machtkorruption gut überstanden zu haben. Seine eigene Dionysos-Kraft leuchtet noch immer hell in ihm, etwas, dass ich noch nie so klar gesehen habe, wie jetzt. Ob der Schock gestern Nacht meine Sicht abermals geschärft hat? Leider kann ich es an Brom nicht testen, da er noch immer unter seiner Bettdecke vergraben eine Unterwelt durchstreift, die ich lieber nicht sehen will.

Asterios braut sich einen seiner Tees und lässt mir einen Cappuccino aus der Maschine heraus. Als ich meine Armbanduhr checke, ist schon zwölf Uhr durch und die Sonne steht im Zenit. Es hat auch bereits schon kurz geregnet und über den Hängen des Vulkans erkenne ich einen Regenbogen.

„Haben wir den ganzen Morgen verpennt?", frage ich dumm.

Asterios reicht mir meinen Kaffee und hakt sich bei mir unter, um mich aus dem Haus auf den Balkon zu ziehen. Als uns Ami folgt, bittet ihn Asterios, doch Brom zu wecken, denn das Mittagessen wird nur bis ein Uhr serviert werden; und der DJ wird bestimmt Hunger haben. Glücklicherweise knurrt Amis eigener Magen so laut, dass er keine zweite Aufforderung braucht, um den Lärmer von letzter Nacht zu wecken.

Ohne das Klatschmaul, zieht mich Asterios sofort über die Brücke aufs Plateau hinüber und weiter zu Broms verstecktem Hula-Tanzplatz im Palmenwald, um sich dort auf einen der Lavasteine zu setzen. Als er sich vergewissert hat, dass keiner der Studenten sich hier seinen Rausch ausschläft, sieht er mich direkt an. „Irgendeiner der *Zurajir* hat uns allen den Krieg erklärt", beginnt Asterios ohne Umschweife. „Als ich seine Attacke gestern Abend plötzlich fühlte, bin ich sofort losgelaufen. Doch ich kam zu spät. Hättest du ihm nicht die Stirn geboten, wir könnten alle tot sein – zumindest einige von uns."

„Was hast du gespürt?", versuche ich meine eigenen Erinnerungen zu ordnen, was mir bei meinen Kopfschmerzen nur unzureichend gelingt. Vieles, was gestern Nacht passierte, erscheint mir zu verrückt, um es wirklich als die Realität in Betracht zu ziehen.

„Erst zogen sich dunkle Wolken über dem Anaktoron zusammen, danach schossen Blitze wie Pfeile daraus nieder, bis ich Os' Macht aufflammen sah und die Erde abermals zu beben begann."

„Os wollte uns töten?", frage ich ungläubig.

„Nein! Os erlag nur seiner eigenen Lust. Er ist ein Opfer, wie wir anderen auch. Wärst du nicht eingeschritten, es hätte wirklich übel enden können. Wer auch immer Os' Macht entfesselte, er wusste sehr genau, dass er damit den perfekten Sündenbock gefunden hat, um sein Werk für ihn zu vollenden. Der Krieg hat begonnen!"

Ich schweige. Jedes Wort könnte das zarte Gefüge zerstören, an das ich selbst kaum glauben kann. Asterios und ich wissen beide, was gestern Nacht wirklich passiert ist, doch das lässt sich im Wachbewusstsein einfach nicht logisch oder plausibel erklären, ohne vollkommen falsch ober wie der pure Irrsinn rüber zu kommen. „Glaubst du, der Mörder von Orthos versuchte gestern, einen weiteren Konkurrenten auszuschalten?"

„Das war kein Versuch, sondern pure Tötungsabsicht. Wer auch immer dieser Typ ist, er ist einer der *Zurajir* und seine Macht ist gewaltig. Hat sich gestern Abend außer Os sonst noch jemand seltsam benommen?"

Lachend schüttle ich meinen Kopf: „Allerdings!" So detailliert wie möglich kläre ich Asterios über Zacs Rausch, Bacchus' Drogenverteilzentrale,

Saros wilden Azteken-Tanz, Koshs neues Erscheinungsbild und seine seltsame Sittsamkeit und Broms Lärmerei auf. Doch da Brom immer etwas zu laut ist und immer singt, unterschied er sich nur in der Lautstärke. „Es könnte jeder sein, wenn ich es Brom auch nicht zutraue. Brom ist Brom, der kann keiner Fliege etwas zu leide tun, solange sie sein Hula nicht angreift."

„Treffen wir uns später nochmals hier?", unterbricht mich Asterios. „Ich muss noch etwas mit Adriany besprechen."

Statt zurück auf die Terrasse zu kehren, will ich die halbe Stunde bis zum Mittagessen mit Aufräumen des Schuppens unter unserem Haus nutzen. Natürlich wäre eine Inspektion der Terrasse des Anaktoron wichtiger, doch ich wage noch nicht an den Schauplatz des Duells zurückzukehren. Kaum unter dem Haus, höre ich eine Stimme mich beschimpfen:

„Du hast versucht, Ami zu töten. Damals kam dir Os in die Quere! Willst du es abermals versuchen? Ich werde das nicht zulassen! Hast du mich verstanden!"

„Kosh?", wirble um die eigene Achse.

„Os heilte ihn, bevor du Ami zerschmettern konntest. Du fasst Ami nicht noch einmal an! VERSTANDEN?""

Hinter mir steht Kosh in einem schwarzen Second Hand Poncho und einer schwarzen Badehose.

„Gestern Nacht hast du Os ausgeschaltet! Er ist ausgebrannt. Er wird dir nicht noch einmal dazwischen funken. Mich wirst du nicht so leicht los! Glaub mir, deine Muskeln imponieren mir nicht."

„Alter!", versuche ich beruhigend auf Kosh einzureden. „Von was redest du da überhaupt?"

„Ich hörte auch, wie du Bacchus zu den Haien in den Ozean gelockt hast. Er kam nur mit dem Leben davon, weil Kiss ihn gerettet hat. Auch Saro teilte einen Albtraum mit dir. Eine Vision, in der du sein Reich angegriffen hast, um ihn zu stürzen. Damals in Teotihuácan ..."

„Kosh! Kosh!", fasse ich nach den Schultern des schlaksigen Südafrikaners. „Wir sind im gleichen Team. Du verdrehst die Tatsachen! So war es nicht! Ami hat mich in den Ozean geschubst, weil Kiss ihn hypnotisiert hat. Bacchus ..."

„Darum hast du dich an Ami gerächt und das, obwohl er keiner von uns Dionysos-Kandidaten ist?"

„Ich räche mich nicht!", rechtfertige ich mich. „Glaubst du echt, ich sei ein Mörder? Verdächtigst du mich auch noch, den Chinesenjungen in Honolulu erdolcht zu haben? Mann, echt jetzt, ich war's nicht!"

Kosh hört mir gar nicht zu. „Saro hätte dich damals in Teotihuácan erdolchen sollen. Er hätte dir das Geheimnis der sechs Steine entlocken sollen, statt dich zu begnadigen. Vielleicht hätte jene Hochkultur so *dich* überlebt? Wo du hinkommst, zerstörst du mit deinen gehorteten Götterkräften die bestehende Ordnung. NICHTS IST DIR HEILIG!", schreit mich Kosh an. „Jeder, der dir in die Quere kommt, stirbt früher oder später!"

„Was?" Ich gaffe Kosh total verwirrt an. „Ich soll auch noch für den Untergang der mesoamerikanischen Hochkultur verantwortlich sein? Hast du zu viele von Bacchus' Drogen geschluckt?"

„Wo sind die Steine?"

„Was für Steine?"

„Spiel hier nicht den Dummen!", zischt Kosh. „Wo hast du sie?"

Kopfschüttelnd starre ich ihn an. „Ich versteh kein Wort, von dem, was du sagst!"

„Asterios ist im Besitz des Dolches, den Saro damals nicht eingesetzt hat. Damit werde ich dir die Zunge schon noch lockern. Rück die Steine raus, dann muss niemand mehr zu Schaden kommen!"

„Alter!", türme ich mich vor Kosh auf. „Os hat bestimmt Mittel gegen einen Sonnenstich! Du bist ja total verrückt!"

„Sechs von uns können den Schatten wieder bannen."

„Illu! Illu, bist du da unten?"

„Brom! HIERHER! SCHNELL!", rufe ich meinen Kumpel zur Hilfe und drehe mich einen Augenblick von Kosh ab. Als Brom die Treppe hinunter eilt, verdrückt sich der Südafrikaner gleichzeitig über die Rampe aufs Plateau hoch.

„Was ist los?", checkt Brom die Lage.

„Es ist nur Kosh! Er ist etwas verwirrt."

„Was will der Nerd bei uns im Haus?", wundert sich Brom. „Ist er der Mörder?"

„Nein! Kosh war zur Zeit des Mordes in einem Flieger von Johannesburg nach Los Angeles." Woher weiß Kosh von meinem Besuch in Teotihuácan und Saros Versuch, mich zu erdolchen? Damals war doch nur noch Ami dabei. Kosh erzählte etwas von einer Begnadigung. Hatte Saro damals als Azteken-Priester Ami und mich doch nicht mit dem Ritualdolch aufgeschlitzt? Saro und Ami sind jetzt ein Herz und eine Seele. Sind sie das, weil Saro schon einmal Amis Herz in seinen Händen hatte oder weil ihn Saro damals wirklich statt zu ermorden gerettet hatte?

„Wir sollen rüber zur Kantine kommen, da Janus uns Dionysos-Kandidaten eine Stammpauke halten will. Henry war gerade hier, um uns vorzuwarnen.“ Brom klopft mir auf die Schultern und lenkt seine Schritte zur Außentreppe auf die Terrasse hoch.

Kaum oben, kommt Asterios aus seinem Zimmer. Offensichtlich wollte er mich wieder auf dem Plateau treffen. „Brauchst du noch etwas?“, sehe ich mir den nackten Syrer an.

„Nach gestern Nacht brauchen wir alle unsere ganze Kraft. Ich habe meinen Körper der Reinheit geweiht. Es wird Zeit, dass ich endlich immer dazu stehe. Seit dem Angriff gestern Nacht ist das ganze Camp Gelände zum heiligen Austragungsort der Endausscheidung geworden. Für An- und Ausziehen bleibt keine Zeit mehr. Eleuthereus, lass uns gehen!“

Mit meinem rechten Arm um Asterios' Hals geschlungen, spazieren wir zu Brom, der mit frischen Frangipani-Kränzen geschmückt in seiner abgeschnittenen Jeans, unter einer Palme stehend in der Nähe auf uns wartet.

„Männer“, zwinkert er uns zu, „brummen eure Schädel auch so, als ob die Bässe meiner Soundanlage noch immer trommeln würden?“

Natürlich sorgen Asterios und ich – beide nackt und Arm in Arm – für neuen Tratsch, den Ami gezielt zu steuern weiß. So gerne ich diesen hübschen Wollkopf auch gewonnen habe, diese Neigung von ihm nervt. Jetzt, wo so viele Studenten versammelt sind, findet Ami immer Ohren für seine Geschichten, Vermutungen und Spekulationen.

Kaum auf der Terrasse, gesellt sich Brom zu einer Clique aus neuen Studenten, um sofort mit sehr vielen Worten die Erinnerungen an die vergangene Nacht neu zu beleben. Bald lachen alle Studenten in seiner Nähe, halten sich gelegentlich ihre Ohren zu, wenn Brom zu laut spricht, hängen aber dem Vielredner gebannt an seinen Lippen.

Asterios schreitet so stolz und schön wie all die Tage zuvor zur Tafel im Zentrum, um sich dort auf seinen angeschriebenen Platz zu setzen. Da alle anderen Sitzplätze, bis auf den von Brom, besetzt sind, bleibt mir auch nichts anderes übrig, als mich ebenfalls Koshs Sitzordnung zu fügen und mich auf den Platz, der mit *Eleuthereus* gekennzeichnet ist, nieder zu lassen. Nach einem kurzen Kontrollblick stelle ich leider fest, dass sich jeder von uns Dionysos-Kandidaten an Koshs Diktat hält; Ami, Adriany und Henry sind gänzlich vertrieben worden und haben sich unter die Studenten gemischt, statt hier bei uns zu sein. Einzig Brom lässt sich von Kosh nichts sagen und bleibt an den zusammengerückten kleineren Tischchen bei seiner Clique aus Fans und seinen persönlichen Mänaden sitzen.

Kosh trägt jetzt wieder verwaschene Second Hand Klamotten und seine gebeugte Haltung und wirren Haare sind wie die Tage zuvor. Detective Ric sitzt mit Long Soh-Tro und Kiss an einem Tisch etwas abseits und wühlen durch Berge von Akten und Dokumente. Auch Alain und Kane sind anwesend. Kane winkt mir aus der Ferne zu und Alain nickt ebenfalls zur Begrüßung.

Als alle derzeitigen Camp Bewohner vollzählig angetreten sind, erhebt sich Janus von seinem Platz und sieht heute alt und weise aus. Neben ihm sitzen Klio, die uralte Muse; Euterpe, die Muse mit den kleinen Zöpfchen im Haar und Blumenkränzen auf dem Haupt; und eine dritte blonde Frau in einem hellblauen Sommerkleid, das über und über mit Sternenkonstellationen bedruckt ist. Sie ist eine wahre Schönheit mittleren Alters – doch das Alter will bei einer Muse nichts bedeuten.

„Gestern Nacht lief hier so einiges aus dem Ruder!", beschert Janus sich nicht nur über uns Dionysos-Kandidaten, sondern über alle Anwesenden. „Ich habe nichts gegen Partys, auch nichts gegen einen Drink", funkeln seine Augen Bacchus an, der sich sofort unter diesem Blick duckt. „Oder gegen sehr laute Musik", ruht sein Blick danach auf Brom, der aber nur feist grinst und sich keinerlei Schuld bewusst ist, sondern sich von seiner Fangemeinde sogar noch auf die Schultern klopfen lässt.

„Alle Neuankömmlinge", fährt Janus fort, „heiße ich schon heute willkommen. Erwartet keine Rede, die halte ich erst, wenn am Sonntagabend alle angekommen sind. Trotzdem, hört meinen Entschluss! Ab sofort ist dieses Gebäude für Partys tabu!" Jetzt bohren sich seine Augen in Saro, der wieder rot-grüne Klamotten trägt und sehr durchschnittlich aussieht.

„Aber!", fährt Brom hoch. „Ich brauchte zwei volle Stunden, um die Sound Anlage hier aufzubauen, zudem ist es hier zum Tanzen einfach ideal! Der Holzboden..."

„Verstanden?", dreht sich Janus Brom zu und wartet, bis der Hula-Tänzer naserümpfend nickt. „Gut! Das wäre geklärt. Ich übertrage die Verantwortung für diesen Haufen", deutet Janus auf uns an der Tafel in der Mitte sitzend, „an Kosh! Ab sofort verleihe ich ihm den Titel *Kathegemon*, was der Anführer bedeutet. Doch Kosh", fokussiert ihn der Camp Leiter, „damit mache ich dich persönlich verantwortlich, wenn in Zukunft einer das Haupthaus entweiht!"

Kosh nickt sehr zufrieden und steht sofort auf, um die Ehre zu empfangen – und um sicher zu stellen, dass jeder weiß, wer Kosh ist.

„WAS!", entfährt es Brom und ist versucht – wie das sonst Ami immer getan hat – auf den Boden auszuspucken, beherrscht sich aber, weil Janus ihn direkt fokussiert. „Dieser Nerd?“, fügt Brom noch laut zweifelnd an. Dann schmunzelt er plötzlich amüsiert, als ob er gerade einen Weg gefunden hätte, Kosh das Leben hier so richtig zu vermiesen.

„Warum Kosh?“, flüstere ich mit Asterios, der neben mir sitzt.

„Kosh muss ab sofort hier für Ordnung sorgen. Seine Ernennung ist eher eine Strafe, als ein Lob. Sieh dir doch Brom an, wie er mit Ami etwas ausheckt. Die beiden hassen den Südafrikaner und werden alles daran setzen, damit hier im Anaktoron künftig alles schief läuft, was schief laufen kann.“

Heimlich über die Bosheit der beiden Kindsköpfe kichernd, nicke ich. „Kosh wird viel beschäftigt sein!“

„Jetzt wird er bestimmt im Haus auf der Klippe einziehen wollen. Als ernannter Kathegemon wird er doch das Haus-Kathegemon als seinen persönlichen Sitz ansehen?“, fügt Asterios noch an.

Diesmal bin ich es, der auf den Boden ausspucken will.

„Os“, sieht Janus zum Erste-Hilfe-Mann, „wir beide sprechen uns nach dem Essen in meinem Büro im ersten Stock!“

Als Os stumm nickt, ahne ich, dass ihn Janus offiziell von der Dionysos-Kandidatenliste streichen wird. Janus wird es nicht entgangen sein, dass Os‘ Macht erloschen ist. Leider fand ich selbst noch keine Zeit, mit dem Gestürzten zu sprechen. Os hasst mich nicht, sonst hätte er mich gestern Nacht nicht in mein Bett gebracht. Wenigstens das!

„Dann Aloha und guten Appetit!“ Bevor sich Janus wieder setzt, zwinkert er mir kurz zu.

Als ich kurz darauf ins Essen vertieft bin, kriege ich die neue Aufregung erst mit – die alle bis auf mich erfasste – als sie mich von hinten überfällt und ihre Arme um mich schlingt.

„BUX“, ruft eine bekannte Stimme, „begrüßt du so deinen Mann?“

„Seth?“, wirble ich zum Schotten, der in Jeans und einem T-Shirt hinter mir steht, herum, um ihn an mich zu pressen und seinen Mund mit meinen Küssen zu bedecken. Ich habe tatsächlich vergessen, dass Seth heute mit einem eigenen Mietwagen hier ankommen wird.

„Bux, Bux!“, wehrt mich Seth nach einer Weile ab. „Wir sind nicht alleine“, deutet er nach unten auf meine Wiedersehenslatte. Er zieht sich einen Stuhl an unsere Tafel und setzt sich dicht neben mich – Koshs giftige Blicke ignoriert Seth einfach. „Wer oder was ist ein Eleuthereus?“, liest Seth vom festgeklebten Schild auf meinem Platz der Tafel.

„So werde ich hier genannt, doch alle kürzen es auf Illu ab."

„Illu? Illu wie Illumination oder Illusion?"

„Illu wie Eleuthereus, einer von Dionysos' Beinamen, was ..."

„Ja, ja, schon gut", zerzaust mir Seth meine hellblonden Haare. „Muss ich dich auch so nennen?"

„Nicht, wenn wir alleine sind, sonst schon. Eigentlich sollte hier niemand seinen alten Namen nennen. Unsere Identitäten sollten geheim bleiben."

„AHA!", ruft Seth aus. „Leute!", richtet Seth sein Wort an alle an unserem Tisch. „Mich interessieren eure Regeln nicht. Wer auch immer euch an den Kragen will – er ist bereits hier und kennt euch alle, egal, wie ihr euch gerade nennt! Darum: ich bin Sebastian Montgomery aus Glasgow, das liegt in Schottland; und das hier ist Martin Holmström, mein Lebenspartner und Lover aus Basel in der Schweiz. Wir kennen uns aus London, wo wir zusammen im selben Hotel gearbeitet haben; mein Schatz als Gastronomiekaufmann und ich als Koch. Wir haben uns gegenseitig das Jawort gegeben. Leute, wir beide sind verheiratet, damit das auch gleich klar ist! Dieser nackte Bodybuilder ist mein *Bux*! Hat einer ein Problem damit?"

Meine Kumpels schütteln ihre Köpfe. Kosh funkelt mich böse an und Asterios hebt rein gewohnheitsmäßig seinen rechten Zeigefinger an seine geschlossenen Lippen. Von den Studenten, die zufällig mithörten, schert sich eh keiner um Namen oder Herkunft, für sie zählen nur das Surfen und der Spaß, den ein Gay-Camp mit sich bringt.

Da ich aber auch meine Augen verdrehe, boxt mir Seth in den Oberarm. „DU? Du hast ein Problem damit, dass ich dich bei dem Namen nenne, unter dem wir von Dionysos, den Musen und den Moiren rituell verbunden wurden?"

Als Brom, der von Seth angelockt, jetzt auf seinem Platz hockt, immer heftiger kichert, setzt bald auch Asterios ein, dann Saro und schließlich auch Bacchus; nur Kosh bleibt stoisch. Zac weicht all unseren Blicken aus und Os wirkt bedrückt und total in sich gekehrt.

„Sechs von euch Dionysos-Kandidaten werden es nicht schaffen", dabei sieht Seth Os an, der bereits zu diesen sechs dazugehört. „Die Musen mischen sich nie ins Finale der Wahl zum Dionysos-der-Gegenwart ein, doch etwas sehr Dunkles hat die Insel betreten. Dieser Schatten kann euch alle verschlingen, wenn ihr nicht zusammen haltet! Diese Wahl ist anders! Es geht diesmal um Leben und Tod."

„He?", verdreht Brom seine Augen. „Woher willst du das wissen?", fordert er Seth auf, ihm und uns anderen Dionysos-Kandidaten über seine Worte Rechenschaft abzulegen.

„Leute“, sieht Seth in die Runde, „was gafft ihr mich so an? Ich bin nicht dieser Schatten.“

„Woher weißt du das?“, fasse ich nach Seths Hand, als er nicht weiter sprechen will. „Sechs von uns werden ausscheiden?“, frage ich scheu.

„Nein!“, sieht sich Seth abermals in der Runde um. „Sechs Dionysos-Kandidaten werden sterben. Die Moiren waren da eindeutig.“

Bacchus wirft seine blondgefärbten schulterlangen Haare in den Nacken und funkelt den Todesboten finster an. „Du kennst die Moiren? Warum im Namen aller Götter sollen die Schicksalsgöttinnen ausgerechnet dir so etwas anvertrauen?“

„Seth spricht die Wahrheit“, flüstert Asterios sehr leise, doch er hat sofort alle Aufmerksamkeit. „Urania hat es mir ebenfalls verraten. Seth spricht die Wahrheit.“

„Na sowas?“, verwirft Bacchus seine Hände. „Jetzt auch noch unser Sternenjunge.“

„Jeder von euch kennt Dionysos’ Gaben und seinen Mythos“, erklärt Asterios. „Im Winter, wenn Apollon mit dem Schwanenstreitwagen nach Hyberborea aufbricht, übernimmt Dionysos als Stimme des Orakels von Delphi sein Amt. Diese Gabe leuchtet hell in mir. Apollon flüstert mir bereits zu.“

„Na logo!“, tut Bacchus so, als ob er Asterios ernst nehmen würde. „Flüstern dir noch andere etwas zu, wenn du stockbesoffen am Boden liegst?“

„Wir müssen zusammenhalten, sonst sterben wir alle“, flüstert Asterios und steigt nicht auf Bacchus’ Sticheleien ein.

„Hast du schon mal durchgezählt?“, bringt sich wieder Brom ein. „Wir sind zu acht. Acht minus sechs macht zwei. Sollen sich die beiden zusammen tun, um die anderen zu ermorden?“

Zac sieht extrem finster in die Runde. Auch er muss wohl gerade seine Chancen abgecheckt haben, dieses Camp-Telesterion zu überleben. „Ich werde mich mit keinem verbünden!“, schlägt er mit seiner kleinen Faust auf den Tisch. Damit schiebt er seinen Stuhl so heftig zurück, dass er umstürzt und verlässt die Tafel im Zentrum der Terrasse, um sich neben Kiss an einen Tisch am Rande des Geschehens zu setzen.

„Deine Prophezeiung – oder was immer das gerade sein sollte?“, wechselt Bacchus Blicke mit Seth, danach auch mit Asterios. „Sind ja ganz schön hilfreich *ein* Team zu werden.“ Danach verlässt auch er den Tisch, um die Gesellschaft von Adriany und Henry zu suchen.

Jedem ist der Appetit vergangen. Auch ich stochere lustlos auf die Kartoffeln und die gegrillten Fleischstücke auf meinem Teller ein. So sehr mich das Wiedersehen mit Seth auch freut, seine Prophezeiung schleicht sich wie ein dunkler Schatten in unsere Herzen.

Nach dem Kaffee marschiert Os deprimiert hinter Janus ins Haus hinein. Brom versammelt laut seine Fans um sich und versucht gute Laune vorzutäuschen.

„Wo werde ich wohnen?", fragt mich Seth, als bis auf Asterios sonst alle anderen mit düsteren Mienen abgezogen sind.

Als wir einiges später zu dritt auf der Terrasse unseres Hauses auf der Klippe ankommen, tummeln sich dort bereits Ami und Saro. Ami steht sofort auf und stemmt sich seine Hände in seine Hüften, um Seth über die Hausregeln des Nudisten Hauptquartiers aufzuklären. Der Wollkopf kennt meinen Seth noch nicht. Schneller, als man einen Moskito beim Stechen zerquetschen kann, ist Seth aus seinen Klamotten heraus und rekelt sich splitternackt auf einer weiteren Pritsche in der Sonne.

„Dude, bist du etwa auch ein echter Flitzer?", grinst Ami und checkt meinen Lover ab. Offensichtlich hat ihm Saro nichts über Seths Ankündigung am Tisch erzählt, sonst wäre er nicht so gut gelaunt. Auch Saro sieht nicht weg, als sich Seth eine Tube Sonnencreme schnappt, die neben der Liege am Boden liegt und sich damit einschmiert. Dass sowohl Ami, wie auch Saro beide Badehosen tragen, scheint für keinen von beiden im Konflikt mit den Hausregeln für Nudisten zu stehen.

„Leute!", erhebt Ami seine Stimme und legt Saro seinen Arm um die Schultern, weil der sich für eine bessere Fleischbeschau längst neben ihn gestellt hat. „Heute ist Samstag. Weitere Studenten werden erst am späteren Nachmittag eintreffen. Kane und Alain sind schon losgefahren, um die heute Ankommenden mit den Kleinbussen in Kahului abzuholen. Die Bande, die gestern auf der Party dabei war, wird heute in den Bungalows abhängen und den Kater ausschlafen. Leute, wir haben frei! Wer kommt mit zum Chillen ins geheime Tal?"

Asterios verneint mit der Ausrede, er müsse sich noch von der langen Nacht erholen. Ich bin mir sicher, er wartet nur auf eine Gelegenheit, sich mit mir zu beraten.

Brom, der gerade über die Brücke auf die Terrasse kommt, brüllt, als ob er noch immer von der lauten Musik vollkommen taub sei: „GEIL! SOLL ICH INSTRUMENTE MITNEHMEN?" Ich kenne Brom inzwischen gut genug, dass ich ahne, er will die schlechte Nachricht mit Musik und Tanz verscheuchen.

Da Saro begeistert nickt, verdreht Ami seine Augen. „Muss das sein? Leute, wollt ihr echt durch Trommeln unser geheimes Versteck allen verraten?“ Das überzeugt selbst Brom und er mäßigt sogar die Lautstärke beim anschließenden Pfeifen eines seiner Liedchen.

„Wir bleiben hier!“, antworte ich für Seth und mich.

„Oh, Dude!“, stöhnt Ami theatralisch. „Wirst du jetzt zum langweiligen Pärchen-Typen, oder was?“

„Wir leben nicht monogam“, flirtet Seth unmissverständlich mit Ami. „Dazu liebe ich Sex viel zu sehr. Ich denke, du ahnst schon, dass ich total auf blonde Jungs abfahre“, zwinkert Seth dem blonden Hawaiianer mehrfach zu, bis Ami verlegen wegsieht und in meinen Blicken nach einer Reaktion sucht.

„Seth und ich sind Lebenspartner“, bestätige ich. „Doch wir sind kein Heteropaar, das nur an wahre Liebe glaubt, wenn Sex dabei aufs eigene Schlafzimmer mit dem Ehepartner reduziert wird. Die Menschen haben die Liebe Eros genannt, weil sie Flügel hat; die Götter nannten sie Pteros, weil sie die Kraft hat, Flügel zu verleihen“, wiederhole ich ein Zitat. „Unsere Liebe beflügelt uns, wir müssen sie nicht anbeten oder unsere Lust auf dem Altar der Monogamie opfern.“ Dann zwacke ich Seth in seinen Oberarm. „Das geheime Tal ist wirklich total genial!“, verrate ich ihm. „Willst du dort mit deinen Eroberungszügen beginnen oder …?“

„Bist du wahnsinnig?“, springt Seth von der Liege hoch und wuschelt mir in meinen Haaren. „Ich bin nach Maui geflogen, um ein Auge auf *dich* zu werfen und nicht, um dich schon nach fünf Minuten links liegen zu lassen. Wenn dieser blonde Wuschelkopf“, zeigt er sehr direkt auf Ami, „auch ganz nach meinen Geschmack ist!“ Frech zwinkert er ihm zu, bis Ami von Saro, plötzlich eifersüchtig geworden, energisch weggezerrt wird.

„KOMMT IHR ENDLICH!“, höre ich vom Plateau her plötzlich Bacchus rufen, der wieder zurück zu seinem roten Schleierlook gefunden hat. Er kommt über die Brücke auf unsere Terrasse und bindet sich seine Haare im Nacken mit einem Gummiband zusammen. Etwas, das er immer tut, wenn er entschlossen ist.

Neben ihm stehen Zac und Kosh. Zac in einem seiner Kimonos. Dass sich selbst Kosh fürs geheime Tal anschließt, wundert mich. Zu seinem schwarzen Poncho aus der Ramschkiste trägt er sonst nur noch eine ausgebleichte, einstmals blau-schwarze Bermuda Shorts. Als unser neu ernannter Aufpasser muss er sich wohl jetzt unseren Wünschen anpassen. Oder ist er der Mörder, der nur auf eine weitere Gelegenheit hofft, wieder zuzuschlagen? Falls Seth und Asterios Recht behalten sollen, wird unser Mörder noch viel zu tun haben.

Kaum ist die Truppe – ohne Asterios, Seth und mich – in Richtung der Wasserfälle abgezogen, verschwindet Asterios ins Haus. Ich rücke drei Liegestühle zusammen, da ich ahne, dass uns Asterios was zu trinken holen wird. Der Ausblick auf die tiefblaue See mit den weißen Gischt Kronen ist von hier oben sowohl Ehrfurcht einflößend, wie befreiend. Könnten unsere Sorgen doch nur auch so einfach von den Wellen weggewaschen werden. Die Aussicht auf die unbegrenzten Möglichkeiten, die ein Ozean versinnbildlicht, bannt mich einmal mehr. Jetzt mit Seth an meiner Seite, hoffe ich – trotz der Todesbotschaft – mehr vom sonnigen Flair der Ferieninsel mitzukriegen. Aber das ist eine Illusion. Auf mich warten Mord und Totschlag, Stürme und tiefschwarze Abgründe.

Seit Seth von der Warnung der Moiren gesprochen hat, geistern immer wieder die Horrorbilder aus meinem Albtraum bei meiner Hinreise durch meine Gedanken. Da waren es fünf schwarze Priester, die mich töten wollten. Fünf abgrundböse Wesen, die den Schlund zur Unterwelt für all das Verderben, das tief im Tartarus eingekerkert ist, öffnen wollten. Wer sind diese fünf Mörder? Egal, wie sehr mir Kosh auf die Nerven geht oder wie unheimlich mir Saro bei unserer ersten Begegnung war, ich kann mir keinen von beiden als einen Mörder vorstellen. Bacchus ist ein Kiffer und eitler Pfau, doch auch er mag sonst vieles sein, doch bestimmt kein Mörder. Über Brom und Asterios muss ich nicht nachdenken, die beiden sind echte Freunde. Da Os bereits seine Dionysos-Gaben verloren hat, bleibt nur noch Zac übrig. So schräg der kleine Halbjapaner gestern Nacht auch drauf war, nur weil er ein Faible für pornographische Selbstdarstellung hat, ist er deswegen kein Mörder.

„Wen vermutet ihr beiden als der Mörder vom Chinesen Orthos in Honolulu?“, kommt Seth ohne Umschweife zum Thema, als Sternenjunge mit drei Tassen selbstgemachtem Eistee mit reingeschnetzelten Litschi zurückkommt.

„Es sind bereits zwei Polizisten auf dem Campus. Morgen wollen sie mit den Befragungen und Verhören beginnen“, sage ich, was ich weiß.

„Asterios, hast du ein Alibi für die Tatzeit?“

Leider überrollen die neuen Sorgewellen sofort wieder jeden Gedanken an Ferien oder meine Wiedersehensfreude. Wenn es heute Nachmittag auch ausgesprochen heiß ist, so fegt dennoch der starke Wind der ewigen Veränderung über unserer Terrasse. Ob er abermals Palmen entwurzeln wird?

„Nein!“, gibt der Syrer zu. „Ich wohnte vor, während und nach dem Mordanschlag von Orthos im Hyatt Hotel.“

„Und du?“, fragt mich Seth.

„Das ist jetzt nicht dein Ernst?“, gaffe ich Seth entgeistert an.

„Aber logo! Bist du noch in Honolulu gewesen, als der Junge erdolcht wurde?“

„Ja, mit dir!“, stupse ich den nackten Rothaarigen in seine Brust. „Wir waren in der Shopping Mall.“

„Echt?“

„Ja, in Pearl Harbor. Du wolltest die von den Japanern im zweiten Weltkrieg versenkte *USS Arizona* besichtigen. Erinnerst du dich wieder?“

„Das war an diesem Nachmittag?“

Als ich nicke, atmet Seth erleichtert auf: „Bux, du bist unschuldig! Asterix ...“

„Asterios“, korrigiert der.

„Ja, ja, wie auch immer. Hast du echt kein Alibi?“ Als Asterios seinen Kopf schüttelt, fährt Seth fort: „Klio, Euterpe und Urania wollen mich nachher im Musenheim treffen.“ Als ich daraufhin mürrisch meine Stirn in Falten ziehe, meint er nur: „Wer von den Musen gerufen wird, sollte nicht zögern, ihnen zu folgen. Es war Klio, die mir die Reise hierher ermöglichte. Die alte Muse hat Pläne mit mir.“

„Ja!“, fahre ich dazwischen. „Uns allen das Leben retten.“

„Ich hoffe es! Doch Klio sprach von Los Angeles und ...“ Seth bricht mitten im Satz ab. „Jungs“, sieht er mich und Asterios plötzlich sexhungrig an, „uns bleiben bis zum Musen-Meeting noch zwei Stunden Zeit. Wollen wir sie nutzen?“

„Ich bleibe hier auf der Terrasse und bewache das Haus, falls der Mörder sich von der Gruppe ins geheime Tal absetzen sollte, um einen von uns hinterrücks zu erdolchen. Eleuthereus ...“

„Schönling, du nennst meinen Bux wirklich bei diesem Zungenbrecher?“

„Das ist kein Spiel“, winkt Asterios ab, dann wieder an mich gewandt: „Ich habe mir alle Kandidaten beim Mittagessen gründlich angesehen. Wer immer Orthos ermordet hat und für das Chaos gestern Nacht verantwortlich war, er versteht sich auf Masken und Rollen. Ich konnte bei keinem von uns Dionysos-Kandidaten mehr als das üblich Verdächtige erkennen.“

„Die Uhr tickt“, stupst mich Seth mit seinen Zehen an, kippt sich den Eistee mit den Litschis in einem Zug runter, steht auf und zieht mich an meinen Händen ebenfalls von der Liege hoch. „Asterix, willst du nicht mitmachen?", grinst er ihn frech an und als Asterios sofort nickt, schluckt er überrascht einmal leer, zieht aber sein Angebot nicht zurück, sondern streckt ihm seine Hand hin. „Dann mal los! Leute, ich bin schon seit Tagen dauergeil!"

Kaum im Haus auf meinem Bett, verschwindet Asterios kurz in sein eigenes Zimmer, um mit der Dose mit der roten Seerose als Deckel wieder zurückzukehren. Wie schon in seiner ersten Nacht, streckt er mir die geöffnete Dose mit beiden Händen hin, dass mich der intensive Rosenduft der Paste ganz kribbelig werden lässt. Seth langt als erster in die Paste, riecht daran und beginnt sich damit seine Brust einzuschmieren, bis Asterios sich breitbeinig vor ihn kniet und Seth ungeniert zulangt. Seth war schon immer sehr direkt – so haben wir uns damals im Hyde Park in London auch kennengelernt.

Mein Mobile Phone klingelt im Werkzeuggürtel.

„Musst du abheben?", verdreht Seth seine Augen, als ich Asterios die linke Schulter küsse und von ihm ablasse, um nach meinem Telefon zu grabschen.

„Ich bin hier der House-Keeper. Dieses Telefon klingelt nur, wenn meine Dienste benötigt werden. Ich muss rangehen, das gehört zu meinem Job!"

„Bux, deine Dienste werden aber gerade *hier* benötigt", kniet sich Seth, genauso wie Asterios aufs Bett und streckt mir den Topf mit der Rosenpaste hin. „Ich habe dich wirklich SEHR vermisst!"

„Bux!", melde ich mich, korrigiere mich rasch und hasple: „Hier ist Illu, der House-Keeper. Was kann ich für Sie tun?"

„Seth für dich!", reiche ich meinem Lover das Telefon.

„Kannst du es für mich halten?" Damit stellt Seth die Pastendose aufs Bett, zeigt mir seine öligen Finger und langt nach Asterios, um sein Werk fortzusetzen, während ich ihm mein Telefon ans Ohr halten muss. Nach mehrmaligem Nicken lässt Seth von Asterios ab. „Leute! Die Musen wollen mich jetzt schon sehen. Es ist etwas vorgefallen!"

„Was?"

„Woher soll ich das wissen?", zischt mich Seth genervt an. „Kannst du mich und Asterix zum Musenheim führen?"

„Asterios", korrigiert der schöne Syrer, doch diesmal grinst er.

„Ihr beide?", frage ich.

„Klio will uns beide sprechen! Bux, weißt du, wo dieses Musenheim ist?" Als ich nicke, spielt Seth noch eine Weile an Asterios herum und lässt dann, total enttäuscht, unterbrochen worden zu sein, von ihm ab. „Ich bin mit dir noch nicht fertig! Verstanden?“

„Das hoffe ich doch“, setzt Asterios dieses Lustknabenlächeln auf, das er nur drauf hat, wenn er geil ist.

Wir quetschen uns zu dritt in die Duschkabine, um uns vom Rosenöl mit viel Seife zu befreien. Seth und Asterios ziehen sich danach an, während ich mir meinen gelben Helm aufsetze, in meine Arbeitsschuhe schlüpfe und mir den Werkzeuggürtel umbinde. Danach führe ich die beiden übers Plateau zum Pfad hinter dem Haupthaus zum zweiten Plateau hoch.

„Warum trägst du deinen Werkzeuggürtel?“, sieht mich Seth immer wieder an. „Übrigens ein echt cooles Outfit!“

„Da ich eh hier bin, will ich in der Hütte von Kane und Alain eine defekte Schranktür reparieren. Da beide in Kahului sind, kann ich das ungestört tun.“

„Aber heute ist dein freier Tag! Such doch die anderen im geheimen Tal auf. Sorry, aber ein Treffen mit den Musen kann dauern. Klio klang besorgt und das will etwas heißen. Die alte Majestät lässt sich sonst nie aus der Ruhe bringen.“

„Du kennst sie gut“, versuche ich mehr über Seths Beziehung zu den Musen zu erfahren.

„Sie ist mein Mentor oder passender, Klio ist meine persönliche Muse, die mich alles lehren will, was ich für meine Berufung wissen und erahnen muss. Wie der ewige Dionysos euch beide in vielerlei Gestalt berät und führt, tut das bei mir Klio. Sie ist die physische Stellvertreterin für die Musenmacht, die jede Muse anzapfen muss.“

„Warum du?“, fragt Asterios. „Sind Musen nicht immer Frauen?“

„Nicht immer! Es gab in der Geschichte sehr viele männliche Musen, wenn sich auch keiner selbst als solche outete.“

„Bist du im Training, eine Muse zu werden?“, bohrt Asterios fasziniert darüber nach.

„Schon möglich“, zuckt Seth mit der Schulter. „Klio will mich prüfen und einweihen. Mehr weiß ich auch nicht.“

Weil mir nicht nach einem Treffen mit Musen zumute ist, zweige ich zu den beiden Bungalows am Rand des Dschungels ab, bevor wir das Musenheim in Mitten des Märchengartens erreichen.

Der Schatten im Haus des Lichts

„Schätzchen!", ruft mich eine tiefe Stimme, die mich sofort erschaudern lässt. Ich habe diese Stimme schon einmal gehört. Auch da erinnerte sie mich an das Ächzen alter Bäume. Dann räuspert sich der Mann und wiederholt: „Schätzchen, leistest du mir Gesellschaft?" Diesmal klingt die Stimme wie die von Detective Ric.

Leider sind Seth und Asterios schon im Märchengarten verschwunden. An Flucht ist nicht zu denken, zudem bin ich kein Feigling. „Hallo, Detective Ric!" Ich winke dem kräftigen Kerl zu, der nur in einer schlottrigen Boxershorts in einem Gartenstuhl vor der zweiten Hütte sitzt. „Was geht ab?", frage ich salopp und nähere mich ihm.

„Willst du mir einen blasen?", fragt der Verrückte und leckt sich dabei seine Lippen.

„Sicher nicht!", schüttle ich energisch meinen Kopf.

„Warum nicht?" Ric steht auf und zieht sich seine Boxershorts aus, um mir seinen Dicken stolz zu präsentieren. „Willst du diesen Knüppel nicht mal anfassen?"

„Für einen Polizisten nehmen Sie sich ganz schön viel raus!"

„Ich bin erwachsen, du bist erwachsen. Ich bin schwul, du bist schwul. Ich stehe auf dich und du ja auch auf mich."

„Tue ich nicht!", winke ich ab.

„Soll ich dich ficken?" Jetzt kommt der haarige Typ mit dem eckigen Schädel und dem breiten Mund direkt auf mich zu. „Heute ist dein freier Tag; so wie auch meiner. Nutzen wir die Zeit!"

„Ich bin nicht an Ihnen interessiert!"

„Magst du's auf dem Rücken liegend oder lieber in der Doggy Stellung?" Detective Ric ist nur noch ein paar Schritte von mir entfernt. Sein Gang ist breit und seine muskulösen Beine erinnern mich an Baumstämme.

„Hören Sie mir überhaupt zu?" Ich biege auf dem Pfad in Richtung der zweiten Hütte hier oben, der von Kane und Alain, ab. „Vergessen Sie es!"

„Setz dich auf mich, mein geiler Bodybuilder. Reite auf meinem Ast. Ich will dir ins Gesicht sehen, wenn ich dich damit pfähle."

„Auf keinen Fall!" Ich beschleunige meine Schritte und gewinne Abstand.

Detective Ric bleibt hinter mir zurück. „Ich krieg dich schon noch! Du entkommst mir nicht! Keiner entkommt mir!"

„Shut up!" Erschrocken über meine Aggression drehe ich mich nochmals zu ihm um.

„Kannst du ihren Hunger fühlen?" Der Quadratschädel leckt sich lüstern seine Lippen. Kaum treffen sich unsere Blicke, wechselt seine Tonlage. Ein eiskalter Schauer läuft mir über den Rücken, als der baumartige Bulle knarrt: „Lass dich fallen! Lass dich von der ewigen Nacht umarmen! Stille ihren Hunger auf Leben, um selbst das Leben zu werden. Sie wartet auf dich!“

„Niemals!“, wiederhole ich, was ich schon im Albtraum auf dem Flug nach Maui darauf geantwortet hatte.

Detective Ric zwinkert mir zu und seine Augen blitzen, wie die eines verliebten Teenagers. „Doch Lust bekommen? Lieber draußen in der Sonne oder in meinem Bett?“

„Ich werde mich bei Professor Janus über Sie beschweren!“, drohe ich dem Lüstling.

„Was willst du deinem Professor denn flüstern? Schätzchen, deiner ist so hart wie meiner geworden!“

„Sie sind Polizist!“, beharre ich. Einmal mehr nervt es mich, dass ich hier auf der Insel so oft erregt bin. Das hat etwas mit der Dionysos-Macht zu tun und definitiv nicht mit diesem Quadratschädel.

„Dir haben wir das alles zu verdanken!“, wechselt abermals seine Stimme und ächzt. „Du hast die alten Götter befreit. Du hast das Siegel ihres Gefängnisses zerbrochen. Tanz mit mir! Schließe dich uns an! Erschaffen wir zu sechst eine neue Krone der Schöpfung!“

Einige dieser Worte habe ich schon einmal gehört. Sie stehen in meinem geheimen Tagebuch. „Wer sind Sie?“

„Ich bin dein Hengst. Knie dich hin, dann beweise ich dir, wie hart ich dich begehre!“

„Vollidiot!“, knurre ich vor mich hin und eile zur zweiten Hütte.

Jetzt steht fest, Detective Ric ist einer der fünf *Zurajir*. Ob er selbst Orthos in Honolulu ermordet hat, um sich als Polizist getarnt hier ins Camp einzuschmuggeln?

Obwohl ich weiß, dass die beiden Bewohner des Bungalows mit den Kleinbussen zum Flughafen gefahren sind, um weitere Studenten abzuholen, klopfe ich dennoch an, bevor ich eintrete.

„Illu?“, schreckt Kane aus einem der Rattan Sessel im Wohnzimmer auf, als ich plötzlich vor ihm stehe.

„Sorry!“, murmle ich ebenfalls total überrascht. „Ich wollte hier nicht einbrechen“, verteidige ich mich, bevor Kane etwas diesbezügliches auch nur denken kann.

„Kein Problem! Ich bin nur eingenickt. Alain fuhr alleine los, da nur acht

Studenten heute eintreffen werden; die letzten dreizehn kommen morgen an. Was willst du hier?“

„Gestern fiel mir auf, dass eine der Schranktüren ...“

„Ach die“, winkt Kane ab. „Alain hat sie heute Morgen selbst repariert, es mussten nur ... ach was“, wischt er die Erklärung mit einer Handbewegung zur Seite. „Erledigt! Setzt dich doch“, bietet er mir gegenüber von sich einen Platz an. Der Motorradtyp trägt auch jetzt zu einem T-Shirt eine Lederhose und seine Stiefel, als ob er gerade von einer Motorcross Tour heimgekommen sei oder gleich zu einer aufbrechen wollte, warum ich ihn danach frage.

„Das Wetter wird heute halten. Ich will auf den Vulkan hoch. Illu, kommst du mit?“

„So?“, zeige ich an mir runter und lache schief.

„Keine gute Idee“, nickt Kane. Plötzlich setzt er sich aufrecht und fragt: „Was war gestern Nacht hier los? Ich kenne Os schon seit drei Jahren, doch so niedergeschlagen und hilflos wie heute beim Mittagessen, sah ich den bulligen Quarterback aus Atlanta noch nie. Ist er unglücklich verliebt? In dich?“

„WAS?“, schüttle ich meinen Kopf. „NEIN!“

Er war vorhin fast eine Stunde bei Janus im Büro. Da ich im Raum nebenan an einem Computer meine E-Mails checkte, bekam ich Wortfetzen mit. „Os denkt daran, das Camp zu verlassen.“ Weil ich diesmal nicht sofort wieder lauthals reklamiere, sieht mich der braunhaarige Ledertyp neugieriger geworden an.

„Warum?“ Da ich noch immer nicht auf seine Fragen antworte, schüttelt Kane seinen Kopf. „Os ist ein feiner Kerl. Er ist ein Spitzensurfer und leistet als Masseur und Erste-Hilfe-Mann gute Dienste.“

„Ich kann nicht darüber reden“, nuschle ich vor mich hin.

„Doch Liebeskummer?“ Um Kane zu beschwichtigen und von der Wahrheit abzulenken, nicke ich.

„Ist es der Japaner mit dem Gestrüpp im Gesicht? Wie will er doch gleich genannt werden?“

„Zac!“

„Ja, genau der! Auch Zac benahm sich heute ausgesprochen seltsam. Er war als einziger von euch allen beim Frühstück anwesend und weinte ständig über seinen Teller gebeugt. Als ich mich um ihn sorgte und ihn auf seinen Kummer ansprach, flüchtete er übers Plateau davon und jammerte immer die gleichen Worte: *Das wollte ich nicht! Das wollte ich nicht!*“

„Liebeskummer“, nicke ich und hoffe, Kane würde es darauf beruhen lassen. Diese Neuigkeit muss ich mit Asterios besprechen; offensichtlich wurde

Zac gestern Nacht genauso missbraucht, wie Os. Ob Detective Ric im Hintergrund die Fäden zieht? Ich kann nicht wirklich schwören, dass dieser aufdringliche Lüstling all das sagte, was ich glaube, gehört zu haben.

„Zac wirkte sehr verwirrt", bestätigt Kane.

Ob auch der Halbjapaner von jemandem entweder provoziert oder hypnotisiert worden ist, damit seine Dionysos-Macht verrücktspielt? Dass sich Zac wegen seiner peinlichen Pin-up-Show heute schämt, ist nicht nur mir aufgefallen. Aus einem schlauen Buch weiß ich allerdings, dass niemand in Hypnose zu etwas gezwungen werden kann, was nicht eh schon der eigenen Veranlagung entgegenkommt. Zacs exhibitionistisches Benehmen war also nur verstärkt worden, kann aber nicht gänzlich fremd für ihn sein.

„Illu, ich habe beobachtet, dass du mit einem der neuangekommenen Studenten ziemlich vertraut umgegangen bist."

„Das ist kein Student, das ist Seth. Wir sind verheiratet!"

„Wie alt bist du?", verdreht Kane seine Augen.

„Zwanzig – in wenigen Wochen", hänge ich noch an.

„Illu, du bist mir ein Rätsel", schüttelt Kane seinen Kopf. „Warum ist ein so junger und so potenter Kerl wie du schon in festen Händen? Willst du dich nicht erst etwas austoben?"

„Das eine schließt das andere ja nicht zwangsläufig aus. Seth ist meine Vergangenheit, meine Gegenwart und meine Zukunft – das ist einfach so, daran lässt sich nichts ändern. Dennoch ..."

„... ist es dir mit deiner Firma *Nudist-at-work* ernst", beendet Kane den Satz anders, als ich es wollte, doch seine Aussage trifft trotzdem den Nagel auf den Kopf.

„Ja! Ich habe mir aber noch nicht mehr Gedanken als gestern dazu machen können."

„Aber ich! Es gibt in der Filmmetropole ..."

„Los Angeles?"

„Genau! In L.A. gibt es viele reiche Leute, die für Events und Dinner Partys Nacktkellner, Nacktsänger, nackte Butler und einfach nackte Bedienstete suchen, um exotisch zu sein. Nackte Haut kommt immer gut an. Leider sind die meisten jungen Männer, die sich dafür finden lassen entweder Typen aus der Pornobranche, die oft etwas vulgär sind oder Gäste abschleppen, oder es sind Studenten, die sich wohl ausziehen, aber von Erotik nichts verstehen. Falls es dir gelingt, seriöse nackte Typen zu vermitteln und natürlich selbst deinen Mann zu stehen, dann könntest du damit wirklich eine Mark lücke abdecken."

„Woher weißt du das?“

„Alain und ich haben viel in Los Angeles zu tun. Als schwule Werbeleute schnappt man zudem so einiges auf. Außerdem“, zwinkert mir Kane zu, „war ich schon selbst Gast bei Anlässen, bei denen nackte Männer servierten oder für Show sorgten. Leider arteten diese Shows immer in Orgien aus.“

„Leider?“

„Ja, leider! Wenn ich eine Orgie will, besuche ich Etablissements, wo ich das erwarten kann. Wenn ich aber mit Geschäftsleuten zu einem Dinner eingeladen werde, um über Projekte zu diskutieren und neue Verträge abzuschließen, will ich das nicht. Da will ich Erotik mit meinen Augen und Sinnen genießen, doch nicht selbst mitmachen oder zum Mitmachen animiert werden. Das ist lästig und nicht seriös.“

„Sex mit Publikum“, nicke ich, „das würde ich auch nie machen.“

„Sex vor Publikum?“, hackt Kane nach.

„Nur als Show verpackt, und auch dann nur gut choreografierte Abläufe ohne sexuelle Finale. Im richtigen Moment aufzuhören, um die Spannung nicht aufzulösen, ist mir wichtig. Eine Show muss dann enden, bevor es langweilig wird. Erotik ja! Sexuelle Ekstase nein! Sex ist Privatsache!“

„Ungewöhnlich für jemand, der sich Dionysos verschrieben hat!“

„Dionysos hat mich erwählt, nicht umgekehrt“, nuschle ich vor mich hin.

„Du redest schon wie Saro, dieser verrückte Stripper aus Mexiko-City von gestern Abend. Hast du seinen Auftritt mitverfolgt?“

Ich schüttle meinen Kopf, da ich gestern Abend anderes zu tun hatte, als den exotischen Balletttänzer anzuschmachten.

„Ich hörte von seiner Show. Erst zog er sich zu wirklich gekonnten Tanzschritten bis auf seine Jeans aus, drehte ein paar Pirouetten und verschwand dann für zwei Songs. Als er wieder zurückkam, trug er nur noch aztekischen protzigen Ohr- und Halsschmuck, sowie Arm- und Fußspangen, wie auch drei Cockringe. Seine Show muss purer Sex gewesen sein, wenn er sich auch von niemandem berühren ließ. Mit einer solchen Show oder solchen Kerlen, die für dich arbeiten, würdest du es in Los Angeles zum Durchbruch schaffen.“

Natürlich gaffe ich auf Kanes Lederhose und schmunzle, da sie wegen der Erinnerung an die Erzählung vorne plötzlich sehr angespannt ist. Kaum regt sich bei mir etwas, höre ich Saro in Gedanken auch schon ausrufen *DU?* und danach einen Opferdolch in seinen Händen zücken. Ob Saro doch einer der fünf *Zurajir* ist? Einer dieser fünf dunklen Priester in meinem Alptraum hatte eine sportliche Figur. Laut sage ich: „Ja, Saros Azteken-Nummer ist außergewöhnlich! Ich bin kein Balletttänzer, doch ich würde mich nicht scheuen, in extravaganten Kostümen aufzutreten."

„Ich bespreche es mit Alain. Gerade habe ich tausend Ideen, die zu dir passen, und wie wir das werbetechnisch umsetzen könnten."

„Eleuthereus!" höre ich Asterios von draußen nach mir rufen.

„BUX! Wo steckst du?", setzt auch Seth ein.

„Ich muss los!"

„Danke für den Besuch!"

„Jederzeit wieder", erhebe ich mich aus dem Rattansessel und verlasse den Bungalow.

„Schon fertig?", sehe ich meine beiden Freunde erstaunt an. Als ich zur anderen Hütte rüber sehe, ist der provokative Spinner nicht mehr da.

„Klio kam gleich zur Sache", winkt Seht ab. „Sie zitierte aus einem dicken Buch eine Aussage eines gewissen Pindar."

„Sie ließ euch beide antanzen, um euch einen Satz vorzulesen?", wundere ich mich nur etwas. Klio ist seltsam, das wusste ich schon vorher. „War das Zitat wenigstens nützlich?"

Asterios nickt und rezitiert aus der Erinnerung: „Im Himmel ist Lernen Schauen. Auf Erden ist Lernen sich wieder Erinnern. Glücklich ist, wer durch die Mysterien geschritten ist; er kennt den Anfang und das Ziel des Lebens."

„Aha! Das war's?"

„Es folgte noch ein Ratschlag von Hermes", zuckt Seth mit der Schulter. Ich ahne, dass das dicke Ende noch kommen wird, denn mein Lover wirkt bedrückt, wenn er es auch zu überspielen versucht. Bevor ich ihn danach fragen kann, sammelt sich Asterios, um in seiner volltönernen Stimme die Worte für mich zu wiederholen:

„Folge dem göttlichen Führer, dass er dein Genius sei. Denn er bewahrt den Schlüssel zu deinen vergangenen und künftigen Existenzen. Unendlich ist der Raum und unendlich die Zeit in den Welten der Schöpfung. Doch horcht in euch hinein und lauscht dem Klang des Windes, der durch die sieben Sphären weht. Folgt ihm über den Rand von Zeit und Raum hinaus. Lasst den Gesang der Sterne, die Magie der Zahlen und die Ordnung der Zyklen hinter euch, um die Realität der wahren Welten des Seins zu erfahren."

„Aha!", tue ich interessiert. „Und?"

„Ich musste eine Viertelstunde schweigend darüber nachdenken, danach schickte uns Klio zu dir", fügt Asterios an.

„Muss ich jetzt auch darüber sinnieren?“

Als Asterios nickt, lacht Seth los: „Leute, nicht hier und nicht jetzt! Wo waren wir vor dieser Unterbrechung stehen geblieben?“

Ausgerechnet Asterios packt sich unsere Hände und zerrt uns an seiner rechten und linken über den Pfad den Hügel runter und später über die Plattform unter den rauschenden Palmen hindurch zu unserem Haus auf der Klippe. Erst auf der Brücke über die Klippe bleibt Seth plötzlich stehen und dreht mich zu sich um, damit ich ihn direkt fokussieren muss.

„Was ist los?“, frage ich meinen Lebenspartner. „Du kannst mir nichts verheimlichen, dazu kenne ich dich inzwischen viel zu gut!“

„Es wohnen Schatten im Haus des Lichts!“

„Wie viele?“, frage ich ganz direkt und hoffe, Seth wird mir ohne nachzudenken spontan antworten. Das macht er manchmal – das hat etwas mit seiner Musen-Gabe zu tun.

„Alle Fünf sind schon hier!“

„Wer sind diese Fünf?“, nutze ich die Gelegenheit seiner Offenheit weiter aus.

„Einer ist wie ein Kind, doch er ist der schlimmste von allen; einer gleicht einem Baum; einer lacht immer; einer könnte ein Tänzer sein und der Fünfte bleibt oft unsichtbar“, antwortet mir Seth.

„Namen? Kennst du ihre Identitäten?“

„Klio will mich mit sich nach Los Angeles nehmen.“ Leider hat Seths Blick gewechselt. Seine Sicht in die Welt der Ahnungen und Inspirationen ist abgebrochen. Jetzt spricht mein Partner nur noch aus seiner Erinnerung: „Ich werde in ihrem Haus in Malibu für meine Prüfung vorbereitet werden, verriet sie mir. Die Hauptmuse *Kaliope* wird von Brasilien anreisen, um mich zu testen. Alle Musen verlassen morgen die Insel. Blondy“, sieht mich Seth mit verliebten Augen an, „jetzt lass uns endlich Sex haben!“

„HILFE! HILFE! HILFE!“, brüllt Brom und läuft in Richtung Registrationshaus, dreht um, als er uns drei auf der Brücke sieht und erreicht uns keuchend: „Ami! Es ist Ami!“ Brom trägt nur einen sehr zerknitterten Frangipani-Kranz um seinen Hals und sein Leib glüht und schwitzt.

„Ami ist der Mörder?“, gaffe ich Brom verwirrt an und eile über die Brücke zurück aufs Plateau unter eine Palmengruppe.

„Was? NEIN! Ami ist abgestürzt. Vielleicht ist er tot! HILFE!“, brüllt Brom abermals. „Ist Os im Lazarett?“ Vollkommen außer Puste, beugt sich Brom vornüber und stützt sich mit seinen Händen auf seinen Knien ab, um mehrmals kräftig durchzuatmen.

Asterios hat sich schon abgesetzt und sprintet zur Registration davon, um dort nach Os zu suchen.

„Was ist passiert?“, fasse ich Brom an seiner verschwitzten Schulter.

„Ami erzählte uns von leckeren Trauben, die weit oben in der Schlucht am Hang wachsen würden. Erst Bacchus, dann aber auch Saro und Kosh wollten unbedingt, dass Ami welche für sie runterholt.“

„Das darf doch wohl nicht wahr sein!“, sacke ich einfach in die Hocke. „Hat der Vollidiot denn rein gar nichts aus seiner Erfahrung gelernt?“

„Was?“, sieht mich Brom schockiert an. Da ich abwinke, fährt Brom fort: „Ami kletterte nur hoch, um ...“

„... nochmals abzustürzen!“, verwerfe ich meine Hände. „Lebt er noch?“

„Keine Ahnung! Ich rannte sofort los, als ich all das Blut sah.“

„Blut?“, erbleicht Seth.

„Sein Kopf!“ Vom Schock und der Anstrengung des Dauerlaufs vom geheimen Tal zurück aufs Plateau überanstrengt, zittert Brom am ganzen Körper. „Er stürzte aus bestimmt zehn Meter Höhe“, keucht der Hula-Tänzer. „Ami schlug auf den Felsen auf.“ Mit verweinten Augen sieht mich Brom an. „Ami ist wahrscheinlich tot!“

Die Krone der Schöpfung

Os eilt mit seinem erste Hilfe-Koffer und Asterios, mit einer zusammenklappbaren Trage, auf uns zu. „Ich habe einen Helikopter angefordert. Er wird gleich hier sein. Einer muss hier warten und den Piloten lotsen. Ich laufe voraus, um erste Hilfe zu leisten“, kommandiert Os.

„Ich bleibe hier mit Brom zurück. Eleuthereus, lauf mit Seth zusammen hinter Os her. Der Mörder ist in unserem Versteck. Seid vorsichtig!“, schickt uns Asterios los. „Brom und ich kommen mit dem Helikopter nach.“

„Der hübsche Hawaiianer ist tot?“, wiederholt Seth immer wieder und schnaubt laut neben mir beim Dauerlauf. „Warum er? Er ist doch kein Dionysos-Kandidat. Oder doch?“

Als wir beim Wasserfall ankommen, kraxle ich flink auf allen Vieren über den glitschigen Pfad durchs Wasser, um hinter dem Wasserfall die Höhle zu betreten und dahinter das geheime Tal. Amis Schafswolle ist blutgetränkt, seine Haut schneeweiß und sein rechtes Bein arg verdreht. Nur noch Saro und Bacchus sind hier, von Kosh oder Zac fehlt jede Spur. Saro kniet neben Ami und streichelt weinend dessen Hände.

Bacchus lutscht an Trauben und sieht grimmig aus. „Ich habe ihn gewarnt!“, wiederholt er plötzlich immer wieder und schiebt sich nach jeder Wiederholung neue Trauben in den Mund. „Ich habe ihn gewarnt! Oben haust das Böse in der Höhle. Ich habe ihn gewarnt! Nach dem Erdbeben haben die *Zurajir* den Weg hierher gefunden. Ich habe ihn gewarnt! Das geheime Tal ist entweiht!“

Os watet durchs Wasser und klettert neben Ami auf den flachen Felsen, um nach dem Verunglückten zu sehen. „Wie lange ist er schon bewusstlos?“

„Seit bald zehn Minuten“, checkt Saro seine Armbanduhr.

„Dann war er nach dem Sturz bei Bewusstsein?“, fragt der Medizinstudent und untersucht Amis Kopfverletzung.

„Ja! Er wimmerte vor Schmerz und versuchte Kosh etwas zu sagen. Danach verschwand der Südafrikaner dort hinten im dichten Farn“, zeigt Saro zum verborgenen Aufgang mit den verwitterten Steinstufen, die zum Regenbogenportal führen.

„Den hole ich mir!“, fletsche ich meine Zähne und hetze dem Mörder nach. Seth bleibt mir dicht auf den Fersen. Als ich das magische Regenbogenportal weiter oben beinahe erreicht habe, taucht über mir lärmend der Helikopter auf und ich erkenne Asterios, der nach unten in die Schlucht und daneben, vom Dickicht fast vollkommen verborgen, zum Becken unter dem Wasserfall, der von hier oben ebenfalls kaum auszumachen ist, zeigt. Neben ihm sitzt Brom. Der Helikopter verschwindet wieder und ich erreiche mein Ziel.

„Was ist denn das?“, zeigt Seth, der mich nicht alleine ließ, auf den flimmernden Regenbogen vor uns.

„Ich hole mir Kosh! Er weiß, wo die Krone der Schöpfung ist! Ami muss es irgendwie rausgefunden haben und hat es ihm gesagt. Das Versteck liegt in der anderen Dimension!“

„Ja, ja!“, nickt Seth. „Natürlich, wo sonst!“

„Das ist kein Witz!“, knurre ich meinen Lover an.

„Ah!“, ruft er aus. „Nicht?“

„Bleib hier, wenn du dich fürchtest. Ich hole mir Kosh!“

„Kennst du denn den Weg zu ihm?“

„Klio hat ihn mir verraten.“

„Hat sie?“, wundert sich Seth.

„Sie gab dir die Karte in die Hand: *Im Himmel ist Lernen Schauen. Auf*

Erden ist Lernen sich wieder Erinnern. Glücklich ist, wer durch die Mysterien geschritten ist; er kennt den Anfang und das Ziel des Lebens.“

„Das soll deine Wegbeschreibung sein?“, furcht Seth seine Stirn.

„Ich war im Traum schon oft hier. Ich muss mich erinnern, wohin ich will, solange ich auf dieser Seite des Regenbogens stehe. Bin ich hindurch auf der anderen Seite, muss ich schauen. Ich darf dann keinen Augenblick zögern, sondern meine Augen darauf lenken, wo ich schon sein werde.“

„Bux, hörst du dir gerade selbst zu?“, kratzt sich Seth in den roten Haaren. „Mann, das ergibt sowas von Null Sinn!“

„Doch!“, beharre ich. „Ich bin dort, wo ich sein will. Nur so wird aus dem Anfang das Ziel, so gelange ich ohne Zeit- und Raumverlust dahin, wo sich Kosh mit der Krone der Schöpfung versteckt.“

„Ok!“, verdreht Seth seine Augen. „Keine Ahnung, was Asterios in seinen Eistee gemischt hat, doch bei dir scheint es zu akutem Wahnsinn geführt zu haben.“

„Folge dem göttlichen Führer, dass er dein Genius sei“, wiederhole ich Klios Ratschlag und wundere mich, dass ich mir das vorhin alles eingeprägt habe.

„Mit Genius meinst du Kosh?“

„Was?“, schüttle ich meinen Kopf. „Sicher nicht! Ich wende mich auf der anderen Seite an den Ewigen-Dionysos, damit er mich führt. *Denn er bewahrt den Schlüssel zu deinen vergangenen und künftigen Existenzen. Unendlich ist der Raum und unendlich die Zeit in den Welten der Schöpfung.* Ich habe Dionysos Leben um Leben auf der andren Seite geweiht, immer auf der Suche nach ihm und seinen Mysterien. Ich kenne ihn auf der anderen Seite als den Grünen Gott. *Doch horcht in euch hinein und lauscht dem Klang des Windes, der durch die sieben Sphären weht.*“ Plötzlich erscheint mir alles total logisch, was Seth jedoch ganz und gar nicht nachempfinden kann, was er auch lautstark betonnt.

„Folgt ihm über den Rand von Zeit und Raum hinaus“, murmle ich weiter. *„Lasst den Gesang der Sterne, die Magie der Zahlen und die Ordnung der Zyklen hinter euch, um die Realität der wahren Welten des Seins zu erfahren.* Seth, verstehst du denn nicht?“

„Kein Wort!“

„So sei es!“ Bevor sich mir Seth anschließen kann, was nichts bringen würde, da er den Pfad nicht kennt – oder erkennen will – schlüpfe ich flink durch den Regenbogen. Auf der anderen Seite kann ich Seth noch wie durch einen Teich hindurch wahrnehmen. Er versucht ebenfalls durch den Regenbogen zu schreiten, doch es gelingt ihm nicht. Warum? Seth folgte doch ebenfalls dem Grünen Gott in dieser Parallelwelt! Hat er sich jetzt wirklich den Musen geweiht? Können die Musen nicht durch den Regenbogen? Wandeln sie denn nicht auf dem Pfad der Götter? Hat das mit ihrer Neutralität zu tun?

„Ich bin gleich zurück!", rufe ich durch den Regenbogen. Doch Seth kann mich nicht hören. Das hier ist mein Test, den muss ich alleine bestreiten. Ich konzentriere mich auf den Palast meiner Kindheit. Ich fühle seine Präsenz, dann schließe ich meine Augen und lasse es einfach geschehen. Ich bin jetzt dort, um hier zu sein!

Als ich meine Augen wieder öffne, ist es Nacht und Fackeln beleuchten einen langen Flur. Diener dösen vor einer runden Tür. Rasch und leise schlüpfe ich hindurch, um über eine lange Treppe nach unten zu gelangen. Nur wenige Kristalle beleuchten die Empfangshalle. Acht Ausgänge führen über weitere Treppen in den Park hinaus, wo sie außerhalb des Palastes auf der Zentrumsinsel zu den acht Alleen von *Sar-Kurteva* werden, die bis zum äußersten Rand der runden Stadt führen. Der Tat-Tsok-Palast bildet das Herz und Zentrum der Hauptstadt.

Niemand beachtet mich, wie ich an den Wänden entlang durch den Liniengarten und weiter in den Park schleiche. Endlich entdecke ich vor mir eine dunkle Gestalt, die einen Kapuzenmantel trägt. Rasch ducke ich mich hinter einer Hecke. Das muss Kosh sein. Nackt und barfuß folge ich ihm und versuche, keine Geräusche zu machen. Einzelne Fackeln flackern im warmen Wind und tanzende Schatten vom Licht bunter Lampions werfen verzerrte Schatten an die Palastwände.

Kosh ist mir entwischt.

Ich lausche in die Nacht. Flughunde schmatzen an den Früchten einer Dattelpalme, sonst höre ich nur noch das Plätschern kleiner Wellen im innersten Ringkanal, der die Palastinsel umarmt. Ich darf den Mörder nicht verlieren.

Endlich ein Knacken! Kosh muss auf einen dörren Ast getreten sein. Abermals nehme ich seine Spur auf. Da sehe ich ihn in der Dunkelheit. Kosh duckt sich genauso von Busch zu Busch wie ich, auch er will nicht gesehen werden. Noch ahnt er nicht, wie dicht ich ihm auf den Fersen bin.

Als ich an mir runtersehe, erschrecke ich. Ich bin ein kleiner Junge und kein erwachsener Bodybuilder mehr. Abermals muss ich durch das Portal in eine andere Zeit gereist sein. Meine Hände und Füße sehen aus wie die eines Zehnjährigen – wenn überhaupt. Leider passiert bei dieser kritischen Selbstbetrachtung genau das, was mir auch in den Träumen in dieser Welt immer passiert. Ich vergesse, wer ich bin, und warum ich herkam. Ich werde ganz und gar zu diesem Kind.

„Eleuthereus, wie lange kannst du deinen Atem anhalten?"

Ich wirble erschrocken herum. Hinter mir steht mein Vater, der Gottkönig. Er ist bis auf eine durchsichtige Schürze nackt. Sein kahlrasierter Schädel glänzt im Fackelschein, als er sich von der Palastwand löst, an die er mich angelehnt beobachtet hatte.

„Oh! Ganz lange!", versichere ich stolz. Um meinem Worten noch mehr Gewicht zu geben, blähe ich meine Kinderbrust und zeige meinem Vater meine trainierten Armmuskeln. „Ich schwimme und tauche oft mit meinen Freunden im Ringkanal!"

„Mir bleibt nicht mehr viel Zeit, dich in alles einzuweihen."

„Dann bin ich jetzt ein Mann?", schreite ich stolz vor meinem Vater auf und ab.

Er lächelt und blickt danach traurig auf den Boden. „Ja, das bist du!", tätschelt er mir den Kopf. „Was weisst du über die Götter?"

„Alles!", behaupte ich, bis Vater wieder lächelt.

„Eleuthereus, du bist viel reifer, als andere Kinder in deinem Alter, dennoch bist du zu jung, mein Erbe anzutreten. Wir haben Feinde, die uns den Thron und die Krone streitig machen wollen."

Als ich schallend loslache und meinen Kopf schüttle, sieht mich mein Vater sehr ernst geworden an. „Aber Vater", lache ich noch immer. „Wir haben doch keine Feinde! Papa, du bist der Gottkönig, du bist der Tat-Tsok. Götter haben keine Feinde!"

Vater legt mir seine großen Hände auf meine Schultern und sieht auf mich herab. „Ich bin kein Gott!"

„Aber ...", setze ich zur Widerrede an.

„Ich bin kein lebender Gott! Ich bin nur die Personifikation des Sonnengottes. Ich bin ein gewöhnlicher Mann, der sich soweit diszipliniert hat, dass er in ständiger innerer Kommunikation mit dem Gelben Gott steht, um sich von ihm führen zu lassen."

„Bist du nicht der *lebende* Sonnengott?", schüttle ich Vaters Hände ab, stemme mir meine Hände in meine Hüfe und mustere den großen Mann vor mir. „Aber jeder im Palast glaubt das! Vater", gebe ich zu bedenken, „du musst der Sonnengott sein, denn nur ein Sonnengott kann auf dem Flammenthron sitzen, um das riesige Reich zu regieren."

„Wir sind nicht schutzlos. Es gibt ein uraltes Artefakt unter dem Palast versteckt, in das einst sechs lebende Götter ihre Macht legten, um unser Reich damit zu stärken und zu stabilisieren."

„Die Krone der Schöpfung!", nicke ich. „Das weiss doch jedes Kind! Vater, darf ich sie mir heute Nacht aufsetzen?" Als Vater tatsächlich nickt, schlucke ich leer. „Wirklich?"

„Wir werden sehen. Folge mir!" Vater verlässt den Pfad durch den nächtlichen Palastgarten und schleicht durchs Elefantengras bis zu einem wildbelassenen Teil des Parks. Dort watet Vater ins Schilf und teilt für mich die scharfen Halme.

„Wir schwimmen mitten in der Nacht?", sehe ich Vater ängstlich an, denn das tiefschwarze Wasser ist mir unheimlich.

„Der Eingang ins Versteck befindet sich unter Wasser." Vater schwimmt ein paar Züge bis zu ein paar feuerroten Seerosen, die in der Nacht aber ihre Kelche geschlossen haben und dunkelgrau aussehen. Dort klatscht er mit seiner flachen Hand mehrfach aufs Wasser, bis endlich zwei Delfine auftauchen.

Sie begrüßen uns schnatternd. Ich umarme beide, denn es sind meine Freunde, mit denen ich oft hier schwimme. Vater murmelt unverständliche Worte und hält sich danach an der Rückenflosse des einen Delfins fest und gibt mir zu verstehen, tief Luft zu holen und es ihm gleich zu tun. Kaum packe ich nach der Gummihaut des Tümmlers, taucht er mit mir in die Tiefe ab. Der Delfin schwimmt bald darauf durch eine Höhle in eine unterirdische Grotte, wo ich nach Luft schnappend an Land kraxle.

„Wo sind wir?", frage ich keuchend meinen Vater, der mich an seinen Händen aus dem Wasser zieht.

„Unter dem Tat-Tsok Palast in der Vorhalle der Geheimnisse."

Winzige Kristalle tauchen die unterirdische Höhle in ein unheimliches Licht. Blaue Lichter flammen in Glutbecken auf, kaum dass wir sie passieren, um hinter uns sofort wieder zu erlöschen. Das Echo tausender Tropfen, die von der Decke in Pfützen platschen, klingt so gespenstisch, dass ich nach der Hand meines Vaters lange. Je tiefer wir in die Höhle absteigen, desto gespenstischer werden die Lichter. Schließlich erreichen wir ein Gewölbe, das in den sechs Farben der Götter unheimlich beleuchtet wird. Gelb, grün, blau, rot, orange und violett tanzen schimmernde Farbbänder durch die Luft, als ob sich die verschiedenen Farbstreifen des Regenbogens verselbstständig hätten.

„Der Tanz der Götter", flüstert Vater ergriffen. „Die Lichter stammen aus der Krone der Schöpfung, der Macht unserer Ahnen."

„Wahnsinn!", schiebe ich Vater zur Seite und zwänge mich an ihm vorbei zum Artefakt, das über einem Sockel schwebt. Es sieht schlicht und unscheinbar aus. Es ist eigentlich nur ein schmaler Reif aus dem diese lebenden Farben strömen. Als ich danach fassen will, geht meine Hand einfach durch den Reif hindurch, als ob es sich bei der Krone der Schöpfung um eine Illusion handeln würde. „He?“, sehe ich mich nach Vater um, „ist das ein Trick?“

„Nur Eingeweihte vermögen durch Raum und Zeit zu langen, um die Macht der Schöpfung zu berühren.“

Ich erinnere mich an die Worte, die mir der bärtige Dionysos auf unserem Ritt auf den Elefanten zur Anlegestelle der Gondeln verraten hatte: *Ein Bassaride kann vollkommen still sein und geduldig abwarten. Doch im Geiste ist er wie ein Adler, der hoch über dem Land kreist und jederzeit bereit ist, die noch so kleinste Regung zu erkennen, um vom Himmel zu schießen um zielsicher zu zupacken.*

Ich schließe meine Augen und stelle mir vor, ich sei ein Adler, der hoch über der Welt segelt, um die noch so kleinste Regung im Lichtspiel der Krone der Schöpfung zu studieren. Plötzlich höre ich die Farben. Jede klingt anders. Das Violett summt wie eine Million Bienen; das Orange klingt wie tausend Klangschalen; und das Blau hört sich an, wie ein gurgelnder Bergbach, der sich nach ein paar Stromschnellen als Wasserfall in die Tiefe stürzt. Das Grün donnert, als ob es alles erschüttern, wachrütteln und neu erschaffen wollte; während das Rot wie die Meeresbrandung stetig am Land frisst und es gleichzeitig mit den Knochen der Getiere aufschüttet. Am unheimlichsten hört sich das Gelb an, denn ich glaube, Flöten zu hören, dann das Pfeifen von hohlen Schilfrohren. Immer höher schraube ich mich im Geiste als Adler in diesen Himmel, um den Regenbogen zu reiten und mich von seinen verschiedenen Farben führen und leiten zu lassen.

Da! An einem Punkt entstehen all diese Farben und Klänge. Ich nähere mich vorsichtig. Es ist ein winziger hell weiß strahlender Punkt. Blicke ich direkt auf den Punkt, weicht er mir aus und teilt sich sofort wieder in die Farben des Prismas auf. Als das weiße Licht abermals anderswo auftaucht, schließe ich meine Adleraugen und verlasse mich nur noch auf mein Gehör, denn dieses weiße Licht klingt anders, als die Farben; es fegt als Wind durch die Grotte, dann als Sturm über die offene See, um sogleich zum Atem der Schöpfung selbst zu werden. HU, Hjjjuuuuu, singt der Wind. Langsam passe ich meinen eigenen Atem diesem Windklang an, bis nur noch dieser Wind mein Wesen ausfüllt. Dann schnelle ich vorwärts und packe zu.

„Ich hab sie! Ich hab sie!“, tanze ich in der Grotte und halte den bunt blitzenden Reif in meinen Händen. „Vater, das war ja voll einfach!“ Stolz, dass ich durch Zeit und Raum nach der Krone der Schöpfung greifen konnte, setze ich sie mir aufs Haupt.

„Nicht, Eleuthereus! NEIN!“

Zu spät! Die viel zu große Krone rutscht mir bei meinen wilden Freudentänzen vom Kinderkopf. Verzweifelt versuche ich sie zu packen, erwische sie gerade noch und wirble damit zu Vater herum, um sie erleichtert zu zeigen. „Es ist nichts passiert!“ Noch immer im Schwung, kracht die Krone der Schöpfung hinter mir an einen Fels.

Augenblicklich wirbeln die sechs Lichter chaotisch um mich herum und verfestigen sich zu sechs Edelsteinen, die auf den Boden fallen. Ohne die jetzt materialisierten Farben zerbricht der filigrane Reif, als ob diese Steine oder die Farben alles zusammengehalten hätten.

„NEIN!“, stöhnt mein Vater auf und fällt auf seine Knie. „Was hast du getan?“

„Ups!“ Schuldbewusst halte ich noch einen letzten Teil der uralten Krone in Händen. „Vater, die Lichter sind in Wahrheit Steine“, versuche ich ihn abzulenken. „Soll ich sie aufsammeln?“

„Du hast die Magie zerbrochen, die unsere Welt zusammenhält. Das alte Siegel ist zerbrochen, das die dunkle Seite der Großen Mutter bannte.“

„Nein, nein!“, winke ich ab. Hastig krabble ich über den Boden, um nach den davongerollten Steinen zu suchen. „Da ist einer!“, lange ich nach einem schäbig aussehenden grünen Stein. Kaum schließe ich meine Kinderfaust darum, flammt der Stein auf und hüllt mich in grünes Licht. Es donnert laut um mich herum, dass mein Körper sofort zittert und von innen heraus grün zu glühen beginnt.

„Papa, das fühlt sich wahnsinnig gut an! Das prickelt und kitzelt!“, lache ich überdreht. Unter meinen Füßen spaltet sich der Fels und junge Triebe unterschiedlichster Pflanzen recken ihre Köpfe durch das gerade noch massive Gestein. Zarte Kelche schrauben sich auf und erblühen betörend duftend. Alles um mich herum erwacht zum Leben. Was meine grünen Hände oder Füße berühren, wird sofort mit dem grünen keimenden Leben erfüllt. Selbst meine Blicke erwecken im schlafenden Gestein Leben. Bald ist alles um mich herum grün überwuchert und grüne Lichtwellen breiten sich immer weiter aus.

„Was passiert mit mir?“, lache ich immer lauter, als mein Kinderkörper immer heller strahlt und es aus meinen Fingern und Zehen blitzt. Mein Leib steht in grünen Flammen und auf meinem Haupt formt sich eine neue Krone. Leider will der grüne Stein einfach nicht daran festkleben, egal, wie oft ich ihn daran drücke.

Vater liegt noch immer auf seinen Knien und starrt ungläubig auf mich. „Eleuthereus, was hast du bloß angerichtet? Dieser Ring fasst die sechs Schöpfermächte, damit sie in Harmonie unser Reich stärken und bewahren. Du hast diese Mächte entfesselt."

„Ist das schlimm?", frage ich naiv. „Paps, bin ich jetzt ein Gott?"

Mein Vater hört nicht hin, stoppt aber instinktiv einen davon rollenden Stein mit seinem linken Fuß, als neue Keimlinge abermals den Fels zerreißen. Kaum berührt der Stein Vaters Fuß, schwappt sogleich Goldlicht daraus hervor und springt auf ihn über. Genau wie ich, glüht jetzt auch mein Vater. Nur ist sein Licht sonnengleich und golden, während meines fruchtig und lecker die junge Wildheit eines Dschungels verströmt.

„Oh, nein!", stöhnt mein Vater auf.

„Papa, du bist voll golden! Sehe ich auch so göttlich aus? Ich würde mich ja wahnsinnig gerne so sehen können! Falls es an mir auch nur halb so gut aussieht, wie bei dir, dann müsste ich wie Zehntausend Sterne glitzern. Papa, du bist jetzt doch ein echter Sonnengott!"

Mein Vater hört mich nicht. Irgendwo jenseits von Raum und Zeit durchbricht sein Haupt die Welten. Zeitlos zieht ein Strom aus Milliarden von Sternen vom Hier zum Jetzt; von der Unendlichkeit in die Endlichkeit; vom Dies- ins Jenseits. Vater selbst ist dieser Strom geworden.

„Papa, schau!" Ich schwebe über dem Boden. Als ich die fehlenden Steine entdecke, lasse ich mich auf alle Vieren herab und krabble grünleuchtend durch die Grotte um die übrigen vier Steinen aus der Krone der Schöpfung aufzusammeln. Einer davon, ein bohnengroßer Rubin, kullert in eine Felsspalte. Mit einem dünnen Fledermausknochen versuche ich den Rubin heraus zu fischen. Vergeblich! Je mehr ich mich bemühe, desto tiefer versinkt der rote Stein.

„Was tue ich hier! Ich bin jetzt ein Gott!", rufe ich aus, schließe meine linke Faust, um sie danach langsam zu öffnen. Sofort bricht der Fels an genau der Stelle auseinander, an der der Rubin verschwand. Eine Ranke wächst daraus hervor, den Stein direkt in meine Hände führend. Kaum berühre ich den Stein, brenne ich augenblicklich auch noch feuerrot.

Plötzlich entdecke ich meinen bösen Onkel Iakchos, der auf allen Vieren nach etwas sucht. Als ich auf ihn zufliege, packt er rasch nach dem nächsten Stein, einem fast schwarzen Amethyst. Sofort wird mein böser Onkel von einem Bienenschwarm verschluckt, der wie eine Million violetter Funken um ihn herum schwirrt. Bevor Iakchos wirklich begreift, was mit ihm passiert, packe ich nach dem Amethysten, um ihn ihm zu entreißen.

Iakchos sackt schwankend zu Boden und gafft mich schockiert an, während der violette Lichterschwarm sich zu meinem Grün und Rot mischt. Rasch fische ich mir Stein um Stein und schnappe mir am Ende auch noch den gelben Klumpen von meinem Vater. Leider kann ich mich selbst nur in der Reflektion der feuchten Wände und Pfützen am Boden sehen, doch ich bin jetzt zu einem lebenden Regenbogen geworden. Doch kaum ist auch Vaters Stein in meinen Kinderhänden mit den anderen fünf Steinen vereint, lösen sich die Edelsteine einfach auf.

„He?“, gaffe ich auf meine leeren Hände, die jetzt nicht mehr die eines Gottes sind, sondern wieder die eines Knaben.

Vater rappelt sich hoch und eilt zu seinem Bruder, um ihm ebenfalls auf die Füße zu helfen.

„Wahnsinniger!“, kreischt Iakchos‘ Stimme voller Zorn durch die Grotte. „Nichtsnutziger Bengel! Was hast du entfesselt? In dieser Krone ruhten seit Tausenden von Erwachen die Mächte der Götter. Kein Sterblicher vermag sie zu bändigen oder zu halten.“ Iakchos packt nach meinen Händen, um meine Fäuste zu öffnen. „Wo sind die Steine?“

„Woher soll ich das wissen!“, fauche ich meinen bösen Onkel an.

„Asterios“, türmt sich Iakchos vor meinem Vater auf. „Warum hast du dieses Kind hierher geführt? Er hat das Reich ins Verderben gestürzt. Du!“ Mein böser Onkel dreht sich abermals nach mir um. „DU!“, faucht er mich an. „Du bist wahrlich Eleuthereus! Du bist wahrlich der Befreier! Der Befreier einer Macht, die niemals hätte befreit werden dürfen.“

„Ich kann es kontrollieren!“, stemme ich mir meine Fäuste in meine Hüften und sehe zum bösen Onkel hoch. Abermals höre ich plötzlich diesen Wind, und ich stelle mir vor, die Krone der Schöpfung ruhe wieder geheilt auf dem Sockel jenseits der fassbaren Welten, jenseits von Zeit und Raum. Als ich meine Augen wieder öffne, schwebt die Krone tatsächlich unversehrt wieder an ihrem früheren Ort, doch die bunten Lichter sind verschwunden. „Da!“, tue ich so, als ob ich das Manko nicht sehen könnte. „Alles wieder in Ordnung.“

Iakchos eilt zum Sockel und versucht vergeblich mit seiner Hand nach dem schwebenden Reif zu packen. Vergeblich!

Plötzlich tauchen fünf Gestalten unter schwarzen Schleiern verborgenen aus einem Nebengang auf. „Der Bengel hat das Siegel gebrochen! Die Falle ist zugeschnappt!“ Einer der fünf Dunklen grabscht jetzt ebenfalls gierig nach der Krone der Schöpfung über dem Sockel schwebend, doch auch seine

Hand fasst einfach durch sie hindurch.

Als ein weiterer der fünf Dunklen, ein stämmiger Typ mit Beinen wie Baumstämmen, ein Opferdolch zückt, schreie ich auf.

Ein Blitzen.

Der Dolch schnellt vor.

Mein Vater stöhnt auf. Sein letzter Blick auf mich bohrt sich in mein Herz. Vater stürzt. Seine Augen brechen. Vater ist tot.

Mir schwindelt. Dann flimmert die Luft und ich sacke ohnmächtig zusammen. Ich fühle nur noch, wie Iakchos nach mir packt und mich fortschleift.

Es wird dunkel.

Als ich wieder zu mir komme, taumle ich beim Regenbogen Portal neben Seth und werde noch immer von Kosh gestützt.

„Wollen wir endlich aufbrechen?“, sieht mich Seth verwirrt an, als ich plötzlich auf der falschen Seite neben ihm stehe.

Kosh lässt von mir ab, als er realisiert, wo wir uns befinden.

„Au!“, reibe ich meinen Schädel.

„Wo? Wie?“, japst Seth verwirrt. An seinen Blicken erkenne ich, dass seit meinem Aufbruch für ihn keine Zeit vergangen ist.

Kosh flüchtet über die Steinstufen nach unten und verschwindet im Regenwald.

„Woher kommt jetzt dieses Bleichgesicht?“, sieht Seth dem davoneilenden Südafrikaner nach.

In der Ferne übertönt der Lärm des Helikopters beinahe das Donnern des Wasserfalls. So schnell ich mit den neuen Kopfschmerzen laufen kann, verfolge ich Kosh. Ich erreiche ihn nahe dem Eingang ins geheime Tal, wo er Ami seine Hände auflegt, bevor der Bewusstlose auf eine Bahre geschnallt und in Helikopter verfrachtet wird, um zum Krankenhaus in Kahului geflogen zu werden. Über Amis Gesicht ist eine Beatmungsmaske gestülpt und diverse Schläuche wachsen ihm aus den Armen. Saro sitzt als einziger neben Ami und streichelt ihm seine linke Hand.

Kosh flüstert dem Bewusstlosen – oder Toten – etwas zu und lässt wieder von ihm ab, um sich taumelnd an einem Fels in der Nähe abzustützen.

„Was sollte das?“, drehe ich Kosh zu mir um.

Er wirkt noch bleicher als sonst und ist jetzt vollkommen kraftlos. Er stützt sich schwer auf mich.

„Ami hatte vor Tagen ein Gespräch zwischen Tony einem unsichtbaren

Zuhörer aufgeschnappt, worin es um die Krone der Schöpfung ging. Ami hauchte mir vorhin die Worte zu: *Suche in der Vorhalle der Geheimnisse nach der Waffe.* Da erinnerte ich mich an den Traum, bei dem ich zum ersten Mal mit Asterios die Krone der Schöpfung besucht habe. Illu, wie konntest du sie berühren?" Da ich nicht darauf antworte, stammelt Kosh: „Ich berührte den Amethysten in einem früheren Leben. Gerade eben konnte ich einen letzten Funken dieser Inspiration aus der Parallelwelt retten. Ami hat die violette Energie absorbiert, als ich ihm meine Hände auflegte. Wie er das im bewusstlosen Zustand überhaupt zuwege brachte, ist ein Wunder. Selbst bei vollem Bewusstsein hätte ich ihn anleiten müssen. Aber Amis Bewusstsein reagierte, als ob er schon einmal mit dieser oder einer ähnlichen Macht in Berührung gekommen wäre."

Ich schweige, wie auch Os und Asterios, die neben uns stehen. Wir drei kennen die Antwort. Wir haben schon einmal eine solche Macht in Ami geleitet, um seinen gebrochenen Fuß zu heilen. Als mich Asterios' Blicke treffen, schlucke ich leer.

„Asterios, geht es dir gut?", schlinge ich einfach meine Arme um ihn. Das Bild, wie er als mein Vater in einer anderen Welt von gesichtslosen Schattenwesen ermordet wurde, überlagert kurz diese Realität.

„Ich weiß jetzt auch, wo sich die Überreste der Krone der Schöpfung befinden", flüstert Kosh noch immer benommen.

„Wo?", frage ich.

Als wir kurz darauf alle wieder über den glitschigen Abgrund und danach hinter den Wasserfall und weiter ins geheime Tal gelangen, sitzt dort noch immer Bacchus auf einem Fels und schiebt sich Traube um Traube in seinen Mund, während er monoton wiederholt: „Ich habe ihn gewarnt! Ich habe ihn gewarnt, er solle da nicht hochklettern. Das Böse lauert in der Höhle. Ich sagte ihm, wir hätten genug Trauben. Ich habe ihn gewarnt!"

Was ist hier wirklich passiert?

Zac sitzt in seinen bunten Kimono gewickelt, an eine der Felswände gelehnt und blickt leer durchs dichte Blätterdach nach oben in den Wasserfall. Os hilft Bacchus auf die Füße und muss ihn stützten, denn der Argentinier scheint nicht zu begreifen, was mit ihm passiert ist. Sein feuerroter Schleier schwimmt in den kleinen Wellen des Beckens und sieht im dunklen Wasser wie eine Blutlache aus.

„Was ist passiert?", frage ich Zac, diesmal laut.

Er sieht mich an, packt all die Trauben, die aufgetürmt neben Bacchus früherem Platz liegen in zwei Rucksäcke, schultert sich beide und eilt an mir und Asterios vorbei in die Höhle. Zac sagt kein Wort und vermeidet es, mich oder Asterios anzusehen.

Ich folge ihm.

Auf allen Vieren krabbelt der kleine Halbjapaner über die Furt und verschwindet dahinter im Regenwald. Seinen Kimono hat er abgestreift. Asterios hebt Zacs Kimono auf und verschwindet abermals ins geheime Tal hinter der Höhle. Ich folge ihm. Der schöne Syrer grabscht im Becken nach Bacchus' Feuerschleier und sammelt auch all die Sachen in der Höhle auf, die wir letztes Mal hier zurückgelassen haben, weil wir Ami tragen mussten. Wieder ist es Ami, der abgestürzt ist; wieder sind es Asterios, Os und ich, die ihn retten müssen.

Warum hatte Kosh dem Schafskopf seine Hände aufgelegt und ihm sein violettes Licht übergeben? Ist Kosh in die andere Welt geeilt, um die Erinnerung an dieses Licht aufzufrischen, damit er Ami damit retten konnte? Ist Kosh ein Helfer? Der bleiche Typ gehörte damals nicht zu den fünf dunklen Schatten. Wegen der neuen Wendung, schüttle ich meinen Kopf.

Einiges später folge ich Asterios aus der Höhle und über die Furt, wo Os und Bacchus beim Felsen auf uns warten. Sternenjunge reicht dem blondgefärbten Argentinier den roten Schleier zurück, doch Bacchus ist wirklich weggetreten. Er nimmt die nasse Seide entgegen, ringt sie aus und wickelt sie sich als Stirnband um den Kopf. Er bleibt, wie Asterios und ich, nackt. Os findet Gefallen dran und drückt Bacchus lüstern näher an sich ran, doch der ist noch immer vollkommen weggetreten und kriegt den Annäherungsversuch nicht mit.

Kosh beobachtet uns auf einem hohen Fels sitzend von oben. Sein Gesicht ist so weiß, wie die toten Korallen, die es hier überall an den Stränden angespült gibt. An was kann er sich noch erinnern? Weiß er wirklich, wo sich die Krone der Schöpfung befindet? Ist sich Kosh bewusst, dass wir in einem früheren Leben verwandt waren, dass er damals meinen Vater – seinen eigenen Bruder, der heute als Asterios neben uns steht – vergiftet hat? Oder wurde mein damaliger Vater wirklich von einem der *Zurajir* ermordet? Egal! Kosh raubte mir die Kindheit und den Thron. Das alles verwirrt mich gerade so sehr, dass ich froh bin, als Kosh von seinem Fels herunter klettert und das Kommando zum Aufbruch gibt.

Seth schiebt seine rechte Hand in meine, sagt aber kein Wort.

Keiner spricht auf dem Rückweg durch den Regenwald.

Erst als wir das Freiluft Klassenzimmer unter dem Banyanbaum mit dem

Becken unseres Hauswasserfalls erreichen, löst Bacchus den Schleier um seinen Kopf, um ihn sich wieder um die Hüften zu binden. Bacchus gehört nicht zu uns Nudisten. Er ist ein Provokateur und liebt es, mit seinen körperlichen Reizen zu spielen, anstatt sie einfach offen zu zeigen. Als der noch feuchte Lappen wieder seine Nacktheit ziert, verwandelt sich der Argentinier wieder in die Tunte, die er hier gerne jedem vorspielt. Mit abgewinkelten Handgelenken checkt er seine schwarzlackierten Fingernägel, rümpft seine Nase, richtet das Gummiband, das seine Haare im Nacken zusammenbindet und streichelt sich über die leicht behaarte Brust. „Warten wir in der Registration auf Bescheid!“, tänzelt Bacchus danach voraus.

Als Bacchus, Asterios, Seth, Os und ich etwas später die Registration betreten, wartet dort schon der Rest unserer Truppe. Zac hockt, jetzt nur noch in einem schwarzen Minislip, auf einem Klappstuhl. Brom ist mit frischen Frangipani-Kränzen behangen und trägt eine von Adrianys Hot Pants. Adriany trägt das Zwillingspaar davon und eines seiner aufgeschlitzten Tank Tops dazu. Bacchus setzt sich demonstrativ auf Adrianys Schoss und zupft ihm eifersüchtig an den Hot Pants.

„Brom brauchte etwas zum Anziehen!“, rechtfertigt sich Adriany. „Du weißt, ich habe keine anderen Shorts!“

Das ist alles, was gesagt wird.

Die nächste Stunde spricht keiner, wenn wir uns alle auch gegenseitig wie Raubtiere mustern. Seth weicht nicht von meiner Seite. Wahrscheinlich versucht jeder von uns herauszufinden, wer nicht der ist, den er vorzugeben scheint. Heute galt der Anschlag Amis Leben. Doch warum? Der krausköpfige blonde Hawaiianer ist keiner von uns Dionysos-Kandidaten. Kennt er vielleicht die Identitäten der *Zurajir*? Hat er sie zufällig beim Traubenpflücken in der neuen Höhle oben gesehen? Musste er deshalb sterben, weil er eines ihrer Geheimnisse belauscht hatte?

Zac zupft in seinem Ziegenbärtchen und sieht sich missmutig immer wieder in der Runde um. Bacchus verschwindet in seinen Bungalow, um kurz darauf mit Nagellack, einer Feile und einer Pinzette zurückzukommen. Vollkommen in meine eigenen Gedanken vertieft, beobachte ich ihn, wie er sich seine Zehennägel kurz abfeilt, um sie danach neu schwarz zu bemalen.

„Was?“, schnauzt er mich an.

„Nichts!“, winke ich ab. „Dieser Look steht dir wirklich gut!“

„Danke!“, zuckt Bacchus mit seinen Schultern, streckt seinen linken Fuß von sich, um ihn sich selbst aus der Ferne anzusehen. Er wackelt mit seinen

Zehen und schwingt sein Bein danach über die Armlehne des Stuhls, während er mit dem Feilen seiner Fingernägel beginnt.

Wir warten alle auf einen Telefonanruf vom Krankenhaus.

Erst kurz nach zehn Uhr abends klingelt es endlich. Ein Arzt klärt uns über Amis Zustand auf. Er sei noch immer bewusstlos. Seine Kopfwunde wäre mit sieben Stichen genäht worden und sein rechtes Bein sei doppelt gebrochen, wie auch sein rechter Fuß.

Während Bacchus jetzt mit einer Pinzette einzelne Haare auf seinem Brustkorb auszupft, starrt Kosh immer wieder auf seine Hände, als ob das violette Leuchten aus der Parallelwelt noch immer darin pulsieren würde.

Kurz vor elf Uhr betrifft Saro die Registration. „Ami geht es nicht gut“, murmelt er mit verweinten Augen. „Er liegt auf der Intensivstation. Falls er heute Nacht nicht aus dem Koma erwacht, tut er es nie mehr.“ Der Indio-Mexikaner vergräbt sein Gesicht in seinen Händen und flennt still vor sich hin.

Mein Lover setzt sich neben Saro und nimmt den schlanken Tänzer in seine Arme, um ihn zu trösten. Kritisch mustere ich Seth. Mein Lover ist ein Trophäenjäger. Ich bin mir sicher, der stramme Tänzer gefällt ihm. Saro scheint die physische Nähe und das Interesse meines Lebenspartners kaum wahrzunehmen; seine Trauer und seine Angst um Ami sind wirklich echt.

Da sitzen wir Dionysos-Kandidaten zusammen: Brom, Asterios, Zac, Bacchus, Saro, Kosh und auch Os. In der kaum beleuchteten Registration sehen meine Kumpels wie gesichtslose Schatten aus, eingefallen, traurig mit dunkeln Decken um ihre Körper geschlungen. Sie sehen aus wie sieben Schatten, die nicht von dieser Welt sind. Sieben Schatten, die mich seit London verfolgen. Sind meine Freunde diese Schatten? Doch falls diese Sieben die Guten sind, warum hatte ich bisher solche Angst vor ihnen? Falls diese Sieben wirklich meine Freunde und Verbündeten sind, wer sind dann *die fünf Erwecker der Finsternis*?

Täuschung, Lügen und kletternde Spione

Sonntag: 28. September

Es ist bereits zwei Uhr nachts. Der erlösende Anruf kam nicht mehr. Bis auf Saro, der in der Registration weiter ausharren will, ziehen wir anderen uns in unsere Betten zurück.

Dort befragt mich Seth, was ich all die Tage hier gemacht hätte. Ich bin ganz dankbar für die Ablenkung, wenn sich mir beim Erzählen auch die Gelegenheit ergibt, in all den verrückten Geschichten und Träumen weiter nach dem Mörder oder nach den inoffiziellen Dionysos-Kandidaten zu suchen. Die physische Nähe meines Ehemannes schenkt mir Kraft, vermag mich aber nicht über Amis Verlust zu trösten. Um mich abzulenken, zeige ich Seth meine Liste mit den zwölf Beinamen des Dionysos.

„Kissios?", tippt Seth einen der Namen an. „Nennt sich nicht euer Surflehrer *Kiss*?"

„Ja!", gebe ich zu. „Doch Kiss ist keiner..."

„Bist du dir da wirklich sicher?"

„Nein", schüttle ich meinen Kopf. „Aber Janus hat ihn nicht offiziell benannt."

„Bux, solange du keinen Ersatzkandidaten gefunden hast, halte dich an das Offensichtliche. Kissios = Kiss. Und hier!", zeigt Seht auf Chtonios. „Ich weiß, ihr dürft eure Initiationsnamen abändern, doch die Abkürzungen davon müssen auf das Original zurück zu führen sein." Als ich nicke, verdeckt Seth mit zwei Fingern die beiden ersten und die beiden letzten Buchstaben des Namens. „Ließ laut vor!", befielt mir Seth.

„Toni!", tue ich wie gesagt. „TONI? Niemals! Tony vergisst man, noch während man ihn ansieht."

„Ist das nicht verdächtig?", zuckt Seth mit seinen Schultern.

„Allerdings!" Ich unterstreiche die mittleren vier Buchstaben von Chtonios und staune, dass mir oder meinen Freunden das nicht längst ebenfalls aufgefallen ist. Ob ich wirklich der einzige bin, der sich eine Liste mit zwölf möglichen Namen gemacht hat?

„Dionysos ist auch ein Gott der List, der Täuschung und der Masken", belehrt mich Seth über etwas, dass ich selbst wissen müsste. „Etwas zu verschleiern, gehört zu seinen Gaben."

„Warums siehst du es so klar?" Ein kurzer Blick auf Seth beantwortet mir meine Frage selbst. Ich war zu lange vom Gerücht gebannt, wir wären nur zu acht. Janus hatte das niemals bestätigt, dennoch nahm ich es als Tatsache hin. Ich sah das Offensichtliche nicht, weil es mein Bewusstsein nicht zugelassen hat. Dazu kommt, dass fünf von uns in Wirklichkeit Dionysos-Attribute nur als Tarnung benutzen.

„Eine Musengabe!", küsst mich Seth auf den Nacken. „Wir Musen sehen, was den meisten Menschen verborgen bleibt. Wir sind die personifizierte

Inspiration."

„Wie steht es mit Dendrites oder mit Orthos?", zeige ich auf die beiden letzten Namen, die ich noch nicht zuordnen kann.

„Ahnst du das nicht längst selbst?" Als ich nicke, obwohl ich nur bei Dendrites einen Verdacht habe, dreht sich Seth um und wühlt sich verschlafen ins Kopfkissen. „Ich inspiriere dich nur! Bux, mehr darf ich dir nicht helfen. Gute Nacht!"

Seth schläft schon seit einer Weile, während ich noch immer die Schatten an den Zimmerwänden beobachte und dem Heulen des Windes draußen um die Klippen lausche. Wir waren nie nur acht Dionysos-Kandidaten im Camp. Wir waren immer schon zu zwölft. Zwölf minus sechs macht sechs. Sechs überleben. Dieser winzige Hoffnungsschimmer reicht mir aus, dass ich endlich doch noch Schlaf finde.

„Bux", nuschelt Seth am Morgen in mein Ohr. „Bux, willst du das Frühstück verschlafen?"

Dass mich hier auf Maui jemand bei meinem alten Spitznamen ruft, hört sich seltsam an. Ich habe mich tatsächlich an Illu oder auch an Eleuthereus gewöhnt. Draußen regnet es, doch an den Wolken erkenne ich, dass es nur der übliche kurze Tagesregen ist. Bald werden wieder Regenbogen die frisch gewaschene Landschaft verzaubern und die Hitze wird den Boden bald dampfend getrocknet haben.

„Heute ist Sonntag!", drehe ich mich dem rothaarigen Schotten zu. „Frühstück und Lunch fallen zusammen. Es ist jetzt erst kurz nach Elf! Mann, das Essen wird bis zwei Uhr auf uns warten. Wir müssen uns nicht beeilen."

„Unser schwarzhaariger House Mate wollte mich heute um fünf Uhr für eine Tanzstunde motivieren. Hat der sie nicht mehr alle?"

Grinsend kläre ich meinen Lover auf: „Brom zelebriert allmorgendlich ein Hula-Ritual zur Sonnen Begrüßung. Du solltest ihn dir mal ansehen. Brom ist ein super Tänzer!"

„Um fünf Uhr morgens? Nein, danke!", rümpf Seth seine Nase und seine Sommersprossen rücken näher zusammen. „Es ist schlimm genug, dass ich schon heute Abend mit der Muse Klio nach Los Angeles abfliegen werde. Ich hatte mich echt darauf gefreut, hier mit Henry zusammen in der Küche zu stehen, um für den Haufen Verrückter zu kochen."

„Muss du wirklich schon heute Abend wieder weg? Kannst du nicht nachreisen?“

„Genau wie du, habe auch ich eine Mission zu erfüllen. Maui wäre ein Traum – oder ein Albtraum!“, fügt er mit einer Grimasse an. „Doch mich erwartet in Los Angeles die Zukunft.“

„Wo ist Asterios?“, schiele ich ins Schlafzimmer des Syrers.

„In der Registration! Vorhin kam ein Anruf aus dem Krankenhaus ...“

„Ami?“

„Liegen noch andere dort?“

Ohne auf Seth zu warten, stürze ich aus dem Haus auf der Klippe und laufe übers Plateau zur Registration hinüber, wo Adriany, Saro, Kosh und Asterios zusammen sitzen und diskutieren. Saro sieht schlimm aus. Ganz offensichtlich hat er die ganze Nacht hier gewacht und seit dem Unfall weder geduscht noch geschlafen.

„Ami?“, brülle ich. „Wie geht es ihm?“

„Er hat heute Morgen sein Bewusstsein wieder erlangt“, antwortet mir der Indio-Mexikaner und wirkt darüber sehr erleichtert. „Es geht ihm soweit gut. Ich fahre nachher mit Kane ins Krankenhaus nach Kahului. Vielleicht darf Ami schon bald wieder raus?“

Ich lasse mich auf einen der Klappstühle plumpsen und fühle, wie eine zentnerschwere Last von meiner Schulter fällt. Ami hat überlebt!

„Die Ärzte können sich nicht wirklich erklären, wie er sich so rasch erholen konnte“, fügt Saro an.

Kosh sieht auf, weicht aber meinen Blicken aus und starrt wieder auf seine Hände. Ob das violette Licht, das er durch den Stein aus der Krone der Schöpfung aufnahm, dieses Wunder vollbrachte? Aber wie können sich Geschehnisse aus der Fantasie, einer Parallelwelt oder gar einem früheren Leben aus tiefster Vergangenheit derartig mit der Realität und dem Hier und Jetzt vermischen? Das ist total unlogisch und unmöglich!

Kosh verzieht sich zu den Toiletten am Ende des Flurs.

„Unser lieber Patient musste offensichtlich seine karmische Erfahrung wiederholen“, flüstert mir Asterios sehr leise ins Ohr. „Diesmal ist nicht nur sein Fuß, sondern auch sein Bein gebrochen, zudem dürfte ihm sein Kopf die nächsten Tage heftig schmerzen.“

„Er hat überlebt! Nur das zählt“, nuschle auch ich so leise, dass es Saro und die anderen nicht mitbekommen.

„Leute“, sieht uns Saro mit rotgeschwollenen Augen an. „Darf ich bei euch ins Haus auf der Klippe einziehen, um für Ami zu sorgen? Ich will auf ihn aufpassen und ihn pflegen.“

Asterios wechselt einen Blick mit mir.

„Logo!“, antworte ich, stehe auf und lege Saro meinen Arm um seine Schultern. „Amis Doppelbett ist breit genug für euch beide. Zudem sollten wir echten Dionysos-Kandidaten zusammen halten.“ Dann, nach einem direkten Blick in Saros Augen, füge ich an: „Außer du bist der Mörder von Orthos!“

Natürlich entgegnet Saro nichts darauf, bedankt sich aber, dass wir ihn im Kathegemon aufnehmen möchten. „Dann hole ich mein Zeug!“ An Adriany gewandt: „Kannst du Kane sagen, ich warte um zwei Uhr beim Kleinbus auf ihn?“ Damit eilt der Indio-Mexikaner hinaus zu den Bungalows, um dort zu packen.

„An seiner Stelle würde ich etwas schlafen“, schüttelt Seth seinen Kopf, macht sich aber auf den Weg Saro zu folgen, um ihm beim Packen zu helfen. Hat Seth jetzt wirklich nichts anderes im Kopf, als eine neue Eroberung?

„Zac und Bacchus müssen auch umziehen, denn alle Betten der Bungalows sind ausschließlich für die Studenten reserviert“, checkt Adriany zum wiederholten Mal seine Listen. „Keiner der Studenten hat kurzfristig abgesagt. Ich brauche die beiden Betten. Kosh hat sich bereits hier im Registrationshaus im früheren Appartement von Kane und Alain einquartiert. Ein Zimmer im oberen Stockwerk ist noch frei, doch ich glaube nicht, dass Zac und Bacchus sich dieses Einzelzimmer teilen wollen. Wahrscheinlich wird einer der beiden noch bei euch unterkommen müssen.“

„Ich teile mein Bett weder mit Bacchus noch mit Zagreus!“, protestiert Asterios. „Kommt überhaupt nicht in Frage!“

„Einer der beiden könnte oben im Aufenthaltsraum bei den Computern schlafen. Der Raum ist groß genug für ein Bett und ...“

„Ich ziehe um!“

Wir alle drehen uns der neuen Stimme zu. Es ist Kosh, der uns vom Türrahmen her belauschte. Wieder in dunklen Second Hand Klamotten im Schatten stehend, bemerkte keiner von uns seine Rückkehr. „Bacchus kann meine Bleibe hier im Registrationshaus kriegen und Zac kann es sich im Einzelzimmer gemütlich machen. Er hängt ja eh ständig mit Tony, der das Zimmer daneben bewohnt, zusammen. Zudem!“, tritt Kosh aus dem Schatten, „als ernannter Kathegemon muss ich ins Haus auf der Klippe einziehen!“

„Einverstanden!“, nickt Asterios.

„Hast du sie nicht mehr alle?“, nuschle ich ihm mit vorgehaltener Hand ins Ohr und trete ihm auf den Fuß. Am liebsten würde ich ihm jetzt kräftig in den nackten Arsch treten. Der schöne Syrer trägt wirklich keine Kleidung mehr; für ihn ist das gesamte Camp Areal zum heiligen Austragungsort für die Götterprüfungen geworden. „Du weißt doch, welche Rolle dieser Nerd in einem früheren Leben gespielt hat!“

„Misstraust du Kosh, weil er einst dein Feind war?“, sieht mich Asterios sichtlich erstaunt an.

„Du etwa nicht?“

„Natürlich nicht!“, versichert mir Asterios. „Kosh und ich trafen uns nicht nur damals in *Sar-Kurteva*. Er und ich verbrachten noch andere Leben, in anderen Kombinationen zusammen. Manchmal waren wir Feinde, andere Male Freunde. Wir waren mal Brüder, einmal Mann und Frau und wieder ein anderes Mal war er meine Tochter.“

„Kosh war deine Tochter?“, gackere ich und versuche mir den finster blickenden Nerd als Mädchen mit Zöpfen vorzustellen.

Kosh zieht sich in seine kleine Wohnung am Ende des Flurs zurück, wahrscheinlich um zu packen.

„Leute, ich muss arbeiten!“, schickt uns Adriany aus seiner Registration. „In wenigen Stunden treffen die letzten Studenten hier ein. Bacchus und Zac müssen zuvor über ihren Umzug informiert werden, ihre Hütten danach geputzt und die Betten neu bezogen werden.“

Draußen schüttle ich immer wieder meinen Kopf und zerre Asterios vom Registrationshaus fort. „Warum?“ Ich habe Koshs Anschuldigungen, die er mir im Schuppen an den Kopf geworfen hatte, noch nicht vergessen oder wie er uns zu dominieren versucht.

„Falls Kosh der Mörder ist – was ich bezweifle – können wir ihn bei uns im Haus besser im Auge behalten. Er ist einer von uns!“

„Na toll!“, schnaube ich. „Ein möglicher Mörder ist ja echt der ideale House Mate!“ Über Asterios’ plötzlicher Sympathien für Kosh schüttle ich weiter meinen Kopf. Steht der schöne Syrer etwa auf den Nerd? Angelt er sich einen neuen, jetzt da Seth angereist ist und ich für ihn nicht mehr zu haben bin? Oder hat ihm Koshs Auftritt als Dandy beeindruckt? Zugegeben, diese Seite von Kosh ist extrem sexy und interessant. „Lass uns essen, bevor Henry den Brunch wegräumt!“, wechsle ich das Thema.

Den Weg übers Plateau zum Anaktoron schweigen wir.

Leider ist der Rasen so hoch gewachsen, dass ich heute oder morgen dringend wieder mähen muss. Schon nach wenigen Schritten ist der Lärm auf der Terrasse des Haupthauses zu hören. Auch wenn Brom dort seine Musikanlage nicht mehr einschalten darf, dröhnt dennoch laute Musik aus kleinen Radios und den Boxen von iPads, wie das Stimmengewirr der bereits angereisten Studenten in wildem Durcheinander zu uns rüber. Mit der idyllischen Ruhe ist es hier vorbei.

Wir passieren unterwegs Saro und Seth, die zusammen sieben Taschen und einen Rucksack zu unserem Haus schleppen. Seth trägt zudem Saros aztekischen Schmuck um den Hals, was mich total schockiert.

„Gefall ich dir?", präsentiert sich Seth vor uns herumtänzelnd.

Ich schlucke leer. Muss sich mein Lover ausgerechnet in einen ehemaligen Mörder von mir verkleiden?

„Saro steht der antike Kram besser! Bleibe du bei deinen sexy Schottenröcken!" Erst als ich es ausspreche, höre ich das eifersüchtige Knistern in meiner Stimme.

Seth zuckt nur mit seiner geschmückten Schulter, bläht seine nackte Brust und schreitet mit Saros Gepäck den Klippen zu.

Asterios und ich erwischen hinter ein paar Palmen versteckt Bacchus, der an zwei Studenten Haschisch verschachert.

„Was?", gafft er uns an. „Kümmert euch um euren eigenen Kram!", schnauzt er uns an und sackt die Kröten für den Deal ein, während er den beiden jeweils ein Päckchen seines Stoffes zuschiebt. Über seinem roten Schleier trägt er wieder seinen praktischen Ledergurt mit den diversen Taschen. Das Geld verschwindet in einer davon.

„Adriany will, dass du zu ihm ins Registrationshaus umziehst", klärt ihn Asterios kurz auf und schreitet in seinem sehr aufrechten Gang am Dealer und den Studenten vorbei. Am wippenden Schritt erkenne ich, er ahmt Seth nach, was mich kurz auflachen lässt.

„Ins Registrationshaus? Zu Adriany? Cool!" Bacchus eilt sofort in Richtung Registration davon.

Asterios dreht sich wieder zu mir um. Er ignoriert die Blicke der beiden Studenten. Da auch ich nackt bin und auch Bacchus unter dem roten Seidenstoff nichts wirklich verbirgt, zucken die beiden Kiffer bald nur mit ihren Schultern und drehen sich eine Haschtüte. Offensichtlich haben sie sich an die verrückten Nackten gewöhnt.

„Janus wird euch aus dem Camp schmeißen, wenn ihr hier beim Haupthaus mit diesem Zeug erwischt werdet!"

„Danke für die Warnung, Mann!", nickt mir der dickere der beiden Kiffer zu und schiebt seinen Kumpel in Richtung Ozean davon.

„Wer ums Haus auf der Klippe damit erwischt wird ..."

„... fliegt vom Camp!“, beendet der zweite Student Asterios‘ Satz und hebt seine rechte Hand zum Zeichen, dass er begriffen hat.

„Glaubst du echt, die halten sich an *deine* Regel?“

„Wer bei uns im Haus dieses Stinkzeug raucht, befördere ich eigenhändig aus dem Camp!“, schnaubt Asterios.

Als wir die Terrasse erreichen, sitzen Brom und Zac am großen Eichentisch im Zentrum. Zac trägt wieder einen seiner Kimonos und sieht zerknittert aus. Der dunkelhaarige Hawaiianer hingegen lästert lautstark über das Musikverbot auf der Terrasse, das sich nicht mit seiner DJ-Berufung vereinbaren lässt.

Als uns Brom bemerkt, winkt er uns zu sich. „Ami ist aufgewacht!“, klärt uns Brom auf.

„Ja, Adriany hat es uns erzählt. Saro fährt später ins Krankenhaus, um ihn zu besuchen“, geselle ich mich an der Eichentafel zu den beiden. „Zac“, richte ich mein Wort an den Halbjapaner, „Adriany braucht deinen Bungalow für die anreisenden Studenten. Kannst du ins Registrationshaus umziehen? Im oberen Stockwerk gibt es noch ein freies Einzelzimmer!“

„Verdammt noch mal!“, flucht der kleine Asiate. „Jeder schubst mich hier herum! Seit meiner Show bin ich nur noch der Spinner, das geile Betthäschen oder der Sündenbock für alles und jeden!“

„Saro, Bacchus und Kosh müssen ebenfalls packen. Keiner hat es auf dich abgesehen!“, winke ich ab. „Die Bungalows sind für die Studenten reserviert. So ist das eben hier. Alter, take it easy!“

„Warum beschimpft dich keiner?“, gafft mich Zac böse an. „Mann, du bist hier der zeigegeile Bock, nicht ich!“

„Na, danke auch!“, knurre ich Zac an.

„Ist doch wahr! Ich zeigte mich nur einmal nackt und werde sofort zur Camp-Schlampe!“

Asterios schüttelt seinen Kopf. Gleichzeitig tauchen Tony und die vier Typen auf, denen sich Zac so schamlos an den Hals geworfen hatte.

„Schlampe!“, ruft Tony nach Zac. „Mir ist nach deiner Gesellschaft!“

Zac knirscht mit seinen Zähnen.

„Tony!“, winke ich den Typen in Schuluniform zu uns an den Tisch. Als er tatsächlich zu uns rüber kommt, tippe ich auf das bunte Wappen auf seinem Hemd. „Zeigt das deine Studentenverbindung?“

„Echt jetzt?“, rümpft Tony seine Nase. „Von einem House-Keeper kann man wohl kaum mehr Intelligenz erwarten. Das ist die Flagge von Namibia.“

„Namibia in Afrika?“, spiele ich den Idioten, für den mich Tony hier offensichtlich hält. Wenn sich hier jeder mit unterschiedlichen Identitäten schmückt, kann ich das auch.

„Wo sonst!“, winkt Tony ab. „In Namibia bin ich geboren und dort studiere ich noch heute.“ Kopfschüttelnd folgt er mit seinen Blicken den vier Machos, die Zac entführen. „Ich muss los! Unsere Privatschlampe braucht uns!“

„Solche Typen sind wirklich weißer Abschaum“, folgt Asterios mit seinen Blicken den davonziehenden.

„Schau sie dir mal genau an!“, tuschle ich mit Asterios. „Zac hat eindeutig das Kommando übernommen. Er spielt uns etwas vor. Die fünf kuschen vor ihm. Das sind seine Mänaden.“

Brom der uns nicht belauschen konnte sieht ebenfalls der Truppe nach. „Seit seinem provozierenden Auftritt schieben Studenten Zac ständig Zettel zu. Ich weiß nicht, was drauf steht, doch offensichtlich nur Angebote“, zuckt Brom mit der Schulter. „Zac findet das nicht lustig.“

„Nicht?“, runzle ich meine Stirn.

„Vielleicht ist er ja wirklich die diesjährige Camp-Schlampe?“, meint Brom. „Die Typen sind ihm auf jeden Fall total hörig.“

„Wenigstens kann er sich in der Registration mit seinen Fans und Freiern verstecken“, grinst Henry, der sich zu uns gesellt und dabei verliebt Brom zuzwinkert.

„Brom“, fasse ich nach dem Handgelenk des Hula-Tänzers, um seine Aufmerksamkeit von Henry abzulenken, „hat uns Janus nicht erzählt, dass Chtonios in Namibia wegen Drogenhandel im Gefängnis sitzt?“

„Kann sein? Ich erinnere mich nicht. Warum fragst du?“

„Ja, das hat er!“, bestätigt Asterios.

„Rasch reiße ich vier Päckchen Zucker auf und schütte den Inhalt auf den Tisch, um mit meinem Zeigefinger TONI hinein zu schreiben.

„Tony schreibt sich mit Y am Ende!“, will Asterios korrigieren.

„Ja!“, sieht mir Brom zu. „Das ist sein Name.“ Als ich vorne und hinten die fehlenden Buchstaben ergänze, rollt Brom mit seinen extrem blauen Augen. „Chtonios! Echt? Tony ist einer von uns?“

„Das oder er ist einer der fünf Zurajir.“

Asterios sieht sich rasch um, ob wir beobachtet werden. Als er niemanden bemerkt, hält er trotzdem seine Hände so um den Zucker, dass selbst aus der Ferne niemand mitkriegt, was wir rausgefunden haben. Den zweiten Namen, den ich in den Zucker schreibe, beginnt mit KISS und endet auf IOS.

„Warum schreibst du Kissios?“, kratzt sich Henry in seinen zotteligen Haaren.

„Hier!“, halte ich beiden den zusammen gefalteten Zettel mit den diversen Dionysos-Beinamen hin. Ich hatte ihn gestern unter der Tischplatte in eine Ritze geschoben – für alle Fälle, sollte ich ihn mal brauchen. „Leute, wir sind zu zwölft!“

„Tony und Kiss sind Dionysos-Kandidaten?“, sieht der Hula-Tänzer abwechselnd von den Namen im verstreuten Zucker, auf die zerknüllte Namensliste und wieder zu mir hoch. „Falls das wahr ist …“ Ohne den Satz zu beenden, murmelt er Worte in der Ursprache der Insel.

„Leute, haben euch die beiden Polizisten schon vernommen?“, wechselt der zottelige Koch das Thema, setzt sich neben Brom und fasst unter dem Tisch nach dessen Hand, um sie zu drücken. Offensichtlich versteht Henry diese fremden Worte oder Broms Tonfall beunruhigt ihn.

„Sie haben sich vorhin Os geschnappt. Ach übrigens“, winkt Brom ab, „nach dem Zwischenfall mit Ami will Os jetzt doch hier im Camp bleiben. Er hat eingesehen, dass seine Dienste als Mann der Ersten Hilfe hier voll gebraucht werden.“

„Hat sich Os wieder gefasst?“, frage ich.

„Er ist keiner mehr von uns!“, bemerkt Brom ganz trocken. „Er hat seine Macht missbraucht und muss nun mit den Konsequenzen leben.“

„Du weißt davon?“, wundert sich Asterios.

„Logo! Kannst du es nicht fühlen? Os ist ausgebrannt. Aber das ist wahrscheinlich auch gut so. Er hat den Vulkan gekitzelt. Das ist niemandem erlaubt. Es gingen schon ganz andere Reiche unter, weil Eingeweihte mit Mächten spielten, die sie nicht kontrollieren konnten.“ Dabei zwinkert Brom mir zu, als ob ich genau wüsste, wovon er spricht. „Ist doch so?“, doppelt er nach, als ich ertappt wegsehe.

„Bist du schon verhört worden?“, fokussiert Asterios Brom.

„Ja, schon zwei Mal!“, winkt der Hula-Tänzer ab. „Mein Alibi ist wasserdicht. Wohl war ich zur Zeit des Mordes wirklich auf *Oahu* und in Honolulu, doch ich traf mich mit zwei Hula-Freunden, die das auch bestätigen konnten. Ich bin ein *Kumu*. Kumu ist ein Titel, den man sich nicht einfach so verdient. Kumu steht nicht nur für einen Eingeweihten der Hula-Tanzkunst, sondern verpflichtet auch zu einem tadellosen Charakter.“ Plötzlich blitzen Broms extrem blauen Augen auf und sein Lächeln verscheucht auch die letzten Zweifel, er könnte ein Mörder sein.

„Asterios!“, ruft Janus aus dem Wintergarten, „kannst du in fünf Minuten oben im Sitzungszimmer sein? Es liegen Bademäntel neben der Treppe. Eleuthereus“, richtet der Camp Leiter danach das Wort an mich, „das gleiche gilt auch für dich! Die Polizei will dich gleich nach Asterios befragen.“

„Ihr Name ist Martin Holmström?“, beginnt Detective Ric mit seiner Befragung. Er klingt jetzt ernst und professionell. Der sportliche Long Soh-Tro macht sich Notizen. Da ich nicke – mein Pass liegt eh vor den Polizisten auf dem Sitzungstisch – fährt Detective Ric fort. Er checkt auch meine Nationalität und meine Wohnsitzadresse in der Schweiz. „Martin Holmström, wie standen Sie zu Tung Shih-kai?“

Auf der Insel der Winde meinen richtigen Namen ausgesprochen zu hören, ist noch verwirrender als Seth, der mich ständig Bux nennt. „Sorry?“, rutscht mir raus. „Zu wem?“

„Tung Shih-kai, der junge Chinese, der vor ein paar Tagen hier hätte anreisen sollen?“

Da ich noch immer vollkommen überfragt bin, flüstert mir Janus, der neben mir sitzt, zu: „Orthos! Thung Shih-kai hättest du hier als Orthos kennengelernt.“

„Ich bin ihm nie begegnet. Bis eben wusste ich nicht einmal, dass er Thung Shih-kai ist – war“, füge ich an.

Detective Ric spielt heute überzeugend die Rolle eines seriösen Polizisten. „Wo warst du zur Tatzeit?“

So gut ich mich erinnern kann, erzähle ich, was ich an jenem Tag in Honolulu gemacht habe und gebe Seth als meinen Zeugen an. Zum Glück habe ich in der Mall am Pearl Harbor eine Shorts mit meiner Kreditkarte bezahlt, was meine Unterschrift neben Datum und Uhrzeit auf der Quittung zum perfekten Alibi macht.

Neben Janus, sitzt auch noch Kiss im Raum, sozusagen als stiller neutraler Zeuge – was ich aber nicht wirklich verstehe. Jedes Mal, wenn sich unsere Blicke treffen, weicht mir Kiss aus, als ob er mir noch immer nicht verziehen hätte, dass ich *freiwillig* und gegen alle Regeln mit Haien baden wollte.

Einmal, als Janus in ein paar Akten blättert und abgelenkt ist, zwinkert mir Detective Ric zu und schickt mir einen Kuss zu, grinst feist und formt mit seinen Lippen: „Lass uns ficken!“

„Und?“, bestürmt mich Seth, kaum dass ich das Sitzungszimmer verlassen habe.

„Er war Chinese und sein Name lautete Thung Shih-kai. Er war erst neunzehn! Wer tötet einen Neunzehnjährigen, um einen beknackten Wettbewerb zu gewinnen? Wer mordet, um sich Dionysos nennen zu dürfen? Das ist doch purer Wahnsinn!"

„Wahnsinn ist eine Nebenerscheinung, die alle befällt, die mit Dionysos' Mächten nicht umgehen können!", nickt Seth.

Ich lege meinem Lover meine Hände auf seine Schultern und blicke ihm in seine moosgrünen Augen, die schottischen Hochlandseen ähneln. „Das Göttliche in sich zu begreifen, erlangt man nicht durch das Ausschalten seiner Konkurrenten! Jeder von uns weiß das doch! Wie sollte man als Mörder die geistigen Höhen eines göttlichen Wesens realisieren? All meine vielen Prüfungen zielten immer darauf hin, in mir ein größeres Verantwortungsgefühl und eine Liebe für alles Leben zu entwickeln. Wer andere mit Gewalt aus dem Weg räumen muss, hat nicht wirklich kapiert, was es bedeutet, den Pfad der Götter zu betreten!"

Seth schweigt, legt seinen Arm um meine Hüften und spaziert mit mir den Flur bis zur Treppe hinunter. „Behältst du den an?", zupft er am Gürtel meines Bademantels und wartet meine Antwort nicht ab, sondern nimmt mir das weiße Frottee ab und hängt es am Fuße der Treppe an einen Hacken.

Asterios wartet in seinem Bademantel gehüllt im Wintergarten. Erst als er mich und Seth – beide natürlich nackt – sieht, erschrickt er, dass er in seinem selbsternannten Heiligtum Kleidung trägt.

Ich tausche mich mit Asterios über meine vorherigen Erkenntnisse aus. Der Syrer widerspricht mir nicht. Auch er habe Mühe, sich einen von uns als kaltblütigen Killer vorzustellen.

„Dionysos' Gaben sind vielseitig und seine Mysterien oft dunkel und unheimlich", bringt sich Seth ein. „Ein Gott wie Dionysos ist auch der Rausch, wenn er unkontrolliert der Fülle frönt. Ein Gott wie Dionysos ist die personifizierte Lust und die zügellose Leidenschaft, die brüllend und stöhnend die Gemüter der Wankelmütigen in Ekstase versetzt. Ein Gott wie Dionysos ist ..."

„Ja, ja!", winke ich ab. „Wir kennen alle die Schattenseiten ..."

„Und diese Missverständnisse", korrigiert mich Asterios. „Dionysos' Macht und seine Gaben zu erfahren, blendet den Laien und krönt den Eingeweihten. Das, was jeden Gott göttlich macht, ist jedem Gott gleich. Es drückt sich nur unterschiedlich aus. Os war auf dem Weg, hinter die Fassaden der Lust zu blicken, doch er verwechselte Gefühl mit Bewusstsein."

„Leute", hakt sich Seth bei uns beiden unter und steuert die Terrasse an, „wir drei haben alle ein wasserdichtes Alibi, darum ..."

„Ich nicht", gesteht Asterios. „Ich wohnte zur Zeit des Mords sogar im Hyatt am *Waikiki Beach*. Die Polizei hat mich nicht entlastet. Ich gehöre noch immer zum Kreis ihrer Verdächtigen."

„Du bist kein Mörder!", boxe ich dem ehemaligen Lustknaben in die Seite, doch der zuckt nur mit der nackten Schulter.

„Eleuthereus, du erinnerst dich an meine Geschichte mit der Schatulle meines Meisters Nysa?"

„Logo! Darf ich sie Seth erzählen?"

„Nicht jetzt! Eleuthereus, in der Schatulle waren zwei Gegenstände. Ich habe den Ritualdolch übersehen, doch er war auch da."

„Aber du hast dich für den Cockring entschieden", winke ich ab.

„Dennoch, Nysa übergab mir auch den Dolch und lehrte mich seinen Umgang."

„Die Kunst mit Messern zu kämpfen?" Sofort ist Seths Interesse geweckt.

„Nein!", schüttelt Asterios seinen Kopf. „Das Opfern!"

„Mit Ritualdolchen?", starre ich den schönen Syrer an. „Hast du mit dem Dolch getötet?"

Als Asterios nickt, entzieht ihm Seth seinen Arm. Auch ich trete einen Schritt vom großen Nackten fort.

„Keinen Menschen", spricht Asterios seltsam ernst. „Ich musste eine Ziege opfern, die symbolisch für das Erdgebundene in mir stehen musste. Nysa bestand auf das Blutopfer, damit ich niemals vergesse, wie fein die Trennungslinie zwischen Leben und Tod ist."

„Ziegenmörder!", kicke ich Asterios in den Hintern und lache, bis er es endlich auch wieder tut. Obwohl ich noch immer fest davon überzeugt bin, Asterios könnte heute keiner Fliege etwas zu leide tun, so hat er dennoch in vollem Bewusstsein einer Ziege die Kehle mit einem Ritualdolch aufgeschlitzt. Könnte er in einem Ritual das Gleiche auch mit einem Menschen tun? Asterios sind Rituale heilig!

Weil überall Studenten Zigaretten paffen, aus Bacchus' Cola-Flaschen Rum und anderes Zeugs saufen oder mir einfach zu laut sind, ziehe ich mich mit meinen beiden Freunden auf die Terrasse unseres Hauses auf der Klippe zurück.

Brom sitzt dort nackt in der Sonne und fädelt hunderte der weißen Frangipaniblüten auf lange Schnüre, die er unter einem Sonnenschirm aufgehängt hat. Seit er sie bei Henry im Kühlhaus aufbewahren darf, ist er davon besessen, heute Abend bei der offiziellen Willkommensrede von Janus jedem Student zur Begrüßung einen dieser Kränze umzuhängen. Auch wenn Brom kein Alibi gehabt hätte, welcher kaltblütige Mörder sitzt in Mitten weißer Blüten, um daraus Geschenke für vierzig Fremde zu machen? Der Hawaiianer pfeift eines seiner Liedchen und bemerkt uns erst, als Seth sich ihm gegenüber auf die Pritsche setzt, um ihm bei der Arbeit zu helfen.

„Leute!“, begrüßt uns Brom, „bis zum Abendessen werde ich fertig. Doch kann einer von euch den vollen Korb in meinem Zimmer in den Kühlschrank ins Haupthaus bringen. Ich will nicht, dass die Blüten welken oder matschig werden.“

Asterios holt den vollen Korb aus Broms Zimmer und legt sehr sorgfältig auch die neuen, unter dem Sonnenschirm aufgehängten Blütenketten, oben drauf und trägt den Korb zum Haupthaus.

„Ich mähe den Rasen!“, überlasse ich Seth Brom und seinen Blüten. „Morgen geht hier der Unterricht los und ...“ Ich winke ab. „Ach was! Ich brauche etwas Zeit zum Nachdenken!“

Bald ziehe ich auf dem Rasenmäher sitzend eine Stunde lang meine Bahnen übers Plateau. Asterios taucht nicht mehr aus dem Haupthaus auf. Irgendwo entdecke ich Henry, der unter einer der Palmengruppen neben Os im Rasen sitzend diskutiert. Saro ist mit Kane in die Stadt gefahren und Bacchus richtet sich im Registrationshaus neu ein; wie wahrscheinlich auch Zac. Kaum denke ich an ihn, bemerke ich den Halbjapaner mit vier anderen Typen zusammen. Die Fünf durchschreiten gerade den Durchgang zum Freiluft Klassenzimmer unter dem Banyanbaum im hinteren Teil des Plateaus. Als die Fünf zwischen dem hohen Elefantengras verschwinden, ist meine Neugier geweckt.

Ich wende den Rasenmäher und fahre zurück zu Os und Henry. „Jungs, kann einer von euch weiter mähen. Ich muss etwas klären!“

Os springt sofort auf seine Füße und nickt wie ein Kind, dass endlich sein Lieblingsspielzeug ausprobieren darf. „Ich darf auf dem Ding rumfahren? Echt? Ja, gerne!“

„Ich hab eh in der Küche zu tun“, schüttelt auch Henry auf Os‘ Begeisterung seinen Kopf. „Man sieht sich!“

Os tanzt noch immer um mich herum und kann es nicht erwarten, endlich den Rasenmäher zu besteigen. Nachdem ich ihn mit der Handhabung vertraut gemacht habe, eile ich zum Durchgang mit dem Elefantengras und Os fährt los. Falls mich Zac vorhin gesehen haben sollte, wird er glauben, ich mähe noch, denn der Motor ist selbst aus der Distanz gedämpft zu hören.

Wie eine Raubkatze auf der Jagd schleiche ich mich nahe dem Elefantengras in den hintersten Teil des Plateaus. Kurz bevor der schmale Durchgang endet, lege ich mich auf den Bauch und robbe die letzten Meter vor. Hinter einem Stein versteckt, observiere ich das Freiluft Klassenzimmer, den Pool beim Wasserfall und die diversen Luftwurzeln, die wie mächtige Säulen die Kuppelkrone des Banyanbaumes tragen. Bis auf fünf Gestalten, die auf den Steinen direkt beim Wasserfall sitzen, ist sonst niemand hier hinten. Leider kann ich sie aus der Distanz nicht belauschen. Immer in Deckung der Büsche um die weite Lichtung bleibend, pirsche ich mich näher an meine Beute heran.

Es sind nicht Zac und seine Mänaden, sondern: Zac, Tony, Kiss, Detective Ric und Long Soh-Tro, die intensiv zusammen diskutieren. Long Soh-Tro, der sportliche Afroasiate und Hilfssheriff, ist der einzige, der in meine Richtung blickt. Abermals trägt er einen seiner hautengen Spandex-Bodys, die seinen Körper darunter exakt abzeichnen. Er bemerkt mich nicht, denn er starrt in den Himmel, als ob er über etwas nachdenken müsste. Zac redet wild gestikulierend auf ihn ein, bis Long Soh-Tro plötzlich ziemlich laut flucht.

Meine Neugier zieht mich immer näher in die weite Lichtung hinein. In Deckung einiger Lavasteine und dickeren der Luftwurzeln bleibend, hoffe ich ungesehen doch noch Wortfetzen aufschnappen zu können. Seit ich ahne, dass Kiss in Wahrheit *Kissios* und Tony *Chtonios* sind, muss ich sie einfach ausspionieren. Mit Zac zusammen treffen sich hier hinten versteckt drei falsche Dionysos-Kandidaten, um mit der Polizei zu streiten. Denn jetzt ist es offensichtlich, die Fünf sind unterschiedlicher Meinung. Nicht nur Long Soh-Tro flucht ununterbrochen, sondern jetzt auch Detective Ric und Tony.

Endlich kommt mir die zündende Idee, wie ich mich den Fünf ungesehen nähern könnte. Zwei dicke Luftwurzeln geben mir in der Nähe genügend Sichtschutz. Flick erklettere ich eine dritte und gelange oben ins weitverzweigte Astgewirr des Banyanbaums. Für einen Moment tauche ich als Tempel-Novize in einen Wohndschungel. Offensichtlich erinnert sich auch mein Körper, denn affengleich verschwinde ich im Geäst der Baumkrone.

Unter mir beraten sich die Fünf und ahnen nicht, dass sie gleich von mir belauscht werden. Langsam wie ein Faultier und wie ein Chamäleon der Umgebung angepasst, klettere ich Ast für Ast näher. Ein einziges Geräusch und ich bin ertappt. Sehr vorsichtig taste ich mich vorwärts und habe dabei die Fünf ständig im Visier. Die Polizei zu observieren macht gerade mächtig Spaß.

Als meine rechte Hand beim nächsten Griff etwas fleischig Warmes berührt, hätte ich beinahe vor Schreck laut aufgeschrien. Reflexartig zucke ich zurück. Mein erster Gedanke ist, dass sich hier oben eine Schlange aufhält. Ich hasse Schlangen! Einen Schrei unterdrückend und mit all meinem Mut, sehe ich nach vorne, um die Schlange vielleicht mit Blicken oder Gesten zu beruhigen, bevor sie mich beißt. Doch anstatt dass ich mich als Schlangenbeschwörer betätigen muss, erkenne ich jetzt, was ich wirklich berührt habe. Es ist keine Schlange, sondern ein grüner Fuß.

Langsam lasse ich meine Blicke höher wandern. Der Fuß gehört zu einer Wade, einem Knie und einem Oberschenkel. Als ich noch höher sehe, lehnt an einen der Stämme gelehnt ein vollkommen grünbemalter nackter Mann. Der Grüne Gott? Doch als ich endlich auch sein Gesicht ausmachen kann, starren mich zwei fast schwarze Augen an. Ich erkenne Kosh unter der Gesichtsmaske, die wie rohe Rinde aussieht.

Er hält sich stumm seinen rechten Zeigefinger vor den Maskenmund, um mich nicht in Versuchung zu führen, ihn anzusprechen. Offensichtlich bin ich nicht der einzige Spion im Camp. Für einen Moment komme ich mir vor wie ein Liebhaber, der sich im Kleiderschrank verstecken muss und dabei einen zweiten entdeckt, der sich schon vor ihm verbergen musste. Wäre die Situation nicht so angespannt, würde ich lauthals loslachen.

Noch immer kann ich die Fünf nicht wirklich belauschen, da das Donnern des Wasserfalls gleich hinter ihnen jedes Wort verschluckt. Nur weitere Wutausbrücke von Tony oder Kiss dringen bis zu Kosh und mir ins Geäst des Banyanbaumes hoch.

Kosh zeigt auf sich und einen dicken Ast, der näher zu den Fünf führt. Als ich nicke, klettert der Grünbemalte flink darauf näher zu den Observierten. Abermals ist nichts vom krummbuckeligen Nerd in dieser akrobatischen Gestalt zu erkennen. Staunend folge ich seinen Kletterkünsten. Beinahe direkt über den Fünf bringt er sich neu in Position.

Ihm zu folgen würde uns beide auffliegen lassen. Asterios hat mir gezeigt, wie ich statt aus Worten, aus der Aura lesen kann. Am Ast festgeklammert, kneife ich meine Augen so fest zusammen, dass ich gerade noch etwas sehen kann. Das muss ich normalerweise nicht mehr tun, doch bei keinem der Fünf kann ich etwas sehen, wenn ich einfach so hinschaue. Auch mit Konzentration funktioniert es nicht, die fünf haben keine Aura. Das ist nicht normal.

Mit meinen physischen Augen werde ich nichts sehen können. Die Chinesen nennen die Technik, die ich jetzt anwende *Wei Wu Wei:* zu tun, ohne zu tun; zu handeln, ohne zu handeln. Weder auf meine Augen, noch auf meine Ohren kann ich mich verlassen, warum ich meine Augen schließe und meinen Geist in den Klang des HU, des Windes der sieben Sphären vertiefe.

Erst höre ich nur den Wasserfall. Ich blende ihn aus. Danach vernehme ich den Motorenlärm des Rasenmähers; Os muss nahe beim Durchgang sein. Hoffentlich fährt er jetzt nicht hier nach hinten, um die Fünf aufzuschrecken. Ich blende auch den Rasenmäher aus. In der Ferne rollen die Wellen an die Küste und brechen sich an den Klippen. Auch diesen Ton blende ich aus. Jetzt höre ich das Blut in meinem Körper rauschen. Auch diesen Ton lege ich beiseite. Ton um Ton, Geräusch um Geräusch sortiere ich aus und lege sie beiseite, bis nur noch ein weißes Rauschen zu hören ist. Auch diesen Klang lass ich los und höre endlich den Wind. Es ist nicht der Wind in den Palmen auf dem Plateau und auch nicht der im Laub um mich herum. Dieser Klang ist anderes. Nach einer Weile gebe ich mich diesem Ton vollkommen hin. Als mich ein inneres Glücksgefühl berauscht, öffne ich wieder meine Augen und blicke ganz entspannt auf die Fünf beim Wasserfall sitzenden.

Jetzt flammen da plötzlich gewaltige Energien um die Fünf. Ich weiß, wie sich Liebende in ihrer Ausstrahlung harmonisieren und oft als Farb- und Klangeinheit erscheinen. Diese Fünf sind eine solche Einheit. Aber was sie bindet, ist keine Liebe, sondern Hass und eine dunkle Macht. Kiss‘ Aura ist die finsterste von allen. Der sonst immer lächelnde Surfer Champion muss ein wahrer Meister der Verstellung sein. Detective Ric wirkt selbst als düsteres Farbenspiel wie ein uralter knorriger Baum oder passender, wie eine mächtige Schlingpflanze, die alles und jedes mit ihrer Kraft erwürgt. Long Soh-Tro hat alles Sympathische abgelegt und gleicht einer Giftschlange, die bereit zum tödlichen Biss ist. Auch Tony in seiner Schuluniform ist alles andere als ein harmloser vertrottelter Streber aus Namibia. Er scheint das Gehirn der Bande zu sein, denn seine Gedanken winden sich um die anderen, wie Schlangen. Der Bösartigste scheint jedoch Zac zu sein. Seine Aura ist ein schwarzes Loch, das alles im Umkreis aufsaugt, um es mit Haut und Haaren zu verschlingen. Hier hocken die Fünf aus meinem Albtraum. Ich habe die fünf Zurajir endlich entlarvt.

Leider ist meine innere Ruhe von der zerrenden Bösartigkeit vollkommen aus der Balance geraten. Sie flackert und verblasst. Zitternd kralle ich mich an den dicken Ast und versuche nicht aufzuschreien. Wieder ganz zum zwanzigjährigen House-Keeper und Baumkletterer geworden, verliere ich meinen siebten Sinn. Unter mir sitzen nur wieder fünf sich streitende Typen.

Ich suche nach Kosh. Vom grünbemalten Nackten fehlt jede Spur. Da mich jede Bewegung verraten könnte, bleibe ich wie vor Angst erstarrt wo ich bin. Mit dem Verlust meiner inneren Ruhe wich auch mein Geschick, mich lautlos zu bewegen.

Nach bestimmt hundert Stunden brummt unter mir der Motor des Rasenmähers. Os kommt durch den schmalen Durchgang. Plötzlich rattert der Motor und stirbt ab.

„Verdammter Dschungel!“, flucht Os.

Mein Kichern unterdrückend beobachte ich ihn aus der Ferne, wie er versucht, die langen Halme des zähen Elefantengras aus den Schneiden zu zerren. Er muss mit dem Mäher vom Weg abgekommen sein und das Elefantengras hat sich dafür sofort gerächt.

Die fünf Gestalten am Wasserfall stehen rasch auf und verdrücken sich über den Trampelpfad am Ende dieses Freiluft Klassenzimmers tiefer in den Dschungel hinein. Ob sie Zac jetzt ins geheime Tal führt?

Als die Fünf verschwunden sind, taucht plötzlich über mir Kosh wieder auf. Er hebt seine Rindenmaske vom Gesicht und blickt mich eindringlich an.

„Was?“, fahre ich ihn an.

„Wir müssen reden!“ Kosh schwingt sich sehr geschickt zu einer der Luftwurzeln und klettert daran auf den Boden, um sich dort hinter einem Fels vor Os, der immer ärgerlicher das Elefantengras beschimpft, zu verstecken.

Als auch ich wieder festen Boden unter meinen eigenen Füßen habe, gebe ich Kosh ein Zeichen, dass ich mich erst um Os und den Rasenmäher kümmern müsse.

„Lass nur!“, spaziere ich auf Os zu und versuche relaxed zu klingen. Mein Puls rast. „Das passiert hier hinten oft!“

„Illu?“, sieht mich Os verwundert an. „Wo kommst du so plötzlich her?“

„Ich hörte dich fluchen, da kam ich aus dem Regenwald zurück“, lüge ich und zeige auf den Pfad, auf dem die Zurajir verschwunden sind. „Danke fürs Mähen!“

„Ey, jederzeit wieder! Das macht total Spaß!“, leuchten Os‘ riesige braunen Kuhaugen auf.

„Ich befreie die Schneiden vom Elefantengras!“ Das Ganze ist in ein paar Minuten erledigt. „Alles wieder Okay!“

„Hier hinten und vor dem Haupthaus habe ich noch nicht gemäht“, sieht mich Os wieder mit diesem Kleinen-Jungen-Blick an. „Darf ich weiter machen?“

„Logo! Aber kannst du erst auf dem Plateau abschließen?“

Os setzt sich wieder breit grinsend auf den Rasenmäher, mäht den schmalen Durchgang bis zur Lichtung mit dem riesigen Baum, wendet dort und rattert auf seinem Gefährt wieder lärmend davon.

Hinter dem Fels hockt Kosh im roten Sand und hat mit einem Stock Long Soh-Tro hineingeschrieben. „Sieh dir das an!“, deutet er auf den Namen. Weder er noch ich erklären unsere heimliche Kletterei im Baum, noch haben wir Worte der Begrüßung.

„Das ist der Name des Hilfssheriffs!“, nicke ich.

„Lese den Namen rückwärts“, fährt Kosh die Buchstaben von hinten nach vorne ab. O R T H O S.

„Der Triathlet nahm ebenfalls eine Dionysos-Identität an?“, gaffe ich Kosh an und nerve mich, so etwas Offensichtliches nicht herausgefunden zu haben.

„Er und Zac planen einen weiteren Mord!“

„Was? Hast du sie belauschen können?“, will ich sofort wissen.

„Sie streiten sich noch. Aber ja, soviel habe ich mitbekommen. Long Soh-Tro…“

„Nennen wir ihn doch einfach bei seinem richtigen Namen“, verdrehe ich meine Augen. „Orthos!“

„Das ist seine Tarnung. Long Soh-Tro ist in Wahrheit Tung Shih-kai, der Chinese, der in Honolulu ermordet wurde. Entweder ist der Mord ein Schwindel, damit er und Detective Ric sich hier als Polizisten einschmuggeln konnten, oder Orthos hat einen fremden Jungen kaltblütig erdolcht, um seine eigene Identität damit zu vertuschen. Immerhin kommt er aus Shanghai, was verdächtig gewesen wäre.“

„Der Mord ist echt!“, bestätige ich. „Mein Partner Seth hat mir Zeitungsberichte gezeigt. Schau!“ Ich nehme Kosh den Stock ab und schreibe die gleichen Namen in den roten Sand, die ich schon in den Zucker geschrieben hatte.

„Detective Ric ist der zwölfte. Inzwischen vermute ich, dass die echten Dionysos-Kandidaten alle tot sind!“, bestätigt Kosh. „Ric, oder wie auch immer er wirklich heißen mag, kommt aus Australien. Janus erzählte, dass Dendrites in Sydney vergiftet wurde.“

Finster funkeln mich diese fast schwarzen Augen im grünen Gesicht an. „Wir müssen die anderen warnen!“, fasst Kosh plötzlich nach meinen Händen. Als seine Finger die meinen berühren, schrecke ich vor Kosh zurück. Er war mein böser Onkel in einem früheren Leben – oder während meiner Einweihungsträume im Land hinter dem Regenbogen. Kann ich ihm wirklich trauen? „Ich bin nicht dein Feind!“, spricht es Kosh aus. „Es tut mir leid, dass ich dir im Schuppen all die Anschuldigungen an den Kopf geworfen habe. Ich habe all deine Aussagen überprüft, du hast die Wahrheit gesprochen.“

„Schon gut! Vergessen und vergeben!“

„Danke!“, nickt Kosh. „Ich bin zum Kathegemon ernannt worden, weil Janus meine wahren Absichten kennt. Am Ankunftstag haben Saro und ich Janus über unsere Beobachtungen informiert. Saro fühlte das Böse auf dem Hinflug. Jetzt, da wir Detective Ric‘s wahre Identität kennen, ergibt das auch Sinn; er saß mit uns zusammen im Flieger. Zudem“, brüstet sich der Grünbemalte, „ist es meine Verantwortung, euch alle zu beschützen.“

„Sechs werden die Prüfungen nicht überleben“, zitiere ich die Prophezeiung von Seth. „Dann lass uns dafür sorgen, dass es diese fünf sein werden und keiner von uns anderen.“

„Partner?“, streckt mir Kosh seine Hand hin.

Lange gaffe ich seine Hand wie eine Viper an, bis ich sie endlich packe und drücke. „Ich habe schon einen Partner!“, scherze ich. „Lass uns verbündete sein. Vielleicht werden wir eines Tages sogar Freunde!“

„Ich versuche Bacchus und Os zu überreden, ebenfalls im Haus auf der Klippe einzuziehen. Je enger wir echten Dionysos-Kandidaten zusammen arbeiten, desto schwerer wird es den fünf Schatten-Anbeter fallen, uns auszuschalten.“

„Schatten-Anbeter?“, frage ich.

„Ich habe auf dem Flug hierher von diesen fünf dunklen Priestern der schwarzen Göttin geträumt. Sie entführten dich, schleiften dich nackt durch den Dschungel zur verbotenen Pyramide. Dort haben sie mit deinem Blut die Pforte in die Finsternis geöffnet. Ich tarnte mich als einer ihrer Pilger. Da sie mich als den amtierenden Gottkönig erkannten, boten sie mir einen Handel an. So konnte ich ...“

„Asterios war damals in Sar-Kurteva der wahre Gottkönig!“, verschränke ich wütend meine Arme vor meiner Brust. „Du hast ihn ermordet und dasselbe wolltest du auch mir antun!“, erwacht abermals meinen Hass auf den unheimlichen Grünbemalten.

„Asterios weigerte sich, die Krone der Schöpfung zu aktivieren. Ich sah keinen anderen Ausweg, die aufkommende Finsternis zu bekämpfen. Es stand einfach zu viel auf dem Spiel. Ein Leben, um ein Reich zu retten!“

„Du hast deinen eigenen Bruder vergiftet und deinen Neffen ins Exil geschickt! Mann, ich war damals noch ein Kind!“

„Asterios war damals ein blinder Narr. Dionysos, wie auch die anderen

Manifestationen der sechs Götter, versuchten ihn zu überzeugen. Als er es endlich erkannte, wollte er dich“, bohrt sich Koshs rechter Zeigefinger in meine Brust, „als Träger der Krone der Schöpfung bestimmen. Er glaubte tatsächlich, du könntest die Göttermächte bändigen. Er lag falsch! Er zerstörte damit das Einzige, was unsere damalige Heimat vor dem Untergang durch die Zurajir, durch Erdbeben, Vulkanausbrüche und schlimmerem hätte beschützen können.“

„*Ich* habe die Krone der Schöpfung zerstört!“, gebe ich zu bedenken und fühle mich gerade sehr schuldig und dass, obwohl das Ereignis tausende von Jahren zurück liegt – oder nur ein Traum war.

„Du trägst seither diese sechs Göttermächte in dir“, bestätig Kosh meine Tat. „Du bist das Versteck!“

„Ich trage die sechs Steine in mir?“, zweifle ich.

„Verteile sie an uns übrigen Verbündeten. Falls es uns gelingt, eine neue Krone der Schöpfung zu erschaffen, haben wir gegen die Schatten-Anbeter eine Chance. Nur so können wir vielleicht überleben.“

„Ja, ja!“, winke ich ab. „Das war ein Traum! Du sagtest es selbst: nur ein Traum! Alter, ehrlich, ich besitze die Steine aus der Krone der Schöpfung nicht. Wirklich nicht!“, füge ich an, als mich Koshs Blicke kritisch mustern.

Der Anfang vom Ende

Um kurz vor sieben Uhr – nachdem Seth und ich doch noch eine ruhige Stunde für uns hatten und ich ihm von meiner Spionage erzählte, taucht Klio, die alte Muse, im Haus auf der Klippe auf. Sie wartet bei der Brücke auf meinen Lover, um ihn mir wieder zu entreißen, bevor wir endlich doch noch ein paar Tage Liebesglück genießen konnten.

„Du weißt so gut wie ich, dass unsere gemeinsame Zukunft in Los Angeles liegt“, flüstert mir Seth ins Ohr, als er angezogen, mit seinem Gepäck geschultert zur Brücke und der wartenden Muse schreitet. „Du musst deine Abschlussprüfung hier auf Maui meistern und ich die meine in Los Angeles.“

„Schon“, halte ich Seth zurück, „doch uns blieben nur knappe vierundzwanzig Stunden für ein Wiedersehen.“

„Ich würde dich hier nur ablenken. Du kennst jetzt die Identität des Feindes. Nutze, was du hast! Nutze, was du bist! Deine Freunde sind stark. Noch traut nicht jeder jedem. Eine sie! Gemeinsam seid ihr unbesiegbar.“

„Ich hoffe es!"

„Vertraue auf eure Freundschaft. Bux, meine Zukunft liegt nicht in der Küche, selbst wenn ich hier gerne mit Henry gekocht hätte. Bux, meine Zukunft liegt in *deiner* Firma."

„Es ist schön, wieder Bux genannt zu werden", seufze ich. „Aber woher weißt du von meinen Plänen einer eigenen Firma?"

„Ich bin eine angehende Muse!", lacht Seth. „Kane hat mir dein Geheimnis verraten, als du nichts Besseres mit unserer knapp bemessenen Zeit zu tun wusstest, als den Rasen zu mähen."

„Ich spionierte meine Feinde aus!", verteidige ich mich.

„Wie auch immer!", winkt Seth ab. *„Nudist-at-work-agency* oder *NAWA* klingt gut. Falls mir Klio und Kalliope in Malibu genügend Zeit lassen, sehe ich mich in Los Angeles nach einer Bleibe für uns beide um. Ich habe dir Klios Telefonnummer in dein geheimes Tagebuch geschrieben. Ruf mich in Malibu aber nur an, wenn es um Leben und Tod geht."

„Hier geht es um Leben und Tod", beharre ich.

„Klio will mich von hier fort haben. Ich muss meinen Weg finden. Ich hätte dir gerne geholfen, doch deine Sorgen sind dein Test."

„Du suchst in Los Angeles eine Wohnung für uns beide?", lächle ich Seth verliebt an und wechsle das Thema.

„Logo! Spätestens nach diesem Camp sehen wir uns in Los Angeles wieder." Plötzlich liegt mir Seth in den Armen und wischt sich danach Abschiedstränen von den Wangen. „Bux, wir gehören zusammen – nur noch nicht heute!", fügt er an. „Werde zu dem, was der Wind nicht verwehen kann, dann wirst du den Pfad der Götter überleben."

Klio winkt mir zur Begrüßung aus der Ferne zu, zeigt auf eine rote Brosche in Gestalt einer Seerose an ihrer Bluse und lächelt dabei. Sie spricht mich aber nicht an. Dann plötzlich ändert sich ihr Gesichtsausdruck; der alten Diva ist jetzt anzusehen, dass sie es nicht schätzt, auf Seth warten zu müssen.

Ein letztes Mal küsst mich mein Ehemann zum Abschied auf den Mund. „Hab Vertrauen in deine eigene Kraft! Es gibt keine größere Macht in all den Welten der Schöpfung als die Liebe. Lass deine Liebe leuchten, dann wirst du den Pfad der Götter klar vor dir erkennen. Du kommst nur weiter, wenn du den Mut hast, das Bekannte zu verlassen. Bux, ich liebe dich!" Damit dreht sich Seth um und stapft in seinen Turnschuhen zielbewusst über die Brücke.

Als Seth mit der alten Muse verschwindet, lächle ich plötzlich. Seth akzeptiert sein Schicksal. Er blickte nicht einmal zurück. Es wird Zeit, dass ich auch damit anfange. Ich kenne jetzt den Feind! Jetzt gilt es aus uns sieben schrägen Charakteren ein Kampfteam gegen fünf Monster zu formen.

Kaum ist Seth fort, wird aus Bux wieder Illu, der House-Keeper, der hier für Ordnung sorgen muss. Leider kann ich keinen meiner Freunde vor dem Essen finden. Die Hälfte von ihnen ist mit Umzug beschäftigt und die andere Hälfte sorgt sich um Ami oder ihr eigenes Wohlergehen. Auch von Bacchus und Kosh fehlt jede Spur.

Später auf der Terrasse des Anaktoron warte ich – wie all die Studenten auch – auf Janus' Empfangsrede. Die fünf Schatten, die ich zusammen mit Kosh entlarvt habe, sind nicht erschienen.

Janus' Ansprache besteht vor allem aus einer langen Liste von Regeln des Zusammenlebens im Camp. Jeder Lehrer bringt sich kurz ein, wie auch Brom, der seine Hula-Tanzkurse vorstellt. Auch bei dieser Präsentation fehlt unser böser Surfer Champion.

„Wo ist Kosh?", sehe ich mich nach dem bleichen Südafrikaner um. Ob er bereits unsichtbar als Gartenstuhl oder Topfpflanze getarnt alles beobachtet? Ich traue dem Wechselgesicht inzwischen fast alles zu.

„Er übernimmt Henrys Zimmer in unserem Haus. Mann!", verdreht Asterios seine Augen. „Ich habe noch nie jemanden mit so viel Gepäck gesehen."

„Und das sagst du?", zwinkere ich Asterios zu und kann mich noch sehr gut an seine unzähligen Koffer erinnern. „Kosh zieht wirklich bei uns ein?", will ich dann doch noch eine Bestätigung.

„Er holte sich vorhin deinen Karren aus dem Schuppen und belud ihn. Wer derart viel Gepäck transportiert, tut das nicht einfach so zum Spaß. Warum ist er dazu grün bemalt?"

„Ja, ja!", winke ich ab. „Traust du Kosh?", wiederhole ich die Frage, die ich Asterios bereits früher schon einmal gestellt habe.

„Kosh hat mir verraten, was ihr beide rausgefunden habt. Kosh ist unser *Kathegemon*. Er ist der Kopf von uns Sieben. Doch du!", pickst mich Asterios mit seinem Zeigefinger in den Brustkorb. „Du bist das Herz und die Seele unserer Truppe."

Os hat seinen alten Platz bei uns an der Tafel eingenommen und das, obwohl er kein offizieller Dionysos-Kandidat mehr ist. Natürlich hat Kosh sein Namensschild schon demontiert!

Die vierzig Studenten bilden einen Ring aus Vierertischen um uns *Auserwählte* herum.

Janus endet mit den Worten: „Vergeudet nicht eure Zeit mit ohnmächtigem Hass auf eure Fehlentscheidungen. Durch Scheitern lernt man oft mehr, als durch Erfolg. Nutzt, was ihr habt! Nutzt, was ihr seid! Kosh wird euch jetzt die Freizeitaktionen vorstellen."

„Irgendjemand versucht immer das Wilde zu zähmen, es zu kontrollieren oder in mundgerechte Stücke zu zerhacken", höre ich Koshs Stimme durch ein Megaphon, doch ich kann ihn nirgends sehen. „Wie ihr alle wisst, findet an diesem Camp ein Wettbewerb statt, der dieser Wildheit ein neues Gesicht verleiht." Kosh kommt tatsächlich mit einem Megaphon die Treppe auf die Terrasse hoch. Er ist nicht mehr grün bemalt, sondern trägt ein metallenes Kleid. Dieses Ding besteht aus hunderten von hauchdünnen Ketten, die sich jeder Körperkontur perfekt anpassen. Es gleicht entfernt der provokativen Garderobe einer Filmdiva bei ihrer Oscar-Prämierung. Vorne bedeckt es schicklich Koshs Körper, hat lange Ärmel und kaum Ausschnitt, doch hinten ist das leichte Metallkleid so tief geschnitten, dass sein nackter Hintern vollkommen freiliegt. Abermals trägt er dazu extrem hochhakige Lackstiefel; silberne, die ihm bis zu den Oberschenkeln hoch reichen. Sein Gesicht hat er sich vollkommen silbern bemalt, dass es aussieht, als ob er eine Metallmaske tragen würde. Sein schwarzes Haar ist stramm mit Gel zurückgekämmt, was ihn sehr elegant aussehen lässt. Mit seinem selbstsicheren Burlesque-Auftritt fesselt er die Aufmerksamkeit aller.

„Ist das Kosh?", stupst mich Brom in die Seite. „Mann-oh-Mann, der Typ sieht ja vielleicht scharf aus!"

„Dieser Wettbewerb ist ein Wettstreit um den Titel: Dionysos-der-Gegenwart." Danach erklärt Kosh Dionysos' diverse Seiten, Attribute und mythologische Überlieferungen. „Dionysos ist ein Gott mit vielen Gesichtern und vielen verschiedenen Namen. Wir sind zu zwölft!", verkündet er.

„Er outet die Heimlichen!", tuschelt Saro. „Gut!"

Kosh nennt uns danach einzeln bei unseren Einweihungsnamen und jeder von uns steht auf, während Kosh etwas über unsere Rollen und Dionysos-Attribute erzählt. Er macht ein Spiel daraus, was die Studenten mit Lachen, Klatschen und Zurufen zollen. Auch Os stellt er allen als einen von uns vor, als Lysios, den Entfessler und den Sorgenbrecher. Offensichtlich soll niemand wissen, wie ernst dieser Wettbewerb in Wahrheit ist und dass dabei Leute ihre Macht verlieren oder gar sterben können.

„Zagreus oder Zac, wie er hier genannt werden will, kennen die meisten von euch schon."

„Zac? Ist das die geile Camp-Schlampe?", brüllte einer.

„Unterschätzt ihn nicht!", warnt Kosh. Er tut das so, als ob auch das alles nur Teil der Unterhaltungs-Show wäre. „Zac ist Schauspieler. Wie die meisten von uns Dionysos-Kandidaten, trägt auch er viele Masken. Lässt er eine davon fallen – oder sein Kostüm – könnt ihr alle sicher sein, er trägt darunter bereits das nächste. Zac hat mehr als nur ein Gesicht!"

Unser extravaganter Anführer beginnt mit dem Outing der heimlichen Kandidaten, die sich als Schüler aus Namibia, Detectives oder Surfer Champions getarnt haben. Jeden einzelnen benennt er: „Detective Ric ist in Wahrheit kein echter Polizist aus Honolulu. Ab sofort muss niemand mehr von ihm verhört werden. Ich hoffe, ihr hattet etwas Spaß bei seiner Polizisten-Scharade. Auch er will unbedingt gewinnen und schreckt vor nichts zurück!" So geht es weiter, bis jeder Student die geheime Identität von Kiss, Tony und auch Long Soh-Tro kennt. Immer schwingen Warnungen mit, die Kosh aber so geschickt verpackt, das alles auch wirklich nur eine schräge Show sein könnte.

„Kosh ist echt unglaublich!", lobt Bacchus.

„Jungs", sieht sich Kosh in der Runde um, „nur wer über seinen eigenen Schatten springen kann, tanzt im Regenbogen. Habt Mut euer Rot, euer Blau oder euer Gelb zu erforschen. Seit Grün oder Orange und verliert euch im Violett!"

Selbst wenn Kosh sich bisher kühl und besserwisserisch gegeben hat, so zeigt er sich uns allen heute von seiner unverhüllten, witzigen und professionellen Seite.

Als letzter betritt Zac die Bühne. Wie schon bei seiner Eisbrecher-Show am Freitagabend präsentiert er sich abermals als Stripper. Unter seinem Kimono hat er sich seinen Körper in den sechs Farben des Regenbogens bemalt. Doch statt einem leuchtenden Goldgelb wirkt sein Gelb braun; sein Rot ähnelt eingetrocknetem Blut; sein Blau hat einen Graustich; sein Grün wirkt vergiftet; sein Orange gleicht krankem Urin und sein Violett sieht aus wie verfaulte Zwetschgen. Wie schon bei seinem ersten Stripp, zieht er sich auch heute wieder seinen Mini-Tanga aus. Provozierend lässt er sich von Tisch zu Tisch treiben, während er unmissverständlich dazu einlädt, ihn nicht nur mit Blicken, sondern auch mit Händen zu bewundern. Wie schon vor zwei Abenden bringt seine Art der Selbstdarstellung auch jetzt wieder die Gemüter zum Kochen. Was Zac in Wahrheit damit bezwecken will, ahne ich nur. Bannt er abermals die Massen, um sie später zu opfern?

Da die Musen alle von der Insel geflohen sind und Janus sich zurückgezogen hat, bietet keiner Zac Einhalt.

Os schnaubt erregt und Zac zwinkert ihm immer wieder zu, doch den roten Stier gibt es nicht mehr, nur noch einen geilen Quarterback, der auf seinen so kindlich wirkenden Hengst wartet. Offensichtlich hat noch niemand Os über Zacs wahre Identität aufgeklärt.

Endlich setzt sich Zac wieder zu uns an die Tafel. Er ahnt nicht, dass wir ihn alle durchschaut haben.

„Wer hat dich bemalt?", fragt Adriany und folgt den schmutzigen Farben, die sich um Zacs Körper, wie Schlangen winden.

„Ich habe mir die Farben unter dem Schuppen geholt."

„Acrylfarbe?", frage ich sofort nach und schiele zu Brom, der ein schadenfrohes Grinsen aufgesetzt hat. „Zac, hast du dich wirklich mit *den* Farben bemalt, mit denen ich die Hütten anstrich?" Als der Halbjapaner daraufhin nickt, lache ich auf. „Alter, falls du deinen Körper vorhin nicht sehr dick mit Bodylotion eingerieben hast, wirst du tüchtig schruppen müssen! Acrylfarbe haftet extrem gut!"

Sofort spuckt Zac in seine rechte Hand und versucht Farbe von seinem Torso zu wischen – vergeblich! Selbst Cola hilft nichts. Seine aggressiven Blicke zu Brom bestätigen mir, dass er den Halbjapaner entweder dazu angestachelt oder ihn gar selbst bemalt hat. Je wütender Zac wird, desto hämischer grinst Brom, dass er mich an einen bösen Kobold erinnert. Plötzlich brüllt Brom und klettert auf seinen Stuhl: „Leute, die Party steigt beim Wasserfall neben dem Banyanbaum!"

Sofort erhebt sich Zac erneut und bannt abermals fast augenblicklich die Meute. Brom dreht trotz Musikverbot auf der Terrasse die Lautstärke eines dieser antiken Ghettoblaster voll auf und reicht ihn Zac, der ihn sich auf die rechte Schultern hievt und tanzend die Polonaise anführt, die sich rasch hinter ihm bildet.

„Auf zur Party!", grölt Brom. „Folgt Zac! Die coole Musikanlage habe ich beim Hauswasserfall installiert! Bacchus' *Cola*-Flaschen warten ebenfalls schon dort auf uns!" Dann stellt sich Brom bei der Treppe hin, wo Henry die Frangipani-Känze aus dem Kühlraum schon deponiert hat. Ganz zum Party-König geworden, stülpt Brom danach wieder auf einem Stuhl stehend, jedem Studenten in der Polonaise einen Frangipani-Kranz um den Hals. „Aloha! Die Kränze sind euer Eintritt zur Willkommensparty!"

Ich kann sehen, wie die Kränze grün schimmern.

Fast jeder schließt sich der seltsam tanzenden Schlange an, um das Duftgemüse in Empfang zu nehmen und von Zac angeführt übers Plateau durch die Nacht zur Party entführt zu werden. Ganz oberflächlich betrachtet, könnte dies ein ganz normales Camp für ziemlich ausgeflippte schwule Studenten sein.

Bacchus und Brom haben vor dem Abendessen bestimmt hundert Fackeln überall verteilt in den Boden gerammt und entzünden sie nun zur lauten Musik. Die Zurajir sollen nicht ahnen, dass wir ihre wahre Identität kennen. Sollen sie weiter glauben, wir vermuten in ihnen nur Dionysos-Konkurrenten. Die Stimmung ist schon bald so ausgelassen, dass sich die mutigeren Studenten bis auf ihre Boxershorts ausziehen. Viele tummeln sich halbbetrunken im Bassin beim Wasserfall oder tanzen auf den Tischen und Stühlen, die ich mit Os und Ami unter dem Banyanbaum montiert und aufgestellt habe. Fast jeder Kerl grölt zu den Songs und Brom ist wie immer der Lauteste von allen.

Zac geht in seiner Rolle als Animateur so richtig auf. Der kleine Asiate kennt keinerlei Scham mehr. Irgendwann nimmt er sich wieder Os beim Bassin vor und wird von seinen Mänaden angefeuert, während Os schnaubt und stöhnt.

„So einen Auftakt gab es hier noch nie!", boxt mich Henry kurz vor zwei Uhr in der Früh in die Seite. „Natürlich gab es immer Partys, doch niemals eine solche am ersten offiziellen Abend. Hast du Zac und Os gesehen? Die beiden haben im Bassin bereits sieben weitere Jungs in ihre Orgie mit einbezogen."

„Die beiden markieren ihr Revier", lacht ein Student hinter mir.

„Jedem das seine", winke ich ab.

„Bla-Bla-Bla!", boxt mich Henry in die Seite. „Jetzt hat es begonnen! Glaube mir, Illu, die nächsten Wochen werden nur so dahinfliegen!"

„Der Anfang vom Ende!"

„Ab Morgen beginnt für uns Camp Angestellte die Routine. Du wirst den ganzen Tag hinter den Studenten aufräumen und auf die vielen Sonderwünsche der Lehrer und Projektleiter reagieren müssen. Ich werde von morgens bis spät nachts in der Küche stehen und die Nachmittage surfend am Strand unten verbringen. Ja, die Ferien sind vorbei! – Jetzt beginnen die Surf-Tage!"

Zweikampf

Montag: 29. September.

Als mein Wecker um sieben Uhr am nächsten Morgen klingelt, quäle auch ich mich aus dem Bett und unter die Dusche. Brom schüttelt Henry in seinem Bett wach und sowohl Saro, wie auch Kosh haben sich in ihre Decken eingewickelt und blenden uns arbeitende Frühaufsteher vollkommen aus. Koshs Zimmer ist vollgestopft mit Koffern, Taschen und unzähligen Schutzhüllen für Sondergarderobe, extravagante Stiefel reihen sich vor einer Wand entlang und jede Menge Schminke und Body-Painting-Farben türmen sich auf dem Schreibtisch.

Brom ist nur wach, weil er immer vor Sonnenaufgang aufsteht, egal, wann er ins Bett kommt. Als Ausgleich verschläft er dafür den Nachmittag auf der Terrasse in der Sonne liegend. Henry verschwindet in die Küche im Haupthaus. Ich setze mich zu Brom an den Küchentisch, wo Asterios seinen Tee braut und für uns anderen Kaffee aus der Maschine lässt.

„Warum bist du schon wach?", nehme ich Asterios den lecker duftenden Kaffee ab. „Frühstück ist von acht bis neun und der Unterricht beginnt erst um halb zehn Uhr."

„Ich soll Uranias Unterricht im Observatorium im Krater des Haleakala Vulkans übernehmen. Kane will mich noch vor dem Frühstück hochbringen. Willst du uns begleiten?"

„Klingt cool! Doch ich arbeite hier! Ich muss erst die Lage im Camp checken und das Freiluft Klassenzimmer aufräumen. Nach der Party heute Nacht wird es dort dementsprechend aussehen."

„Ja, ja", winkt Brom ab, „Illu, Bacchus und Adriany haben im Krater oben eine neue Höhle gefunden. Das Erdbeben hat sie freigelegt. Einer der Schächte führt tief ins Erdinnere, einer mündet im insgeheimen Tal und einer führt bis zum Strand."

Asterios nickt nur stumm.

„Die beiden mussten ja stundenlang das Labyrinth erkundet haben."

„Ist dir nie aufgefallen, dass beide oft ziemlich staubig aussahen oder Schürfwunden hatten? Adriany hat mit roter Farbe den Weg markiert. Falls dich Ric beim Wort nimmt und mit dir in die Höhlen will, achte auf rote Seerosen, die kennzeichnen die Wege. Halte dich von den Pfeilen fern, die führen in Sackgassen oder schlimmeres", erklärt Brom weiter.

Noch vor dem Frühstück schiebe ich meinen Karren zum Hauswasserfall und fülle dort mehrere Abfallsäcke mit leeren Flaschen und Dosen, schichte allerlei abgestreifte Turnschuhe, T-Shirts und sogar ein paar Unterhosen auf und deponiere danach die Fundsachen in Adrianys Büro. Die Zurajir sollen keinen Verdacht schöpfen. Schon beim Verlassen der Registration fühle ich die Veränderung hier im Camp: der Alltag ist eingekehrt. Verschlafen schleichen Studenten einzeln oder in Grüppchen aus ihren Hütten, um im Anaktoron zu frühstücken. Einige begrüßen mich mit Kopfnicken oder Handzeichen, doch keiner spricht, als ob sie den Klang ihrer eigenen Stimmen nicht ertragen könnten.

Nach dem Frühstück teilen sich die Studenten auf drei Kurse auf: Mythologie bei Janus; Astronomie bei Asterios und für die erste Surflektion bei Kiss. Jetzt mit Beginn des offiziellen Camps, hat Kiss wieder sein stetiges Grinsen aufgesetzt, flirtet mit jedem und lacht ununterbrochen. Würde ich seine wahre Identität nicht kennen, ich würde den Surflehrer als durchaus sympathisch einstufen. Als sich alle in ihre Kurse verlaufen haben, bleibe ich alleine zurück. Dass ich keiner von ihnen bin, verrät nicht nur mein Aufzug, sondern auch ein neues Wissen in meinem Herzen. All die Jungs sind hier, um sich zu amüsieren, das Surfen zu erlernen oder einfach um hier Sportferien mit Freizeitaktionen zu erleben; ich hingegen muss mich für den Kampf vorbereiten. Sechs von uns echten und unechten Dionysos-Kandidaten werden noch vor Ende dieses Surfer-Camps sterben. Ich will keiner von ihnen sein.

Das Camp ist erstmals wieder so verlassen, wie bei meinen ersten Tagen hier. Würden nicht überall Bacchus' leergesoffene Pseudo-Cola-Flaschen rumliegen, Zigarettenkippen und liegengelassene Klamotten, man würde es kaum glauben, dass noch vor wenigen Minuten fast fünfzig lärmende Jungs hier waren.

Zurück im Haus auf der Klippe bemerke ich Saro, der alleine in Amis Bett liegt und die Decke anstarrt.

„Hola, Buenos Dias!", begrüßt er mich auf Spanisch und klopft zu sich aufs Bett, ich solle mich doch zu ihm gesellen. „Begleitest du mich am Nachmittag nach Kahului? Ami hat vorhin auf meinem iPhone angerufen. Er darf das Krankenhaus verlassen. Ich hole ihn ab."

„Falls ich Zeit dazu finde, will ich mich Asterios auf dem Vulkan oben anschließen. Er übernimmt Uranias Unterricht im Observatorium."

„Amigo, wie bezwingen wir die Zurajir?" Saro setzt sich im Schneidersitz aufs Bett und streichelt sich seine Schamregion. „Ich muss mich dringend frisch rasieren. Stört es dich, wenn ich das jetzt mache?"

„Kein Problem!"

Saro holt sich eine Schüssel heißes Wasser aus der Küche und sein Rasierzeugs aus dem Badezimmer, um es sich danach auf seinem Bett wieder gemütlich zu machen. Während er sich untenrum einschäumt, wiederholt er seine

Frage.

„Einer von uns muss der neue Dionysos-der-Gegenwart werden“, antwortete ich Saro.

„Warum?“ Vorsichtig rasiert sich der Indio-Mexikaner seine intimsten Stellen und tut das so ungezwungen, dass es offensichtlich wird, dass er das nicht zum ersten Mal in Gesellschaft tut. „Amigo“, sieht Saro zu mir auf, als er sich beobachtet fühlt, „ich rasiere mich jeden Abend vor den Shows in Mexico-City in meiner Garderobe. Ich mag es ästhetisch sauber!“

„Ich auch!“, grinse ich.

„Illu“, wirkt Saro plötzlich wieder ernst, „ich will niemanden bekämpfen! Warum kann nicht einfach jeder von uns er selbst sein? Wir kommen aus unterschiedlichsten Teilen der Welt. Du aus Europa, Asterios aus dem Nahen Osten, Brom ist von den Inseln hier, Kosh ist Südafrikaner, Bacchus wird zurück nach Buenos Aires reisen und Os, falls er noch zu uns gehört, wird wieder nach Atlanta in den Südstaaten der USA zurückkehren. Wir sind doch keine Konkurrenten?“

„Wir Sieben vielleicht nicht!“, lächle ich den hübschen Indio-Mexikaner an. „Doch Zac, Dendrites, Orthos, Chtonios und Kissios verfolgen eigene Pläne. Einer von ihnen hat in Honolulu einen jungen Chinesen ermordet. Einer von diesen Fünf hat hier im Camp dafür gesorgt, dass Os ausflippte, ich zu den Haien in den Ozean geschubst wurde und Ami schon zweimal fast zu Tode gestürzt ist. Das ist kein Spiel!“

„Was, wenn nicht der Ewige-Dionysos uns hierher bestellt hat, sondern jemand, der ihn und alle möglichen Nachfolger vernichten will?“

Saros Körper ist geschmeidig und gleichzeitig muskulös, was mich gerade ziemlich anmacht. Er bemerkt es, grinst, dreht sich um und langt nach der Spraydose mit dem Rasierschaum, um damit auf meinen Penis zu zielen. „Darf ich?“

„Ja, gerne! Zac ist ein Dämon, der uns alle vernichten will!“ So detailliert ich mich erinnern kann, erzähle ich Saro, was ich gestern vom Baum aus beobachtet habe und genieße gleichzeitig seine Berührungen bei meiner Rasur. „Auf ein T-Shirt oder eine Shorts kann der Teufel die nächsten Tage verzichten, denn seine bunte Körperbemalung wird er wohl nicht so leicht loswerden.“

„Jeder verfolgt hier seine eigenen Ziele!“, winkt Saro ab.

„Dann misstraust du uns?“, hake ich sofort nach.

Saro nickt, dann schüttelt er seinen Kopf: „Nicht allen!“

„Kosh hat mich letzthin im Schuppen bedroht“, verrate ich ihm.

„Er hat es mir erzählt. Kosh sucht nach den Steinen aus der Krone der Schöpfung“, wischt mir Saro mit dem Waschlappen die rasierten Stellen sauber. Er beugt sich vor und küsst mich dort.

„Was weißt du über die Krone der Schöpfung?“

„Illu, wir alle hatten den gleichen Traum in der einen oder anderen Version“, hockt sich Saro wieder im Schneidersitz vor mich hin. „Jeder einzelne von uns musste sich als Prinz beweisen. Jeder von uns musste sich entscheiden und eine Wahl treffen, welchem Gott er dienen will, welche seiner Aspekte er manifestieren und realisieren will. Jeder von uns Kandidaten wurde mit seinem Vater in die Halle der Geheimnisse mitgenommen, um dort die Prüfung mit der Krone der Schöpfung zu durchlaufen.“

„Du auch?“, runzle ich ungläubig die Stirn. War das doch keine Erinnerung an ein früheres Leben? Hat wirklich jeder die gleichen Rollen in dieser Initiation spielen müssen?

„Ja!“, nickt Saro. „In meiner Vision war Kosh mein Vater und mein böser Onkel war Bacchus.“

„Dann ist das gar keine Erinnerung an ein früheres Leben?“, spreche ich meine Befürchtungen doch noch laut aus.

„Natürlich nicht!“, winkt Saro ab und streichelt meine Erektion. „Wie hast du die Krone der Schöpfung manifestieren können?“, will er wissen. „Sie war, und sie ist nicht von dieser Welt!“ Seine schlanken Finger necken und wecken meine Lust immer gezielter. „Ich habe die Krone nicht manifestieren können“, gesteht er mir. „Doch du schon! Du hast dir die sechs Steine, die den sechs Mächten der Schöpfung und den Farben des Regenbogens entsprechen, in dich aufgenommen. Ich glaube, du bist der Einzige von uns allen, der diese Prüfung wirklich gemeistert hat.“

Während Saros Hand immer zielsicherer wird, lenkt mich meine heftig erwachte Lust von seiner Ausfragerei ab.

„In einem anderen Traum, war ich der Vater von Os“, fährt der Verführer fort. „Os gelang es auch nicht, die Krone der Schöpfung zu fassen, doch Os verstand es, das Rot des Regenbogens zu benutzen. Du beherrschst das Gelb, das Grün und das Rot. Zudem trägst du die Mächte des Violetts, des Oranges und des Blaus latent in dir? Kannst du es mir zeigen?“

Auch wenn Saros Berührungen extrem zärtlich sind, so warnen mich seine Fragen. Ich lasse mich nicht so einfach missbrauchen – nicht mehr! Des Indio-Mexikaners Aura strahlt jetzt sehr intensiv violett, was auf angewandte Magie oder zumindest eine mächtige Manipulation hinweist. Würde Saro jetzt wieder seinen Azteken-Schmuck tragen, er könnte kaum gefährlicher aussehen, als damals, als ich schon einmal auf seinem Altar lag. Diesmal hält er nicht mein Herz in seinen Händen, sondern meine Erektion, doch was er wirklich begehrt, sind meine Talente oder irgendwelche Qualitäten, die in mir schlummern. Ist er ein Spion der Zurajir?

Als Saro bemerkt, wie ich zögere, ihm zu antworten, beugt er sich über mich, um mit seinem Mund fortzusetzen, was seine Finger nicht weiter stimulieren können. Genießerisch lasse ich ihn machen. Er ist gut! Und es gefällt mir, wenn mein Geist dabei auch frei bleibt und nicht im Rot der Lust ertrinkt. Um ihm für seine Gunst zu danken, schnurre ich und zeige ihm so, dass ich es wirklich zu schätzen weiß. Besser er ahnt nicht, dass ich auf der Hut bin.

„So gut?“, sieht Saro zu mir auf.

„Du bist fantastisch“, gebe ich offen zu.

Als er abermals mit seinem Mund Dinge tut, die mich aufstöhnen lassen, gehe auch ich zum Angriff über und stelle ihm eine Falle: „Musstest du auch im Kuppeltempel den Häuptling opfern?“

„Nein! Im Kuppeltempel war ich nie. Doch ich musste als Oberster Priester und Hüter der Tempelstadt Teotihuácan zwei Verräter aus dem Alten Reich opfern. Sie waren geschickt worden, um uns unsere gerade erlangte Macht wieder zu entreißen.“

„Du hast zwei Jungs aus dem Alten Reich geopfert?“, frage ich so, als ob ich mich nicht sehr genau daran erinnern könnte, einer von diesen beiden Jungs gewesen zu sein.

„Es war ein Test! Es war einer dieser Träume, die wir alle hatten“, versucht Saro meinen Verdacht zu verscheuchen.

„Hast du die Jungs getötet?“, drücke ich Saro jetzt spielerisch auf seinen Rücken, als ob ich ihn gleich vernaschen wollte.

Er lächelt mich an, schlingt seine Beine um meine Hüften und flüstert: „Nein! Einen von ihnen habe ich verschont!“

„Ja, diese Prüfung musste ich auch erdulden“, lüge ich. „Leider bin ich erwacht, bevor ich den Dolch einsetzen konnte.“

„Asterios hat einen gleichen Obsidian-Dolch in einer seiner Schatullen. Er hat ihn mir gezeigt. Wusstest du, dass Asterios in der Kunst des Tötens von seinem Meister Nysan unterrichtet worden ist?“

„Ja! Er musste eine Ziege schlachten“, verdrehe ich meine Augen, denn Saro stimuliert mich wieder sehr gezielt.

„Eine Ziege? Hat er dir das so erzählt?“

Versucht Saro mich gegen Asterios aufzubringen oder verbirgt Sternenjunge doch ein dunkles Geheimnis? „Du glaubst, wir alle erleben die gleichen Traumprüfungen?", bohre ich weiter. Saro bringt sein Becken in Position und leitet mich mit seiner rechten Hand an. Ich stoße zu, immer und immer wieder, während ich gleichzeitig weiter frage: „Du glaubst, wir müssen Macht erlangen?" Saro legt seine Füße auf meine Schultern hoch und gibt sich mir ganz hin. Er sieht fantastisch aus und erinnert mich entfernt an Seth.

Erregt keuchend antwortet er mir: „Es sind immer Sieben, die am Ende um die Macht ringen. Oft bekommen sechs je einen Stein aus der Krone der Schöpfung zugeteilt und der siebte wird geopfert."

„Aha!" Saros Leib fühlt sich fantastisch an. Ich entziehe mich ihm, drehe den schlanken Tänzer um, dass er sich vor mich hinkniet und ramme ihn in neuer Stellung noch härter. „Aber es ist Ami, dem Kosh von der violetten Macht abgab. Ami ist aber keiner von uns Dionysos-Kandidaten!"

„Nur weil Kosh versagt hat!", stöhnt Saro und vergräbt sein Gesicht in den Kissen, während er mir seinen Hintern noch williger hinstreckt.

„Liebst du Ami?", frage ich den Indio-Mexikaner.

„So sehr, wie du deinen Lover liebst!", bewegt Saro sein Becken rhythmisch zu meinen Stößen. Uns ist längst beiden bewusst, dass wir zusammen kämpfen. Wenn meine Lust dabei auch beinahe explodiert, so lasse ich ihn dennoch nicht einen Moment mental los. Saro windet sich unter mir, wenn er auch gleichzeitig den Sex sehr genießt.

„Wir sind aber nicht sieben, sondern zwölf!", hauche ich atemlos. Je heftiger der hübsche Indio-Mexikaner mitmacht, desto entschlossener werde auch ich. Ich drehe seine Körper wieder zu mir um, packe nach seinen Händen und drücke sie ihm rechts und links neben seinen verschwitzten Torso. Saro kann sich nicht mehr rühren und starrt mich für einen Moment in Panik geraten an. Seine Aura verschießt jetzt Pfeile und imaginäre Opferdolche blitzen in seinen Gedanken. Dann stoße ich abermals zu. Im Liebeskampf starren wir uns gegenseitig in die Augen, stöhnen immer leidenschaftlicher und können doch nicht voneinander lassen. Saros Leib ist Feuer und Wasser, sanft und wild zugleich.

„Ami trägt die violette Macht in sich?", stöhnt der Tänzer.

„Nein! Ich entzog Kosh den violetten Stein, bevor er ihn sich einverleiben konnte. Er brachte nur ein Echo des wahren Tones zurück in diese Welt. Doch das reichte schon aus, um Ami damit aus dem Koma zu holen. Kosh hat Ami das Leben gerettet."

„Und Os?", stöhnt Saro in meinen Armen.

„Ausgebrannt! Wer immer es auf ihn abgesehen hatte, ging leer aus. Ich habe Os' Kraft absorbiert."

„Du?", fletscht mich Saro an und für einen Moment ist er wieder ganz und gar zum aztekischen Opferpriester geworden, der mich ermorden will, um an meine Macht zu gelangen.

Immer schneller und tiefer stoße ich zu. Saros Blicke wechseln ständig zwischen Wut, Leidenschaft und Zuneigung. Ich hasse ihn, für was er mir damals in einem früheren Leben angetan hat, doch genauso leidenschaftlich begehre ich heute seinen schlanken Tänzerleib.

„Du hast die Krone der Schöpfung versteckt. Zeig mir ihr Versteck!", haucht er, bäumt seinen Leib und ergibt sich vollkommen unserer Lust.

Ich habe ihn dort, wo er mir nicht mehr entwischen kann. Auch wenn meine Lenden glühen und meine Leidenschaft dabei ist, mein Bewusstsein zu benebeln, schiebe ich dennoch beides beiseite um mich vollkommen mit Saro zu vereinen. Ich vertraue ihm. Ich mag ihn wirklich! Als ich die Übereinkunft fühle, löse ich meinen Geist von meinem Körper und ziehe auch Saro aus seinem Leib heraus. Augenblicklich schwebe ich mit Saro zusammen vor dem Regenbogenportal.

„Was hast du vor?", gafft mich Saro schockiert an, kann sich aber nicht aus meinem Griff befreien, der auch in der Geistwelt so fest ist, wie in der physischen Welt. Wir sind nicht mehr sexuell verschmolzen, doch etwas anderes verbindet uns in der Parallelwelt, das viel stärker als Lust und Sex ist: Liebe. Obwohl es keinen Grund dazu gibt, vertraue ich Saro vollkommen. Wir verfolgen unterschiedliche Ziele, doch jetzt müssen wir zusammen arbeiten.

„Es wird Zeit für die Wahrheit!" Damit zerre ich Saro durch den Regenbogen auf den Pfad der Götter und dahin, wo Saro sich am wohlsten fühlt: in die violette Welt der Intuition, der Magie und der Ahnungen.

Sein, was der Wind nicht verwehen kann

Kaum in der anderen Welt, bin ich einmal mehr der Prinz des Alten Reiches. Diesmal scheine ich schon zwanzig Göttererwachen alt. Auf einem Pfad stapfe ich mit Bassaros zusammen einem alten Mann über Gletscher, durch Eisschluchten und Schneeverwehungen zu einem der drei Gipfel dieser Welt der Klarheit hinterher. Ich muss mich entweder im hohen Norden des Inselkontinents befinden oder der Grüne Gott hat uns beide auf eine Reise über die bekannte Zeit und den gewohnten Raum hinaus mitgenommen.

Plötzlich ändert sich das Wetter. Das gerade noch tiefe Kristallblau des Himmels wird von sich rasch nähernden Wolken verdunkelt. Wie Krähenschwärme mit unzähligen scharfen Krallen lauert das Unwetter angriffsbereit dicht über unseren Köpfen. Immer heftiger zehrt der aufkommende Sturm an mir. Mein Körper wird weder von der Kälte noch dem Schnee berührt, dennoch fühle ich wie die Veränderung immer bedrohlicher Form annimmt. Die Blütenkränze auf meinem Haupt und um meinen Hals sind unter den Schneeflocken nicht mehr zu sehen. Barfuß und nackt kämpfe ich mich Schritt um Schritt vorwärts gegen unsichtbare Widerstände. Das Heulen des Sturmwinds hetzt meine Gedanken vor sich her, zerberstet sie und wirbelt sie auf. Alles durchdringend, alles zermalmend. Ich bin fast blind vom Weiß des grellen Schnees um mich herum. Das hier ist definitiv nicht der hohe Norden, sondern eine unwirtliche Welt am Rande der Ewigkeit. Keine Pflanze, kein Tier, nichts Lebendiges existiert hier, außer uns dreien.

Ich habe Bassaros im Tempel des Grünen Gottes kennengelernt, als ich dort als Novize aufgenommen wurde. Das ist inzwischen schon ein paar Gotteserwachen her. Die Gerüchte um die Rückkehr des Prinzen Eleuthereus haben sich wieder gelegt, so konnte ich unbehelligt meine Studien über den Grünen Gott vertiefen und in seine Mysterien eingeweiht werden. Längst trage ich alle vier Spangen und gehöre zu den Auserwählten. Bassaros war oft mein Partner bei Übungen und wir teilten uns auch oft eines der Nester im Wohndschungel, um der Leidenschaft zu frönen. Ich mag den schlanken Typen, wenn er mir auch oft unheimlich ist. Manchmal umhüllt ihn etwas Dunkles und ist so fassbar, als ob er eine schwarze Robe tragen würde. Je länger wir im Tempel zusammen zu tun hatten, desto seltsamer benahm er sich.

Bassaros vor mir auf dem Pfad lässt sich fallen oder wälzt sich wie ein junger Hund im Schnee. Erdrückt ihn die Last dieser Welt nicht? Verspielt und übermütig läuft er vor und zurück, überschlägt sich oder lässt sich immer wieder niedrige Hänge runterrollen. Diese Verspieltheit zeigte er im Tempel niemals, dort war er stets ernst und oft hatte ich das Gefühl, er verberge etwas vor mir. Ob er gar ein Spion meines bösen Onkels geworden ist?

„So etwas habe ich noch nie gesehen!“, brüllt Bassaros begeistert wie ein Kind. „Gibt es das in unserer Welt auch?“ Der sonst so ernste Bassaros klingt sehr vergnügt. Brauchte er einfach mal einen Abstand zum Tempel, den Ritualen und den Mysterien, in die wir immer tiefer eingeweiht werden?

„Unser Inselkontinent ist dafür viel zu warm“, antworte ich ihm. „Vielleicht hoch im Norden? Ich weiß nur, dass Schnee eigentlich wahnsinnig kalt ist. In der realen Welt könnten wir uns niemals nackt darin wälzen. Deine Finger wären längst taub, deine Zehen verkrampft und dein Leib wäre blau angelaufen, erstarrt oder gar tot."

„Umso mehr ein Grund, es hier und jetzt in vollen Zügen zu genießen. Eleuthereus, das die-Hänge-Runterpurzeln-lassen ist das Beste von allem!" Unermüdlich watet Bassaros wieder und wieder auf Erhebungen oder springt in Schneehaufen darunter. Den Sturm und die bedrohlichen Wolken ignoriert er dabei vollkommen. Einmal versinkt er so tief im Schnee, dass ich ihn ausgraben muss.

Mache ich mir einfach zu viele Sorgen? Bassaros kann kein Spion sein. Ihn nehmen nur seine Studien zu sehr in Anspruch, um noch lebensfreudig zu sein. Mich ermüden die Studien nicht – ganz im Gegenteil! Ich habe meine Ausbildung so gut wie abgeschlossen und meine Macht ist mit jeder Initiation stärker geworden. Bald muss ich mich entscheiden, ob ich den Thron des Grünen Gott besteige oder mir den Thron meiner Ahnen zurückerobern werde, was jedoch bedingt, dass ich mich zu erkennen gebe und mich als lebendiger Sonnengott ausrufen lassen muss. Überall im Reich warten Anhänger auf neue Gerüchte zu meinem Überleben oder auf mein Erscheinen. Im Südosten des Reiches sammeln sich Rebellen, die noch immer an meine Rückkehr glauben, im Norden herrscht bereits Bürgerkrieg. In der Hauptstadt hat sich Iakchos auf der Palastinsel verschanzt, um von dort aus mit aller Gewalt das Volk zu knechten, das noch an der Hoffnung meiner Rückkehr festhält.

Eine Salve Schnee trifft mich voll ins Gesicht. Ich spute Bassaros nach, packe ihn von hinten und drücke ihn tief in den Schnee, bis er sich lachend befreit und wegläuft. Der Grüne Gott blickt sich nicht ein einziges Mal nach uns um. Erst am Rand einer bodenlosen Klippe stoppt er. Bassaros und ich stellen uns zu seiner rechten und seiner linken auf. Im aschschwarzen Abgrund tief unter uns flimmern Millionen von violetten Glühwürmchen, sie zucken wie kleine Blitze oder explodieren wie Bomben.

„Springt!", befehlt der Grüne Gott.

„Wir sollen uns in diesen Abgrund stürzen?", starrt Bassaros in die unheimliche Finsternis.

Sind wir soweit gekommen, um hier dem Tod zu begegnen? Zweifelnd beuge ich mich über die Klippe.

„NIEMALS!", schreit Bassaro in Panik und wendet sich ab.

„Und du?", fragt mich der Grüne Gott."

Ich nicke stumm.

„Ich frage dich nochmals, Bassaro: bist du willens, alles hinter dir zurückzulassen?“

„Nein! Ich will nicht sterben!“, verwirft Bassaros seine Hände.

„Eleuthereus“, wendet sich der Grüne Gott an mich. „Bist du bereit?“ Als ich nicke, lächelt das uralte Gesicht. „Du kannst Bassaro mitnehmen, um ihm zu zeigen, was sein Herz verwehrt. Du“, fokussiert er meinen Mitschüler, „wirst danach alles vergessen. Nur eine Ahnung wird dich verfolgen und dich antreiben, dahin zu gehen, wohin nur ein echter Eingeweihter zu reisen vermag.“

„Folge mir!“ Ich fasse nach Bassaros' Hand.

„NEIN!“, schreit er auf und wehrt sich strampelnd.

Ich sollte ihn loslassen. Ich sollte ihm seinen Willen lassen. Doch ich verspüre nur den Wunsch, ihm zu helfen. Er spürt meinen entschlossenen Willen und wehrt sich noch mehr. Ich bin bereit, alles zu opfern, um mich weiterzuentwickeln. Bevor mir Bassaros entwischen kann, springe ich mit ihm an meiner Hand in den Abgrund.

Bassaros schreit in Todesangst.

Während ich in diese Hoffnungslosigkeit aus purer Schwärze taumelnd eintauche, rufe ich: „Ich bin, was der Wind nicht verwehen kann!“ Violette Lichter zerreißen mich. Sie enthüllen mir mystische Einsichten, die kaum mehr als Ahnungen, vage Ideen oder leise Intuitionen sind. Abertausende solcher Lichtblitze tauchen vor mir auf. Ein jeder von ihnen eröffnet Ungewöhnliches oder Fantastisches. Ich blicke in die mögliche Zukunft: Ich stehe im Thronsaal meiner Ahnen und werde zeremoniell zum neuen Tat-Tsok und Gottkönig gekrönt. Ich sehe meinen Tod im Zweikampf mit Iakchos. Ich sehe ein Leben an der Seite meiner Wahlbrüder Bromiso, Lysios und Ampelos auf dem Anwesen der Farmer. Ich sehe tausende von Toten beim Versuch des Putsches um die Vorherrschaft des Reiches meiner Ahnen. Jede dieser Wahrscheinlichkeiten summt wie Bienenschwärme im Sommerwald. Keine der Visionen lässt sich fangen, nicht einmal mit Gedanken wirklich erfassen. Noch hundert andere Wahrscheinlichkeiten blitzen auf und verglühen so schnell, wie sie aufgetaucht sind.

Als ich sanft neben dem Grünen Gott auf meinen Füßen lande, türmen sich Amethyste so hoch wie Bäume um uns herum und spiegeln nur dieses indigo, purpurne und violette Licht, das Veilchen, Flieder und reifen Zwetschgen gleicht, dann wieder aussieht wie vom Mond geküsste Seerosenblüten auf schimmernden Teichen aus flüssigem Silber. Mal vermittelt das Licht Eindrücke von Helligkeit, dann von endloser Finsternis in unwirklichem Tanz vereint; mal stehen wir in der Dämmerung, dann umgibt uns lichtlose Mitternacht. Welten ziehen an mir vorbei, jede anders, jede neu, keine bekannt oder schon erdacht. Hier ist nichts erschaffen. Hier ruht noch alles ungeformt und so zart, dass ich es gleich wieder vergesse, sobald ich mich davon abwende. Alles wartet darauf, durch mein Bewusstsein ins Leben gerufen zu werden, um sich zu manifestieren, um sich zu verwirklichen und real zu werden.

„Bassaros ist noch nicht reif für diese Welt“, flüstert mir der uralte Mann zu, in dem ich den Grünen Gott vermute.

„So soll es sein!“, nicke ich.

Kaum gedacht, erscheint Bassaros neben mir, wie aus Wolken oder ob er eben erst erschaffen worden sei.

„In den Tunnel!“, höre ich den Grünen Gott rufen.

Ich kann nichts erkennen, noch einen Tunnel finden. Bewegungen sind hier unmöglich. Wie ich in dieser Welt vorwärtskommen oder etwas erschaffen soll, ist mir noch unbekannt. Auch das Wünschen funktioniert nicht. Wünsche beruhen auf Annahmen, aber hier gibt es nichts Vergleichbares oder Bekanntes, das ich als Ausgangslage verwenden könnte, um von hier nach dort zu gelangen. Vergangenheit und Zukunft existieren ebenfalls nicht mehr. Ich bin plötzlich alleine.

„Macht!“, ruft Bassaros und lacht hell auf. „Das ist die violette Macht des Regenbogens!“

Ich bezweifle das. Es steht zu viel auf dem Spiel, um mich an Macht zu klammern. Sogleich erstarre ich. Ich kann mich nicht mehr rühren, selbst mein Denken verklebt und kommt ins Stocken. Blinde Schatten aus dem violetten Licht geboren, erwachen zum Leben. Ich will sie nicht fokussieren. Meine Füße liegen wie gewaltige Anker auf dem Grunde dieses Sees der noch unmanifestierten Wirklichkeiten und die Wellen schlagen hoch über mir zusammen. Meine Zehen schlagen Wurzeln und graben sich tief ins Verharren. Lähmend kriecht meine Ziellosigkeit erst meine Knöchel, dann meine Waden und höher zu meinen Knien hoch. Werde ich, wie einer dieser Amethyste versteinert die Schwelle der Ewigkeit bewachen, Feuer und Leben anderer wiederspiegeln ohne mein eigenes Ziel je zu erreichen?

„O Vater meiner Seele, ich ergebe mich deiner Weisheit! Bitte führe mich zum Lebensquell, damit sein Wasser meine Zweifel fort wäscht! Lass mich an der Blume der bunten Unschuld riechen, damit ihr Duft mein Herz erstarkt“, flüstere ich kaum hörbar. Ich bin mir nicht mal sicher, ob ich die Worte tatsächlich ausspreche.

Sofort finde ich mich am Eingang eines Tunnels an der Seite des Grünen Gottes wieder.

„Das war einfach!“, tanzt Bassaraos wieder kindlich aufgeregt und vollkommen überdreht um mich herum. Für ihn ist das alles nur ein Spiel oder ein Abenteuer, in dem ihm nichts passieren kann. Für ihn ist das keine Aufnahmeprüfung, sondern nur ein flüchtiger Einblick in ein Bewusstsein, das er sich noch nicht verdient hat.

„Fokussiere dein Ziel, dann öffne deine Flügel und flieg darauf zu. Zweifle nicht, noch verschwende einen Gedanken an Erfolg oder wie du es bewerkstelligen sollst. Tue es einfach! Das Einzige was zählt, ist die Gewissheit der bereits vollzogenen Tat!“, lächelt der uralte Mann neben mir. „Mit deinem Verstand kannst du es nicht bewerkstelligen. Dein Wille vermag die Nebel nicht zu durchdringen oder den Abgrund zwischen der letzten Welt der Schöpfung und der ersten Welt des Seins zu überschreiten. Sobald auch nur der Hauch eines Zweifels in deinem Geist auftaucht, verschluckt er dich, und du wirst dich abermals in den Welten der Schöpfung wiederfinden. Erfasse nur das Ziel. Berühre es so sanft, wie die Flügel einer Libelle, dann lasse es vollkommen los. Übergib dich vollständig dem Wind der sieben Sphären. Lausche dem HU. Sehe, wisse und sei!“

Die Weisheit des Grünen Gottes sickert in mein Bewusstsein. Dennoch weiß ich, um den Schritt ins wahre Sein zu tun, muss ich erst alles loslassen. Ich muss mich von allem lösen. Ich blicke in mein Herz und finde darin sechs Lichter in den Farben des Regenbogens. Sind das die Gaben der Krone der Schöpfung? Habe ich sie doch in mich aufgenommen?

„Hauche deinem Ziel den lebensspendenden Kuss der Gewissheit ein. Sei, was der Wind nicht verwehen kann!“, ermutigt mich der Grüne Gott weiter.

„Wie kann ich etwas ohne meinen Willen fokussieren, ohne Konzentration oder mentale Befehle?“, frage ich den Gott.

„Mit kindlicher Neugier und Liebe!“, fährt der uralt aussehende Mann fort. „Lass dein Herz von Dankbarkeit für die Geschenke der Götter überquellen. Akzeptiere das Geschenk der Krone der Schöpfung, doch halte dich nicht daran fest. Jedes Licht versinnbildlicht eine deiner Initiationen in die Mysterien des Lebens. Die wahre Krone der Schöpfung ist dein erwachtes Bewusstsein. Lass los!“

„Ich habe die sechs Lichter in mir aufgenommen. Haben das meine Dionysos-Konkurrenten auch geschafft?“ Warum ich diese Frage stelle, kann ich mir selbst nicht erklären, doch in dieser Welt scheint manches ungewöhnlich. Zeit und Raum spielen hier keine Rolle.

„Eleuthereus, solange du dich im Rennen oder im Wettbewerb mit anderen befindest, vergleichst du, hoffst du, misst du dich mit dem Maßstab anderer. Nur der Klang des Windes öffnet dein Herz für den Fluss der göttlichen Gaben. Du trägst das Potential in Form von sechs Edelsteinen in deinem Herzen, das ist wahr. Das hast du erkannt. Doch solange du nicht zu dem wirst, was der Wind nicht verwehen kann, halten dich diese sechs Edelsteine in der Welt der Schöpfung gefangen. Die Schöpfung bindet den Schöpfer! Vergiss das nie!"

„Ich muss selbst zur Krone der Schöpfung werden, um sie der Schöpfung wieder zurück zu geben?"

Der Grüne Gott antwortet mir nicht.

Bassaros bleibt stumm hinter mir stehen.

Ich weiß jetzt, was ich zu tun habe. Ich lausche und beobachte, wie reines Klang-Licht mich durchdringt. Ich stehe an der Schwelle in die höheren Initiationen. Ich muss die sechs Edelsteine der Schöpfung zurückgeben. Bewusstsein ist ein Seins-Zustand und nicht ein Sammeln von Wissen, Macht, Titeln oder Errungenschaften. Wer das glaubt, irrt noch immer durch die Welten der Schöpfung mit ihren Raum- und Zeitgöttern; mit ihren Phänomenen; dem ewigen Wandel und der Wiedergeburt. Ich muss alles opfern, selbst das, was ich bisher glaubte, es mache mich Gottähnlich.

Bassaros beobachtet mich sehr neugierig.

Entschlossen fasse ich in mein Herz und hole erst das grüne, dann das rote, das orange, das blaue, das violette und zum Schluss auch noch das gelbe Licht heraus. Vorsichtig, doch bestimmt, lege ich die sechs Steine im Kreis vor mich hin auf den Boden dieser Zwischenwelt.

Ich fühle die belebende Kraft des Grüns, schöpferisch, wachsend und alles mit Leben erfüllend. Leben um Leben bin ich dieser Kraft nachgejagt. Jetzt löse ich mich von ihr. Vielleicht war ich einmal der Grüne Gott. Sicher ist, ich war ein Träger seiner Macht und seiner Weisheit. Ich brauche das Grün jetzt nicht mehr. Wehmütig küsse ich die Erinnerungen daran, die Kraft und die Verantwortung, die damit Leben um Leben einhergingen. Dann lasse ich das Grün los.

Das Rot glüht, als ich meine Blicke darauf lenke. Das Rot ist das Feuer der Leidenschaft, die Glut des Sex und der Fortpflanzung, es ist das Blut, die Gewalt und die pure Lebenskraft. Viele Leben war ich Liebhaber, Vater, Mutter, Krieger, Hure und Anhänger dieser roten Macht in unterschiedlicher Manifestation. Mal verehrte ich das Rot als die ewige Mutter, dann als den Kriegsgott oder als die Blut trinkende Kali. Ich gehörte zu den Erschaffern, zu den Bewahrern und immer wieder auch zu den Zerstörern. Ja, ich war Rot. Ich ertrank in Emotionen und schöpfte sie in vollen Zügen aus. Ich badete in Rot und drängte es allen anderen auf. Ich war wie Os, der rote Stier, und ich war genauso oft der Töter des roten Stiers. Auch das Rot muss ich vollkommen loslassen.

Orange schimmert die Dämmerung vor meinem geistigen Auge. Orange trennt und verbindet die Gegensätze von Tag und Nacht. Das Orange ist die heilende, alles verbindende Macht, die ewige Schwester aller Dinge, die ewige Verjüngung von Ursache und ihren Wirkungen. Ich folgte diesem Pfad als Priester der Isis, der göttlichen Schwester und Mutter des alten Ägyptens; und ich war ein Heiler im Asklepios Tempel im alten Griechenland. Genauso oft war ich Beamter im alten China, Rom und Europa. Ich war Hüter des Karmas in Form von Gesetzen und Regeln. Oft war mein Orange nur ein stumpfes Braun, wenn ich mich in den Dogmen und den Geboten immer neuer Religionen und Gesellschaften verstrickt hatte. Ich glaubte an unterschiedliche Staatsformen, ich glaubte an den Kapitalismus, den Sozialismus, die Herrschaft weniger, ich glaubte an den Absolutismus, an einen Erlöser und an die Demokratie. Leben um Leben frönte ich dem einen oder dem anderen. Ich starb für deren Ideen und opferte mich als Märtyrer für die Ideale und den Wahnsinn anderer. Ursache und Wirkung trieben ihr Spiel mit mir und ich verstrickte mich immer mehr in ihren klebrigen Fäden. Ich war fanatischer Gläubiger von verstaubten Tu-dies-tu-das-Religionen und ebenso oft ihr verbittertster Gegner. Doch ich war auch Eos, die Morgenröte, die ewig Jugendliche, ewig überall den neuen Morgen bringende Hoffnung. Auch diese Gabe muss ich loslassen. Ich bin nicht mehr das Orange.

Blau ruht der Stein vor mir auf dem Boden in dieser weißen schneeähnlichen Substanz. Das blaue Licht ist rein, klar und weit wie der Himmel oder tief wie der unendliche Ozean. So ist mein Geist, wenn ich durch mein geistiges Auge in die Welten der Schöpfung blicke. So ist mein Verstand, wenn er gereinigt von Eitelkeiten, Gier und Ärger ist. Doch ich tauchte auch in des Blaus rechthaberische, immer-alles-besserwissende Eigenschaft ein. Ich war Denker, Philosoph und Forscher. Ich verstrickte mich in Theorien und ließ mich von Logik und Zeit-Raum-Gesetzmäßigkeiten gefangen nehmen. Ich glaubte an den Verstand als die gottähnliche Eigenschaft im Menschen. Ich vergaß, dass auch der Verstand nur eine Maschine ist, die nur gemäß ihren Programmierungen funktionieren kann. Ich übersah, dass Moral, Ethik und

Dogmen auch nur Erfindungen des Denkens sind, nichts weiter als gedankliche Akrobatik und fiktive Gebilde, manifestiert in einer Welt, die noch immer der Schöpfung unterliegt. Auch das Blau muss ich loslassen.

Das Violett habe ich vorhin nochmals intensiv erfahren, doch auch die Ahnungen und das intuitive Wissen muss ich loslassen. Ich war Poet, ich war Künstler und ich war oft ein religiöser Narr, der verzückt von Dies und Jenem im vergeistigten Nichtstun seinen eigenen Eitelkeiten frönte. Ich lebte fern ab aller Menschen hoch im Himalaya, aber auch in den weiten, längst nicht mehr existenten Dschungeln oder auf einsamen Inseln. Ich verbrachte Leben hinter Tempelmauern, in Klöstern oder in heiligen Grotten. Ich war Nonne verschiedener Muttergöttinnen und ich war Bruder unzähliger Sonnen- und Kriegsgötter. Leben um Leben verbrachte ich in Gemeinschaften und doch brachte mich nichts von all dem an diese Schwelle, auf der ich jetzt stehe. Nichts darf mich behindern – auch keine Gaben. Auch das Violett lasse ich los.

Kurz werde ich zum Gelb und fühle die Macht der Sonne in mir. Ich bin das Zentrum meiner Schöpfung, ihr Vater und ihr Licht. Mein goldener Wille bringt alles hervor, erhält und zerstört auch wieder alles. Ich war Gottkönig; ich war Tyrann und Direktor, ich war Kaiser und kirchlicher Fürst. Ich genoss die Macht und die Herrschaft über Schafe, Lämmer, Bienenschwärme und Nationen. Ich verwechselte Macht mit Recht; Selbstglanz mit Bewusstsein; und das Ego mit Erleuchtung. Auch das Gelb lege ich ab, indem ich den gelben Stein ein letztes Mal sanft berühre. Das Gelb ist die Macht, die alles bewegt. Gelb ist das Zentrum des Regenbogens, doch auch Gelb ist ein Teil der Welten der Schöpfung, wenn es nicht durch das Herz in Liebe transformiert wird.

Wehmütig blicke ich ein letztes Mal auf die sechs Farben der Schöpfung oder das, was ich damals im alten Reich als die sechs Götter kennengelernt hatte. Jede dieser sechs Farben steht für einen Teil des Menschen, zusammen genommen machen sie ihn zu dem, was er sein kann. Entschieden stehe ich auf und schreite in den Tunnel, um die Krone der Schöpfung hinter mir zurück zu lassen.

„Eleuthereus!“, schüttelt mich Bassaros an der Schulter. „Was machst du? Du kannst die Krone der Schöpfung nicht einfach hier zurücklassen! Bitte, Eleuthereus, nimm sie wieder auf. Kröne dich mit ihr, um zum Gottkönig zu werden und Frieden über unser Reich zu bringen!“

Ich antworte dem entsetzten Bassaros nicht. Ich drehe mich nicht einmal mehr um. Es gibt keinen Grund mehr dafür!

Je tiefer ich in den Tunnel vordringe, desto eindrücklichere Mosaike in den sechs Farben der Schöpfung funkeln in immer neuen Bildern und erzählen vom Werk der Titanen, der Götter und der Unsterblichen. Vieles was ich sehe, erinnert mich an eigene Erfahrungen zurück in den Millionen von verschiedenen Welten in der Schöpfung. Die Bilder sind kaum fassbar. Sehe ich sie mir direkt an, verblassen sie sofort. Ich kann sie nur erahnen, wenn ich sie aus dem Augenwinkel sachte streife oder ganz zufällig erhasche. Aber ich brauche sie mir nicht mehr anzusehen. Ich habe jedes einzelne zum Leben erweckt, um an den darin enthaltenen Prüfungen zu scheitern und immer wieder zu scheitern. Irgendwann bestand ich die Prüfungen und ging zum nächsten Bild über. So wanderte ich durch die Welten der Schöpfung, von einem Bild zum nächsten, von einem Leben zum immer nächsten. Schließlich drehe ich mich auch ganz von den bunten Bildern und den Szenen an der Tunnelwand ab. Ich habe alles gesehen, ich habe alle erlebt, ich habe den Becher bis zur Neige ausgetrunken.

Etwas Neues wartet auf mich, etwas, das alles bisherige so weit in den Schatten stellt, dass ich es nicht einmal erträumen kann. Ich kann es noch nicht sehen, doch ich kann es hören in der Stimme des Windes. So folge ich weiter diesem Klang durch den Tunnel aus der Schöpfung hinaus.

Plötzlich schwebe ich auf einer Plattform in gleißendem Licht hoch über einer Welt, schöner und erhabener als alles, was ich mir bisher vorstellen konnte. Anders als hinter mir, scheint jetzt vor mir das Leben selbst auf mich zu warten. Hier wird die Schöpfung geboren, um durch diesen Tunnel in die Welten darunter zu fließen. Seltsam funkeln goldene Schimmer ohne Anfang und Ende. Melodien in solcher Herrlichkeit lösen sich in Gesängen, Orchestern und Tonfolgen ab, dass ich nie mehr von hier fort will. Mein Körper ist ein einziger Stern geworden, strahlender als alle Sonnen zusammen genommen. Aber nicht nur ich bin ein Stern; alles ist derartig hier, auch Bassaros und der Grüne Gott. Auch sie leuchten genauso hell, wie jedes andere Wesen. Jeder ist ein Stern, ein einzelnes Atom im Lebensstrom – oder was auch immer die Klanglichter sein mögen.

Ich bin zuhause! Ich bin. Ich bin das alles. Ich bin ES, und ES ist ich. Nichts ist mehr außerhalb von mir. Alle Welten, alle Galaxien, alle Dimensionen und alle Wesen, alles ist Teil von mir, und ich bin Teil von ihm. Ich bin dieser leuchtende Wind, all das Licht, jede Melodie und dennoch nur ein Funke im Feuer dieser alles verzehrenden Liebe. Dennoch nehme ich mich als Individuum wahr, genauso wie den Grünen Gott oder Bassaros an meiner Seite. Ich bin ein Lied, das seine Lichtschweife in die Schöpfung webt.

Gleichzeitig bin ich auch nichts von all dem, sondern nur ein Beobachter. Ich bin unsterblich, ewig und doch nur ein Tropfen in diesem uferlosen Meer der Liebe und Glückseligkeit.

„Eleuthereus, hast du mir einen deiner Steine übergeben?", jubelt Bassaros. „Du musst, denn sonst wäre ich jetzt nicht hier! Eleuthereus, du hast mich zu einem Gott gemacht!" An Bassaros' Licht erkenne ich, dass er noch immer bunt glüht. Er gehört noch der Schöpfung an. Sein Besuch hier ist von kurzer Dauer.

Dann stürzen wir abermals ins bodenlose Schwarz, passieren das Regenbogenportal und liegen sogleich wieder übereinander in Amis Bett.

„Wie hast du das gemacht?", starrt mich Saro mit glänzenden und sehr verklärten Augen an. „Wir haben den Rand der Schöpfung überschritten. Du hast die Krone der Schöpfung hinter dir zurückgelassen. Warum?"

„Denke darüber nach! Diese Vision war unser beider Test."

„Ami trägt den Amethysten wirklich nicht in sich", stammelt er.

Ich schüttle meinen Kopf. „Lass ihn leben!"

„Ich wollte ihm niemals etwas antun", flüstert Saro noch immer mit diesem verklärten Blick und entrückt von den Wundern, die er mit mir zusammen erlebt hatte. „Ich liebe Ami wirklich! Ich wollte nur die Krone der Schöpfung wieder heilen."

„Die Krone der Schöpfung ist die Summe all deiner Erfahrungen! Du hast es bezeugt! Wer immer nach den sechs Steinen lechzt – und ich weiß, dass du weißt, wer das ist – dann kannst du ihm berichten, was damit geschehen ist. Ich habe sie nicht mehr, wie auch keiner von uns Dionysos-Kandidaten."

„Warum hast du das getan? Du hättest ein sehr mächtiger Gott werden können!"

„Warum sollte ich das wollen?"

Saro zwinkert mir zu, als ob ich scherzen würde. „Ja, klar doch!"

Ich küsse ihn auf seine Stirn und lasse ihn endlich los. Saro ist jetzt keine Gefahr mehr für Ami. Er ist über das violette Licht hinausgegangen und hat eine Ahnung davon bekommen, wie sich die reine Liebe anfühlt. Er hat die Tests der Welten der Schöpfung noch nicht bestanden, doch er kennt jetzt das Ziel. Saro ist nicht mehr der Gleiche, der er vor einer Stunde noch war. Genauso wenig wie ich!

„Ich muss leider los", verlasse ich frisch rasiert Saros Bett. „Orthos will mich zum Laufen treffen. Henry schob mir nach dem Frühstück einen Zettel von ihm zu. Lehne ich ab, ahnt er und die fünf Dunklen, dass wir sie erkannt haben. Ich muss mehr über ihre Absichten rausfinden?“

„Sei vorsichtig! Ich traue diesem Afroasiaten nicht.“

„Ich auch nicht. Doch wir sind nur zu zweit. Mit einem der Fünfen alleine nehme ich es schon auf. Orthos wird mich nicht töten können!“ – hoffe ich!

Das Angebot

Orthos wartet auf mich beim Torbogen beim Eingang ins Camp-Telesterion. Er trägt wieder einen seiner Spandex-Bodys.

„Illu!“, begrüßt mich der Dunkelhäutige mit dem schmal zurechtgestutzten Captain Jack Bart. Das schrille Pink seines Ganzkörper-Bodys kann wirklich nur an einem Dunkelhäutigen gut aussehen. „Willst du nackt und barfuß laufen? Der Weg zum Strand und später die Küste entlang ist kein Spaziergang.“

„Ich bin Nudist!“, winke ich ab.

„Wie du meinst!“

„Wo geht’s hin?“ Ich checke den Triathlet genauso ungeniert ab, wie er mich. Orthos, der Aufrechte oder der Phallische, passt wortwörtlich zu Long Soh-Tro.

Als er meine Blicke bemerkt, grinst er schief. „Wir alle verkörpern einen Fruchtbarkeitsgott.“ Damit ist alles gesagt! Orthos läuft über den Pfad Richtung Strand voraus. Inzwischen ist der Weg durch den Regenwald und über die Felsen besser erkennbar als bei meiner Ankunft hier, denn die Reifenspuren der diversen Wagen haben sich in den feuchten Stellen des roten Bodens tief eingegraben.

Orthos ist ein geübter Läufer. Zumindest diese Rolle ist keine Lüge. Mit seinen langen Beinen in seinen Turnschuhen muss ich mich richtig anstrengen, mit ihm Schritt zu halten.

„Ich kenne eine Bucht in Richtung *Kipahulu*. Ich laufe die Strecke täglich und schwimme dort bis zu einer kleinen Insel raus. Lust?“

„Cool! Ja! Bist du schon lange auf den Inseln?“, beginne ich mit meinem Verhör und versuche dabei möglichst desinteressiert zu klingen, während ich es schaffe, mit ihm Schritt zu halten.

„Seit drei Wochen. Ich wohnte bei Dendrites.“ Offensichtlich hörte Orthos von Koshs Outing und benutzt Detective Ric's richtigen Namen – falls es sowas wie richtige Namen überhaupt gibt!

„Privat? Ich dachte, Dendrites kommt aus Sydney?"

„Kommt er auch! Wir teilten uns ein Zimmer im Hyatt Hotel am *Waikiki Beach*."

„Ich hörte von diesem Hotel."

„Dort wurde der Chinesenjunge ermordet!", spricht es Orthos aus. „Dort endete das alte Leben des Tung Shin-kai."

„Nicht nur sein altes Leben", gebe ich zu bedenken. „Tung Shin-kai ist tot, egal wie du sein bisheriges Leben bezeichnest."

Danach schweigen wir. Auch wenn ich ahne, dass ich hier mit einem Mörder zusammen trainiere, so fühlt sich das nackte Laufen der Küste entgegen dennoch gut an. Wie weit es vom Camp bis zur ersten Abzweigung direkt an den Strand ist, wird mir erst jetzt so richtig bewusst, als wir dafür zwanzig Minuten brauchen. Von hier aus kann ich die Bucht sehen, in der uns vor wenigen Tagen Adriany fotografiert hatte. Wir lassen diese Bucht bestimmt drei oder vier weitere Meilen hinter uns zurück. Als wir am Ziel ankommen und über einen steilen Pfad in eine kleine Bucht klettern, bin ich schweißgebadet und ersehne den täglichen Regen oder eine Abkühlung in den Wellen herbei.

Tiefschwarz ist der Sand in der Bucht. Durch die Wolken, die sich immer dichter über uns zusammen ziehen, wirkt auch der Ozean düster. Kaum am Wasser zieht sich Orthos sein Spandex-Body aus und taucht von einem der Felsen in den Ozean ein. Ohne auf mich zu warten, krault er weit in die offene See hinaus.

Erst als ich ihm bestimmt hundert Meter nachgeschwommen bin, überkommt mich Panik. Unsicher blicke ich mich immer häufiger um, ob sich mir Haie nähern. Diese Angst habe ich noch längst nicht aufgelöst, weshalb ich rasch zurück ans Ufer schwimme, um im seichteren Wasser zu plantschen. Über mir ist der Himmel inzwischen schwarz geworden und der Wind fegt in der Nähe durch die Palmen und andere Bäume. Das zu erwartende Gewitter wird kein kurzer Regenschauer, sondern könnte zu einem Sturm anwachsen. Um mich davor aufzuwärmen, lege ich mich auf einen der flacheren Felsen, der noch die Morgenhitze gespeichert hat, um auf Orthos' Rückkehr zu warten. Doch vom Dunkelhäutigen ist in der aufgewühlten See nichts zu erkennen. Ob ihn Haie gefressen haben?

Immer höher spritzt die Gischt bis mir Salzwassertropfen übers Gesicht sickern. Im Osten zucken erste Blitze in den Ozean, während gleichzeitig im

Westen die Sonne durch einen lichten Nebel geheimnisvoll und unwirklich hell leuchtet. Noch ist es in unserer Bucht relativ friedlich. Die ungewöhnliche Stimmung widerspiegelt meinen eigenen Zustand; auch ich befinde mich im Zentrum zwischen Gut und Böse, zwischen Leben und Tod.

„Schätzchen!“ Ich wirble herum. Hinter mir, am Eingang zu einer Höhle, die ich bisher vollkommen übersehen habe, steht Dendrites. „Kommst du freiwillig oder soll ich dich holen?“

„Willst du uns abermals ausspionieren?“, fordert Tony zu wissen und tritt neben Dendrites ganz aus der Höhle, die seine Gestalt gerade noch in ihrem Schatten verborgen hatte. Er rückt sich seine dicke Hornbrille zurecht.

„Lass ihn in Ruhe!“, schiebt sich Dendrites an ihm vorbei in meine Richtung. „Mein Sweety sucht mich!“ Bei jedem Schritt auf mich zu, knöpft er sich Knöpfe seines Hemds auf, streift es schließlich ab und macht sich danach an seiner dunklen Hose zu schaffen. „Ich versprach dir, dich zu ficken. Bist du deshalb hierher gekommen?“ Er lacht, als ob er etwas unglaublich Komisches gesagt hätte. Dann fällt seine Hose.

„Ich bin mit Orthos hier!“, zeige ich aufs schwarze Wasser, indem weit draußen abermals Blitze einschlagen. Erst als eines dieser Lichter den schwarz glänzenden Leib von Orthos, der zwischen Lavablöcken aus dem Ozean steigt, erhellt, erkenne ich ihn. Er hätte sich mir ungesehen nähern können, um mich hier in dieser Bucht, weit weg vom Camp und von Zeugen, zu erdrosseln. Sein grimmiger Gesichtsausdruck auf Dendrites‘ Erscheinen verrät mir seine Enttäuschung. Wollte er mich vorhin schon im Ozean ersäufen? Der dunkelhäutige Körper des Afroasiaten perlt vom Wasser und seine Silhouette wird immer wieder von den Blitzen gespenstisch beleuchtet.

„Stehst wohl auf gutbestückte Kerle“, lacht Dendrites und klingt wieder wie ächzendes Holz. Breitbeinig kommt er weiter auf mich zu und krault sich mit seiner linken Hand im dichten Brustfell. „Orthos!“, knurrt er den Athleten an, „dieses Schätzchen gehört mir! Erst wenn ich mit ihm fertig bin, kannst du ...“

„Ich hoffte“, folge ich einem Impuls, die beiden gegeneinander aufzubringen, „dass Orthos mich hier an den einsamen Strand führte, um mich zu ...“ Besser sie halten mich für einen sexhungrigen Deppen, als für einen Spion.

„Ficken?“, beendet Dendrites den Satz. „Schätzchen, du gehörst mir! Orthos“, türmt sich der haarige Typ vor dem Sportlichen auf, „das Bodybuilder-Früchtchen gehört mir!“

Ein Donner übertönt die Wellen, die sich immer heftiger an den Lava-

Felsen brechen. In wenigen Augenblicken wird es heftig regnen. Tony lehnt noch immer am Höhleneingang und grinst feist vor sich hin, während Dendrites sich seinen breiten Mund leckt und Orthos etwas aufhebt, dass die Flut angespült haben könnte. Als ich erkenne, was es ist, klettere ich von meinem Fels und laufe auf Orthos zu, um ihm die feuerrote Seerose abzunehmen.

„Dein Liebchen steht auf Blumen!“, lacht Orthos verachtend und überreicht mir die riesige Blüte. „Hier für dich, Blumenkind!“

Ich grabsche nach der feuerroten Seerose und halte sie mir vors Gesicht. *Der Duft der Seerose erlöst dein Erbe. Nur Mutige atmen die rote Unschuld. Der Duft der Seerose ist nur der Anfang. Ihr Geruch wird dich aber nur einmal retten. Mehr Hilfe kann ich dir nicht geben, ohne deine Gegner damit zu benachteiligen.* Ob der Moment gekommen ist, vor dem mich die Muse Klio warnte? Verzweifelt inhaliere ich den Duft. Ich kann nicht mit Sicherheit sagen, ob ich wirklich etwas anderes als Salzwasser rieche, doch ich fühle mich mit der Blume in meiner Hand stärker. Ob wirklich Magie in dieser Seerose steckt oder ob die Gewissheit, dass mich eine Muse unterstützt, ermutigt, ist mir einerlei. Es funktioniert! Die drei Schatten ängstigen mich nicht mehr. All meine Sinne sind erwacht. Ich verharre tief in mir selbst, um im richtigen Moment vorzuschnellen, um zu handeln.

„Ist er nicht süß, unser immer nackter House-Keeper?“, säuselt jetzt auch noch die Stimme von Kiss. Mit Zac zusammen verlässt auch der Surfer Champion die Höhle hinter Tony. Fünf gegen einen. Meine Chancen haben sich gerade enorm verschlechtert.

„Komm endlich her!“, lichtet sich Dendrites’ Miene, als ich ihn kurz ansehe. „Setz dich auf meinen Schoss, meine geile Stute!“

Für den Moment nehme ich es ihm tatsächlich ab, dass er mich begehrt und sogar mag. Ich muss mich jetzt entweder ihm oder Orthos nähern, ansonsten erwecke ich ihr Misstrauen. „Leute“, sehe ich abwechselnd von einem zum anderen, „ich soll weder mit den Lehrern noch mit den Studenten Sex haben. So steht es in den Hausregeln für Angestellte“, lüge ich.

Da Kiss nickt, muss ich richtig geraten haben.

„Ich bin weder ein Lehrer noch ein Student“, lacht Dendrites.

Zac mustert mich mit seinen giftgrünen Augen und kommt ebenfalls auf mich zu. Er krault sich im Ziegenbärtchen. In der aufkommenden Dunkelheit des anrollenden Sturms erinnert er mich einmal mehr an den kindlichen Typ aus meinem Albtraum.

„Bekennst du dich zu uns?“, fragt mich Tony, der ebenfalls durch den schwarzen Sand schlurft.

„Was bedeutet das?“, stelle ich mich dumm.

„Damals bist du uns entwischt. Damals hattest du Verbündete, die das Ritual gestört haben. Heute“, sieht sich Tony um, „wird dich keiner retten.“

„Wo hast du sie?“, stellt sich Orthos neben mich und legt mir kumpelhaft seinen rechten Arm um die Hüften. Ich fühle seine Kraft und seine unterdrückte Wut.

„Was denn?“, sehe von ihm zu Dendrites, als ob ich mich nicht entscheiden könnte, wer von beiden mich mehr anmacht.

„Die alte Macht, die du damals befreit hast!“, sieht Zac jetzt vor mir stehend zu mir hoch. „Ich habe jeden Dionysos-Kandidaten getestet und mich jedem der Studenten an den Hals geworfen, um in seine Seele zu blicken. Du und Asterios seid mir immer entwischt. Nur in Os leuchtete die Macht eines der alten Götter, wie ebenso kurz in Kosh. Os war bereit, mir seine Macht zu übergeben. Er war mir willenlos ausgeliefert, bis du dazwischen getreten bist!“ Zacs Stimme überschlägt sich kurz. Er ist stinksauer. „Seither ist Os ausgebrannt. Wo hast du das versteckt, was du Os gestohlen hast?“

„Ich habe Os nichts gestohlen“, plappere ich und weiche Zacs Blicken aus, um weiter den Trottel zu mimen. „Ich war nur eifersüchtig, als du ihn mir weggeschnappt hast. Os und ich haben oft rumgemacht und ...“

„Schätzchen“, lächelt mich Dendrites wieder verliebt an, „vergiss den Quarterback! Jetzt hast du mich!“

„Wirklich?“, rolle ich mit meinen Augen und himmle ihn an. Der Quadratschädel kauft mir tatsächlich ab, dass ich auf ihn fliege. Sofort stellt er sich besitzergreifend auf meine andere Seite und wehrt Orthos ab, der mich noch immer an sich presst.

„Dieser haarlose Bodybuilder ist mein Spielzeug!“ Um seinen Worten mehr Gewicht zu verleihen, packt Dentrites‘ linke Pranke nach meinem Penis, um ihn grob zu streicheln. „Liebchen, was ist los?“, packt er noch härter zu. „Gestern warst du so geil, kaum dass du mich vor meiner Hütte gesehen hast.“ Krampfhaft versucht der Haarige weiter meine Lust zu wecken. Vergeblich! Er packt mit beiden Händen nach meinen Hüften und zieht mich dicht vor sich, während seine Rechte von hinten zwischen meine Backen wandert, um mit seinen Fingern zu bohren.

„Nicht hier!“, winde ich mich aus seinen Armen und spiele die ungeküsste Jungfrau. „Es wird gleich regnen!“

„Fick ihn!“, befiehlt Zac. „Nutze deine Macht, um ihn zu pfählen. Mach ihn dir gefügig!“

„Meine Macht wirkt anders als deine!“, winkt Dendrites ab.

Neugierig mustere ich Zac. Hat der Ziegenbock Os deshalb so hart rangenommen? Glaubt er in einer physischen Verschmelzung den Willen seines Opfers zu brechen? Tat ich vorhin mit Saro nicht das Gleiche? Auch ich band Saro durch Sex an mich.

„Long Sho-Tro", spreche ich den Afroasiaten an, „ist es dir recht, wenn ich erst Dendrites ranlasse?"

„Nenne mich Orthos! Und nein!" Dann packt er nach meinem Kopf und drückt ihn mir runter auf seinen riesigen Penis. Tausend Gedanken rasen durch meinen Kopf, doch keiner taugt als Fluchtversuch, Dendrites bringt sich hinter mir in Stellung.

„Wo hast du die Steine versteckt?", zischt jetzt Tonys Stimme.

„WAS?" Ich versuche mich aus den Griffen der beiden Vergewaltiger zu entwinden. „Welche Steine?"

„Die Steine aus der Krone der Schöpfung! Du versteckst sie seit dem Untergang des alten Reiches. Wo hast du sie?" Jetzt packt der Namibier nach meinen Händen. Sein Griff fühlt sich wie brennende Handschellen an, die mich bewegungsunfähiger machen. Tonys Strebergesicht ist zur Fratze aus einem Horrorfilm geworden.

„Alter", schüttle ich meinen Kopf und weiche mit meinem Mund Orthos' Penis aus, „von was redest du?"

Fordernd bohrt sich ein Finger tief in mich rein. Augenblicklich bäume ich meinen Oberleib und schüttle Orthos und Tony ab. Glaubhaft den sexhungrigen Deppen spielend, schmiege ich mich in Dendrites' behaarte Arme, die mich sofort sehr viel zärtlicher umgarnen und mich gegen die beiden Konkurrenten abschirmen.

„Deine Dionysos-Kumpels magst du täuschen, doch ich bin weder ein liebestrunkener Lustknabe noch ein vertrottelter Hula-Tänzer", schreit mich jetzt Kiss an. „Wo sind die Steine?"

„Fick mich!", flüstere ich Dendrites zu, dass der sofort besitzergreifend Kiss abwimmelt. Dendrites mag mich wirklich oder seine Lust hat ihn voll im Griff. Lust ist seine Schwachstelle, genauso wie die von Os. Gelingt es mir, diesen Baum auf meine Seite zu ziehen, finde ich vielleicht doch noch einen Fluchtweg.

„Wir alle teilten die gleiche Vision", belehrt mich Tony. „Wir haben mit dir und Kosh zusammen die Schwelle in die Vergangenheit überschritten. Du hast die Krone der Schöpfung von ihrem Sockel geholt. Du hast als vorlautes Prinzlein in einem früheren Leben das alte Siegel zerbrochen."

Abermals packt Orthos nach meinem Genick und schiebt meinen Kopf tiefer. „Hab dich nicht so“, stellt er sich breitbeiniger.

„Detective Ric!“, appelliere ich an Dendrites’ Tarnidentität, „ich will nur dich! Ich will einen echten Detective!“ Um meine Worte zu unterstreichen, biete ich ihm willig meinen Hintern an. Sofort befreit mich der Baum aus Orthos’ Würgegriff. Als ich mich wieder aufstellen kann, wird Dendrites fordernder.

„Leute!“, sehe ich von Orthos zu Tony, und von Kiss zu Zac. „Was sich einem Dionysos-Kandidaten jenseits des Regenbogens zeigt, sind Prüfungen, Tests und vielleicht auch Erinnerungen an frühere Leben. Doch all das ist vergangen, symbolisch zu verstehen oder einfach ein Gleichnis, um das Göttliche in uns zu begreifen“, würge ich hervor.

„Wir alle haben beobachtet, wie Kosh den violetten Stein aufgehoben hat. Wir bezeugten zudem, wie du zuvor das Grün und danach Asterios das Gelb in sich absorbiert hatte. Doch sowohl Kosh, wie auch Asterios hast du bestohlen. Gierig hast du alles für dich selbst beansprucht. “

„Ihr seid vollkommen verrückt!“, schmiege ich mich weiter in diese abstoßende Umarmung des Baums. Ich darf ihn als meinen unfreiwilligen Beschützer nicht verlieren. Seine Hände fühlen sich wie Schraubstöcke, Bohrmaschinen und Zangen auf meinem Körper an, dennoch wehre ich ihn nicht ab. Ich fühle wie meine eigene Macht sich in mir aufbaut, doch ich will mich ihnen nicht offenbaren. Besser sie schätzen mich falsch ein. Allein habe ich gegen die fünf Schatten keine Chance. Gelingt es mir, Dendrites zu der Höhle zu locken, kann ich mich vielleicht darin verstecken.

„Kosh verbarg einen Rest der violetten Macht im blonden Schwachkopf, der hier in Tangas rumläuft“, zischt die afroamerikanische Giftschlange.

„Ami ist kein Schwachkopf!“, verteidige ich meinen Kumpel.

„Hätte Kosh nicht so gehandelt, wäre dein Krauskopf jetzt tot.“

„Das violette Licht hat Amis Geist geweckt, bevor er sich ins Koma zurückziehen konnte?“, spreche ich meine Vermutung aus.

„Schätzchen, du willst noch ein Schwätzchen führen, bevor ich dich durchknalle?“, schiebt Dendrites seinen Penis in Position.

„Das war doch nicht real?“, werfe ich ein und fühle, wie Panik in mir hochsteigt.

„Der Krauskopf war in Kiss‘ Zimmer und hat da etwas gesehen, was er nicht hätte sehen dürfen“, verrät mir Zac. „Kiss hat ihn hypnotisiert. Leider missglückten danach beide Attentate auf ihn.“

„Ihr habt versucht, Ami zu töten?“

„Ich folgte euch damals in euer sogenanntes geheimes Tal“, grinst Kiss.

„Der blonde Lockenkopf ist so leicht zu manipulieren. Weder du noch Asterios haben mich bemerkt, als ich ihn schubste. Ihr seid alle so blind und so taub! Eine Schande, dass Dionysos euch zu Kandidaten erhoben hat!", spuckt der sonst immer lächelnde Surfer Champion angewidert in den Sand. „Schon damals auf dem Schiff ..."

„Du wolltest mich dem Weißen Hai verfüttern?", winde ich mich in Dendrites' Armen, doch nur so, dass er keinen Verdacht erweckt und es ebenso als lustvolles Anschmiegen angesehen werden könnte. Ich kann ihn nicht abwimmeln.

„Schätzchen, sträube dich nicht so!", packt er mich trotzdem fester und optimiert dabei meine Stellung für seine Absicht. „Es ist ein Wettbewerb! Natürlich mussten wir versuchen, einige von euch auszuschalten!", lallt mir Dendrites ins Ohr.

„Beim bulligen Idioten war das beinahe zu leicht", winkt Zac ab. „Bei dir wird es schwieriger. Doch sobald Dendrites deine Aura durchstoßen hat, bist du genauso weich im Hirn, wie Os."

Durch ihr Quatschen und ihre Prahlerei abgelenkt, befreie ich mich aus dem festen Griff und drehe mich zu Dendrites um.

„Schätzchen?", lächelt er mich verliebt an. „Was ist los?"

„Es regnet gleich. In der Höhle kannst du mich ..."

Dendrites' Miene hellt sich sofort auf und glüht vor Lust. Er starrt zum Ozean über dem inzwischen hunderte von Blitzen einschlagen und sich immer schneller der Küste nähern.

„Ich habe die Steine an einem sicheren Ort versteckt!", verrate ich den vier anderen Zurajir.

„Wo?", fährt mich Zac an.

„Ich verrate es euch nur, wenn ihr mich in euren Kreis aufnehmt. Nur sechs werden überleben, was auf uns zukommt. Das prophezeite mir eine Muse. Ich will zu den Siegern gehören."

„Du verrätst deine Freunde?", mustert mich Tony misstrauisch.

„Dendrites benannte es: Es ist ein Wettbewerb! Alle Mittel sind erlaubt, wenn es darum geht zu gewinnen. Leute, ich will leben und meine Macht endlich erwecken. Ihr scheint zu wissen, wie es funktioniert!"

„Das ist mein Liebchen!", küsst mich der Quadratschädel auf den Nacken. Gierig legt er abermals seinen Arm um meine Hüften und schiebt mich durch den schwarzen Sand zum Höhleneingang.

„Glaubt ihr ihm?", fragt Tony.

„Vertraust du diesem Trottel etwa?", winkt Zac ab.

„Illu ist nur ein harmloser Nudist. Er ist zu dumm, uns übers Ohr zu hauen!“, flüstert wieder Tony. „Ich traue ihm nicht, doch er ist der Einzige, der Kenntnis über den Verbleib der Steine hat. Wir brauchen ihn.“

„Er fliegt offensichtlich wirklich auf Dendrites“, sieht Kiss uns nach. Dass ich jedes ihrer Worte verstehen kann, schert keinen dieser vier finsteren Gestalten. „Hat der ihn erst fest in seinem Griff, dringe ich in seinen Geist ein und hypnotisiere ihn“, verrät Kiss und hat wieder sein Dauerlächeln aufgesetzt. Als auch Orthos mit Kopfnicken zustimmt, führt mich Dendrites glücklich, mich gleich ganz zu besitzen, zum Eingang der Höhle. Inzwischen hat der Regen eingesetzt, der Donner wird lauter und die Blitze schlagen immer zahlreicher vor der kleinen Bucht ein.

„Wo führt die Höhle hin?“, schmiege ich mich in Dendrites‘ Arme, als ob ich es kaum noch erwarten könnte, mich ihm hinzugeben. Um den Baum noch weiter von meiner Entschlossenheit zu überzeugen, fasse ich nach seinem Hintern, um das Fell dort zu kraulen. Es kostet mich alle Überwindung, doch ich lasse mich sogar kurz von ihm auf den Mund küssen.

„Schätzchen“, nuschelt er danach in mein Ohr, „ich wusste vom ersten Moment an, dass wir zusammen gehören. Mit dir im Team wird es uns diesmal gelingen, die Große Mutter zu befreien und Teil ihrer Macht zu werden.“

„Lebt sie in dieser Höhle?“, säusle ich verliebt.

„Nicht nur der Regenbogen dient als Portal in eine andere Dimension, sondern auch ein Spiegel tief im Haleakala. Dieses Höhlenlabyrinth wurde vor langer Zeit durch Lavaströme erzeugt. Einige der Tunnel führen zum Spiegel, andere auf den Krater und wieder andere sogar in die Nähe des Camps und ins geheime Tal.“

„Hat sich Kiss so Zugang dahin verschafft?“, nutze ich Dendrites’ Redseligkeit aus.

„Seit dem Erdbeben sind viele Schächte wieder frei. Kiss hat die letzten Tage das Labyrinth erforscht und überall Zeichen angemalt und Fackeln montiert. Solange die an Ort und Stelle bleiben, verraten die Markierungen die Wege.“

„Voll abgefahren!“, spiele ich weiter den Trottel. „Was hältst du von diesem flachen Fels dort hinten bei den Fackeln?“, zeige ich auf einen altarartigen Stein. „Soll ich mich hinknien?“

Dendrites’ Augen blitzen vor Lust. Als ich nach seinem Penis packe, um ihn daran die letzten Schritte zum Fels zu führen, habe ich seinen letzten Widerstand gebrochen und all seine Zweifel ausgeräumt. Da die anderen noch immer vor der Höhle mögliche Strategien besprechen, bin ich mit dem

Quadratschädel kurz alleine. Flink eile ich voraus und knie mich auf den Fels, um mich ihm willig zu präsentieren. Doch bevor er mich packen kann, entwische ich ihm wieder.

„Schätzchen", packt Dendrites ins Leere, „du machst mich ganz verrückt."

„Fang mich doch! Fang mich doch!", necke ich ihn und zwinkere ihm herausfordernd zu. Ich nutze das Spiel, um die Höhle auszukundschaften. Es brennen drei Fackeln. Jede von ihnen verrät den Eingang in einen der Tunnel.

Als ich in den ersten Eingang verschwinde, ruft mich Dendrites zurück: „Nicht dort rein, Liebling! Der Schacht führt hinab zum Herz des Berges. Jeder falsche Schritt kann dich in Schächte stürzen lassen. Bleiben wir doch hier draußen!"

Vor dem zweiten der beleuchteten Eingänge ins Labyrinth, lehne ich mich keck an die Wand. „Hier?", zeige ich in den Tunnel. „Ich kann da hinten einen Stein erkennen, auf dem du mich rammen kannst!"

„Der Weg führt zum Camp, ist aber ungefährlich", lacht der bösartige Baum.

„Echt? Wir könnten uns jederzeit vom Camp aus hierher begeben, wenn wir ganz ungestört sein wollen?"

„Ja!" Dendrites beobachtet mich, wie ich lüstern an mir rumspiele, um ihn weiterhin zu täuschen.

„Und der Schacht dort?", zeige ich auf das dunkle Loch vor der dritten Fackel.

„Führt auf den Krater hoch. Auch darin gibt es Abzweigungen zum Camp. Einer dieser Ausgänge endet in der Nähe meiner Hütte auf dem zweiten Plateau."

Ich weiß alles, was ich wissen muss. Als ich die Stimmen von draußen sich uns nähern höre, ist der Moment gekommen. Ich schnappe mir die drei brennenden Fackeln, werfe eine davon weit in den Tunnel, der angeblich zum Krater hoch führt, lösche die zweite in einer Pfütze, die noch von der letzten Flut hier zurückgeblieben ist, und ducke mich mit der dritten hinter einen Fels. „Folge mir in fünf Minuten! Ich will hart und willig sein, wenn du nachkommst!"

Dendrites ruft geil geworden sein Einverständnis.

Ich ducke mich hinter einen Fels. Als der Baum in den Tunnel hineinspäht, der von der reingeworfenen Fackel beleuchtet wird, schleiche ich mich zum Eingang auf der anderen Seite und husche hinein. Hoffentlich hat mich

Dendrites nicht angelogen und dieser andere Tunnel führt wirklich zum Camp.

„Schätzchen, wo bist du?“, ruft der klobige Typ mir nach.

Ich eile so schnell ich kann durch die Dunkelheit tiefer ins Labyrinth, damit der Schein meiner Fackel von der Grotte aus nicht mehr zu sehen ist. Ob mir der Duft der Seerose Mut und Einfallsreichtum schenkte oder ob es einfach mein Adrenalin und mein Überlebenstrieb ist, kann ich nicht sagen. Vielleicht ist es auch bloß der Ekel vor diesem haarigen Monster?

„Wo ist er?“, vernehme ich aus weiter Ferne die zornige Stimme von Orthos. „Hat dich das Hasenhirn ausgetrickst? Geiler Schachkopf! In welchen der drei Schächte ist er verschwunden?“

Hoffentlich klappt meine Ablenkung! Irgendwann nach unzähligen markierten Biegungen erreiche ich den Lavakanal, der fast schnurrgerade langsam nach oben führt. Immer wieder passiere ich an der Wand befestigte Fackeln, die in neue Schächte führen, und jede von ihnen verstecke ich, um meinen Verfolgern jede Chance auf Licht zu rauben. Einige der Wegmarkierungen kann ich mit bröckeligen Steinen übermalen und sie so unkenntlich machen. Leider finde ich keine Kreide, um falsche Fährten an die Wand zu kritzeln. Zweimal passiere ich die roten Seerosen, die Adriany und Bacchus bei eigenen Höhlenerkundungen hier angebracht haben. Ich verlasse mich nur noch auf ihre Markierungen.

„Da vorne ist Licht!“ Ich vernehme nur das Echo von Tonys Stimme, das sich immer weiter wiederholt, bis es erstirbt.

Sie sind mir auf den Fersen. Ich wage es nicht, die Fackel zu löschen, denn ohne Licht und die Seerosen-Markierungen könnte ich leicht für immer im Haleakala verlorengehen. Bestimmt hundert Mal stoße ich mir meine Zehen, meinen Kopf oder schürfe mir Arme und Beine, wenn ich mich in Schächte zwänge, wenn die Stimmen meiner Verfolger sich abermals nähern. Vielleicht höre ich auch nur Echos oder schmalere Kanäle und Löcher führen mich in die Irre. Wie lange ich stetig aufwärts durch diese Lavaröhren geeilt bin, kann ich nicht sagen. Es müssen Stunden gewesen sein.

Als ich endlich verschwitzt, stinkend und schmutzig unter einem schwarz von Gewitterwolken verhangenen Himmel wieder an die Erdoberfläche gelange, sehe ich als erstes auf meine Armbanduhr. Ich war nur zwei Stunden im Vulkan-Labyrinth.

Mein Umgebungscheck ergibt, dass ich mich tatsächlich etwa hundert Meter über dem zweiten Plateau befinden muss. Vorsichtig beginne ich mit dem Abstieg durch den Regenwald, bis ich unter mir den Märchengarten und in dessen Mitte das Musenheim ausmachen kann. Es gibt diesen Geheimweg vom Camp an den Strand tatsächlich! Bestimmt haben mein sitzengelassener Vergewaltiger und die vier Verfolger den Weg zurück ins Camp längst aufgenommen. Mit Sicherheit passen sie mich im Haus auf der Klippe ab. Nach meiner Flucht muss selbst Dendrites klar geworden sein, dass ich mich niemals auf die Seite der Großen Mutter schlagen werde.

Es fängt wieder an zu regnen. Total verschmutzt wasche ich mich in einer Pfütze so gut es geht und schleiche mich erst am Musenheim, danach an Dendrites' Hütte vorbei zu der von Kane und Alain.

Es steht nichts in den Sternen

„Wie siehst du denn aus?"

„Lange Geschichte!", schiebe ich mich hastig an Kane vorbei ins Haus, als er mir nach meinem verzweifelten Anklopfen geöffnet hat. „Kann ich bei dir duschen?"

„Klar!" Kane mustert mich interessiert. „Warst du unter der Erde?", scherzt der Grafiker.

„Es gibt ein Tunnelsystem von hier oben bis zur Küste hinunter. Es sollen noch weitere Tunnel tief ins Herz des Vulkans führen."

„Ich hörte davon, doch bis jetzt hat noch niemand einen der Eingänge gefunden."

„Ich kenne zwei davon!"

„Begleitest du mich zum Observatorium auf dem Vulkan?", fragt mich Kane, als ich mich ins Badezimmer und dort unter die Dusche stelle. Da ich die Tür nicht verschloss, beobachtet er mich während meiner Waschung. „Asterios rief nach dem Mittagessen an und erkundigte sich nach dir. Ich versprach, dich hochzufahren, falls ich dich finden sollte."

„Ja, gerne!"

„Brom brachte das Mittagessen ins Observatorium und blieb gleich oben. Asterios will mit einigen von euch die Nacht im Krater verbringen, weshalb ich Schlafsäcke, Taschenlampen und anderes Campingzeug raufbringen muss."

„Camping im Krater?", frage ich sofort neugierig geworden. „Ich checke es mit Janus ab."

„Janus ist im Haupthaus. Er will dich noch sprechen, bevor wir aufbrechen. Hast du schon gegessen?"

„Ich war mit Orthos laufen!" Mehr will ich nicht verraten.

„Mit wem?"

„Long Soh-Tro. Das ist dieser Afroasiate."

„Der mit der Riesengurke, im hautengen Spandex-Body?"

„Genau der! In einer Bucht am Strand fand ich den Eingang zum Labyrinth und irrte darin herum, bis ich hier oben den Ausgang fand."

„So siehst du auch aus! Leider kannst du auf dem Haleakala nicht so rumlaufen", wandern Kanes Blicke über meinen zerschundenen Körper. „Es kann oben extrem kalt werden – vor allem nachts. Soll ich Os rufen, damit er mit Wundsalben und Pflastern hier hoch kommt?"

„Nein, schon gut! Ich habe noch genügend Salbe von meiner Handverletzung her!"

„Alain und ich haben ein paar Ideen, wie du deine Firma *Nudist-at-work* bewerben kannst. Ich kann dir die Tage unsere Konzepte vorstellen. Adriany hat jede Menge Fotos von dir zugesteuert. Er hat dich weit öfters mit der Kamera verfolgt, als du vielleicht ahnst."

„Cool! Ähm ... was? Ja, doch! Danke!"

„Hier!", reicht mir Kane ein sauberes Badetuch, als auch die letzten Spuren meiner Flucht durchs Höhlenlabyrinth verschwunden sind. Später bittet er mich, zwei Taschen zu tragen und schultert selbst drei davon. Ich ahne, dass sie einen Teil der Utensilien beinhalten, die wir zur Übernachtung auf dem Krater brauchen werden. Mit dem Camp Chauffeur an meiner Seite fühle ich mich sicher, selbst als uns auf dem Weg Orthos begegnet.

Ich grüße ihn mit Kopfnicken und versuche mir nichts anmerken zu lassen. Auch der Spandex-Typ spielt glaubhaft den Athleten, der gerade von seinem Dauerlauf zurückkommt. „Wir sehen uns im Krater!", zwinkert er mir zu.

„Ich habe den Typen noch nie ohne Erektion gesehen!", folgen Kanes lüsterne Blicke dem mörderischen Sportler.

„Der kommt auch zur Übernachtung?", wechsle ich das Thema.

„Long Soh-Tro und Detective Ric baten darum. Beide standen jedoch bereits auf Asterios' Liste", bestätigt mir Kane.

„Du weißt schon, dass weder der Afroasiate noch der haarige Australier echte Polizisten sind?"

„Sind sie nicht?", wundert sich Kane.

„Warst du gestern Abend nicht bei Janus' Ansprache und dem Vorstellen des Camp-Programms durch Kosh dabei?“

„Das erspare ich mir, wann immer es geht.“

Kane hat keine Ahnung! Während wir die Taschen bei strömendem Regen in einen der Kleinbusse verladen, kläre ich ihn auf.

„Daher weht der Wind?“, nickt Kane. „Mir kam schon einiges hier suspekt vor. Warum sollte die Polizei aus Honolulu auf der Insel Maui befugt sein und so. Sind die beiden Schauspieler?“

„So etwas in der Art!“ Mehr muss Kane nicht wissen.

Janus finde ich in der Bibliothek neben dem Sitzungszimmer im oberen Stockwerk. „Illu, es gibt Türen, die keine sind, wie es auch Portale gibt, die nicht dahin führen, wohin man möchte. Haltet zusammen. Nur als Team habt ihr eine Chance zu überleben.“

„WAS?“, drehe ich mich zu Janus um, der heute verdächtig dem Grünen Gott aus meiner jüngsten Vision ähnelt. Auch der Camp Leiter könnte jetzt durchaus bereits hundertfünfzig Jahre alt sein, wäre da nicht dieses abenteuerlustige Funkeln in seinen Augen.

„Als Hüter der Türen und Schwellen kenne ich die Zukunft und die Vergangenheit“, fährt Janus fort. „Das Erste ist immer vage und das Zweite eine reine Ansichtssache. Weder die Zukunft, noch die Vergangenheit sind das, was du annimmst. Beide sind nichts weiter als Momentaufnahmen der Fresken im Tunnel des Lebens.“

„Ich habe diese Fresken gesehen“, rutscht mir raus.

„Natürlich! Du hast bewiesen, dass du dieses Stadium deiner Schulung längst hinter dir gelassen hast. Ich habe dich zu deiner höheren Initiation begleitet. Ein Adept wird dich ab jetzt führen und lehren, denn kein Gott vermag einem Gott noch etwas beizubringen.“

Mir ist bewusst, dass ich die Krone der Schöpfung, die sinnbildlich für meine bisherigen Lektionen innerhalb der Welten der Schöpfung steht, abgenommen und zurückgelassen habe. Doch bin ich dadurch zum Grünen Gott geworden – oder zum Gelben oder zum Farblosen? Ist Janus vielleicht doch mehr, als nur ein Camp Leiter? Die Römer kannten Janus als einen der ersten Schöpfergötter überhaupt. Er war zudem der Gott der Türen und Schwellen. Janus wurde immer als ein Gott mit mindestens zwei Gesichtern abgebildet. Oft wurde er mit einem jugendlichen und einem erwachsenen bärtigen Gesicht dargestellt, wovon eines zurück und eines nach vorne schaut: in die Vergangenheit und in die Zukunft. Kann dieser oft konservativ aussehende Mann mit dem Tick immer schwarze Kniesocken zu tragen, tatsächlich eine Manifestation eines uralten Schöpfergottes sein?

„Was passiert heute Nacht?", frage ich direkt, da ich seine junge Erscheinung ausnutzen will.

„Heute Nacht entscheidet sich alles!"

„Werden wirklich sechs sterben?"

„Jeder verfolgt seine eigenen Ziele. Keiner von euch ist so weit gekommen, weil er ängstlich oder feige ist. Jeder von euch übrig gebliebenen Kandidaten trägt das Potential in sich, der nächste Dionysos-der-Gegenwart zu werden – jeder!"

„Wirst du uns begleiten?"

„Ich bin der Hüter der Schwelle. Wer das Regenbogenportal durchschreitet, ist niemals alleine", antwortet Janus zweideutig und sortiert weitere Bücher von einem Tisch ins nächste Regal ein.

„Ich erkenne viele Möglichkeiten in deiner Zukunft. Falls du heute Nacht überlebst, werden wir bald in Los Angeles zusammen arbeiten. Das Schicksal der NAWA steht nicht in den Sternen, doch es leuchtet hell in deinem Herzen."

„Du weißt davon?"

„Heute Nacht müsst ihr euch beweisen. Jetzt lauf und pack deine Sachen zusammen! Im Haus auf der Klippe wartet jemand auf dich!"

In der Küche, wo Henry Geschirr spült und Töpfe schrubbt, verspachtle ich ein Sandwich. Es ist inzwischen schon drei Uhr nachmittags und die Sonne brennt wieder heiß aus einem wolkenlosen Himmel. Das Gewitter hat sich verzogen. Ich sehe es als gutes Vorzeichen, während ich mich auf den Weg zum Haus auf der Klippe mache.

„Illu! Illu!", ruft eine Stimme von der Terrasse über die Holzbrücke auf die Klippen hinüber. Ich erkenne sie sofort und eile ihr entgegen. Es ist Ami, der von Saro auf der einen Seite und von einer Krücke auf der anderen gestützt wird. Sein rechtes Bein ist vom Oberschenkel bis zum Fuß eingebunden. Es ist ein gipserner Klumpfuß, den er sich hätte ersparen können, hätte er seine erste Lektion gelernt. Doch wer schafft schon die Prüfungen des Lebens beim ersten Durchlauf? Ich umarme den krausköpfigen blonden Hawaiianer und bin so erleichtert, dass er überlebt hat, dass mir Tränen in die Augen schießen.

„Alter, ich lebe noch! Du kannst aufhören zu flennen!", boxt mir Ami in die Seite. „Saro war schon kaum auszuhalten", fügt er mit einem Seitenblick auf seinen neuen Lover an.

Saro trägt wieder rot-grüne Klamotten und sieht erst Ami, dann auch mich verliebt an. Unser wilder Sex von heute Morgen und der Abstecher in die inneren Welten hinter dem Regenbogen haben uns wirklich einander näher gebracht. Was als Kampf begonnen hatte, endete in einer anderen Welt mit einer Initiation. Selbst wenn mich Saro in einem früheren Leben wirklich erdolcht haben sollte – das war in einem anderen Leben!

„Du musst nicht wegschauen oder so tun, als ob nichts passiert sei!", lacht plötzlich Ami auf. „Saro hat mir *alles* erzählt."

„Alles?", forsche ich in Saros Augen.

„Ami weiß, dass ich zwei Mal gekommen bin und du mich in wahre ekstatische Dimensionen geführt hast", dehnt Saro die Wahrheit und zwinkert mir verschwörerisch zu.

„Jederzeit wieder!", grinse ich.

Ami klammert sich plötzlich an Saro und fuchtelt mit seinem Krückstock, als ob er mir damit eines überbraten wollte. „Nur, wenn ich auch mitmachen darf! Saro und ich sind jetzt ein Paar!"

„Janus hatte uns bei unserer Ankunft am Torbogen erwartet", lacht Saro und muss den wackeligen Ami arg stützen. „Janus möchte unbedingt, dass wir beide", deutet Saro mit seinem Kinn auf Ami, „die heutige Nacht auf dem Krater verbringen."

„Du sollst auch auf den Vulkan hoch kommen?", gaffe ich Ami verwundert an. „Schaffst du das denn?"

„Ich muss mich noch schonen, doch irgendwie wird es schon gehen. Im Wagen ist ein zusammenklappbarer Rollstuhl für längere Strecken untergebracht. Ums Observatorium herum soll es planierte Straßen und Wege geben, die rollstuhltauglich sind."

„Illu, wir legen uns bis um acht Uhr aufs Ohr um Schlaf nachzuholen", verdreht Saro müde seine Augen. „Alain wird uns beide dann mit dem kleinen Bus auf den Haleakala hochbringen."

Nachdem ich Saro geholfen habe, Ami auszuziehen und ins Bett zu bringen, packe ich eine meiner Sporttaschen mit Kleidung für eine kühle Nacht draußen im Krater. Als auch mein Kulturbeutel und mein geheimes Tagebuch eingepackt sind, sehe ich kurz nach Saro und Ami. Die beiden schlafen Arm in Arm in Amis Zimmer.

Nach all den Tagen wieder in Jeans und Turnschuhen rumzulaufen, fühlt sich sehr seltsam an.

„Illu?", gafft mich Kane an, der nach mir am Treffpunkt auftaucht. „Ich habe dich noch nie zuvor in Kleidung gesehen. Jeans stehen dir gut. Hast du kein T-Shirt und eine Jacke dabei?“

„Ist schon alles im Bus verladen!“

Die Fahrt auf den dreitausend Meter hohen Krater dauert in einem Kleinbus demensprechend lange. Wir kommen gerade noch vor Sonnenuntergang oben an, doch wegen neuen Wolken unter uns, kann ich so gut wie nichts von der Aussicht genießen. Viel zu sehen gibt es eh kaum; hier ist alles staubig trostlos und felsig – wie in einem Krater eben. Das Observatorium ist viel größer, als ich dachte und seine weißen runden Sternen-Gucker-Augen schimmern orange im letzten Licht des Tages. Auf dem Parkplatz packe ich als erstes mein T-Shirt und die dickere Jacke aus, um mich vor der Kühle hier oben zu schützen. Nach all den Tagen im Regenwald und der Hitze des Plateaus fröstelt mich arg.

„Tagsüber ist es hier viel spannender“, zeigt Kane in die Ferne über den riesigen Krater. „Einige Stellen sind total bunt, was vom unterschiedlichen Erz- und Schwefelgehalt des Gesteins herrührt. Doch schau es dir morgen selbst an. Asterios‘ Klasse wird noch bis fast sieben Uhr in einer der Forschungsstationen im Unterricht sein. Hier habe ich noch einen Prospekt für dich, da steht einiges über Science City drin.“

Ich lese den Anfang der Broschüre: *Aufgrund der bemerkenswerten Klarheit und Trockenheit der Luft und der Höhe von über dreitausend Metern über dem Meeresspiegel eignet sich der Gipfel des Haleakala sehr gut als Standort von optischen astronomischen Instrumenten. Experten aus aller Welt kommen in den Science City genannten Komplex, wo …* „Bla-Bla-Bla!“, gebe ich Kane den Prospekt zurück. „Sicherlich wissenswert, wen’s interessiert.“

Kane lacht und sackt den Faltprospekt ein.

„Wo sind die Zelte, in denen wir übernachten werden?“, sehe ich mich um. Da das letzte Tageslicht gerade verschwindet, beleuchten nur noch die Spots des Observatoriums die Wege.

„Auf der Rückseite des Gebäudes. Dort verirren sich keine Touristen hin.“ Kane stapft in seinen Motorradstiefeln voraus. Zwischen zwei der Glubschaugen mit den Teleskopen führt ein Pfad auf die Rückseite. Zwanzig Schritte hinter dem größten Zelt brennt ein Lagerfeuer. Zwei Personen hocken auf Bänken im Gegenlicht, dass ich sie nicht erkennen kann.

„Illu?“, winkt mich Bacchus zu sich rüber.

„Yep! Was geht ab, Leute?“ Ich versuche meinen Schrecken zu schlucken, denn die zweite Person ist Zac. Der kleine Halbjapaner spielt ebenfalls den Unwissenden. In stiller Übereinkunft werden wir den Zwischenfall am

Strand nicht vor Bacchus erörtern.

„Ich mache mich auf den Rückweg. Man sieht sich!“, verabschiedet sich Kane.

„Bist du eben erst mit Kane hochgekommen?“, bietet mir Bacchus einen Platz neben sich an und gafft neugierig Kane nach. Er pafft eine seiner Haschisch-Zigaretten, dass ich mich gegen den Wind neben ihn setze.

„Viel zu kalt hier!“, hält Zac seine Hände gegen das Feuer und schlägt den Stehkragen seiner dicken Daunenjacke hoch. Sie ist ihm um Nummern zu groß, dass der kleine Halbjapaner darin noch viel schmächtiger aussieht, als er eh schon ist. „Ich glaube nicht an Sternenbilder oder an Astrologie. Wir selbst bestimmen unser Schicksal und nicht der Stand der Sterne bei unserer Geburt als die Weltkugel an ihrer Konstellation vorbeisauste! Leute echt, es steht nichts in den Sternen.“

„Asterios ließ uns vorhin ausrichten, dass er mit der Klasse nicht vor acht Uhr fertig sein wird“, winkt Bacchus ab, als ob er sich ähnliches von Zac schon den ganzen Nachmittag hatte anhören müssen. „Abendessen gibt‘s erst um halb neun im großen Zelt hinter uns“, sieht sich Bacchus gelangweilt in der Finsternis um.

„Echt voll öde hier!“, winkt Zac ab. „Wir beide wollten vorhin keine Führung durchs Observatorium und haben selbstständig etwas die Umgebung erkundet. Der Krater ist extrem groß, doch außer Steine gibt es hier nicht viel zu sehen! Ich haue mich aufs Ohr“, erklärt Zac. „Im größten Schlafzelt gibt es Feldbetten und eine Heizung.“

„War damals wirklich ein weißer Hai im Ozean?“, fragt Bacchus nach ein paar Schweigeminuten, bis der Zurajir außer Hörweite ist. Da ich nur stumm nicke, wechselt Bacchus das Thema. „Weißt du, was heute Nacht auf uns wartet?“

„Keine Ahnung! Janus sprach vom Finale. Was das bedeutet, kannst du dir denken: entweder die oder wir!“ Zum ersten Mal in all den Tagen verbringe ich wirklich Zeit mit Bacchus. Bis auf kurze Schwätzchen in kleinen Gruppen, war ich zuvor noch nie länger mit ihm alleine zusammen. Damals, als ich die Hütten abgeschliffen hatte, sprachen wir nicht zusammen, wenn wir uns auch aus der Ferne gegenseitig beobachteten.

Er rollt mit seinen Augen. „Mann, als Liebling des Big Bosses musst du doch mehr wissen?“

„Liebling des Big Bosses?“, grunze ich. „Wen meinst du?“

„Du hängst doch ständig mit Janus ab!“

„Hast du sie nicht mehr alle?“

„Ja, ja! Rege dich wieder ab! War nur ein Scherz."

„Heute Nacht muss einer von uns der neue *Dionysos-der-Gegenwart* werden. Nur jemand, der den Gott in sich realisiert, kann das Böse bannen."

„Willst du den Titel?"

„Was soll ich damit?", kontere ich und meine es ehrlich.

„Wie lange bist du schon im Training von Dionysos?", rekelt sich Bacchus auf der Bank vor dem Lagerfeuer.

„Ich hatte meine erste Traumbegegnung mit Dionysos erst vor ungefähr zwei Jahren. Du?"

„Seit ich zehn bin! Mit dem Einsetzen der Pubertät erwachte auch ein Drang nach ekstatischen Erfahrungen in mir."

„Sex?", frage ich erstaunt. „Mit zehn?"

„Ich war sehr frühreif!", grinst der Argentinier. „Ich wichste mit den älteren Schülern fast täglich nach dem Unterricht. Mit dreizehn hatte ich meinen ersten Freund und richtigen Sex. Ich begann mit zehn zu rauchen, zu haschen; und mit vierzehn schluckte ich meine ersten Pillen."

„Heftig!", checke ich den Drogendealer ab.

„Egal was ich schluckte, wie viel ich soff oder rauchte, all das Zeug wirkte bei mir nie. Warum ich es dennoch nicht lassen kann, verstehe ich selbst nicht. Vielleicht tue ich es, um meine Kundschaft bei Laune zu halten. Wie den echten Dionysos, straft auch mich Zeus – oder das Leben?", fügt Bacchus schmunzelnd an.

„Strafe?"

„Dionysos selbst war niemals ein Konsument der Laster, für die er hinhalten muss. Seine Mänaden sind Alkoholiker, Drogenabhängige und Süchtige, doch Dionysos selbst nicht."

„Ja, das ist mir bekannt", nicke ich. Dionysos' Weg ist nicht der, den seine Mänaden praktizieren. Drogen führen in kein höheres Bewusstsein, noch öffnen sie die Pforten zum Himmel. Alles Lügen! Alles Trug! Alles Illusion!"

„Alter, ich muss es wissen, ich versuchte alles!", grunzt Bacchus. „Ich hatte keine Ahnung, dass Dionysos mich erwählt hat. Oft ärgerte ich mich, dass keine Droge bei mir wirkte, denn ich hätte mich gerne mal besoffen oder zu gedröhnt, einfach um auch einmal dieses Gefühl zu erleben, von dem die anderen so schwärmten – oder klagten."

Ich höre in Bacchus' Worten Ärger und Frustration mitschwingen. Glaubt er noch heute an einen verklärten Drogen-Himmel?

Plötzlich steht er auf, kniet sich vor mich auf den Kraterboden, um durch meine Jeans meinen Penis zu küssen.

„Stehst du auf mich?“, frage ich ihn überrumpelt.

„Bringst du mich zur Stelle, wo du heute Morgen Saro schon hingeführt hast?“

„Was?“, wehre Bacchus’ Annäherungsversuche ab.

„Du hast Saro den Ort gezeigt, wo du die Krone der Schöpfung versteckt hast. Führst du mich dorthin? Saro glaubt, das gelang dir nur, weil ihr intensiven Sex zusammen hattet. Ich bin zu allem bereit, wenn du mir dafür diesen Ort zeigst.“

„Was?“, wiederhole ich und schüttle Bacchus ab, der sich an den Knöpfen meiner Jeans zu schaffen macht. „Ich habe die Krone der Schöpfung nicht versteckt! Ich habe sie zurückgelassen“, protestiere ich.

„Ja, ja!“, lächelt Bacchus und öffnet den letzten Knopf.

„Das ist mein Ernst!“

Er lässt von mir ab, kneift mir in den Oberschenkel und setzt sich neben mich. Hinter uns huscht ein Schatten davon. Lange hocke ich neben Bacchus und starre schweigend in die tanzenden Flammen. Zweimal bietet er mir eine Haschischzigarette an und beide Male lehne ich dankend ab. Wenn mir der schräge Vogel auch oft suspekt vorkam, ich kann ihm vertrauen.

Kurz vor acht Uhr tauchen Asterios, Brom, Kosh und Os auf, gefolgt von Dendrites, Orthos, Tony und Kiss. Die offene Feindschaft, die sich zwischen unseren beiden Parteien aufgebaut hat, ist körperlich spürbar. Warum wir uns nicht hier und jetzt prügeln, kann nur damit zu tun haben, weil jeder den anderen fürchtet. Keiner weiß, wie mächtig die Gegenpartei schon geworden ist. Fast zeitgleich treffen Saro und Ami mit Henry und Adriany zusammen ein. Der Koch, zusammen mit dem Mann-für-Alles, decken für uns den Tisch im größten Zelt und servieren aus diversen Töpfen und Schüsseln das Abendessen. Weil mein Mittagessen mager ausgefallen ist und die Kletterei durch das unterirdische Labyrinth meine letzten Kraftreserven aufgebraucht hat, spachtle ich für drei.

Keiner von uns hat das Verlangen außer seichtem Small Talk ein ernsthaftes Gespräch zu führen. Seit Kosh alle über unsere Spionageaktion im Baum aufgeklärt hat, sind die Fronten geklärt. Unser Anführer hat sich in einen Krieger verwandelt. Schwarze Lackstiefel mit gewaltigen Absätzen stecken in Strapsen. Statt eines Höschens trägt Kosh einen eisernen Tiefschutz und dazu einen passenden Harnisch über einem schwarzen Spitzenhemd, wie es zur Zeit der Inquisition in Spanien modisch war. Er sieht trotz der Strapse sehr gefährlich aus.

Da sitzen wir sieben Dionysos-Kandidaten, unsere Freunde und unsere Feinde: Ami, Henry und Adriany, doch ebenso vier der fünf Zurajir. Zac bleibt verschwunden. Mit ihm sind wir fünfzehn junge Männer, die unterschiedlicher kaum sein können. Würde uns das Schicksal nicht durch unsichtbare Fäden zusammenhalten, hätten wir uns bestimmt niemals getroffen. Sechs von uns werden die kommende Nacht nicht überleben.

Kaum gegessen, verziehen sich Dendrites, Orthos, Tony und Kiss in der Dunkelheit hinter dem Lagerfeuer.

„Was habt ihr Neues rausgefunden?“, fragt Asterios und trägt selbst bei dieser Kühle im Krater nur seine durchsichtigen und luftigen Leinenklamotten.

„Der Prinz zerstörte die Krone der Schöpfung und nahm die Macht der sechs Götter in sich auf!“, antwortet Kosh und sieht dabei mich an.

„Ja, ja, schon gut!“, winke ich ab. „Ich war dieser Prinz.“

Saro hatte mich angelogen; nur ich war der Prinz, keiner sonst.

„Eleuthereus hat die sechs Steine nicht mehr!“, klärt Saro die anderen auf und erzählt – ohne unseren Sex zu erwähnen – was er mit mir zusammen jenseits des Regenbogens erlebt hat.

„Findest du den Ort wieder?“, will Kosh sofort wissen.

„Ich denke schon!“, nickt Saro.

„Ihr wollt wirklich die Krone der Schöpfung neu zusammensetzen?“, schüttle ich meinen Kopf.

„Nur so können wir die Zurajir besiegen und das Portal in der schwarzen Pyramide für immer zerstören“, spricht Asterios sehr sachlich.

Da weder Ami, noch Henry oder Adriany dumme Fragen stellen, muss sie jemand über alles aufgeklärt haben. Grimmig und entschlossen, uns ins Labyrinth des Haleakala zu folgen, schleifen auch sie geistig ihre Waffen.

„Der neutralisierende Ring, der die Steine eins fasste, zerbrach damals. Ohne diesen Ring brennen uns die Göttermächte vollkommen aus!“, gebe ich zu bedenken.

„Du hast sie Jahrtausende mit dir rumgetragen“, wirft Kosh ein.

„Weil ich ihr Hüter war! Leute, ich wusste nichts von den Steinen, noch von irgendwelchen Göttermächten. Ohne dass ich es wollte, bürdete mir das Schicksal das Erbe der Tat-Tsok auf. Die Tat-Tsok waren immer die Hüter der Krone der Schöpfung. Doch ich bin kein Tat-Tsok mehr. Ich habe mein Schicksal aufgelöst. Muss ich wirklich nochmals zurück ans Ende der Welten der Schöpfung, um die sechs Steine wieder aufzusammeln? Mann, werde ich mein altes Karma denn niemals los?“

„Sowohl das Licht wie der Schatten sind wieder aufgestanden. Wir müssen was tun!“, bringt sich ausgerechnet Ami ein. „Kiss hat versucht, mich zweimal zu töten. Das zahle ich diesem dämlich grinsenden Schwachkopf heim!“

„Ich hole die Steine!“, spricht Saro sehr ernst und entschlossen.

„Nur wer zum Dionysos-der-Gegenwart wird, kann die Göttermächte ertragen, ohne von ihnen korrumpiert oder vernichtet zu werden. Wer hat die letzte Prüfung bestanden?“ Wieder ist es Kosh, der die Sachlage abwägt.

„Er!“, zeigt Saro auf mich. „Illu war in der ersten Welt des Seins. Janus hat ihn in die göttlichen Mysterien initiiert.“

„Was?“, gaffe ich Saro verwirrt an. „Das war eine ...“

„Es war deine Initiation!“, winkt Saro ab. „Du hast den Thron bestiegen.“

„Nein!“, winke ich ab. „Niemals!“ Meine Hoffnung, die heutige Nacht zu überleben, hat sich zerschlagen. Ich werde die Göttermächte gegen das Erwachen des uralten Schreckens einsetzen müssen. Alle zählen auf mich. Mein Opfer wird die Große Mutter und ihre fünf Zurajirs hoffentlich abermals wieder für Jahrtausende bannen. Brom mit Henry an seiner Seite, Saro mit Ami im Rollstuhl und Bacchus mit Adriany wirken wie uralte Krieger. Noch nie zuvor habe ich die drei Paare so zärtlich als Einheiten wahrgenommen. Ob ich und Seth auch ein solches Gespann abgeben? Asterios, Kosh und Os blicken aber genauso todesverachtend. Auch sie sind zu allem bereit. Wahrscheinlich spürt jeder von ihnen, dass die nächsten Stunden unser aller Schicksal bestimmen werden.

„Einer für alle! Alle für einen!“, streckt Ami seine Hand vor sich. Erst jetzt fällt mir auf, dass wir eng im Kreis beisammen stehen. Als wir zögern, erhebt er sich aus dem Rollstuhl und lässt sich von Saro stützen. „Leute!“, sieht er uns einzeln an. „Ich bin kein Dionysos-Kandidat, doch niemals lasse ich zu, dass Saro“, stupst er seinen Lover an, „oder irgendeinem von euch etwas zustößt. Kapiert?“

Kosh rafft seine Haltung und streckt seine Hand aus, um sie auf Amis noch immer ausgestreckte zu legen. „Die fünf Zurajir zogen gegen Osten ab. Verfolgen wir sie?“

„JA!“, brüllen wir im Chor.

„Ein Team?“, fragt uns Kosh.

Sofort streckt jeder seine rechte Hand ins Zentrum, um den Pakt zu besiegeln.

Die letzte Prüfung

Saro rollt Ami im Rollstuhl vor sich her und wir andern schwärmen aus, um die Fährte der fünf dunklen Priester aufzunehmen. Doch da einer von ihnen in der Ferne eine Zigarette angezündet hat, verrät das schwache Glimmen ihre Position.

„Entweder locken sie uns absichtlich in eine Falle oder sie sind dämlicher als sie aussehen!", knurrt Bacchus, dem Kosh das Rauchen verboten hat.

Nach bestimmt einem einstündigen Fußmarsch einem der Wege durch den Krater folgend, zweigen die fünf Zurajir in Richtung Kraterwand ab. Über uns leuchtet der Vollmond in sternenklarer Nacht, dass sich unsere Augen auch ohne Taschenlampen ganz gut an die Finsternis gewöhnt haben. Natürlich hat auch jeder eine Taschenlampe eingesteckt, doch wir wollen unsere Position nicht durch Scheinwerfer verraten. Abwechselnd stützen wir Ami, als wir weiter quer Feld ein über die Felsen klettern und den Rollstuhl zurücklassen müssen.

„Kann einer von euch das Pack noch sehen?", flüstert Os so leise wie möglich.

„Sie verschwanden dort in der Schlucht!", zeigt Brom nach links und spricht zum ersten Mal, seit ich ihn kenne, so leise, dass ich ihn kaum hören kann.

„Da gibt es einen der Schächte ins Labyrinth!", bringt sich Adriany ein. „Als Bacchus und ich zum ersten Mal hier oben diesen neuen Eingang entdeckten, endete er aber nach wenigen Biegungen."

Zwischen den Felsen angekommen, entdecken wir den Eingang zum Höhlenlabyrinth.

„Leute", instruiere ich meine Freunde, „knipst die Taschenlampen an. Dendrites verriet mir am Strand, dass einer der neuen Schächte hier hoch führt. Da die Zurajir diesen Eingang wählen, muss er nach dem zweiten Erdbeben", stupse ich Os in die Seite, dass er seine Kuhaugen verdreht, „jetzt frei sein."

„Es sind Lavaschächte", erklärt Adriany. „Bestimmt führt ein neuer zum Portal."

„Die Fünf planen von dort in die schwarze Pyramide überzuwechseln, um das zu vollenden, was vor Jahrtausenden missglückt ist", nickt Kosh, dessen Brustpanzer und Tiefschutz im Mondschein seltsam matt glänzt.

Wie lang wir immer tiefer in den Krater hinabsteigen, lässt sich nur auf den rasch wandernden Zeigern unserer Armbanduhren ablesen. Auch wenn angeblich zwei Stunden vergangen sein sollten, so kommt es keinem von uns so vor. Zu sehen gibt es nichts Nennenswertes. Lava ist schwarz und bleibt es auch noch nach endlosem Abstieg. Unsere Nerven sind zum Zerreißen gespannt und bei jedem Tropfen, der irgendwo von einer Decke in eine Pfütze fällt, zucken wir zusammen.

Endlich erkennen wir vor uns fünf Lichter – Taschenlampen.

Da eh keiner von uns auch nur ein Wort während des Abstieges gesprochen hat, tun wir es auch jetzt nicht. Wortlos in Zeichensprache tauschen wir uns aus. Als vor uns ein Wasserfall den Weg versperrt, strecke ich meine Hand aus. Das Wasser ist kein Wasser, sondern eine Illusion.

„Das muss der Durchgang in die andere Welt sein", nuschle ich jedem einzeln direkt in die Ohrmuschel. „Das ist ein Kraftfeld, ein Spiegel oder ein Portal. Es funktioniert wie der Regenbogen."

Kosh durchschreitet es als erster und verschwindet vor unseren Augen.

„Cool!", entfährt es Henry, der offensichtlich in seinen Träumen keine vergleichbaren Erfahrungen sammeln konnte. Als er den Schritt wagt, quietscht er erschreckt auf und erreicht nass die andere Seite des Wasserfalls. „Leute!", sieht er durch das Wasser hindurch zu uns zurück. „Bei mir funktioniert es nicht!" Mit Anlauf kehrt er zu uns zurück, prustet und schüttelt sich das Wasser aus den zotteligen Haaren. „Es ist doch ganz gewöhnliches Wasser!"

„Versuchst du es?", zeigt Brom auf Adriany.

Auch er kehrt kurz darauf nass von der anderen Seite zurück.

„Was jetzt?", sieht mich Ami total enttäuscht an, dass er das letzte Stück nicht mitkommen kann. „Ich bin genauso wie Henry und Adriany kein Dionysos-Kandidat. Ich werde nur nass."

„Bewacht den Rückweg!", instruiert Os und durchschreitet den Wasserfall als nächster. Er bleibt verschwunden.

„Offensichtlich ist unser Os doch noch einer von uns", erklärt Brom, was eh offensichtlich scheint.

Plötzlich drückt ihn Henry an sich. „Wehe, du kehrst nicht zurück! Du hast mir versprochen, mich Hula zu lehren!" Verliebt blicken sich die beiden lange in die Augen.

Auch Saro nimmt von Ami Abschied und Adriany von Bacchus.

Um vor Rührung nicht zu weinen, durchquere ich als nächster den Wasserfall und finde mich neben Os und Kosh auf der anderen Seite wieder. Nur ist es nicht die Fortsetzung des Tunnels, sondern der Eingang in eine Art Kuppel mit gewaltigen Ausmaßen. Os zerrt mich hinter einen Fels und hält mir seine Hand vor den Mund, damit ich uns nicht mit Worten verrate. Im Zentrum dieses Gewölbes stehen Zac, Dendrites, Orthos, Chtonios und Kissios, alle nackt, einer etwa anderthalb Meter hohen schwarzen Pyramide zugewandt.

„Ich war schon hier", nuschle ich Kosh ins Ohr. Er nickt, als ob er das wüsste oder als ob auch er schon hier gewesen wäre.

Bacchus, Asterios und Brom werden alle gleich, wie ich empfangen. Jedes Mal stürzt sich sofort einer von uns anderen auf den Ankömmling, hält ihm die Hand vor den Mund und zieht ihn in Deckung.

Wo ist Saro?, erkundigt sich Kosh in Zeichensprache. Der Indio-Mexikaner ist uns nicht gefolgt.

Was jetzt?, verdrehe ich meine Augen und versuche ohne Worte mit Händen und Füßen diese Frage rüber zu bringen.

Kosh hockt sich auf den Boden und zeichnet einen Kreis in den blutgetränkten Sand – es sieht zumindest so aus. Danach fügt er sechs kleinere Kreise in den Ring ein und schreibt Saro darüber.

„Er holt die Steine aus der Krone der Schöpfung", nuschle ich Kosh direkt ins Ohr, da mir dafür schlicht die Zeichen ausgehen. Als Kosh mehrfach nickt, ahne ich, dass er ihn auf mich angesetzt hatte, um mir das Geheimnis des Aufenthaltsortes der Krone der Schöpfung zu entlocken. Die beiden schmieden offensichtlich schon lange Pläne, mir das Geheimnis zu entlocken.

Als Saro nach einer Weile nachfolgt, trägt er etwas mehrfach in seine Jacke gewickelt. Sechs Lichter glühen golden, rot, orange, grün, blau und violett darin.

Du warst am Rande der Schöpfung?, frage ich ihn, meinen Gedanken mit Gesten Ausdruck gebend.

Die Antwort erübrigt sich, denn Saro öffnet seine Jacke in einer Senke, die das Licht der Steine nicht entweichen lässt.

„Was jetzt?", sehe ich von einem zum anderen.

Kosh fasst uns nacheinander an den Schultern, hält sich die Hand vor seine geschlossenen Lippen und deutet auf die fünf Zurajir, die mit der Beschwörung des Steinherzes der Großen Mutter begonnen haben. Dazu haben Tony und Orthos Fackeln entzündet. Zac hält eine lange Schlange in seinen Händen, die sich im Fackelschein windet. Für einen Moment steht mein Herz still, bis ich erkenne, dass es sich in Wahrheit um einen enorm langen Frangipani-Kranz handelt.

Brom langt sich an den Kopf und flucht leise vor sich hin. „Er hat meine Magie umgekehrt!", rauft er sich seine schwarzen dichten Haare. „Er hat von jedem Student mindestens eine Blüte gestohlen, sie neu aufgefädelt und versucht nun, die ehemaligen Träger damit zu bannen. Das ist sehr dunkle Magie."

„Woher weißt du davon?", boxe ich Brom in die Seite.

„Ich habe die Kränze selbst besungen. Doch nicht um die Studenten zu bannen, sondern um sie zu entspannen. Ich wollte, dass sie sich im Camp wohl und zuhause fühlen."

„Mit Magie?", verdreht Kosh seinen Kopf.

„Ein Inselzauber. Vollkommen harmlos!", erklärt Brom.

„Doch Zac hat deine Magie vergiftet. Stoppen wir diese fünf Verrückten nicht, wird Zac alle Studenten der Großen Mutter opfern. Der Tod der Jungs wird das Steinherz wieder schlagen lassen", verrät uns Kosh. „Damals haben die Zurajir hunderte Pilger in dieser Gruft ermordet. Wahrscheinlich haben Zac und seine Truppe auch noch andere Insulaner mit dem Zauber verflucht."

„Was jetzt?", wiederhole ich meine Frage von vorhin.

„Damals hatten wir die Krone der Schöpfung nicht", verrät Saro, der eindeutig bei meiner Rettung damals dabei gewesen sein musste. „Das hat sich jetzt geändert!", deutet er mit seinem Kinn auf die leuchtenden Steine in der Senke.

Plötzlich verstehe ich meine Rolle. Meine Ausbildung ist abgeschlossen. Die Adepten haben mich für diesen Moment vorbereitet. Ohne lange zu erklären, fasse ich in die Senke und hole den blauen Saphir heraus, um ihn feierlich Kosh zu überreichen. „Du hast damals nach dem Violetten gegriffen, doch dein Wesen entspricht der Tiefe und der Weite eines klaren Geistes. Saro ist unser Mann für die Inspiration. Kosh, sei du unsere Gottheit der klaren Gedanken, der Strategien und reinen Verstandeskraft. Du bist unser Kathegemon. Du musst uns nachher mit deinem Wissen führen."

Kosh nickt und hält den Stein fest in seiner linken Hand.

„Noch nicht aktivieren!", instruiere ich ihn.

Er nickt und versteht.

„Keiner von euch! Verstanden?", befehle ich.

Erst als jeder zur Bestätigung nickt, fahre ich fort: „Du, Brom, bist das Grün, die Fruchtbarkeit, das prickelnde Leben, die stetige Erneuerung und der Wachstum", überreiche ich mit diesen Worten dem Hula-Tänzer den grünen Smaragd.

Auch Brom nimmt ihn ehrfürchtig von mir entgegen.

So erhält Bacchus den roten Rubin, Asterios den gelben Diamanten und

Saro den violetten Amethysten.

Beim Orange zögere ich. „Os, bist du noch stark genug dafür?" Er sieht mich mit seinen Kuhaugen grimmig an, dann nickt er entschieden. So erhält er den letzten der sechs Steine aus der Krone der Schöpfung, einen Bernstein, der Stein der Heilung und der Balance.

„Bevor ihr die Macht in den Steinen in euch aufnehmt", spreche ich sehr leise und deutlich, „müsst ihr mich berühren. Ich stelle mich in ihre Mitte. Platziert euch um mich herum. Wir müssen in körperlichen Kontakt treten. Ihr dürft weder euren Stein noch mich loslassen, vollkommen egal, was passiert. Das ist extrem wichtig! Verstanden?" Als alle nicken, ziehe ich mich aus und suche einen geeigneten Standort auf diesem entweihten Boden. „Jungs!", sehe ich meinen Freunden reihum in die Augen. „Ich bin der neutrale Ring. Ich habe die Prüfungen der Schöpfung mit ihren Versuchungen und Fallen bestanden. Ich hoffe, die Lektionen sind wirklich Teil von mir geworden."

„Du?", sieht mich Saro an. „Du wirst der Ring sein, der uns alle fasst?" Als ich grinse, nickt er verstehend.

„Du hast wirklich den Thron des Gottes besteigen!", stupst mich Asterios in die Seite und entledigt sich ebenfalls seiner Kleidung.

„Du bist der Thron geworden", brummelt Brom und folgt unserem Beispiel.

„Bist du jetzt der neue Dionysos-der-Gegenwart? Du bist der Gott?", mustert mich Bacchus kritisch, zieht eine Schnute und zwinkert mir zu. „Besser du, als ich!" Auch er zieht sich bis auf seinen roten Schleier aus.

Os zögert, doch auch er zieht sich nackt aus. Lange blicke ich ihm abermals in seine Kuhaugen, dann fasse ich nach seinen Händen, um ihn in eine Umarmung zu ziehen. „Du bist sehr mutig!", flüstere ich ihm ins Ohr. „Ich kann dir deine Macht nicht zurückgegen. Vielleicht schafft es der Bernstein. Du wirst seine Energie in dich aufnehmen, doch heilen musst du dich selbst."

Os tippt auf sein Stier-Tattoo über seiner Brustwarze und nickt grimmig. „Damals im alten Reich habe ich die Einweihung nicht ernst genommen. Doch ich bin letzte Nacht nochmals durch Zeit und Raum zurückgereist. Ich habe den Stier letzte Nacht – oder vor einigen Tausend Jahren – geköpft und ich habe in seinem Blut gebadet. Ich hoffe, das reicht!"

Die fünf Zurajir, um das versteinerte Herz des Bösen stehend, können uns nicht sehen und nicht hören, denn ihr düsterer Gesang schwillt immer unheimlicher an. Abermals kann ich das Flimmern im Fels wahrnehmen.

„Wenn wir es tun, wird sich alles verändern. Nichts wird danach so sein, wie es war. Vielleicht zerstören wir alles oder wir retten das Leben vieler Unschuldiger!“ Ich schlucke leer. „Auch wir werden uns verändern – wir alle.“ Die letzten Worte sind kaum mehr als ein Flüstern. Ich räuspere mich mehrfach. Meine Abschiedsworte verklumpen sich in meinem Hals. Verwirrt schweige ich.

Meinen Freunden geht es nicht anders. Jeder küsst mich zum Abschied. Wir alle wissen, einer von uns sieben wird sterben. Es können nur sechs überleben; und auch das nur, wenn es uns gelingt, die fünf Zurajir zu stoppen, bevor sie die dunkle Göttin erwecken und sich ihre Macht holen.

„Jetzt!“, brülle ich.

Sofort fühle ich die Hände meiner Freunde nach mir packen. Sechs Lichter flammen auf. Ich trete bewusst aus der Welt der Schöpfung ins Sein ein. Ich darf mich beim Kampf nicht einmischen, das ist Koshs Aufgabe mit seinem Team. Er wird die Schlacht koordinieren. Falle ich aus der Neutralität, überladen sich meine Freunde und sterben oder werden in ihren Steinen gefangen.

Am Anfang aller Dinge

Ich liege nackt auf dem harten Fels tief unter der schwarzen Pyramide und doch stehe ich gleichzeitig mit meinen sechs Freunden im Kreis um einen Quell, der zwischen knorrigen Wurzeln und einem gewaltigen Steinblock hervorsprudelt. Meine Blicke wandern den Wurzeln entlang zum Stamm und weiter nach oben bis zur Krone. Noch nie sah ich einen erhabeneren Baum. Er ist höher als jeder Mammutbaum, majestätischer als jede Eiche und ausladender als selbst die ältesten Banyanbäume in Asien. Weiß leuchtet sein mächtiger Stamm, als ob er aus purem Licht bestünde, genauso wie seine Äste, die eine moderne Metropole problemlos überdachen könnten. Golden funkeln die Blätter dieses mythischen Baums oder treffender, sie glitzern wie gelbe Diamanten, die dieses Licht, das von überall gleichzeitig zu kommen scheint, reflektieren.

Fasziniert sehe ich zu Asterios, dessen Gestalt genauso wie die Blätter des Baumes leuchtet. Er ist ein Mann von Erhabenheit und Stärke, mit einer Aura von allgegenwärtiger Allwissenheit. Mit dem Baum ist er eins geworden, genauso wie mit der ganzen Welt. Es sieht aus, als ob Asterios‘ Körper das goldene Licht selbst sei.

Brom schimmert grün, wie der voll erwachte Frühling. Der stramme Hula-Tänzer hat mir immer gefallen, doch im grünen Licht ist er makellos und wunderschön. Er verkörpert die Stärke und Potenz der ewigen Jugend, unbeugsam und rebellisch.

Kosh verblüfft mich einmal mehr. Sein Gesicht wirkt jung und uralt zugleich. Er lächelt. Sein dunkles Haar glitzert wie tausend Wasserperlen oder kristallisierte Tautropfen. Seine bleiche Haut wirkt silbern, wie Mondlicht mit einer Aura aus klarstem Blau.

Os' Leib gleicht einmal mehr einem starken Bullen. Kupfern, nur um sogleich golden die Morgensonne einzufangen, wechselt seine Hautfarbe ständig. Ich fühle Wüstenwind und erblicke Sonnenaufgänge über unendlichen Weiten. Ich kann nicht sagen, ob es nur die Göttermacht im Stein ist oder ob Os sein eigenes Bewusstsein geheilt hat, um den gezähmten Stier zu bändigen.

„Werden wir aufhören zu sein?", fragt Brom. „Ich will nicht sterben! Ich werde noch gebraucht." Brom steigt in den Quell des Lebens, der aus den Wurzeln des Lebensbaumes gurgelt. Seufzend fährt er nass und tropfend fort, als er sich wieder erhebt: „Wenn nur mein Samen überlebt, wird sich aus ihm alles neu entfalten. Ich will dabei sein, um das neue Keimen, Knospen und Erblühen – und ja", Brom zögert, „und das Altern und auch das Sterben zu beobachten."

Voll exotischem Zauber legt Saro seine Hände nach oben geöffnet auf den Fels der Wahrheit, der inmitten des Wurzelgewirrs des Lebensbaumes ruht. In Saros Händen schimmern Ahnungen und Millionen von Möglichkeiten. Versunken betrachtet er das violette Lichtspiel, das sich stetig verändert, zerfließt, um als immer neue Flüsse ferne Ufer zu erreichen. Manchmal schleichen Bilder wie Morgennebel um seine Finger, um sich dann als Bäche im Urozean seiner Handflächen zu stürzen.

Bacchus flimmert tiefrot, als ob er in Flammen stehen würde. Er glüht, wie eine Sonne vor ihrer Reise in die Unterwelt. Seine langen Haare flammen um seinen Leib und ich kann nicht sagen, ob sein Schleier brennt oder ob es sein Körper ist. Auch Bacchus ist entschlossen, alles zu opfern. Ich erkenne seinen Pantherblick und ahne, wie mächtig und gefährlich er sein kann.

Brom legt seinen Smaragd als erster auf meinen Leib. Funkelnd und blitzend pocht der grüne Stein wie pure Lebensenergie. „Ich bin Teil der Schöpfung. In sie legte ich all meine Kraft. Ihr Erblühen, ihr Wachstum und ihre Potenz – das bin ich", verkündet er.

Langsam öffnet Kosh seine Faust und legt einen hellblau schimmernden Stein auf meine Brust. Sein Leib ist so tiefblau wie die See, die den grenzenlosen Himmel spiegelt.

Brom lässt einen Kranz aus Rosen auf seinem Haupt knospen und Frangipani erblühen um seinen Hals. Saftige Stängel und fleischige Blätter erscheinen aus dem Nichts, um seinen Körper zu schmücken.

„Wie Morgen und Abend Anfang und Ende des neuen Zyklus darstellen, wird mein Heil die Welten an ihren Tagen, wie in ihren Nächten beschützen. Als Hüter der Pforten zum ewigen Leben, als Bewahrer der Geheimnisse und als Stern des Neuanfangs lege ich meine Macht in diesen Kreis." Orange glüht Os in unserer Mitte auf.

„Wie das Gold des Lebensbaums wird mein Gold das Zentrum der Schöpfung ausmachen." Asterios berührt mit seinem Stein meine Stirn und hält ihn dort fest.

Saro wirkt wie ein Magier aus längst vergessenen Zeiten, unheimlich, machtvoll und entschlossen, die Achse der Zeit und des Raumes aus den Fugen zu heben. Dennoch streckt er seine Hände aus und platziert seinen Amethyst auf meinem Leib.

„Seid ihr bereit loszulassen?", frage ich meine Brüder. „Die Macht der Steine, nicht eure Verbundenheit mit dem Sein!" Damit meine ich ihre Berührung mit mir.

Stumm nicken sie reihum, fassen sich schweigend bei den Händen und verschmelzen vollkommen mit der Farbe ihres jeweiligen Steins.

Dumpf grollt ein einzelner Ton aus der Tiefe des Seins.

Donner erfüllt die Hohlräume zwischen den Wurzeln des Lebensbaumes, als Brom in sein Lied einstimmt. Die Welt ächzt und jubelt zugleich, als sich der Grüne Gott alles befruchtend mit seiner ganzen Schöpferkraft in den Lebensstrom ergießt.

Der Himmel und die Schöpfung erzittert abermals, als Bacchus mit seinem Feuer alles entzündet und in den Gesang einstimmt. Jedes Atom schwingt, während seine Stimme sich immer weiter in das Zentrum der Schöpfung verlagert, um sich dort zu etablieren und alles glühend mit seinem Feuer zu beleben.

Als Os seinen Mund zum Singen öffnet, höre ich erst das Schnauben eines Bullen, doch nach und nach Millionen von Glöckchen und Klangschalen, deren Ton den Augenblick aus den Fugen hebt und in die Dauer wirft. Wie der erste Morgen erscheint eine Sonne über dem Haupt des Orangen Gottes der Hoffnung, während gleichzeitig die Lebensuhr zu ticken beginnt.

Jetzt öffnet Kosh seinen Mund und tosend stürzt Wissen und Erkenntnis ins Weltenmeer, um sich dort nur langsam beruhigend zur Weisheit zu glätten. Gurgelnd, tropfend, reißend und brandend durchdringt sein Geist die

Schöpfung.

Saros direkte Berührung mit der Schöpfung ist kaum mehr als eine Ahnung, als seine Gabe der Fantasie allem den freien Willen verleiht. Sanft summt Saro seine Melodie. Summend erhebt sich ein neuer Ton aus den uferlosen Fluten. Es hört sich an, als ob Milliarden von Bienen daraus emporsteigen würden, um die Weltenblüten zu bestäuben und überall die Starre des Winterschlafes zu vertreiben.

Asterios wechselt die Tonlage und die neue Macht zerreißt das schöpferische Potential. Sein Wort ist der Anfang und das Leben selbst. Als gewaltiges Ei fällt die Schöpfung aus dem Paradies des unberührten Seins und wird ins Nichts des Werdens hinein geboren. Nach der Geburt schließt sich der Riss im Himmelsgewölbe.

So kommt es mir vor, wenn ich auch gleichzeitig im Kreis meiner bunt leuchtenden Freunde in der schwarzen Pyramide stehe und mich nicht bewege, noch einer von uns wirklich singt.

Ein Schrei.

Eine neue Gewalt erfasst den Schöpferwirbel, den wir zusammen erzeugen und stört den Gesang. Fünf dunkle Schatten stürzen sich auf uns, um mit ihrem Zorn alles zu verschlingen und sämtliche Farben zu tilgen. Eine Dunkelheit packt nach uns, reißt und zerrt an unseren Leibern. Der Schatten türmt sich auf und schlägt gnadenlos zu.

Zac ist ein schwarzes Loch, das alles und jedes verschlingen will, das Leben, wie alle Hoffnung und Erneuerung.

Schwerter blitzen.

Die Dunkelheit kämpft mit dem Licht und zehrt alles tiefer in die Dualität hinein.

Äonen vergehen.

Die Schöpfung explodiert, zerfällt, und baut sich um die Krone der Schöpfung immer wieder neu auf. Gigantische Sonnen werden geboren, zerbersten und sammeln sich wieder zu wirbelnde Galaxien und Sternenhaufen mit Milliarden von Systemen aus Planeten, Kometen und Monden. Immer wieder stören Kissios Misstöne die Schöpfung und zerstören neue Welten. Chtonios' Hass trüben Koshs Klarheit und Asterios' Reinheit; und Orthos und Dendrites zertrümmern die Fundamente von Zivilisationen oder ertränken sie in ihren Ergüssen aus Verzweiflung und Angst. Aber trotz des fünffachen Verderbens befruchtet, belebt, heilt und schützt das Erbe der Götter.

Mit einem Schmerzschrei fahre ich hoch. Keiner meiner Brüder hat weder mich noch seinen Stein losgelassen. Noch immer flammen, funkeln oder flimmern sie in den sechs Farben des Regenbogens.

„Ihr müsst loslassen!“, flehe ich sie an. „Ihr dürft euch nicht an die Schöpfung binden. Lasst los, befreit euch!“

Keiner hört mich.

Os knickt ein. Verzweifelt klammert er sich an der orangen Kraft seines Steins fest. Seine Lebenszeit verrinnt viel zu rasch. Er ist als ausgeschiedener Kandidat zu schwach geworden, das Bewusstsein eines Gottes in sich aufzunehmen.

„Os, lass los!“ Ich packe nach seinen Händen, doch er umklammert in schierer Verzweiflung den Stein und mein rechtes Handgelenk.

Ich versenke mich in mich, um irgendwo tief in mir Os‘ Macht zu finden, um sie ihm wieder zu verleihen. Irgendwo muss noch ein oranges Flimmern in meinem Herzen sein, womit ich dem Quarterback seine Gabe zurückgeben kann, um ihm so vielleicht das Leben zu retten.

Lass los!, spricht diesmal eine Stimme zu mir. *Os hat seine eigene Prüfung zu bestehen. MISCH DICH NICHT EIN!* Die Stimme duldet keinen Widerspruch.

Ich ziehe mich aus dem Schlachtfeld der Schöpfung zurück. Kosh ringt mit Zac; und Saro mit Dendrites, während Tony und Kiss zusammen auf Brom einschlagen. Immer wieder überblenden Bilder von Dolchen, Schwertern und Atomexplosionen meine Sicht. Die Pyramidenwände flimmern und ein kaum auszuhaltender schreiender Ton zerrt an den Nerven.

Meine Brüder kämpfen gegen das Dunkel, das langsam im Herz der Pyramide erwacht. Keiner von ihnen lässt sein Licht los. Nicht einer will aufgeben, was er heute erreicht hat. Ihre Steine verschmelzen vollkommen mit ihren Herzen, um sie hell erstrahlen zu lassen.

Kosh stützt Os, dessen Licht unkontrolliert flammt, bis ich das Erdbeben tief unter mir spüre. Abermals sehe ich den schnaubenden Bullen, der mit gesenktem Haupt Dendrites rammt. Der Baum ächzt und würgt den roten Stier mit seinen gewaltigen Ästen, die sich um den Bullennacken winden, um ihn zu erdrosseln.

Os‘ Stieraugen glühen, während er Dendrites seine Hörner in den Magen bohrt. Der Baum knarrt und windet sich, bis seine Äste wie Gummischläuche ihre Kraft verlieren und Os loslassen. Der rote Stier starrt mir in meine Augen, lächelt und fragt: „Illu, haben wir es geschafft?“

„Es ist noch nicht vorbei!“, überwacht Kosh den Krieg und lenkt seine Gedanken auf seine buntleuchtenden Götter-Brüder, um sie zu instruieren, zu führen und zu stärken.

Saro taumelt. Ich packe nach seiner linken Hand, um den Kontakt mit ihm nicht zu unterbrechen. Der hübsche Indio-Mexikaner keucht erschöpft und sieht uralt aus. Das violette Licht, das ihn umgibt, zu dem er geworden ist, zerrt an seinen Kräften.

„Schmücke dich für den letzten Tanz!", schreit ihn Bacchus an, der flammend mit der Finsternis ringt, in deren Zentrum Zac um sich schlägt.

Augenblicklich wachsen bunte Federn aus Saros Kopf, Goldringe schlingen sich um seine Hand- und Fußgelenke, während Türkise und Karneole als wuchtiger Halsschmuck seinen Torso zieren. Saro schöpft Macht aus seinen Ahnen und seiner ethnischen Vergangenheit. Als Azteken-Priester wirft er sich wieder ins Gefecht und sein Obsidian Dolch fährt auf Orthos nieder, der ihm nur knapp ausweichen kann.

Brom tanzt Hula und mit immer neuen Frangipani-Kränzen fesselt er den tobenden Wirbelsturm, den Zac entfacht. Auch er strauchelt, stolpert und verliert die Kontrolle. Ich liebe Brom. Er darf nicht sterben – nicht Brom.

Abermals höre ich in Gedanken die Stimme, die mich warnt, mich einzumischen. Augenblicklich ziehe ich mich wieder aus dem Kampf zurück, um alles vom Rand der Schöpfung aus zu beobachten. Als Asterios auf seine Knie sackt und Orthos mit einem Schwert in der Hand auf ihn zustürzt, taumle ich vor Schmerz und Verzweiflung. Goldjunge darf nicht fallen. Asterios ist mein Halt und meine Hoffnung. Asterios schreit auf, als Orthos' Schwert ihn durchbohrt.

Lass los!, mahnt mich die Stimme. *Sei, was der Wind nicht verwehen kann!* Es kostet mich all meine Disziplin, meine Aufmerksamkeit von Asterios' Sterben abzulenken. Ich fasse nur mit meiner anderen Hand nach ihm, um ihn sanft zu streicheln und den Kontakt mit mir nicht zu unterbrechen. Ich weine eine Träne, dann lasse ich auch meinen guten Freund und Mentor los. Der Tod ist nicht das Ende. Ich ziehe mich wieder in die reine Welt des Seins zurück, um so der dunklen Göttin meine Kraft nicht zu überlassen.

„Hilf mir!", brüllt plötzlich Kosh. „Sie erwacht!"

Über der kleinen Pyramide formt sich die Gestalt einer Frau, die an ihren Ketten zerrt. Ich sah schon Abbildungen der Kali aus Indien, die harmlos gegen diese Fratze aus purem Hass erscheinen, der mir jetzt entgegenblickt. Gleichzeitig beobachte ich Zac, der durch seine Blumenmagie die Studenten in die Pyramide gezogen hat. Als ich Ami, Henry und Adriany gefesselt und hilflos vor der erwachenden Göttin sehe, taumle ich. Mir ist eiskalt. Die Fratze langt mit ihren geketteten Krallenhänden nach Ami, um ihn als erstes Opfer zu verschlingen.

„Nein!“, brülle ich in schierer Verzweiflung.

Vor mir liegen verkohlte Körper, ausgebrannt und schwarz. Vielleicht sind das Asterios und Brom, vielleicht auch nur Lavablöcke, die wie menschliche Umrisse aussehen?

„Haben wir gewonnen?“, fragt Os und kann sich vor Anstrengung kaum noch auf den Beinen halten.

Ich nicke, obwohl das Gegenteil der Fall ist.

„Dann ist gut!“, lächelt mich Os ein letztes Mal an, knickt ein und fällt tot um.

„Nein!“, schrei ich abermals und wanke. Kaum verlasse ich die innere Ruhe, bebt der Boden. Gegen das Böse kann man nicht gewinnen, man kann es nur durch sich hindurchgehen lassen, ohne ihm Widerstand oder Aufmerksamkeit zu schenken. Ich muss sein, was der Wind nicht verwehen kann. Ich darf mich nicht um Asterios' Tod, Os' Erschöpfung, Broms Straucheln und Amis Opfer kümmern. Ich muss mich von all dem zurückziehen, nur so haben meine letzten noch kämpfenden Freunde eine Chance, die Katastrophe zu vereiteln.

Mit einem letzten Kraftakt projiziere ich mich in die Welt des puren Seins, wo ich als hellleuchtender Stern einer von Hunderttausend anderen bin. Vor mir steht der Grüne Gott und der Gelbe Gott. Im Grünen Gott erkenne ich viele bekannte Gesichter, das von meinem bärtigen Traumfreund, den ich in Basel übers Internet kennen gelernt habe, doch auch Milton, mein Boss im Hotel aus London, wo ich den Frühling und Sommer als Gastronomiekaufmann gearbeitet habe. Doch der ewige Dionysos hat noch Tausend andere Gesichter und viele davon erkenne ich.

Neben ihm steht der Gelbe Gott, der einmal so jung, wie ein Knabe erscheint, dann als der klassische Apollon der Antike erscheint. Für einen Moment glaube ich in ihm meinen eigenen Großvater zu erkennen. In dieser Gestalt nickt mir der Sonnengott schelmisch zu und flüstert: „Du wärst ein würdiger Nachfolger geworden. Doch in London hast du dich anders entschieden. Ich nehme dich bei deinem damals gegebenen Wort, meinen Nachfolger zu finden und auszubilden[6]

„Ja, Opa, das werde ich tun!“

---

[6] Apollon und Mercury, Band I: Wahre Träume leben; und Band II: Einer muss sterben - Himmelstürmerverlag 2014

Dann wechselt auch dieses Gesicht wieder, bis es nur noch sonnengleich golden so hell scheint, dass ich darin nur noch das Göttliche in einer seinen vielen Manifestationen erkennen kann.

Der Grüne Gott streckt seine leuchtenden Hände nach mir aus, um meine zu fassen. „Du hast es geschafft! Du bist meiner Nachfolge würdig!"

Neun wunderschöne Frauen tauchen aus dem Nichts auf und umtanzen mich singend – es sind die neun olympischen Musen. Selbst die edle Klio neigt ihr Haupt und küsst mich danach auf die Wange. „Ich habe niemals an dir gezweifelt!", flüstert die alte Diva und schließt sich wieder dem Tanz ihrer Schwestern an.

„Es ist vollbracht!", spricht der Grüne Gott. „Jetzt kehr zurück und mach allem ein Ende."

Das Ende einer langen Reise

Als ich in die Höhle zurückkehre, knien meine Freunde im Kreis um mich herum und jeder hat seine Hand irgendwo auf meinem Körper.

„Haben wir's geschafft?", strahlen mich Os' Kuhaugen an.

„Du lebst?", gaffe ich den Quarterback erstaunt an.

„Er hat sich selbst geheilt und seine Macht endlich gezähmt", legt ihm Brom stolz seine rechte Hand auf die Schultern.

„Asterios?", wirble ich um meine eigene Achse. Doch vom schönen Syrer fehlt jede Spur. Augenblicklich tränen meine Augen und die Bilder, wie er von Orthos mit einem Schwert erschlagen wurde, blitzen vor meinen geistigen Augen. Die Trauer über seinen Verlust erschüttert mich mehr, als ich verkraften kann. Ich sinke weinend auf Koshs Schoss.

„Warum flennst du?", streichelt mir Saro meinen Kopf.

„Asterios ist tot", murmle ich.

„Sicher nicht! Er pflegt dort drüben Zac, der aus vielen Wunden blutet", zeigt Bacchus zu einem verkohlten Brocken im Zentrum der Höhle.

„Das Herz der Göttin?", sehe ich mich um.

„Es ist tot. Als du den Thron bestiegen hast, floh die Verdammte zurück in die Hölle, aus der sie gekrochen kam. Zac, Tony, Kiss, Ric und Orthos sind ebenfalls ausgebrannt."

„Tot?"

„Nein!", winkt Brom ab. „Sie boten uns eine würdige Schlacht, doch nein, sie leben. Doch keiner von ihnen wird jemals wieder den Pfad der Götter betreten. Dafür hast du gesorgt."

„Ich?", runzle ich meine Stirn.

„Du bist der Dionysos-der-Gegenwart geworden. Der Wettbewerb ist entschieden. Ihre Göttin hat sich von ihnen abgewendet, doch wir", räuspert sich Brom und holt zu langen Erklärungen aus.

„Kurz und bündig", flehe ich den Vielredner an.

„Wir sind zu den neuen Hütern der Krone der Schöpfung geworden", übernimmt Kosh das Wort. „Keine Ahnung, was das mit sich bringen wird, doch keiner von uns ist mehr ein Dionysos. Brom als Hüter der grünen Macht kommt dem noch am nächsten, doch wir anderen ..." Kosh bricht ab.

„Wir werden sehen", legt ihm Bacchus seine rechte Hand aufs Knie. „Wir sechs sind sozusagen tote Dionysos-Kandidaten, doch wiedergeborene Hüter der Schöpfung."

„Ami, Henry und Adriany?", frage ich, da ich die Vision ihres Opfertodes noch klar vor Augen habe.

„Als du den Thron bestiegen hast, lösten sich alle Illusionen in Nichts auf. Sieh dich um!", boxt mir Os in die Seite. „Wir sind nicht mehr in einer andren Dimension. Das Portal hat sich verlagert. Den Wasserfall, der einen in andere Welten versetzt, gibt es nicht mehr und wahrscheinlich auch den Regenbogen nicht mehr. Unsere Prüfungen sind vorbei, der Sieger steht fest."

„Leute", winkt uns Ami neben Asterios beim verkohlten Felsbrocken hockend zu, „diese fünf Versager müssen gestützt werden!" Er zeigt auf den baumartigen Dendrites, den Afroasiaten Orthos, den weißen Namibier Tony, Zac, unser ziegenbärtiger Halbjapaner, und schließlich auf Kiss, dem das Dauergrinsen vergangen ist. „Ich brauche noch meine Krücken, um selbst richtig gehen zu können. Loser, aufstehen!", kommandiert Ami die einst fünf dunklen Gestalten. „Ihr könnt froh sein, dass unser Illu euch nicht hier und jetzt zerschmettert!"

„Das verstehe ich nicht", hake ich mich beim Rückweg aus dem Höhlen-Labyrinth bei Asterios unter. „Keiner von uns ist gestorben. Die Prophezeiung war doch eindeutig, dass nur sechs von uns überleben."

„Zähl durch", lächelt mich der schöne Syrer an.

„Fünfzehn!", schließe ich Ami, Henry und Adriany in meine Zählung mit ein.

„Sechs von uns sind kein Dionysos mehr. Sechs von uns sind als Dionysos gestorben, um etwas Neues zu werden."

„Ja, Bacchus hat schon so was erzählt. Bist du jetzt ein Hüter der Krone der Schöpfung?"

„Wir haben deine Bürde übernommen", nickt Asterios.

„Und was ist mit den Versagern?", deute ich mit meinem Kinn auf die fünf, die in ihrem Verlangen nach Macht so kläglich gescheitert sind.

„Prophezeiungen dienen hauptsächlich dazu, das Beste aus uns herauszuholen. Jetzt mal ehrlich", wuschelt mir Asterios mein Haupthaar, „hätten wir wirklich alle unser Bestes gegeben, wenn es dabei nicht um alles oder nichts gegangen wäre?"

„Aber wir haben gekämpft. Ich sah Schwerter. Ich sah Blut und Tod."

„Wir alle fielen in Schlaf, als wir das Wasserportal durchschritten hatten. Vielleicht kämpften wir wirklich bis zum Tode in der anderen Dimension. Vielleicht starben dort wirklich sechs von uns. Wer kann es sagen? Wir wissen nicht, ob wir diese letzte Prüfung im Traum, in einer anderen Welt oder bloß in unserer Fantasie bestritten haben. Sicher ist nur: die Schatten sind einmal mehr geschlagen und du hast den Thron des Gottes bestiegen."

Ich nicke. Vieles, was ich auf Maui erlebte, lässt sich einfach nicht logisch erklären. Aber das ist mir auch egal!

Sonntag: 30. September

Als wir aus dem Tunnel kraxeln und die Verlierer arg stützen müssen, erwarten uns Janus. Der Camp Leiter klopft mir anerkennend auf die Schulter und übernimmt die Versager. Die Sonne ist längst aufgegangen und Brom zuckt hinter mir, als ob er im Schnelldurchlauf sein Sonnenritual vollziehen würde.

Keiner spricht, auch nicht als Alain und Kane mit den fünf Verlierern im Kleinbus davon fahren.

Später im Camp versucht Ric mir nochmals schöne Augen zu machen, doch bei all seinen Versuchen, mich und meine Freunde zu ermorden, zeige ich ihm nur meine kalte nackte Schulter. Er, genauso wie Tony, Zac und Orthos werden im Camp von echten Polizisten übernommen und in Handschellen abgeführt.

Kiss wird von Ami mit dessen Krücke brutal geprügelt und als Mörder beschimpft. Nur weil Saro seinen Lover zurückhält, fließt kein Blut. Amis Hass auf den Typen, der ihn hypnotisierte, um mich zu den Haien zu stoßen und ihn selbst zweimal von den Felsen schupste, um ihn zu töten, bricht gnadenlos durch.

Os wird Kiss' Job als Surflehrer für den Rest des Camps übernehmen. Er verspicht mir, mir das Surfen und Wellenreiten beizubringen.

Bacchus und Adriany übernehmen mein Zimmer im Kathegemon und ich schlafe bei Asterios im Bett. Os richtet sich oben im Zwischenstockwerk bei den Computern ein. Wir sind zu einem Team zusammen gewachsen. Uns verbindet weit mehr als der Nudismus, dem wir im Nudisten Hauptquartier frönen. Uns verbinden ein Abenteuer und ein Schicksal, das nur der versteht, der selbst schon mal in einem Traum einen Fuß auf den Pfad der Götter gesetzt hat.

Ein Jahr später

Auch wenn sich nach dem fast zweimonatigen Camp alle wieder über den Globus verteilten, so kehrten doch alle im Folgejahr nach Los Angeles zurück. Seth und ich haben während diesem Jahr die NAWA, die *Nudist at Work Agency,* ins Leben gerufen. Einige meiner neuen Freunde arbeiten inzwischen fest in unserer Filiale in *Venice Beach*, wenn jetzt auch unter ihren richtigen Namen. Bis auf Seth, der mich privat oft noch Bux nennt oder meine Freunde aus Maui, die mich Eleuthereus oder Illu nennen dürfen, kennen mich aber alle anderen inzwischen unter meinem richtigen Namen: Martin Holmström.

Als Teenager wurde ich in London in die nackten Geheimnisse des Lebens eingeweiht, um als junger Mann auf der Insel Maui zu dem zu werden, was der Wind nicht verwehen kann. Maui hat mich verändert und zu dem gemacht, was ich niemals sein wollte: zum amtierenden Dionysos-der-Gegenwart.

Ja, ich bin Dionysos!

Heute habe ich mein Erbe voll und ganz akzeptiert. Doch das Lernen hat nicht aufgehört, vollkommen egal, wie weit ich auf dem Pfad der Götter schon gewandelt bin. Das tägliche Leben muss immer wieder aufs Neue gemeistert und vor allem mit Lebensfreude und Begeisterung gelebt werden.

Die Zukunft

Was aus Martin Holmström und seinem Partner wurde oder der NAWA (der Nudist at Work Agency) erzählt eine andere Geschichte, die in den beiden Bänden: Apollon und Mercury, Band I „Wahre Träume leben“ und Band II „Einer muss sterben“ nachzulesen ist.

Danksagung

Dieses Buch hat seine Anfänge in einer Geschichte, die ich schon vor bald zwanzig Jahren begonnen habe. Niemals hätte ich gedacht, dass mich ein Gott wie Dionysos einmal faszinieren könnte. Dachte ich doch immer, Dionysos sei nichts weiter als ein Weingott. Als jemand, der selbst kein Alkohol trinkt, war das also kein Gott, dem ich etwas abgewinnen konnte. Doch je tiefer ich in die Mythologie des Dionysos‘ einstieg, desto vielgesichtiger und interessanter wurde dieser Archetyp, den die Ägypter als Osiris kannten, dessen Mythologie die Christen inspirierte und dessen Wesenszüge sich über die halbe Welt verteilt in weiteren Göttern, Göttersöhnen und Helden manifestierte. Also Dank an Dionysos, einen Gott, den der Held in meinem Buch in sich aufgenommen hat.

Danke auch meinen Fans und Lesern, meinen Freunden, Verwandten und kritischen Lektoren. Danke dem Himmelstürmer Verlag. Danke den Musen (männlichen wie weiblichen), die mich auch für dieses Buch inspirierten. Danke den Göttern in tausenderlei Gestalt, die mich in Träume führten, um mir tiefere Einblicke über ihr Wesen zu gewähren. Danke meinem Mentor und Lehrer und danke dem Wind, der stetig in meinem Herzen singt.

Manuel Sandrino

Apollon und Mercury – Wahre Träume leben

374 Seiten

ISBN print
978-3-86361-379-2

Auch als E-book

Für die meisten Menschen sind Traum und Wirklichkeit vollkommen getrennte Welten, die sich nur sehr selten gegenseitig berühren oder gar beeinflussen. Doch was, wenn sich das plötzlich ändert?

Apollon und Mercury, der eine gerade achtzehn geworden, der andere kurz davor, leiden unter der Sommerhitze. Zum Glück sind bald Ferien! Apollon ist ein eitler Schönling, der Sport liebt und Mercury ist Klassenbester, Boxer und gelegentlich ein Dieb. Beide Jungs leben in Basel, doch sie kennen sich nicht. Beide träumen von Abenteuern, exotischen Welten, Jungs, Sex und den griechischen Göttern.

In ihren Sommerferien machen sich beide auf eine ungewöhnliche Suche nach sich selbst auf, die weit über das Übliche hinausgeht. Doch statt Strand erwartet sie ein ganz anderes Schicksal. Um zu überleben, was es von ihnen fordert, müsse die beiden Jungs ihre mythologischen Träume nicht nur verstehen, sondern auch leben.

Manuel Sandrino

Apollon und Mercury -

Einer muss sterben

366 Seiten

ISBN print
978-3-86361-385-3

Auch als E-book

Apollon findet in Los Angeles heraus, wer und was er wirklich sein könnte. Als ihn Dionysos verführt und ihm die Schicksalsgöttinnen prophezeien: „Einer muss sterben, so ist es immer!“, kriegt er Panik. Als dann sein Cousin vom Mordanschlag auf seinen Geschäftspartner hört, nimmt das Schicksal seinen Lauf.

Mercurys Freund fällt nach dem Attentat ins Koma. Für den Draufgänger bricht eine Welt zusammen. Plötzlich ergeben die Ratschläge seines Mentors und all die Prüfungen in seinen bizarren Träumen Sinn. In Miami treffen Apollon und Mercury erstmals aufeinander und verlieben sich. Doch für Liebesglück bleibt kaum Zeit. Die Umweltkatastrophen mehren sich. Überall lauert Verrat. Traum und Wirklichkeit überlagen sich immer mehr. Nur wenn die Jungs ihr mythologisches Schicksal annehmen, haben sie eine Chance zu überleben. Sie müssen in die Unterwelt, um Helios zu finden und Mercurys Freund aus dem Koma zu wecken. Jetzt geht es um Leben und Tod: Einer muss sterben, so ist es immer.

www.himmelstuermer.de

Manuel Sandrino

Nackte Geheimnisse

390 Seiten

ISBN print
978-3-86361-482-9

Auch als E-book

Bux' Leben und sein Tod sind fest mit zwei ungewöhnlichen Menschen verbunden. Er hätte von ihren Namen auf Probleme schließen können.

Dionysos lernt er über einen Internet-Chat kennen. „Reiß dir die Masken vom Gesicht, zerfetze deine Hüllen und zerschmettere deine Hemmungen!" Logisch, gefällt das Bux, denn er ist jung und naiv.

Seth kennt er ausschließlich aus seinen Träumen und verliebt sich in diese Traumgestalt. Als sein bester Freund ihn überredet, mit ihm zum *World Naked Bike Ride* nach London zu reisen, nimmt das Schicksal seinen Lauf. Bux zieht seine Badehose und sein Kapuzenshirt auf der Fahrradtour, bei der sonst jeder nackt ist, nie aus. Dann begegnet er Seth wahrhaftig im Hyde Park, was ihn im kommenden Jahr dazu veranlasst, ein Praktikum im Hotel, in dem Seth als Koch arbeitet, anzunehmen.

Dort wird Bux von jedem manipuliert und stolpert von einem Missverständnis ins nächste. Es wird immer peinlicher, bis die Falle zuschnappt. Ausgerechnet der verklemmte Bux soll zum Werbeträger eines erstmals ganztägig stattfindenden Nudistentages werden.

Er schafft sich, als er einem Angeber die Nase blutig schlägt, einen gefährlichen Feind. Kurz darauf prügeln ihn vier Punks fast zu Tode. Bux überlebt nur, indem er eine Entscheidung trifft, die alles, woran er bisher glaubte, in Frage stellt.

Manuel Sandrino

Selbstverständlich schwul

370 Seiten

ISBN print
978-3-86361-524-6

Auch als E-book

Timmy ist ein verklemmter, schwuler Zwanzigjähriger. Entschlossen seine Hemmungen in den Griff zu kriegen, besucht er für sechs Wochen eine Schule in San Francisco, die mit *Selbstverständlich schwul!* wirbt. Dort entdeckt er das Geheimnis der Erotik. Sein Ringen mit seinen Hemmungen treibt ihn in immer schillernde Welten und eine neue Freiheit. Dabei gewinnt er nicht nur Freunde. Die Sportklasse nimmt an den Bay Gay Olympics teil. Aus Mangel an Trikots treten die Schüler nackt wie die alten Griechen zu den Spielen an. Dabei gerät Timmy in die Schlagzeilen. Ausgerechnet er wird als schamloser Junge zum Symbol einer neuen Bewegung. Andere sehen in Timmy ein Symbol des Verfalls der Moral. Es kommt zu Protesten und Demonstrationen. Um den Krawallen auszuweichen, verlegen die Lehrer den Sitz der Schule für eine Woche nach Los Angeles. Timmy kriegt vorerst kaum etwas davon mit, er ist verliebt und der Süden Kaliforniens bietet so viel Neues und Aufregendes.
Zurück in San Francisco gibt es einen Brandanschlag. Ein Schüler bleibt vermisst. Timmy ahnt, dass er statt des Jungen entführt werden sollte. Doch keiner will ihm glauben. Timmy handelt. Nur mit einem Merkurhelm und Flügelsandalen bekleidet, läuft er nackt über die Golden Gate Bridge. Sein Lauf wird von diversen Sendern live übertragen. Kommt der Entführte frei?

www.himmelstuermer.de

Yasar Destan

Deniz

140 Seiten

ISBN Print

978-3-86361-488-1

Auch als E-book

Der 17jährige Deniz Arslan führt mit seiner Familie ein bescheidenes Leben im verschlafenen Nest Govern. In seiner Freizeit hängt er am liebsten mit dem Punk Knorpel am Bahnhof ab.

Eines Tages nimmt Knorpel ihn auf eine Party der Fachhochschule mit. Eigentlich wollen sie dort nur Ganja von Tanky kaufen, doch Deniz hat in der Mensa eine schicksalhafte Begegnung mit Raphael. Deniz spürt in sich Gefühle aufkeimen, die er bisher nie zugelassen hat und verliebt sich Hals über Kopf in den rebellischen Querdenker. Ein Umstand, den es mit allen Mitteln zu unterdrücken gilt, denn eine über Freundschaft hinausgehende Liebe zwischen zwei Männern ist mit den Idealen seiner Familie und Kultur unvereinbar. Trotzdem beginnt er mit Raphael eine immer leidenschaftlicher werdende Beziehung – natürlich unter strengster Geheimhaltung. Die Ereignisse überschlagen sich, als seine Eltern schließlich doch unerwartet von seinem Schwulsein erfahren. Sie haben ihre ganz eigenen Vorstellungen von der Zukunft ihres Sohnes ...

www.himmelstuermer.de

Wolfgang Brosche

Tödlicher Rosenkranz

260 Seiten

ISBN print

978-3-86361-521-5

Auch als Print

Ein Schuss in den Hinterkopf, der Schädel gesprengt, die Füße grausam verstümmelt und ein Rosenkranz vom Mörder bei der Leiche zurückgelassen.

Der erste Fall, den Kommissar Thomas Grund nach der Rückkehr in seine Heimatstadt lösen muss, berührt ihn persönlich. Der Ermordete war ein Schulfreund. Die Spuren führen den Kommissar zurück in seine Schulzeit auf einem katholischen Knabeninternat. Was er eigentlich vergessen wollte und etwas doch sein ganzes Leben geprägt hat, der Missbrauch durch einen Pater, spielt bald eine wesentliche Rolle bei der Aufklärung.

Wie sehr frömmelnder Schwulenhass sein Leben, das des Mörders und vieler anderer junger Männer geprägt hat, erfährt der Kommissar vor dem Hintergrund eines homophoben Kongresses „besorgter Eltern“, der ausgerechnet in seinem ehemaligen Internat stattfindet. Hier begann eine Geschichte von Missbrauch, Abhängigkeit und Bigotterie, die zwanzig Jahre später zu einer Mordserie führt. Beinahe wird auch Thomas Grund Opfer des Mörders mit dem Rosenkranz.